... XVIIe siècle

Pour Jules
en amitié,

Rog. Z.

Pour Jules Brody
en amical et respectueux
hommage,

E B

DES MÊMES AUTEURS

ROGER ZUBER

Les « Belles infidèles » et la formation du goût classique, A. Colin, 1968.
Le classicisme, 1660-1680, Arthaud (en coll. avec M. Cuénin), 1983, rééd. 1990.
La littérature française du XVIIe siècle, « Que sais-je ? », 1993.
Boileau, visages anciens, visages nouveaux, Presses de l'Université de Montréal (en coll. avec B. Beugnot), 1973.
Editions de textes de Perrot d'Ablancourt (Klincksieck), Perrault (Imprimerie Nationale), Guez de Balzac (Gallimard).

LILIANE PICCIOLA

Corneille et la dramaturgie espagnole, Editions interuniversitaires, 1992.
Edition de textes de Corneille (Classiques Garnier).

DENIS LOPEZ

La plume et l'épée, Montausier jusqu'après la Fronde, Biblio 17, 1987.

EMMANUEL BURY

Aux origines du classicisme : le « Lucien » de Perrot d'Ablancourt, Klincksieck, 1992.
Edition de textes de La Bruyère (Livre de Poche).

Collection Premier Cycle

Littérature française du XVIIe siècle

ROGER ZUBER
Professeur à la Sorbonne

EMMANUEL BURY
Maître de conférences à l'Université de Reims

DENIS LOPEZ
Maître de conférences à l'Université de Bordeaux III

LILIANE PICCIOLA
Professeur à l'Université de Paris X (IUFM de Versailles)

Presses Universitaires de France

puf

ISBN 2 13 044943 3
Dépôt légal — 1re édition : 1992, septembre

Sommaire

Introduction

Ce manuel se propose de faciliter l'étude des principales œuvres de la littérature française du XVIIe siècle. Il n'entre pas dans les détails de l'histoire littéraire ; et, en ce qui concerne l'histoire générale, il ne donne que des indications rapides. C'est un panorama. On peut entreprendre l'étude de sa matière soit en suivant, dans l'ordre, les chapitres du livre, soit en partant du lexique, où un certain nombre de notions littéraires intéressant l'ensemble des chapitres se trouvent définies, et parfois présentées, dans l'ordre alphabétique. C'est également dans ce lexique qu'on trouvera les quelques éléments de chronologie politique, d'histoire et de philosophie qu'il a été possible de retenir.

On se reportera au sommaire pour connaître le plan du volume. Celui-ci est organisé selon la disposition la plus couramment adoptée par les cours des universités, c'est-à-dire par très grands genres. Les trois catégories Théâtre/Roman/Poésie *vont de soi. La quatrième, nommée* Prose d'art, *est une nouveauté de cet ouvrage, qui permet de faire bénéficier les étudiants de l'orientation actuelle de la recherche, tout en donnant leur dû à de très grands écrivains, qui vont de Descartes à Fénelon.*

Au XVIIe siècle, le théâtre (avec son complément : les spectacles) est foisonnant, le roman riche et contrasté, la poésie (dans l'ensemble) pauvre, la prose d'art pleine de promesses. On voit se dessiner les contrastes avec les siècles voisins : le XVIe plus poétique, moins romanesque et moins théâtral ; le XVIIIe encore moins poétique, un peu moins heureux dans son théâtre et brillant par son roman et sa prose d'art. La littérature française, quoique très contrastée, formant un tout, il y a quelque chose d'artificiel dans les répartitions par siècles. Mais ces répartitions offrent un cadre raisonnable pour maîtriser une immense matière. Et les quatre grands genres étudiés ici acceptent assez bien de se conformer à ce cadre.

Langue et pensée se renouvellent complètement, au seuil du XVIIe siècle. En ce qui concerne la langue, ce renouvellement a des effets littéraires immédiats. Il n'en est pas du tout de même pour la pensée. Avec la nouvelle langue, c'est la fin du « moyen français », l'avènement du « français moderne ». Le vocabulaire est plus restreint et mieux défini, la syntaxe plus limpide et moins embrouillée. Les spécialistes de toutes disciplines continuent à lire sans difficulté les textes de ce moyen français soutenu par son substrat latin. Il en va autrement pour l' « honnête homme » (voir le lexique), pour le public qui lit volontiers, à la condition que les lectures soient rapides, changeantes et sans obstacle pour la compréhension immédiate. L'une des grandes nouveautés du XVIIe siècle, c'est précisément la promotion de ce public « ignorant » (= non savant). C'est pour lui qu'écrivent les écrivains, et le tournant ainsi pris est définitif, au moins pour trois siècles.

Pour la pensée, le XVIIe siècle ne se définit pas par contraste avec le XVIe siècle, mais par prémonition à l'égard du XVIIIe. La primauté de la méthode mathématique, l'empire de la raison, l'exaltation des pouvoirs de l'homme sur la nature ne cessent de faire des progrès au cours de ces quelque cent années. La rationalité moderne se met en place ; les sciences et les techniques sont encouragées par le pouvoir (fondation de l'Académie des Sciences, 1666), et bientôt par l'opinion (voir, en deux étapes différentes, les carrières de Pascal, p. 328, et de Fontenelle, p. 395). On désigne parfois du nom philosophique de « cartésianisme » cette puissante lame de fond qui permet d'expliquer certains aspects de la fin du XVIIe siècle et qui dominera, au siècle suivant, l'œuvre de ceux que tout le monde appelle « philosophes ».

Mais, prise dans son ensemble, la création littéraire au XVIIe siècle n'est pas « cartésienne ». Si les pouvoirs de l'homme sur la nature, si la raison impressionnent les hommes de ce temps-là, ce n'est pas parce qu'ils sont déjà des « philosophes », c'est parce qu'ils sont restés — pour leur pensée, et non pour leur langue — des hommes de la Renaissance. Derrière un langage clair, l'esprit s'imagine que la « nature » est pleine d'analogies, qu'elle obéit à un jeu de forces complexes et enchevêtrées. On ne trouve pas choquant que des sphères, des atomes, des « esprits » rompent, dans le monde physique et dans le monde mental, la chaîne de la causalité. La littérature française du XVIIe siècle s'éclaire, elle se différencie et prend tout son relief, quand on voit bien que, jusqu'en 1680 pour le moins, les principaux écrivains voulaient conquérir un public qui avait cette langue et cette pensée.

Faut-il s'étonner que continuent à nous parler aujourd'hui des œuvres conçues à l'origine pour (et par) des personnes différentes de nous ? Si nous nous étonnions, nous oublierions cette conviction essentielle que, de nos jours, nous nommons l'« humanisme » et que le XVIIe siècle nourrissait déjà quand il parlait de l'« homme universel » ou, plus généralement, l'« homme ». Cette conviction, la voici : tous les hommes partagent une communauté de sensibilité, de sens esthétique et d'émotions, ils partagent aussi une dignité qui sont indépendantes de leur mentalité scientifique. Nous avons donc affaire à une littérature française par sa langue, mais aussi internationale et mondiale par ses ambitions et par ses effets. Là aussi, c'est la première fois et, là encore, c'est une chose acquise pour trois siècles.

Précisons cependant. Ce souci de l'« homme » n'exclut pas le souci de Dieu. Cette littérature s'adresse immédiatement à un public qui ne contient qu'une part très faible d'incroyants ou d'athées. La religion (voir le lexique) exerce sur les âmes un vigoureux empire. Est-ce une raison pour penser que ces textes ont perdu toute actualité, sauf pour les croyants d'aujourd'hui ? Certains l'ont cru, qui expulsaient de la littérature les poèmes religieux, Pascal, Bossuet et Fénelon. Il est plus sage de ne pas pratiquer cette expulsion, et cela pour au moins trois raisons. D'abord, l'interpénétration du sacré et du profane est si complète dans les esprits qu'il serait artificiel de les séparer quand on traite d'une activité particulière, l'écriture littéraire. Ensuite, le christianisme du XVIIe siècle, qui a le sens de l'universel, pose à l'homme des questions si vraies et si profondes que ses mystiques, ses religieux et ses défenseurs — pourvu qu'ils écrivent très bien, et, naturellement, en français — jouent nécessairement leur rôle dans le débat sur la condition humaine. Enfin et surtout, la présence de ces œuvres d'inspiration religieuse est un témoin nécessaire pour mieux comprendre à quel point le reste de la littérature est en train de se dégager de la religion.

Cette affirmation n'est pas un paradoxe. La littérature du XVIIe siècle est un témoin majeur de la « civilisation » française, au sens où le mot de civilisation veut dire : rendre « civile » une société qui ne l'était pas. On verra que tous les genres littéraires sont en train de prendre une nouvelle distance par rapport à leurs origines, qui les situaient dans le légendaire, le mythologique et le sacré. On assistera à cette promotion, beaucoup plus importante en littérature que celle du cartésianisme, d'une vie de société qui s'érige en arbitre du goût. La société juge des œuvres selon des critères de plaisir, de convenance et d'élégance qui peuvent parfois contenir des éléments religieux, mais qui sont, pour la plupart, non irréligieux mais a-religieux : indifférents en matière de religion. Pensons aux lecteurs, plus nombreux, plus dispersés qu'auparavant. Dans le tréfonds de leurs cœurs se crée, s'élargit ainsi un espace tout à fait laïque. En pleine époque religieuse, et sans l'avoir comploté, l'imagination littéraire et les progrès de la langue française qui, d'un autre côté, servent et embellissent la foi chrétienne contribuent également à limiter son champ d'action.

*La littérature du XVIIe siècle n'a pas — c'est évident — créé la « laïcité » à la française. Mais elle a commencé, de très loin, à en délimiter le domaine. Laissons là, cependant, le public et la manière dont la littérature le forme. Et, pour conclure cette introduction, revenons à l'écrivain. De quelle façon trouvait-il du bonheur à écrire ? A cette question générale on peut répondre, pour le XVIIe siècle, en des termes moins individualistes qu'il ne faudrait le faire pour une époque ultérieure. Grâce à la vie de société que nous rappelions plus haut, ces auteurs ont le sentiment de participer à une entreprise collective. Laquelle ? La satisfaction d'avoir à transmettre ce que l'on a reçu, la joie d'avoir à le « présenter ». Présenter, c'est rendre présent : il y a du prestige à revendiquer l'héritage d'une tradition très ancienne et à lutter, en même temps, avec elle pour en retravailler les éléments et les traiter « à la moderne ». L'érudition, les immenses lectures, les dictionnaires épais sont perpétuellement sollicités pour la création des œuvres. Mais il n'est qu'une voie offerte au succès, qu'une façon de se faire reconnaître : l'originalité d'*esprit *(voir le lexique), la vivacité d'expression, la tournure neuve. En ce sens, Guez de Balzac incarne bien l'écrivain du XVIIe siècle. Comme il l'écrit à Mme de Rambouillet : « Il faut* choisir *ce qu'on vous* présente. *»*

NB. — Les auteurs de ce manuel sont les suivants : Liliane Picciola pour les parties I et II, Denis Lopez pour la partie III, Emmanuel Bury pour la partie IV. J'ai rédigé l'introduction, la conclusion et le lexique, en retenant, pour ce dernier, un bon nombre de leurs suggestions communes.

R. Z.

PREMIÈRE PARTIE
Le théâtre

Au milieu du siècle, le chevalier de Méré (p. 391) exigeait de l'honnête homme qu'il regardât ce qu'il faisait comme « une comédie » et qu'il s'imaginât qu'il jouait « un personnage de théâtre ». C'est dire l'importance accordée alors au regard d'autrui ; c'est dire aussi quelle efficacité on prêtait au costume qu'on portait, aux mimiques et aux gestes qu'on effectuait, ainsi, évidemment, qu'à la volonté de composer un personnage pour imposer aux autres la vision de ce qu'on entendait être. Une telle foi dans la capacité d'attirer les regards prouve que les talents d'acteur, même si seuls des professionnels les exerçaient pleinement, étaient considérés comme dévolus à beaucoup et qu'on pouvait s'attirer quelque estime à savoir s'en servir à condition que — au contraire des comédiens — on ne le fît que gratuitement et occasionnellement, par pur divertissement, ou en jouant son propre personnage. Cependant le roi du *Cid* n'hésite pas à inviter toute sa cour à feindre pour une bonne cause, à « montrer un œil plus triste » devant Chimène. Ce n'est certes pas avec autant de gratuité que Louis XIV accepta de jouer dans le divertissement des *Amants magnifiques* de Molière le personnage d'Apollon, le dieu solaire. Ainsi s'animait la devise de Roi-Soleil qu'il s'était donnée à lui-même. Richelieu, en son temps, se faisait constamment représenter aux côtés de Scipion Emilien, dont il aimait être le moderne reflet. Ecrire en 1639 sur Scipion Emilien c'était rendre hommage aux qualités du Cardinal. Celui qui, au XVIIe siècle, savait paraître se conférait en quelque sorte un supplément d'être.

Il semble que les progrès du théâtre dans le cœur des souverains et de leurs proches aient coïncidé avec ceux de l'absolutisme. Louis XIII, Richelieu, Anne d'Autriche, Mazarin, Louis XIV ont tous apporté, sous des formes variées, leur aide au théâtre, et la diversité des images offertes sur les scènes protégées de Paris, et bien entendu sur celles de la cour, participait de l'ostentation du pouvoir, de l'affirmation que le roi paraissait magnifiquement et qu'il était ce qu'il paraissait. Les princes d'Italie avaient montré l'exemple depuis plus d'un siècle et demi. Mais il avait fallu à Paris une cinquantaine d'années, après la mort d'Henri IV, pour que son activité théâtrale méritât la comparaison, *mutatis mutandis*, avec celle d'une grande ville de la Renaissance italienne.

1. Les conditions de développement du théâtre

Salles et scènes

Il faut attendre 1640 pour qu'une authentique salle de théâtre soit construite. Fait significatif, elle l'est dans un palais, le Palais-Cardinal. Les autres salles de Paris avaient jusque-là été aménagées dans des jeux de paume, salles dans lesquelles on pratiquait un jeu de balle à la mode depuis le règne des Valois et pour lequel les sportifs, des nobles, avaient utilisé, avant l'introduction de la raquette, la paume de leurs mains gantées : l'ancêtre du tennis et du squash, en quelque sorte. C'était le cas du théâtre de Bourgogne (unique salle permanente de Paris au début du XVIIe siècle) et du théâtre du Marais, aménagé plus tardivement. Toutefois le théâtre du Petit-Bourbon résulta, lui, de la transformation, par la volonté de Louis XIII, de la grande salle d'une vaste demeure qui avait appartenu au connétable de Bourbon. Les salles des jeux de paume étaient étroites et longues ; la scène y était plus profonde que large et aucun dégagement ne permettait l'aménagement de coulisses latérales.

L'hôtel de Bourgogne était dévolu au théâtre depuis 1548. Il appartint pendant des décennies aux confrères de la Passion, auxquels des comédiens louaient la salle. Le théâtre du Marais fit son ouverture en 1634 avec une troupe qui s'était fait connaître déjà depuis cinq ans, dans d'autres jeux de paume de ce beau et nouveau quartier, investi par la noblesse de robe. Malgré la date de son ouverture, il ne fut guère mieux aménagé. Les acteurs disposaient encore d'une aire d'évolution extrêmement réduite, et les spectateurs se trouvaient placés dans de déplorables conditions d'écoute et de vision. La ligne courbe semblait inconnue de l'architecte chargé de la transformation du jeu de paume et l'angle de vue des spectateurs distingués qui occupaient les petites galeries latérales était peut-être pire que celui des spectateurs plus modestes qui se trouvaient debout sur le parterre, à peine surélevé au fond de la salle. Les comédiens se plaignant de l'incommodité de leur lieu de travail, la salle de l'hôtel de Bourgogne fut quelque peu restaurée en 1647 et celle du Marais véritablement reconstruite, après un incendie, en 1644. La scène du Marais bénéficia d'un agrandissement de 2 m environ en profondeur et en largeur ; elle put s'enorgueillir de ses 12 m sur 13, qui permettaient non seulement des déplacements d'acteurs plus aisés mais aussi l'utilisation de machines pour des spectacles plus prestigieux. Des gradins arrondis furent installés au fond de la salle pour améliorer la visibilité et, sur chaque côté, le plus beau public se voyait réserver un triple rang de loges en pente.

Mais seul le théâtre de cour connut d'emblée aisance et vastes proportions. La salle du Petit-Bourbon était déjà beaucoup plus grande que celles du Marais et du Bourgogne : 35 m de longueur, dont 15,5 m pour le plateau, à peu près carré. Quant à celle du Palais-Cardinal, inauguré en 1641 pour la *Mirame* de Richelieu, elle disposait d'un véritable *theatron* semi-circulaire en gradins, avec une scène suffisamment vaste pour recevoir les décors et machines utilisés par le « magicien » Torelli (qui en améliora encore l'aspect), puis Vigarani, autre illustre technicien italien de la scène. C'est à Vigarani qu'on doit la construction, de 1659 à 1662, sur ordre initial de Mazarin, de la spacieuse salle des Machines des Tuileries, qui comportait un emplacement spécial pour l'orchestre (le théâtre qu'on comptait y jouer étant musical), un parterre destiné aux gardes du roi, une loge royale sur le devant et face à la scène, puis, la surmontant, des gradins ; le fond de la salle était occupé par d'autres gradins, semi-circulaires ceux-là, nettement séparés des autres pour bien affirmer la hiérarchie sociale. On a vraiment affaire à une salle à l'italienne, bien que les loges n'y soient pas vraiment fermées. On pourrait s'étonner que la scène y ait été conçue sur le modèle agrandi des scènes des jeux de paume, puisque sa profondeur atteignait 43 m tandis que sa largeur n'excédait pas 31 m : il faut se souvenir que l'architecte venait d'Italie et qu'il en apportait le goût, bientôt partagé, des perspectives immenses.

Les décors les plus simples, au début du siècle, étaient constitués de trois toiles peintes : une toile de fond et deux toiles placées en biais sur les côtés, qui arrivaient jusqu'au-devant du plateau. Sur ces toiles étaient peints des lieux différents, mais qu'on voyait donc tous en même temps : on désigne cette disposition par l'expression de « décor simultané ». Ils pouvaient représenter un palais (tragédie), un carrefour urbain (comédie), la campagne ou la forêt (pastorale), les personnages de la tragi-comédie, très en vogue jusqu'en 1640, se déplaçant de l'un des types de décor à l'autre. Ce genre appela la représentation d'un autre lieu pittoresque : la prison. Comme la visibilité depuis les galeries était de mauvaise qualité, le beau monde prit l'habitude de venir s'asseoir sur les côtés de la scène. Ainsi l'acteur, dont l'entrée, au fond, entre deux toiles, était déjà problématique, éprouvait beaucoup de difficultés à se mouvoir jusque sur le devant du plateau. C'est pourquoi il avançait lentement et préférait se tenir tout près du public. On pense que les comédiens s'arrêtaient un instant devant une des toiles pour bien indiquer au public dans quel lieu se trouvait leur personnage puis qu'ils avançaient. Au reste, c'est bien au bord de la scène qu'ils pouvaient se faire voir et entendre le mieux. C'est là aussi, comme l'indique judicieusement Jacques Scherer, qu'ils pouvaient paraître d'une taille normale par rapport aux décors peints en perspective derrière eux.

Ces données matérielles expliquent bien des pratiques théâtrales qui survécurent aux raisons qui les avaient causées. D'abord, l'incommodité des décors simultanés joua autant que le désir de créer l'illusion (bien difficile à réaliser, la salle étant éclairée et la scène l'étant assez mal) dans la préférence qu'on donna à la représentation d'un lieu unique. Quelques maisons symbolisaient une ville, quelques colonnes toutes les pièces d'un palais (on désignait ce dernier décor par l'expression de « palais à volonté »). Cependant, les théâtres de cour ou les théâtres rénovés purent bientôt accueillir des décors changeants et les auteurs écrire « des tragédies de machines ». Disposant de peu d'espace pour se mouvoir dans les premiers théâtres, les comédiens avaient pris l'habitude de bouger peu et, comme l'acoustique était très mauvaise, ils faisaient en sorte que leur voix portât... Au demeurant, leur déclamation ne déplaisait pas le moins du monde à un public souvent rompu à l'art oratoire et aimant les discours. Certaines mauvaises langues prétendirent qu'après l'installation de la Comédie-Française dans le quartier Saint-Germain on entendait la voix de la Champmeslé jusque dans le café Procope (situé dans l'actuelle rue de l'Ancienne-Comédie).

Le temps que mettait un acteur à sortir d'une scène aussi profonde, même si elle était débarrassée des compartiments multiples, explique qu'on ait mal supporté un « vide » trop long et que les doctes aient peu à peu exigé, pour que l'action pût donner une impression de vérité aux spectateurs, qu'on liât les scènes, c'est-à-dire qu'à l'intérieur d'un même acte, il restât toujours un acteur sur la scène pour accueillir le nouvel arrivant. Evidemment, cette règle de la liaison des scènes introduit dans l'écriture dramatique une continuité temporelle qui, d'une part, peut brimer les auteurs dans leur goût d'évoquer une multiplicité d'événements (à laquelle l'impression de discontinuité est nécessaire), qui, d'autre part, interdit la composition en tableaux décrite plus haut, et qui, au fond, enferme l'action dans une sorte de huis-clos (que Racine saura magnifiquement exploiter). Dans les quarante premières années du XVIIe siècle, les ruptures de liaison des scènes sont innombrables : c'est que les auteurs n'en avaient cure. En 1635, Chapelain juge encore que cette liaison « fait beauté » mais « n'est pas nécessaire ». Boileau, dans son *Art poétique* (1674), refuse carrément la « scène vide », et Corneille, réticent à cette pratique au début de sa carrière, y devient de plus en plus favorable, finissant par estimer qu'elle est « devenue » une règle.

A l'introduction de cette continuité temporelle et à la recherche d'une relative illusion s'ajoute, assez logiquement, le choix de lieux intérieurs et non plus extérieurs pour le déroulement de l'action. Les Italiens de la Renaissance avaient emprunté aux comédies de Plaute et de Térence leurs décors de carrefour urbain, qui permettaient aux artistes de dessiner de superbes perspectives. Les maisons du protagoniste et de celle qu'il aimait y voisinaient de façon symbolique et tous les personnages de la comédie passaient par « là ». Dans *L'Ecole des maris* de Molière (1661), Sganarelle évolue encore d'une maison à l'autre, semblant être reçu aux deux endroits sur le pas de la porte ! L'on peut difficilement représenter *L'Ecole des femmes* (1662) sans faire voir les deux maisons d'Arnolphe. Mais observons *La Critique de l'Ecole des femmes, Tartuffe, Le Misanthrope, Les Femmes savantes* : manifestement, on a affaire à des scènes d'intérieur. Le carrefour comique a disparu, même quand les personnages sont des bourgeois. L'indication liminaire du lieu de l'action donnée par les poètes précise bien qu'on se trouve « dans la maison » de tel ou tel personnage. Mais le directeur de la troupe, le lecteur tireront du texte d'autres indices pour imaginer dans quel type précis de pièce les personnages évoluent. En effet, la matérialité du spectacle n'apparaît pas dans l'écrit.

Protections

Déjà au XVIe siècle, sous le règne des Valois, la cour se distrayait et affirmait sa grandeur en organisant des spectacles, des ballets ; on invitait également des troupes italiennes de *commedia dell'arte*. Sous le règne d'Henri IV, la plus célèbre de ces troupes était sans doute celle du duc de Mantoue et Marie de Médicis, fidèle à ses origines toscanes, contribua fortement à développer dans son entourage le goût des comédies improvisées des Italiens. Elle n'avait point de cesse qu'elle ne reçût la visite à sa cour de la troupe de son « cousin » de Mantoue. Les princes italiens avaient, en effet, compris depuis un siècle au moins que leur gloire s'accroissait — dans l'agrément — de la faveur qu'ils accordaient, entre autres artistes, aux comédiens. Aussi l'idée d'une relation privilégie entre la famille royale et une troupe de comédiens commença-t-elle de se développer. Une correspondance plaisante s'établit entre Marie de Médicis et Tristano Martinelli, le célèbre Arlequin de la troupe de Mantoue, les *Acesi*. A l'égard du couple royal français comme à l'égard de son protecteur permanent, Arlequin se comportait un peu comme un bouffon : ses lettres étaient d'une étonnante familiarité et il n'hésita pas, un jour, à envoyer à Henri IV d'épaisses *Compositions de rhétorique* dont toutes les pages, sauf celle du titre, étaient immaculées... Il semble toutefois que les comédiens italiens ont pu jouir en France d'une considération supérieure à celle des bouffons. Henri IV accepta d'être le parrain de l'enfant de l'excellente et très belle actrice Isabelle Andréini (le rôle d'amoureuse, relativement peu comique dans les comédies italiennes, qu'elle tenait chez les *Gelosi* contribua peut-être à cette marque d'une considération supérieure à celle dont jouissaient ordinairement les comédiens). Henri IV assista d'ailleurs aux obsèques de la comédienne, quand elle mourut, très jeune, à Paris.

Néanmoins, la protection était accordée à des comédiens étrangers, et l'on ne semblait pas percevoir que la gloire royale pût s'amplifier de la faveur accordée à une troupe nationale qui ferait apparaître le souverain comme un véritable Mécène. Il fallut attendre la maturité de Louis XIII pour que la protection royale s'étendît vraiment à des comédiens français. La troupe qui louait l'hôtel de Bourgogne devint la Troupe des Comédiens du Roi en 1629 et put ainsi disposer constamment de la salle de théâtre, grâce à un bail de trois ans renouvelé. Les textes joués par les comédiens étant écrits en français et n'appartenant pas tous, loin de là, au genre comique (même si les farceurs étaient nombreux), il était clair que la relation établie avec eux était d'une autre nature que celle d'un roi avec ses bouffons. A partir de 1635, la troupe du Bourgogne, mais aussi celle du Marais reçurent une subvention royale annuelle.

C'est que Richelieu, à la fois amoureux du théâtre et attentif à l'efficacité des instruments du pouvoir, renforça la faveur accordée au théâtre. Il créa ainsi la Société des Cinq Auteurs (période d'activité : 1635-1637), sorte d'atelier d'écriture dramatique. Mais protéger le théâtre, c'était aussi exercer un pouvoir sur lui. Lorsqu'en 1637 Pierre Corneille s'attira avec *Le Cid* un immense succès et de profondes jalousies, le Cardinal (irrité d'une pièce qui pouvait paraître exalter le courage des Espagnols dans leur histoire ?) lui força la main pour qu'il acceptât de laisser soumettre son œuvre au jugement de l'Académie française, que son Eminence venait de créer (1634). Il est certain que le goût des puissants influa désormais fortement sur l'évolution des spectacles en France. Le choix que, sur le conseil de Richelieu, Louis XIII fit de Mazarin comme premier ministre (1642) provoqua l'entrée en masse en France et de l'opéra et des techniques italiennes de la scène. Le premier opéra fut donné en 1645 à l'hôtel du Petit-Bourbon. Mazarin profita également du succès du célèbre comédien italien Tiberio Fiorelli dans le rôle de Scaramouche pour faire des acteurs *dell'arte* les Comédiens du Roi et les installer pour longtemps au Petit-Bourbon. Enfin, le goût prononcé de Louis XIV pour les ballets et le succès des *Fâcheux* (comédie dans laquelle Molière avait introduit des danses sur le conseil de Fouquet, qui voulait plaire au roi) eurent des conséquences évidentes sur la production théâtrale moliéresque.

Le patronage royal permettait à une troupe de s'imposer, mais d'autres protections pouvaient permettre à une troupe de vivre. La troupe ambulante de Molière se trouva fort bien de son association avec celle de Dufresne, en 1646, car celle-ci était aidée par le duc d'Epernon. Grâce au comte d'Aubijoux, puis au prince de Conti, les comédiens de Molière bénéficièrent ensuite d'une relative sédentarisation dans la région de Pézenas et purent acquérir ainsi une certaine notoriété. Revenus jouer à Paris après la conversion du prince de Conti et son rejet du théâtre, ils virent la chance leur sourire de nouveau grâce à l'intérêt que leur porta Monsieur, frère du roi, qui leur fit donner une représentation au Louvre en octobre 1658. Elle eut l'heur de plaire, moins à cause du *Nicomède* de Corneille qu'à cause du « divertissement » du *Docteur amoureux*. Ce succès eut pour conséquence l'établissement de Molière à Paris puisque le roi permit à sa troupe de partager le Petit-Bourbon avec les comédiens italiens.

Cependant les Grands ont leurs caprices : c'est sans beaucoup de ménagements que Molière dut quitter ce théâtre deux ans plus tard pour permettre la construction de la colonnade du Louvre. Dans un premier temps, aucun théâtre ne lui fut offert pour remplacer celui-là. Puis il put s'installer dans le théâtre du Palais-Royal (anciennement Palais-Cardinal), où l'on donnait des concerts mais qui était fort délabré. Les Italiens avaient quitté la France en 1659 ; à partir de 1662, Molière dut partager avec eux le Palais-Royal restauré comme ils avaient partagé avec lui le Petit-Bourbon en 1658. Cependant l'approbation de Louis XIV, manifeste dans sa commande de ce qui fut *L'Impromptu de Versailles,* contribua fort, en 1663, à apaiser les menées organisées contre la troupe de Molière à la suite de la représentation et du succès de *L'Ecole des femmes.* Comme Henri IV l'avait fait pour Isabelle Andréini, Louis XIV accepta d'être le parrain de l'enfant de Molière et d'Armande Béjart : vu la nature des bruits qu'on avait fait courir sur la vie privée de Molière, c'était donner l'ordre qu'ils cessassent. Le roi pouvait interdire une pièce de son propre chef ou à la demande d'une autorité : les représentations de *Tartuffe* furent interrompues par ordre de Louis XIV sur la requête de l'archevêque de Paris. Il fallait alors gagner à sa cause des personnages influents de la cour (pour obtenir l'autorisation de représenter *Le Mariage de Figaro,* Beaumarchais ne procéda pas autrement en 1784 !). Plusieurs représentations de *Tartuffe* eurent lieu chez le Grand Condé, qui contribuèrent fort, avec l'influence de Madame, Henriette d'Angleterre, à la levée de l'interdiction par le roi, en 1669. Molière renonça à représenter *Dom Juan* malgré cinq semaines de succès... mais reçut quelques mois plus tard (1667) pour ses comédiens et le titre de troupe du Roi et une coquette pension. Lorsqu'une troupe venait jouer à la cour hors de Paris, elle était totalement hébergée et tel ou tel comédien pouvait bénéficier de gratifications personnelles. Des nobles offraient souvent à un acteur ou une actrice qu'ils appréciaient le costume qu'il porterait lors de la représentation devant le roi.

La faveur devait être cultivée. Aussi le nombre de comédies-ballets va-t-il en s'accroissant dans l'œuvre de Molière sans qu'il renonce pour autant à des œuvres riches en fond. Il s'efforce de marier réflexion et divertissement aussi souvent qu'il le peut. Molière était à la fois directeur de troupe et auteur ; on peut se demander si ce n'est pas davantage pour ses qualités de directeur que pour ses qualités d'auteur qu'il fut récompensé... Certains acteurs pouvaient recevoir du roi des charges en guise de paiement. Peu d'auteurs obtenaient la même chose ; ils en avaient pourtant souvent besoin. En effet, leurs revenus en matière de publication ou de représentations de leurs pièces se trouvant fort aléatoires, comme on le verra plus loin, ils les complétaient par l'obtention de gratifications ou de pensions qui supposaient qu'on fût particulièrement agréable au ministre, au souverain, ou, pour le moins, à Chapelain, que Colbert chargea, en 1662, d'établir une liste des gens de lettres particulièrement méritants. On peut être surpris qu'un auteur comme Corneille ne figurât pas dans les premiers noms de cette liste ! Corneille n'était guère courtisan. Mais il faut dire aussi qu'il pouvait vivre sans la largesse des Grands puisque, licencié ès lois, reçu comme avocat, il possédait une charge au palais de justice de Rouen ; il possédait aussi des biens de famille. Molière, pour ce qui est de sa seule personne et de la sérénité nécessaire à l'écriture dramatique, aurait également pu se passer des subsides royaux à partir du moment où, son frère étant mort, il bénéficia (en 1661) de la charge de tapissier du roi qu'il lui avait abandonnée pour faire du théâtre.

C'est souvent en dédiant à tel ou tel grand personnage le texte d'une pièce autorisée à la publication qu'un auteur s'assurait une gratification et, bien entendu, lorsqu'un mécène passait commande d'une pièce, la dédicace lui était due ! Corneille écrivit ainsi des vers à la gloire de Fouquet en guise d'introduction à son *Œdipe* (1659). Les dédicaces écrites par Molière ont été souvent composées dans un souci plus stratégique que financier : dédier *La Critique de l'Ecole des femmes* à Anne d'Autriche, c'était tenter de mettre de son côté une autorité dont les dévots auraient pu se prévaloir en incriminant les scènes « impies » de *L'Ecole des femmes.* Les pensions étaient évidemment plus sûres et plus durables. Elles faisaient partie de la politique de Louis XIV (en 1637, sous Louis XIII, après le succès du *Cid,* Corneille avait obtenu non pas une pension mais des lettres de noblesse pour son père). Néanmoins Corneille perdit sa pension en 1674 et ne la retrouva qu'en 1682 grâce à l'intervention de Boileau. Peut-être n'offrait-il pas la contrepartie que le pouvoir attendait. Molière, moyennement pensionné, écrivait des comédies-ballets ; quant à Racine, il commença d'écrire des vers d'éloges avant même de composer pour le théâtre : c'est bien pensionné (1 500 livres par an) et touchant les bénéfices d'une charge de trésorier de France (2 400 livres par an) qu'il abandonna, en 1677, le théâtre pour l'historiographie du règne. En 1690, il devenait gentilhomme ordinaire de la Chambre du Roi.

Les troupes

Une troupe ambulante d'acteurs professionnels, celle de Valleran le Conte, s'était fixée à Paris en s'associant aux comédiens dirigés par Talmy et en louant à bail la salle de l'hôtel de Bourgogne, à l'extrême fin du XVIe siècle. Bien qu'appelés dès 1598 les « Comédiens ordinaires du Roi », ils ne disposaient pas de la salle en toute liberté. Souvent Valleran, puis Bellerose, son successeur, devaient laisser la place à d'autres locataires quand les exigences des propriétaires, les Confrères de la Passion, devenaient trop élevées parce qu'une autre troupe, fortunée et ayant besoin d'un théâtre, avait fait monter les prix... Ils cédaient un temps, puis, endettés parce que les recettes n'étaient pas suffisamment bonnes, ils devaient partir en tournée en province pendant que l'hôtel était occupé par une troupe italienne, espagnole, plus rarement française, à moins qu'il ne s'agît de celle du prince d'Orange (dans laquelle plusieurs des grands acteurs des théâtres parisiens du XVIIe siècle firent leurs débuts). Parfois, le bail était partagé avec une autre troupe : l'alternance fut essentiellement pratiquée avec des comédiens italiens parce que, très souvent invités à la cour, ils profitaient de leur passage à Paris pour jouer aussi à la ville. Ce n'est qu'après une bonne association, en 1627, avec les comédiens français de Gros-Guillaume, des farceurs (dont certains avaient déjà joué avec Valleran, en 1610) que la troupe put prendre assez de forces pour s'imposer progressivement à l'hôtel de Bourgogne. La protection royale accordée en 1629 lui fut une consécration. Elle s'enrichit, en 1634, de talents que le Cardinal avait reconnus dans la troupe rivale du Marais et qui furent priés de rejoindre l'hôtel de Bourgogne. En 1642, un autre contingent de six acteurs du Marais reçut l'ordre royal d'aller jouer dans le plus ancien théâtre vers lequel se dirigèrent encore spontanément plusieurs grands comédiens, découragés par les difficultés traversées par le deuxième théâtre français de Paris.

La troupe pouvait donc s'enorgueillir d'une grande variété d'acteurs. Elle compta dans ses rangs des tragédiens comme Bellerose, chef de la troupe depuis la mort de Valleran (1615), puis Montfleury et Floridor, transfuge du Marais ; de grands farceurs (le genre de la farce domina dans ce théâtre jusqu'en 1634) comme Gros-Guillaume, Gaultier-Garguille, Turlupin, Guillot-Gorju, qui véhiculaient une tradition française mais qui avaient assimilé certains traits du jeu des Italiens ; de très grandes actrices s'y firent connaître comme la Du Parc, qui quitta pour le Bourgogne la troupe de Molière, et la Champmeslé. Une partie des pièces de Corneille furent créées dans cette salle ; on peut la considérer comme le théâtre de Racine.

Dès 1629, une troupe rivale s'installait à Paris, celle des comédiens français de Montdory (dont Valleran s'était, un temps, assuré la collaboration), qui occupa divers jeux de paume du Marais, dans un quartier qui lui assurait, en particulier, un public d' « officiers » (noblesse de robe), et où elle s'installa définitivement rue Vieille-du-Temple, en 1634. La troupe se distingua par un programme très nouveau, les comédies distinguées de Corneille. Bellemore (qui tint le rôle de Matamore) en fit la réputation ainsi que Montdory et Floridor (tragédiens, qui jouèrent, bien entendu, les premières tragédies de Corneille : Montdory fut le premier Rodrigue de l'histoire) mais aussi le farceur Jodelet, originaire de la troupe du prince d'Orange, transféré au Bourgogne en 1634, revenu au Marais en 1641, qui se faisait d'emblée reconnaître et acclamer par le public avec son visage enfariné et sa voix nasillarde : beaucoup de comédies de Scarron et de Thomas Corneille portent son nom, suivi d'une épithète, et Pierre Corneille l'employa dans *Le Menteur* et *La Suite du Menteur*. La mort de Montdory, en 1637, l'incendie du théâtre et sa fermeture temporaire, en 1644, le départ de Floridor suivi des pièces de Corneille, en 1647, provoquèrent le déclin de la troupe, que Jodelet lui-même finit par quitter en 1659 pour rejoindre les comédiens de Molière. Grâce à la reconstruction qu'avait imposée un incendie, la salle avait été agrandie et l'on y jouait souvent, désormais, des pièces à machines.

Arrivée en 1639, la troupe italienne de Spezzafor réjouit les Parisiens jusqu'en 1648. Tiberio Fiorelli, qui incarnait le type de Scaramouche, contribua très fortement à ce succès. L'activité de la troupe, interrompue par la Fronde, reprit avec éclat en 1653 puisque Mazarin installa les « Comédiens du roi de la troupe italienne » dans le théâtre du Petit-Bourbon. On a vu qu'on le leur fit partager avec Molière en 1658 et qu'en 1662, après trois ans d'absence, ils durent encore jouer en alternance avec lui dans la grande salle du Palais-Royal, dévolue alors aux ballets. Grâce à des vedettes comme Trivelin (Locatelli), ou Arlequin (Biancolelli), la troupe recevait, comme les troupes françaises, gratifications et subventions : Louis XIV leur accorda même 15 000 livres par an alors que la troupe de l'hôtel de Bourgogne ne recevait que 12 000 livres. Etonnante faveur, à première vue, alors que les acteurs jouaient en italien. Mais il est vrai qu'ils pratiquaient surtout l'improvisation et que, dans ce type de spectacle, les gestes faisaient tout comprendre. Toutefois, dès qu'ils furent vraiment établis à Paris, les Italiens commencèrent d'intercaler dans leurs répliques des mots en français. Traduites, les plaisanteries pouvaient paraître un peu grosses. N'importe : ils distrayaient, et c'est ce que la cour, comme le peuple, leur demandait.

Mieux payés que les acteurs du Bourgogne, les comédiens italiens l'étaient encore beaucoup plus que ceux de Molière. Après une douzaine d'années d'errance dans toute la France mais surtout dans le Midi, la troupe prit donc pied à Paris en 1658 grâce à la protection de Monsieur. Le grand acteur de la troupe était, bien entendu, Molière, avec ses quelques défauts de prononciation, ses talents de mime et son goût prononcé pour la tragédie alors que c'est en jouant farces et comédies qu'il se couvrit de gloire. Molière avait à côté de lui sa complice des premiers jours, Madeleine Béjart, la jeune sœur de celle-ci, Armande, qu'il épousa, Mlle de Brie, Marquise Du Parc, dont Corneille tomba amoureux. La Grange — qui tint le précieux registre de la troupe — et Jodelet les rejoignirent en 1659, Baron, qui joua souvent les jeunes premiers (c'est le Cléonte du *Bourgeois gentilhomme* et l'Octave des *Fourberies de Scapin*), en 1665. Il faut compter aussi les Du Croisy et Mlle La Grange, qui tenait des rôles secondaires. Molière joua Mascarille, les Sganarelle, le rôle d'Arnolphe, celui d'Alceste, d'Orgon, de Sosie, et bien entendu celui du « malade » dans sa dernière comédie. Le mime avait une grande part dans son jeu, bien qu'il ne portât pas de masque (sauf, comme son nom l'indique, pour Mascarille, qui signifie *petit* masque, mais c'était un de ses premiers personnages comiques) : Molière incarnait de grands caractères en faisant rire alors même que son texte pouvait, à première vue, suggérer des personnages graves. Le théâtre du Palais-Royal accueillait sur son parterre des marchands, des petits employés, des étudiants, et, dans les premiers rangs de l'amphithéâtre et dans ses loges, des officiers, des financiers, des aristocrates : un public très mêlé.

La mort de Molière et les intrigues de Lulli bouleversèrent le paysage théâtral parisien en 1673. La troupe, traumatisée par la disparition de son directeur et auteur, reçut l'ordre de quitter le Palais-Royal, où Lulli installa son Académie royale de musique et de danse, pour le théâtre Guénégaud, encore aménagé dans un jeu de paume par le marquis et mécène de Sourdéac pour les spectacles musicaux de Cambert et Perrin (que Lulli s'efforça de ruiner) : elle s'y associa à la troupe du Marais. En 1680, un autre ordre royal la contraignit de se joindre à la troupe de l'hôtel de Bourgogne, formant ainsi la Comédie-Française. L'hôtel de Bourgogne, confisqué à la troupe qui y travaillait en même temps qu'aux Confrères de la Passion, fut donné aux comédiens italiens qui, à partir de 1684, disposèrent du droit, dont ils usèrent, de jouer en français. En 1689, la troupe impressionnante de la Comédie-Française, qui ne pouvait vivre longtemps dans le théâtre Guénégaud, s'installa dans une nouvelle salle, rue Neuve-des-Fossés-Saint-Germain, et qui résultait toujours de l'aménagement d'un jeu de paume. Elle reprenait, dans son aménagement, beaucoup des caractéristiques du Palais-Royal tel que Molière l'avait fait reconstruire en 1662 (parterre où l'on se tenait debout, amphithéâtre en gradins, triple rang de loges). Chacun des trois théâtres disposait respectivement à Paris du monopole des pièces musicales (Palais-Royal), des œuvres des auteurs morts (Comédie-Française) et des spectacles de comédie improvisée ou des œuvres d'auteurs contemporains vivants (hôtel de Bourgogne). Dans ces conditions, il était presque impensable qu'une autre troupe pût s'établir dans la capitale de façon durable. En 1693, le théâtre italien fut fermé pour avoir raillé dans *La Prude* une femme qui pouvait passer pour Mme de Maintenon. Le répertoire italien ne disparut pas pour autant : les théâtres de la Foire s'empressèrent alors d'utiliser canevas et masques mais il leur fut bientôt interdit de parler ! Le théâtre « italien » ne put rouvrir ses portes qu'en 1710.

Les auteurs de théâtre

Ce qui caractérise le XVIIe siècle par rapport aux précédents, c'est la promotion de l'auteur de théâtre liée au succès des représentations. Au début du siècle, on pouvait presque le considérer comme un simple fournisseur de textes, auquel on ne songeait guère pendant la représentation. Alexandre Hardy (1572-1632 ?) produisit ainsi plusieurs centaines de pièces : trente-quatre seulement furent publiées, à la fois parce qu'il n'était pas facile, juridiquement, de le faire et parce que le texte théâtral n'était pas vraiment considéré comme un genre écrit, destiné à durer. Hardy, ancien acteur, composa pour diverses troupes itinérantes, surtout celle de Valleran le Conte, dont il devint presque le fournisseur attitré quand elle se fixa à Paris. Commande d'une troupe, une pièce était considérée comme la propriété de celle-ci. Pour la publier, il fallait y être autorisé par le directeur de la troupe, qui cédait d'autant moins facilement qu'une fois imprimée, elle pouvait être jouée dans n'importe quel autre théâtre. Ainsi, plus une pièce remportait de succès dans les premières représentations, moins il était facile de l'éditer. Bellerose, le successeur de Valleran au Bourgogne, interdisait pratiquement à Hardy de publier. On le voyait comme un poète à gages, un salarié de la troupe. L'auteur de théâtre fut longtemps mal considéré également dans les milieux cultivés parce que son art visait d'abord à « plaire au peuple », sans lequel la représentation n'est pas. Mais vint vite un moment où se mirent à pratiquer l'écriture dramatique des écrivains qui s'illustraient aussi dans d'autres genres, bien considérés. Ce fut le cas de Théophile de Viau (1590-1626), auteur de *Pyrame et Thisbé* (1623) et de Racan (1589-1670), noble pauvre, homme de cour, qui fit représenter en 1619, à l'hôtel de Bourgogne, une pastorale dramatique, *Les Bergeries,* publiée en 1625 : tous deux étaient poètes. Alors que Bellerose avait à peu près réussi à empêcher Hardy de publier ses pièces, il fut obligé, peu à peu, l'auteur devenant dans l'opinion un personnage important, de céder à l'un de ses nouveaux auteurs, Rotrou (1609-1650). Celui-ci, alors qu'il n'avait longtemps obtenu qu'au compte-gouttes des autorisations de publication, parvint à publier neuf pièces en 1637 : il faut dire qu'il bénéficiait depuis 1634 de la protection de Richelieu ! Cependant, même après 1630, il était toujours interdit de faire publier un texte avant la fin de la première série de représentations.

L'auteur ne gagnait d'ailleurs pas toujours énormément à cette publication. En effet, une fois tombée dans le domaine public, la pièce ne rapportait pas davantage du côté des théâtres. Si, avant la première représentation d'une pièce nouvelle, l'auteur touchait du directeur de troupe une somme convenue (il ne percevait ensuite plus un sol, quel que fût le succès des représentations !), les comédiens qui reprenaient la pièce après son impression ne lui devaient absolument rien. Ils n'avaient même pas besoin de son autorisation pour jouer. Corneille, Molière pendant quelque temps, Racine connurent ce régime de rétribution. Bien entendu, la prime à la création était d'autant plus élevée que l'auteur était plus connu. Or, ce qui faisait connaître un auteur, c'était désormais non seulement des représentations triomphales mais aussi les œuvres antérieures qui avaient été publiées, à une époque où le monde cultivé révérait le texte qui dure et qu'on retrouve intact après des siècles, comme on avait retrouvé les textes antiques. La prime à la création fut de plus en plus souvent complétée, par accord entre les troupes et les auteurs, par une rémunération de deux parts d'acteur sur les recettes de chaque représentation. L'importance de l'auteur s'affirma même tellement que Racine osa retirer sa tragédie d'*Alexandre* à la troupe de Molière après deux représentations pour la porter à l'hôtel de Bourgogne.

D'abord propriété de la troupe, l'œuvre théâtrale, une fois publiée, devenait la propriété de l'éditeur, qui, bien entendu, souhaitait ne verser qu'une rémunération de départ, minime et définitive. Corneille parvint habilement à contourner l'obstacle : vite célèbre, disposant de quelque argent, il fit imprimer ses œuvres à ses frais à Rouen, en devenant ainsi propriétaire ; il revendit ensuite les droits d'impression, avec un bénéfice considérable, à un libraire parisien. Souvent les auteurs surveillaient de près l'édition, la mise en pages, l'illustration : il y allait de leur prestige. Cependant, malgré les lamentations d'un La Ménardière (peut-être davantage destinées aux auteurs de tragicomédies qu'à ceux qui composaient tragédies et comédies), qui, dans sa *Poétique* (1639), se plaint que les auteurs ne tiennent aucun compte des contingences théâtrales, il semble que les grands auteurs du XVIIe siècle, même si la publication de leurs œuvres constituait pour eux une étape essentielle, se sont profondément intéressés à la vie du théâtre. D'abord, le succès public était indispensable à l'édition. Aussi, pour l'assurer, les auteurs préparaient-ils les représentations auprès de l'opinion par des lectures publiques ou même de véritables séances théâtrales privées. Mais ils étaient souvent sincèrement passionnés des questions liées au lieu théâtral et à l'interprétation des acteurs : une passion de cette nature semble aller de soi de la part d'un Molière, acteur, directeur de troupe et auteur ; mais le goût des salles et des planches se révèle très vif aussi chez Corneille. Dans certaines des lettres qui nous sont restées de lui, on peut le voir s'intéresser au délabrement de la machine du Marais, aux tentations de départ des comédiens : il montre qu'il apprécie telle de ses tragédiennes, il place des espoirs dans le talent de telle autre comédienne qu'il a vu jouer par hasard. Il était l'ami du tragédien Floridor, fort bien né au demeurant, et Mme Corneille accepta même de devenir la marraine du fils de ce comédien. Scarron écrivait ses comédies pour l'acteur Jodelet. Racine, lui aussi, concevait ses rôles en fonction des comédiens qui les joueraient et n'hésitait d'ailleurs pas, par souci d'efficacité, à détourner un acteur d'une autre troupe ! Il est vrai que — sauf s'ils écrivaient une tragédie de machines — l'intérêt des auteurs se plaçait bien davantage dans les comédiens, dans la mesure où ils portent le texte, que dans les décorateurs (l'ère de la mise en scène n'avait point encore commencé !).

Mais tous les auteurs, sans exception, prouvaient dans les préfaces qu'ils donnaient à leurs œuvres quand ils les publiaient, combien ils étaient sensibles à l'accueil réservé à leur pièce par le public — Corneille distinguait parfois celui de Paris et celui des provinces. Dans ce public se trouvaient mêlés et les doctes, qui faisaient quelquefois connaître leurs opinions dans les salons ou les gazettes, et la noblesse, qui avait pu assister à la représentation à la cour ou dans un théâtre parisien, et les autres auteurs et les comédiens d'autres troupes, et la foule des anonymes. Les préfaces des œuvres de théâtre sont donc très souvent écrites sur le ton de la polémique. Tous les écrivains y eurent recours : outre les « trois grands », Scudéry, Rotrou, Mairet, Mareschal, Thomas Corneille en ont écrit, et de fort intéressantes. Ce sont peut-être surtout les préfaces des premières éditions qui doivent retenir l'attention car elles reflètent ce qu'a été la vie d'une pièce pendant un an environ ; elles évoquent, si l'on sait bien les lire, l'accueil qui lui fut réservé, à la ville, à la cour, par la majorité du public, par quelques dédaigneux. Plébiscité ou discuté, l'auteur était amené dans ses préfaces à formuler clairement des choix esthétiques, à dévoiler ses projets d'écriture, à exprimer sa propre appréciation de la pièce, qu'il compare parfois à d'autres de ses œuvres, à révéler son caractère, à régler des comptes. Les préfaces constituent souvent des mines de renseignements sur le processus de création : le poète y citait généralement ses sources, parce qu'elles prouvaient souvent le sérieux de sa documentation mais aussi parce qu'elles permettaient au lecteur de mesurer son originalité, le chemin parcouru, d'apprécier l'invention là où l'on aurait pu croire seulement à une imitation. L'auteur s'entendait généralement fort bien à expliquer en quoi il avait fait preuve d'originalité par rapport aux pratiques de son temps, et certaines préfaces, surtout quand elles n'étaient pas signées par l'auteur lui-même mais par un admirateur qui voulait le défendre auprès de l'opinion, faisaient figure de véritables manifestes, comme celle, rédigée par François Ogier, de *Tyr et Sidon,* de Jean de Schelandre (1628).

Elles n'étaient cependant pas pour l'auteur le seul moyen de parler de sa création. Sûr de lui, Corneille publia en tête de l'édition collective de son œuvre, en 1660, trois *Discours,* qui reprenaient des idées exprimées dans des préfaces, leur ajoutaient des développements, en opéraient la synthèse. Avec le recul du temps, la même année, Corneille procéda aussi à des examens, dépassionnés, de chacune de ses pièces. Trop attaqué, un auteur pouvait aussi décider de répliquer par une ou plusieurs lettres. Molière choisit, lui, à deux reprises, de répondre par une comédie polémique avec *La Critique de l'Ecole des femmes* et *L'Impromptu de Versailles.* Belle réplique aux doctes, qui, écrivains, étaient incapables de composer eux-mêmes autre chose que de petites œuvres ! Parfois incisif dans ses préfaces à l'égard de son principal concurrent, Corneille, Racine a consacré moins de forces que son rival ou que Molière à définir son esthétique en luttant contre des cabales.

Par contre, et peut-être parce que l'attaque provenait de son milieu d'origine, Racine a violemment répondu, dans une lettre, au *Traité de la comédie* et surtout aux *Imaginaires* et aux *Visionnaires* (1664-1666) du janséniste Pierre Nicole, qui voyait dans les auteurs de théâtre les « empoisonneurs des âmes ». A vrai dire, si Nicole s'en prenait au théâtre en général, ses attaques particulières visaient surtout le théâtre de Corneille, et sa représentation de la vertu romaine, « qui n'est autre chose qu'un furieux amour de soi-même ». Corneille avait répondu brièvement aux attaques dans la préface d'*Attila* (1667). Mais Racine, à ses débuts de poète dramatique, se sentait reprocher le choix de sa carrière ! Dans l'ensemble, pourtant, la condamnation du théâtre portée jusque-là par l'Eglise était formulée non pas contre l'écriture dramatique mais contre l'exercice de la profession de comédien : elle ne différait guère de celle qu'on portait à Rome, avant l'ère chrétienne, contre ceux qui, en quelque sorte, se servaient de leur corps pour vivre (la danse constituait une partie essentielle du métier des comédiens romains) ; cette condamnation avait été reprise ensuite par les Pères de l'Eglise, qui se référaient aux spectacles sanglants ou aux mimes lascifs de la décadence romaine. On ne mêlait plus, depuis l'interdiction des mystères, en 1548, l'Ecriture et les évocations profanes mais l'exécution, fort gestuelle, de la farce (souvent grivoise) pouvait encore attirer des reproches ; cependant le genre farcesque avait reculé au profit de la tragi-comédie, de la tragédie et de la comédie et les femmes pouvaient désormais assister à une représentation théâtrale sans qu'on s'en indignât. La condamnation ecclésiastique des comédiens se trouvait d'ailleurs adoucie par la bienveillance que leur manifestaient des cardinaux au pouvoir, comme Richelieu ou Mazarin. Malgré une interdiction théorique d'approcher des sacrements, les comédiens faisaient baptiser leurs enfants, se mariaient et mouraient religieusement. Il faut dire que les troupes se conciliaient parfois la bienveillance du clergé par quelque don... Quand on y pense bien, l'engagement pris par les comédiens qui désiraient être enterrés religieusement de renoncer à jouer la comédie le reste de leur vie ne prêtait guère à conséquences puisque, au moment où ils le prenaient, leurs jours étaient comptés.

Aussi fût-ce sans doute plus à l'auteur de *L'Ecole des femmes*, de *Tartuffe* et de *Dom Juan*, considérées comme sulfureuses, qu'au comédien qu'on refusa une sépulture chrétienne (obtenue, on le sait, grâce à l'intervention de Louis XIV, mais qui se déroula la nuit). Dans leur condamnation du théâtre, Conti, Nicole, les jansénistes faisaient d'ailleurs encore figure d'exception, mais plus pour longtemps. Après le mariage de Louis XIV vieilli avec Mme de Maintenon, l'austérité des dévots prit de la puissance ; on se souvient des railleries des comédiens italiens contre la seconde épouse du roi : le XVIIe siècle s'achève avec la fermeture d'un théâtre et l'interruption d'un jeu qui avait fait rire depuis une douzaine de décennies. Bossuet se déchaîna contre l'art dramatique dans ses *Maximes et réflexions sur la comédie* (1694). Il s'attaquait, certes, aux actrices, mais il s'en prenait aussi aux textes, au point que le P. Caffaro se crut obligé de lui répondre : « J'assure votre Grandeur devant Dieu que je n'ai jamais lu aucune comédie, ni de Molière ni de Racine, ni de Corneille ; ou au moins, je n'en ai jamais lu une entière. » A l'instar de Bossuet, le P. de Coustel, le P. Le Brun se mirent aussi à écrire contre le théâtre ; on trouve sous la plume du dernier : « Aussi les auteurs ne peuvent-ils considérer de sang-froid leurs comédies avec des yeux éclairés par la lumière de l'Evangile qu'ils n'en gémissent. On sait que M. Corneille et M. Racine ont été loués comme les deux auteurs qui ont donné les pièces de théâtre les plus chastes ; qui est-ce, néanmoins, qui n'a pas loué davantage ces célèbres auteurs d'avoir enfin regardé ce travail comme des péchés de jeunesse ? » (*Discours sur la comédie,* 1694). Il n'est pas sûr toutefois, si Racine et Corneille ont exprimé des remords, qu'ils ne l'aient pas fait dans le même état d'esprit que les comédiens renonçant à la fin de leur vie au théâtre, une fois leur belle carrière derrière eux. Car comment se départir de quelque orgueil en mesurant le chemin accompli dans le domaine théâtral, grâce à des écrivains comme eux, et comme le moins chaste Molière, depuis le début du siècle ? Dans le domaine de la comédie, Fénelon, pourtant évêque comme Bossuet, reconnaît, dans sa *Lettre à l'Académie* (1715), l'immense apport de Molière.

2. La comédie : modernisation du genre

Les formes concurrentes

La farce

Les interdictions des Parlements, à partir de 1548, avaient frappé la représentation de mystères mais non celle de farces. Aussi les Confrères de la Passion avaient-ils continué de faire confiance à ce genre ancien dont il arrivait même à la cour de se délecter. La farce était donc toujours présente sur les tréteaux de la Foire, mais également à l'hôtel de Bourgogne où, genre court, puisqu'elle s'étend rarement sur plus de quatre cents octosyllabes, elle complétait un spectacle qui avait commencé par une tragi-comédie, une tragédie, ou même une comédie. Les comédiens savaient que ce moment de pure distraction remportait toujours un grand succès : c'est pourquoi, longtemps, ils ne se spécialisèrent pas dans un registre particulier. Robert Guérin jouait dans telle ou telle pièce sérieuse avant de devenir Gros-Guillaume dans la farce qui suivait (il semble que Montdory fut le premier à refuser de se montrer dans la farce après avoir joué la tragédie). Un trio de farceurs fit la réputation de l'hôtel de Bourgogne à partir de 1615 : il était composé de Gros-Guillaume, de Gaultier-Garguille et de Turlupin. Gros-Guillaume, avec son ventre énorme, jouait le valet balourd et gourmand, souvent ivre (aussi sa bedaine est-elle cerclée comme un tonneau) ; Gaultier-Garguille se présentait comme son antithèse avec sa maigreur, son jeu de marionnette, dans des rôles de vieillard amoureux, de pédant, de maître d'école. A Turlupin, on confiait les valets rusés, au jeu acrobatique. Guillot-Gorju, qui succéda à Gaultier-Garguille en 1634, interprétait les médecins ridicules et déclenchait l'hilarité en conservant un visage d'enterrement dans ses moments de plus grande gaieté. L'influence des personnages italiens était sensible sur Gaultier-Garguille et Turlupin, qui portaient des masques. Elle était moindre sur Gros-Guillaume et sur le farceur célèbre de la troupe du prince d'Orange, Jodelet, qui travailla avec les comédiens du Marais puis rejoignit un temps le théâtre de Bourgogne. Elle était plus forte encore sur Tabarin, un farceur de Foire, le plus méprisé par les lettrés, qui, avec son chapeau mou qui prenait toutes les formes, son vaste pantalon et sa barbe immensément longue, réjouissait le peuple de sa truculence près du Pont-Neuf. Au reste, ce farceur avait repris le nom d'un comédien italien.

Des textes de farces furent publiés environ jusqu'en 1620. Mais, de plus en plus, ce qui attachait au genre, c'était le jeu absolument parfait des comédiens. Aussi, le genre déclina-t-il à Paris au gré de la disparition des acteurs-vedettes. Son souvenir resta cependant vivace dans le jeu de Jodelet, puis de Molière. Au reste, bien des comédies (toujours plus étendues que les farces) et même des tragi-comédies lui avaient emprunté depuis le début du siècle en proposant, malgré un ton généralement plus soutenu, des scènes de ménage, de bons tours, caractéristiques de la farce avec les femmes acariâtres et chastes ou sensuelles, infidèles et aimables, les maris bêtes, filant doux, souvent cocus, ou paillards. Le comique de la farce résidait dans la situation, un personnage étant trompé, la vivacité de l'action (par renversement de cette situation), les gestes (les coups de bâton pleuvent), les plaisanteries scatologiques, l'utilisation, par excès ou par manque d'instruction, d'un langage incompréhensible. Du Bellay, Jodelle, de La Taille, au XVIe siècle, voulaient remplacer la farce par la comédie imitée de l'Antiquité : on voit qu'ils n'y sont guère parvenus. La résurrection du grand genre comique fut d'ailleurs également contaminée par des scènes et plaisanteries empruntées à la comédie improvisée que les acteurs italiens jouaient en France, rivalisant avec les farceurs.

Les comédies italiennes écrites ou improvisées

Les professionnels de la scène qui venaient d'Italie ne donnaient pas seulement de réjouissants spectacles improvisés. Il leur arrivait souvent de jouer des pièces écrites, des tragédies, des tragi-comédies, des pastorales, des comédies surtout. Il s'en était écrit beaucoup dans leur pays au XVIe siècle et il s'en écrivait encore. Elles étaient inspirées des œuvres de Plaute et de Térence dont les personnages avaient été modernisés : l'homme de loi s'était ajouté au marchand (désormais vénitien) pour représenter les vieillards, l'entremetteuse s'était substituée au *leno* (marchand de filles), le jeune homme oisif de la comédie romaine était devenu un étudiant de la Renaissance, le parasite rusé avait pris l'habit d'un moine , la joueuse de flûte appartenant au *leno* était désormais une jeune fille de bonne famille, cloîtrée par son père ; la prostituée avait été remplacée par une jeune femme sensuelle et supportant impatiemment son barbon d'époux ; l'esclave ahuri s'était transformé en valet balourd, tandis que de nombreuses caractéristiques du parasite inventif avaient été transférées sur un valet rusé et agile. On voit que le souvenir des contes plaisants de Boccace s'était mêlé à celui des pièces de Plaute et Térence dans la composition des comédies nouvelles.

Les souvenirs de ces comédies avaient laissé dans l'esprit des acteurs des traces, bientôt consignées dans des canevas gardés par la troupe et à partir desquelles ils improvisaient en multipliant les plaisanteries et les jeux de mots *(lazzi)*, qui ravirent le public italien puis le public français. La récurrence des traits de caractères évoqués était telle qu'on avait figé en un masque l'expression de chaque personnage. Aussi, privés des nuances des mimiques du visage, les comédiens traduisaient-ils tout dans leur corps, dans leurs gestes. On comprend dès lors leur succès en France bien qu'ils n'eussent pas renoncé à leurs dialectes d'Italie. D'une pièce improvisée à l'autre, les personnages portaient les mêmes noms et les mêmes costumes, pourvu qu'ils se rapprochassent d'un type donné. Le vieux marchand, avare, sensuel et souvent cocu s'appelait Pantalone et portait le costume rouge et noir des Vénitiens ; le juriste âgé, acariâtre, de noir vêtu, pédant, exerçant abusivement ses pouvoirs de père, était désigné comme le *Dottore* ; on reconnaissait tout de suite Arlequin, le valet balourd et ingénu, à ses vêtements rapiécés de couleurs vives, à sa batte, et son compagnon, Brighella, le subtil meneur d'intrigues, à son nez crochu et à sa silhouette sautillante ; le soldat fanfaron portait plusieurs noms : Spavento, Matamoros, Cocodrillo, Fracasso ; l'amoureux se nommait souvent Leandro et l'amoureuse, Isabela. Ces deux derniers personnages ne portaient pas de masques car ils devaient exprimer des réactions plus fines. La plupart des troupes comportaient deux couples de jeunes gens car, souvent, deux intrigues se mêlaient.

Il va de soi que le monde des lettrés français s'intéressait surtout aux comédies italiennes écrites, à partir de la fable desquelles les acteurs *dell'arte* improvisaient. Montaigne nous dit dans son *Journal de voyage* en Italie avoir acheté à Florence, en 1581, un paquet de onze comédies. Jean Chapelain, écrivain et sorte d'arbitre des élégances de 1630 à 1674, protégé de Richelieu, académicien, fort apprécié dans le salon de la marquise de Rambouillet (p. 268-269), collectionna toute sa vie des comédies italiennes de la Renaissance. Il vouait une grande admiration à celles de l'Arioste, de Dell'Ambra, de Grazzini (le Lasca), et surtout de Cecchi, qu'il jugeait bien supérieur à Plaute et à Térence, estimant que ces « modèles » du IIIe et du IIe siècle avant J.-C. avaient « marché dans les mêmes pas » que les auteurs grecs de *neas*, comédies nouvelles contant des fables sentimentales, fines, parfois compliquées : en effet, si Plaute et Térence avaient donné à ces pièces la forme musicale qui convenait aux habitudes romaines, ils n'en avaient en rien romanisé les mœurs. Les comédies italiennes, elles, étaient vraiment modernes. La complexité de leurs intrigues (que Montaigne relève avec malice : « Ils emploient trois ou quatre arguments [= sujets] des comédies de Plaute et Térence pour faire une des leurs ») ne semble pas avoir gêné Chapelain. Il en acceptait également l'aspect un peu leste (parent des contes de Boccace), mais se montrait réticent chaque fois que la farce y affleurait, comme dans *Gli Straccioni* de Caro, qu'il critiqua. A propos de la comédie des *Suppositi* de l'Arioste, le grand épistolier et critique Guez de Balzac affirmait, en 1639, n'avoir « encore rien vu en ce genre qui mérite de lui être comparé ». Corneille avait pourtant fait représenter et imprimer depuis plusieurs années des comédies de grande réputation. Comme Guez de Balzac estimait qu' « il est presque impossible de plier la gravité de nos vers et de les abaisser jusques à la familiarité de la conversation ordinaire », on peut penser que, pour lui, la conversation des personnages des comédies de Corneille était un peu trop relevée pour le genre. Et il est vrai que le jeune poète dramatique avait choisi de représenter des gens d'une condition au-dessus de la moyenne, ce qui constituait une grande innovation. Sans doute, comparées aux *Suppositi*, les comédies à l'italienne de Larivey, de Grévin, d'Odet de Turnèbe, au XVIe siècle, ne paraissaient-elles pas assez comiques ni assez inventives (malgré de visibles efforts d'adaptation aux mœurs françaises) à Chapelain et à Guez de Balzac ; pour *Les Ramoneurs*, une comédie en prose jamais imprimée et composée en 1624 par un auteur qui pourrait être Alexandre Hardy, on peut penser que l'épreuve de naturalisation des personnages, qui les a rendus plus soucieux de morale que leurs cousins italiens mais qui leur a aussi prêté le langage du peuple tel qu'on le trouvait dans la farce, ne pouvait guère séduire des lettrés qui admettaient volontiers, pourvu que ce fût dans le genre comique, la pratique de mœurs légères, mais qui tenaient beaucoup au langage de niveau moyen — sans correspondance avec la réalité — que parlaient les figures de la *commedia sostenuta.*

L'engouement obstiné des lettrés pour les comédies écrites des Italiens, l'attachement du peuple à la personne des farceurs, aux types et aux gestes de la *commedia all'improviso,* avaient de quoi décourager les créateurs en matière de théâtre comique. Certains continuèrent cependant d'exécuter des variations sur les thèmes et les formes de la comédie italienne ; d'autres se cherchèrent de nouveaux modèles en Espagne, où le théâtre était florissant. Quant à Corneille et à Molière, ils prirent en compte un nouveau public : le premier s'adressa à la nouvelle noblesse, celle du quartier du Marais, le second à la cour, qui savait souvent mieux que les lettrés rire à la farce et aux improvisations italiennes. L'un choisissait une voie toute nouvelle, l'autre réalisait une extraordinaire synthèse de tout ce qui, depuis le début du siècle, faisait rire en France et qu'il connaissait par son métier d'acteur itinérant.

Corneille, auteur comique

Réflexions sur la comédie

L'examen que Corneille donna en 1660 de sa première comédie, *Mélite,* représentée en 1629, imprimée en 1633, nous éclaire sur ses intentions dramaturgiques. D'abord, Corneille, différent des lettrés imprégnés des *Poétiques* des Italiens Scaliger (1561) ou Castelvetro (1571), abordait le théâtre avec une certaine fraîcheur : pour lui, point d'obsession de règles régissant le théâtre, mais seulement du bon sens, qui lui faisait trouver à redire aux œuvres de Hardy (p. 92), « dont la veine était plus féconde que polie », et à celles de quelques modernes auxquels le poète reprochait le désordre de leurs actions, qui se déroulaient en trop de lieux différents. Il est évident que Corneille refusait la comédie improvisée des Italiens, caractérisée par une absence de texte, mais il refusait aussi leur comédie écrite, avec « les valets bouffons, les parasites, les capitans, les docteurs, etc. ». Il allait même jusqu'à écarter en un tournemain les œuvres de Plaute et de Térence parce que leurs personnages n'étaient « que des marchands ». Corneille entendait faire rire « sans personnages ridicules ». Belle gageure ! Elle fut tenue en introduisant sur la scène la « conversation » (la manière de vivre) des « honnêtes gens » (c'est-à-dire des nobles, même s'il ne s'agissait pas des plus grands et que certains, même, y étaient pauvres). Ces honnêtes gens n'auraient pu être peints comme des ridicules ; c'est par « leur humeur enjouée » qu'ils faisaient rire.

Le grand romancier Honoré d'Urfé, auteur de *L'Astrée* (v. p. 149), avait déjà montré, dans les multiples aventures de gens bien nés qui s'étaient faits bergers, combien leurs jeux sentimentaux, leurs démarches compliquées pour accéder au cœur de la personne aimée pouvaient être divertissants dès l'instant qu'on portait sur eux le regard d'un étranger : l'original et inconstant Hylas, bien accepté dans cette société car c'est un fort agréable compagnon, fait rire les autres avec ses raisonnements hédonistes, tandis que lui-même sait à merveille caricaturer les comportements de tous les amants idéalistes, en vidant de son sens chacune de leurs actions. Un genre dramatique, la pastorale, traitait depuis le dernier tiers du XVIe siècle ce type de sujet sur la scène avec un grand succès ; on souriait parfois en lisant D'Urfé, on souriait à certaines scènes de pastorale dramatique. En choisissant des personnages sentimentaux et compliqués, esclaves des codes qu'ils se donnent à eux-mêmes et en les plaçant sous le regard ironique de leurs partenaires, Corneille pouvait faire rire parce qu'il les plaçait dans une société bien réelle, celle du XVIIe siècle, et non pas dans une sorte d'Arcadie médiévale.

Cette utilisation des subtilités des intrigues sentimentales à des fins comiques constituait la grande originalité de *Mélite* ; dans ses autres comédies, Corneille continua et d'exploiter les ressources offertes par des comportements devenus délicieusement compliqués dans la relative âpreté du monde contemporain, et de les attribuer à des gens fort distingués. Au IVe siècle avant notre ère, Aristote, en décrivant dans sa *Poétique* le fonctionnement du meilleur théâtre de son temps, ne connaissait pas de comédie qui mît en scène d'autres personnages que des « hommes bas » : ainsi, dès ses premières œuvres, Corneille s'affirmait comme un auteur épris de nouveauté et qui, contrairement à beaucoup de ses contemporains, même modernistes, refusait de considérer la *Poétique* d'Aristote comme un texte sacré. Bien que le jeune Corneille ne manquât pas de quelque sens de la provocation, sa divergence d'avec Aristote était si réelle sur ce point qu'il y revint en 1660, dans son *Discours de l'utilité et des parties du poème dramatique*. Rappelant qu'Aristote définit la comédie comme « une imitation de personnes basses et fourbes », il nous y livre ce commentaire : « Je ne puis m'empêcher de dire que cette définition ne me satisfait point. » Et d'imaginer qu'Aristote aurait pu nuancer sa pensée dans les parties de la *Poétique* qui ont disparu. Au vu de ses propres comédies, on peut comprendre pourquoi notre poète estimait la définition d'Aristote peu satisfaisante ! Visiblement, pour lui, l'appartenance au genre comique tenait bien moins à la condition des personnages qu'au style employé : il qualifiait celui de *Mélite* de « naïf », c'est-à-dire de naturel, d'ordinaire ; mais le style employé est adapté à l'action évoquée, sa simplicité révélant qu'il est question d'affaires privées et non d'intérêts d'Etat. C'était ouvrir un champ d'inspiration nouveau au genre comique ; toutefois Corneille préférait visiblement que la haute fonction des personnages pût se faire oublier : dans aucune de ses comédies (sauf celles qui sont désignées comme « héroïques », et qui ne font pas rire), il n'introduisit de rois ni de princes, au contraire, par exemple, de Rotrou.

La pratique

D'emblée, en composant *Mélite,* Corneille entendait rivaliser avec certaines œuvres de l'Antiquité car sa comédie, écrite en vers, comportait cinq actes comme les comédies de Plaute et de Térence. Certes, la pièce ne constitue pas une réussite totale, mais elle contenait le germe des comédies à venir, de ton plus uni que la première.

Mélite est une histoire d'amour entre une jeune noble, riche et belle, Mélite, et un noble pauvre, Tircis, qui, quelques instants encore avant de la rencontrer, se moque, tel Hylas, de la passion de son ami Eraste et jure qu'il ne se laissera jamais dominer par un coup de cœur qui ne dure qu'un temps, comme la beauté, et qui, de toutes les façons, ne saurait résister aux contingences et aux liens forcés du mariage ; lui n'épousera jamais une femme par amour : « Je règle mes désirs suivant mon intérêt. » Il serait même prêt à épouser une laide : « Son revenu pour moi tiendrait lieu de mérite. » Evidemment, le spectateur rit bien lorsque, dans la scène suivante, il le voit s'éprendre de Mélite, qu'Eraste a eu bien tort de lui faire rencontrer. Tircis fait preuve d'une amusante fourberie (dont il est peut-être un peu dupe lui-même) en prétendant ensuite écrire pour son ami des poèmes galants à la jeune fille. Eraste imagine de brouiller les amants en apportant au suffisant Philandre, soi-disant soupirant de Cloris (la sœur de Tircis) — qui ne croit pas un mot de sa prétendue flamme mais s'amuse de ses contorsions — des lettres d'amour, qu'il prétend écrites par Mélite mais qu'il a fabriquées lui-même. Philandre s'empresse de montrer à Tircis les preuves de sa bonne fortune puis fuit le duel d'honneur que le jeune homme, furieux, lui propose. L'amoureux sombre dans un tel désespoir qu'il semble courir au suicide. La nouvelle de sa mort est annoncée à Mélite qui se pâme tant qu'on la croit morte, elle aussi. Eraste, l'apprenant, devient fou de remords et le spectateur assiste à une spectaculaire crise de démence, élément quasi farcesque et en rupture avec la mesure des propos les plus emportés de la pièce. Mélite revient à elle, apprend que Tircis n'est point mort, ils s'expliquent et la jeune fille obtient même de sa mère, émue de tant d'amour, la permission d'épouser celui qui est devenu un parfait amant (et qui en est récompensé puisque son épouse sera à la fois jolie et riche !). Cloris, nullement affligée de la trahison de Philandre, refuse de lui pardonner mais... accepte la réparation que lui offre Eraste car il a retrouvé tout son bon sens : le mariage avec lui ! Ce personnage de Cloris, gardant sans cesse à l'égard de ses propres sentiments une sorte de distance critique, jette sur tous ceux qui l'entourent un regard démystificateur : c'est chez elle qu'on trouve, de façon évidente, l'humeur enjouée dont parle Corneille. Mais Philandre, Eraste, et bien entendu Tircis, sont aussi très divertissants à leurs heures, aussi bien lorsqu'ils jouent que lorsqu'ils sont joués. D'après le témoignage de Corneille lui-même, le succès des trois premières représentations fut timide, puis il grandit au point que *Mélite* devint le spectacle à voir de cet hiver 1629-1630 et que la réputation de son auteur alla jusqu'à la cour.

La seconde comédie de Corneille, *La Veuve,* fut représentée au début de l'année 1632. Elle fut appréciée plus encore que la première, surtout dans le monde littéraire. Philiste, jeune noble timide et pauvre, n'ose y dire son amour à une jeune veuve, Clarice, qui n'attend pourtant que cela. Alcidon, jaloux (surtout du bien de la veuve), la fait enlever au moment où le timide a enfin montré un peu de hardiesse : il a pour complice un ami sincère, Célidan, convaincu d'agir simplement pour venger Alcidon, car celui-ci se plaint que Philiste ait laissé fiancer sa sœur Doris, qu'Alcidon feint d'aimer, à un dénommé Florange, alors qu'il la lui avait promise. Bien entendu, lorsque le chevaleresque Célidan se rend compte que son ami l'a trompé et que, malgré la rupture de Doris et Florange (obtenue par Philiste... qui n'a pas hésité à rosser le père du fiancé !), il entend encore garder Clarice, il délivre la belle veuve. Intrigue romanesque ? Sans aucun doute : des gens masqués font irruption la nuit dans le jardin de Clarice ; sa nourrice, feignant de se pâmer, l'empêche de se défendre ; elle est enfermée dans un château ! Mais le romanesque côtoie des scènes pleines d'humour dont la maîtresse d'œuvre est la très fine Doris qui, sous une apparence de fille et de maîtresse soumise, n'en pense pas moins. Elle porte sur tous ses prétendants un regard d'autant plus critique qu'elle sait qu'au fond la condition d'une fille du XVIIe siècle consiste non pas à avoir un cœur mais à obéir à son père s'il vit, à défaut, à sa mère, à son frère. Elle ressemble à Cloris, à la fois en plus drôle (elle possède un don irrésistible pour faire des portraits satiriques et pour parler un langage à double entente) et en plus grave. Corneille place dans sa bouche un beau monologue revendicatif.

Dans *La Place Royale,* représentée vers la fin de 1633, et *La Suivante,* représentée au début de l'année 1634, Corneille approfondit sa manière plaisante d'étudier le souci, masculin et féminin, de préserver sa liberté (sa « franchise »). Il y analyse les pièges de l'amour vrai et l'art, fort répandu en ce temps, de tenir des propos galants à une personne que l'on n'aime pas mais dont on se sert. Comme dans *La Veuve,* à peine voit-on les jeux de personnages fantasques et instables dégénérer, à de certains moments, dans les considérations amères de ceux qu'ils laissent pour compte dans une société finalement assez dure sous ses dehors avenants, que le tissu comique reconstitue, comme par magie.

Avec *La Galerie du Palais,* que Corneille écrivit et fit jouer avant *La Place Royale,* le jeune auteur ajoutait à l'agrément de l'intrigue et des caractères celui du spectacle : les Italiens de la Renaissance aimaient retrouver dans les décors de comédie (superbement peints en perspective et souvent par de très grands artistes) ainsi que dans des allusions du texte les plus beaux éléments de leur ville, réunis non pas dans une représentation réaliste mais dans une sorte de synthèse vraisemblable pour les regards ; dans les années 1630, on commença d'apprécier en France les références visuelles et textuelles à divers quartiers de Paris. Certains auteurs de comédie faisaient représenter des boutiques colorées dans des rues populaires, mais, en choisissant le luxueux et récent quartier du Marais (où se trouvait la place Royale), et le voisinage du Palais de justice, Corneille semble avoir imité un dramaturge de talent bien moindre que le sien, Claveret. Toutefois, l'utilisation que fait notre poète de la galerie dans laquelle se trouvent trois boutiques, celle d'une lingère, celle d'un mercier et celle d'un libraire, est tout à fait originale : les scènes qui s'y déroulent ne visent pas seulement l'agrément des yeux. Les propos qui se tiennent chez le libraire évoquent la culture des jeunes aristocrates de l'action : or il existe un lien entre ce qu'ils lisent et leur manière de vivre leur amour. Le raffinement vestimentaire d'Hippolyte, la sûreté de son goût ne sont pas non plus sans rapport avec sa quête amoureuse. La distinction forme un tout et ne concerne pas seulement l'aspect extérieur des êtres. Malgré les tumultes de ces cœurs capricieux, les conflits entre les nobles protagonistes ne sauraient jamais se développer dans les mêmes formes ni à partir des mêmes petits sujets que ceux qui opposent, presque jusqu'à la violence physique, les commerçants. Ces derniers vivent du raffinement des habitants du quartier : l'intérêt économique paraît même avoir une vertu civilisatrice puisque, à l'approche des beaux clients, les boutiquiers font taire leurs querelles et ne sont plus qu'amabilité. Se détachant sur ce fond, les personnages prennent plus de réalité, même si les boutiques, qu'on découvre tout simplement en tirant un rideau (le décor permanent étant constitué d'une rue dans laquelle se trouvent rapprochées de manière symbolique les maisons de trois des protagonistes), ne sont visibles que pendant la moitié du premier acte et trois scènes du quatrième.

On peut vraiment qualifier *La Galerie du Palais* de comédie urbaine ; par contre, si *La Place Royale* nous montre encore la fine fleur de la population du beau quartier du Marais, elle est dépourvue de tout pittoresque. Toutefois, l'action de *La Galerie du Palais* n'est peut-être pas à la hauteur de la peinture du milieu. Alors que le personnage principal de *La Place Royale* fascine par les contradictions de sa passion amoureuse et de son irrépressible amour de la liberté, qu'il inquiète en même temps qu'il amuse, preuve qu'on est en présence d'un grand caractère, on assiste dans *La Galerie* aux effets de simples caprices.

C'est seulement une dizaine d'années plus tard, alors qu'il paraissait avoir renoncé au genre comique, que Corneille proposa au public du Marais de rire d'un caractère haut en couleur aux prises avec les mœurs bien parisiennes de son temps, montrées dans le cadre urbain dont elles étaient indissociables, en faisant jouer *Le Menteur* pendant l'hiver 1643-1644. Il ne cacha jamais avoir trouvé son sujet en Espagne et procéda même à un éloge peu commun de son modèle, *La Verdad Sospechosa (La vérité suspecte)*, une *comedia* de Ruiz de Alarcón, qu'il crut longtemps de Lope de

Vega, comme on le voit dans l'Avis au lecteur de la première édition de l'œuvre, en janvier 1644. Certes, on l'étudiera plus loin, la mode était à l'imitation des comédies espagnoles dans les années 1640-1660. Mais la *comedia* d'Alarcón n'était en rien semblable à ce qu'on empruntait alors de l'Espagne : c'était la logique des caractères qui y provoquait la complication naturelle, et délicieuse parce que naturelle, de l'action. Alarcón, à l'instar de Lope de Vega, qui, parmi toutes sortes de pièces, avait aussi composé des comédies urbaines, avait situé dans les beaux quartiers de la capitale espagnole en pleine expansion les évolutions de ses personnages, tout imprégnées des mœurs madrilènes : dîners nocturnes sur l'eau, rendez-vous de personnages voilés dans un cloître d'église, etc. Corneille disait modestement s'être contenté d'avoir « dépaysé les sujets pour les habiller à la française », ce qui n'était pas une opération si aisée.

Dorante, frais émoulu de l'Université de Poitiers où il étudiait le droit, vient d'arriver à Paris et craint de passer pour un provincial. Comme il est mal porté de n'avoir point quelque aventure galante à raconter et dont s'enorgueillir soi-même, il se précipite sur la première possible, à laquelle donne forme le manège de la coquette Clarice : pour attirer son attention, la jeune fille, accompagnée d'une autre, feint de tomber ; Dorante la relève avec maints compliments et prétend avoir attendu cette occasion depuis des mois. Et de se lancer dans un récit de ses invisibles assiduités et de ses exploits dans les guerres d'Allemagne, qui remplit de stupeur son valet Cliton (incarné par le farceur Jodelet). Le défaut du jeune maître est ainsi révélé : il adore mentir. Il ment pour se faire valoir, auprès de Clarice, auprès de ses anciens amis (prétendant être l'organisateur d'un festin sur l'eau qui met en fureur l'un d'entre eux parce que celle qu'il aime y participait), il ment pour se tirer d'affaire (quand son père lui parle d'un mariage arrangé alors qu'il ne pense qu'à Clarice, il se prétend marié et futur père de famille), il ment aussi par goût de l'invention pure et de la magie des mots, s'amusant même des effets qu'ils produisent sur son valet Cliton ; on perçoit sa passion de la parole jusque dans ses mensonges « utiles ». Mais le trompeur se trompe : prenant mal ses renseignements, il croit que celle qui l'attire se nomme Lucrèce alors qu'il s'agit du prénom de sa silencieuse amie. Aussi refuse-t-il le mariage avec Clarice que son père avait fort opportunément organisé avant son arrivée ! Mais dans cette société où l'apparence compte beaucoup, bien d'autres ont intérêt à mentir, ou du moins à dissimuler : Clarice et Lucrèce ne sont guère moins inventives que Dorante. Leurs manœuvres respectives, associées aux mensonges du jeune homme et à sa méprise première, créent un imbroglio extraordinaire. Comme, à plusieurs reprises, Dorante est démasqué, il devrait faire piteuse figure ; une information connue à temps, l'évolution inattendue mais bien vraisemblable de ses sentiments (il a conclu un peu trop vite qu'il aimait « Lucrèce ») lui permettent d'opérer à chaque fois un avantageux rétablissement. Alors que le menteur espagnol était sanctionné à la fin de la comédie du très moralisateur Alarcón, Dorante s'en tire avec une élégance telle que Cliton peut conclure, à l'adresse des spectateurs : « Par un si rare exemple apprenez à mentir. »

On aura remarqué dans *Le Menteur* la relative importance d'un personnage non mentionné dans les comédies précédentes, celui du valet. Il est là non pas pour signaler les mensonges de Dorante, dont le spectateur se rend parfaitement compte par lui-même, mais pour montrer les effets qu'il produit, souligner leur audace inouïe. Au contraire du *gracioso* dont le personnage est inspiré, il ne contredit pas son maître par le réalisme de ses propos, il a la figure de l'abasourdi, qui, de sa place de subalterne, ne comprend pas que, dans le monde de ses maîtres, il soit si facile de créer un monde par la parole, ni qu'on puisse y contourner ses principes moraux avec autant de désinvolture. Le visage enfariné de Jodelet — s'il l'était pour la représentation du *Menteur* — convenait tout à fait à ce rôle : bel exemple d'intégration d'un élément de la tradition farcesque dans une comédie ! Notons que ce n'est pas Cliton qui fait rire de Dorante, mais Dorante qui fait rire de Cliton. Aussi Corneille appréciait-il sa comédie en disant que « les principaux agréments sont dans la bouche du maître ». Mais cette exigence quelque peu rigide d'un comique purement aristocratique est exprimée en 1660 par un auteur qui n'écrit plus de comédies depuis quinze ans ; le jeune Corneille était plus souple et, même si la nouveauté de la comédie distinguée qu'il proposait avait de quoi le satisfaire, il ne semble pas avoir pensé qu'elle était la seule formule comique possible. *L'Illusion comique* et *La Suite du Menteur* le prouvent bien.

Des expérimentations audacieuses

Parmi les comédies de Corneille, c'est sans doute depuis une vingtaine d'années *L'Illusion comique* qui est la mieux connue. Redécouverte dans une sorte de mouvement de réhabilitation du baroque, elle a séduit de nombreux metteurs en scène (dont le plus célèbre est l'Italien Giorgio Strehler) car elle leur permet de déployer leur virtuosité. Corneille ne qualifiait-il pas sa comédie d'« étrange monstre » ? Malgré une sévérité apparente à l'égard de cette œuvre, l'Examen de 1660 montre combien l'auteur y était attaché : présentant sa comédie comme une « galanterie extravagante qui a tant d'irrégularités qu'elle ne vaut pas la peine d'être considérée », comme un « caprice », il souligne et son succès en 1636 et la faveur étonnante dont elle jouit auprès du public pendant vingt-cinq ans (cette dernière indication nous montre bien que la pièce ne contredisait en rien le goût du XVIIe siècle, même au-delà de 1650). Aussi estime-t-il qu'il faut que son ouvrage « ait quelque mérite » et qu'il n'a pas à « se repentir d'y avoir perdu quelque temps » (les expressions employées sont à prendre comme des litotes).

Pridamant, bourgeois de Touraine (une province, comme le Poitou, riche en sorciers), sans nouvelles de son fils Clindor qui, un peu dissipé, a quitté la maison familiale après une altercation avec son père, vient consulter un vieux et pittoresque magicien, Alcandre, pour être rassuré sur le compte du jeune homme. Alcandre, après lui avoir fait le récit du début des aventures de Clindor, propose de lui faire voir la suite grâce à l'animation, réalisée devant sa grotte, de « spectres » auxquels il ne manquera « ni geste ni parole ». Bien entendu, Pridamant accepte avec enthousiasme. Le public va donc assister, avec le père, à quelques séries de scènes choisies dans la vie de Clindor. Après chaque série, Pridamant commente ce qu'il a vu, se réjouit ou s'inquiète, tandis que le magicien se divertit un peu de son impatience, en se gardant bien de révéler prématurément l'aboutissement des péripéties. Au service d'un faux brave, nommé Matamore, Clindor courtise la même jeune fille que lui, mais avec plus de succès ! Leur idylle tient un peu à la complicité qui les lie dans leurs railleries à l'égard du ridicule bravache, sûr de mériter le cœur d'Isabelle par les exploits guerriers imaginaires dont il ne cesse de se vanter. Comme Clindor doit se cacher et de Matamore, et du père de son amante, et du fiancé détesté de cette dernière, Adraste, il feint (... avec trop de plaisir pour feindre vraiment) de soupirer pour la jolie et spirituelle servante d'Isabelle, prénommée Lyse ! Mais Lyse n'est pas dupe et, outrée du cynisme de Clindor (car il lui avoue sans ambages : « Vous partagez vous deux mes inclinations / J'adore sa fortune et tes perfections »), elle introduit le jaloux Adraste dans la pièce où Clindor et Isabelle s'engagent l'un à l'autre, avec la bénédiction de Matamore amadoué. Adraste dégaine son épée. En se défendant, Clindor le blesse mais ne peut fuir car les domestiques du père d'Isabelle l'en empêchent. Il est donc conduit en prison. Isabelle se désole et songe au suicide mais Lyse vient vite la consoler, car, pour réparer le mal qu'elle a causé à Clindor, elle a organisé sa fuite en séduisant le geôlier. Pendant ce temps, Clindor, qui attend la mort en prison, découvre, loin de l'agitation, qu'il aime vraiment Isabelle. L'évasion réussit. Isabelle s'enfuit avec Clindor, Lyse et le geôlier, non sans avoir pris la précaution de dérober quelque argent à son père pour faciliter leur vie future. Pridamant, longtemps angoissé, respire enfin et croit rêver lorsque Alcandre lui montre Isabelle puis Clindor revêtus de superbes costumes et répondant respectivement aux noms d'Hippolyte et de Théagène : grâce à la bonté d'un prince, Florilame, ils sont devenus de grands seigneurs. Lyse, désignée comme Clarine, est dame de compagnie d'Hippolyte. Mais Clindor se révèle toujours aussi volage car il est devenu l'amant de la princesse Rosine, épouse de son bienfaiteur. Reproches d'Isabelle-Hippolyte, remords tardifs de Clindor-Théagène, irruption de Florilame, fou de jalousie, qui tue son rival tandis qu'Isabelle meurt de douleur. Pridamant est désespéré, Alcandre bizarrement serein. Il invite le père éploré à voir les « funérailles » de son fils : Clindor, Isabelle, Lyse, Florilame apparaissent dans leurs beaux costumes, tous bien vivants et comptant de l'argent. Ils forment une troupe de comédiens ! Ils ne sont pas « devenus » Hippolyte, Théagène, Clarine, ils en jouaient seulement le rôle. Pridamant, d'abord déçu de la carrière embrassée par son fils, change d'avis après avoir entendu le magnifique éloge du théâtre que lui fait Alcandre.

Presque tous les genres théâtraux en vogue à cette époque sont représentés dans cette comédie. La grotte et le décor de

« campagne », ainsi que la présence d'un magicien, sont caractéristiques de la pastorale dramatique (d'ailleurs Dorante, l'ami de Pridamant, est venu, comme les personnages de *L'Astrée,* « faire ici le noble de campagne » avec Sylvérie, dont le prénom dénonce l'univers pastoral) ; Matamore est un capitan de *commedia all'improviso* ; le combat à l'épée d'Adraste et Clindor, les scènes de prison, l'évasion pourraient avoir leur place dans une tragi-comédie ; Corneille écrit lui-même que le dernier acte est une tragédie. Par contre, Isabelle est bien une jeune bourgeoise de comédie, contrariée par un père autoritaire et attirée par un jeune homme pauvre ; son humour, celui de Clindor, celui de Lyse rappellent un peu celui qu'on trouve dans les comédies italiennes de la Renaissance (comme le prénom de Sylvérie signifie la pastorale, celui d'Isabelle et celui de Géronte signifient la jeune première et le vieillard de la *commedia*).

L'œuvre peut aussi passer pour polémique : Alcandre, ce merveilleux magicien qui refuse les recettes et les grands mots de ses confrères mais qui, grâce à des « spectres » costumés, animés et doués de paroles, sait faire revivre tout un monde sous nos yeux, n'est-ce pas Corneille qui a écrit des comédies (quelque peu pastorales), une tragi-comédie *(Clitandre),* une tragédie *(Médée)* et qui s'est déjà heurté aux doctes plus d'une fois parce que ses comédies ne respectaient pas strictement les règles d'unité de temps et de lieu ? L'art d'un poète dramatique n'est-il pas, comme celui d'Alcandre, de choisir les moments caractéristiques qui intéresseront les spectateurs à une destinée, de faire battre leurs cœurs comme bat celui de Pridamant, de créer en quelques heures, même si entre deux actes, comme entre le quatrième et le cinquième de *L'Illusion* (Alcandre le souligne), deux ans se passent, l'impression qu'on sait tout des personnages ? Eloge de l'écriture dramatique, la pièce est aussi un éloge du métier de comédien. Pour l'exercer, il faut du talent : Clindor en a, qui parvient à tromper tout son monde, mais il n'est capable d'exercer son métier qu'une fois qu'il a pris de la distance avec les rôles qu'il tient. Marc Fumaroli a bien montré que Clindor sait vraiment jouer les infidèles une fois qu'il a trouvé sa vérité (son amour pour Isabelle) et qu'il ne joue plus pour lui mais pour les autres. Isabelle, Lyse, qui ont montré d'évidentes dispositions pour le théâtre en passant, dans la tragi-comédie centrale de *L'Illusion,* du registre drôle au registre grave et *vice versa,* sans jamais adhérer totalement à leur situation, font partie de la troupe de Clindor ; mais Matamore, parce qu'il se connaît mal, est exclu du cinquième acte, celui des comédiens.

Le procédé du théâtre dans le théâtre, qui exalte la puissance créatrice des auteurs dramatiques en même temps qu'il dénonce la propension humaine à l'illusion, est ici redoublé, dans une sorte de mise en abyme. Beaucoup d'auteurs de l'époque utilisèrent le procédé du théâtre dans le théâtre, mais aucun ne le fit avec cette virtuosité de Corneille. Nous regardons Pridamant, qui regarde le spectacle offert par Alcandre et, dans ce spectacle, Clindor donne une pièce dont nous ne comprenons qu'après coup que l'action n'est pas réalité. Certains critiques suggèrent même que l'apologie finale du métier de comédien et d'auteur (« Le théâtre est un fief dont les rentes sont bonnes ») ne serait que le dernier leurre offert par le malicieux Corneille, notre très baroque auteur classique, dont les comédies aristocratiques ne laissaient guère attendre une pièce aussi intelligemment extravagante. *L'Illusion,* en matière de fantaisie, atteint un sommet. Cependant, avec *La Suite du Menteur,* il semble que Corneille ait voulu combiner la comédie urbaine et distinguée et l'inspiration un peu folle que lui donnait le sujet du théâtre.

On retrouve à Lyon un Dorante qui a bien changé. Il ment toujours, mais c'est désormais par vertu, préférant se laisser accuser plutôt que de dénoncer un vrai coupable, ou par souci de ne pas compromettre une dame. Cliton, devant lequel il avait solennellement renoncé aux mensonges, rit bien. Mais, plus que des mensonges, on rit dans cette comédie de l'extravagance de Dorante, capable de tomber amoureux d'une femme qu'il n'a jamais vue, même en portrait, mais qui lui envoie des cadeaux dans sa prison, et de la symétrie que forme son attitude avec celle de Mélisse, qui se met à éprouver de l'amour pour un inconnu simplement parce qu'elle a entendu parler de l'injustice qui lui a été faite puis de sa générosité. Leurs domestiques respectifs, Cliton et Lyse, ouvrent des yeux exorbités devant pareil comportement et s'efforcent de les ramener au sens des réalités. Cette fois, le comique naît du contraste : on rit autant de la grossièreté des préoccupations de Cliton que de l'idéalisme qu'il dénonce chez son maître... lequel se trouve cependant avoir raison en dernier ressort puisque la réalité de la beauté de Mélisse correspond à ses rêves.

Corneille a bel et bien eu recours ici au *gracioso* de la *comedia* de Lope de Vega dont il s'inspirait : dans le théâtre espagnol, ce personnage de convention flanque immanquablement le héros, dont il n'est ni vraiment le serviteur ni vraiment l'ami, auquel il s'oppose en tout, mais qu'il contrefait souvent en son absence. Corneille affirme la convention du personnage en l'habillant comme un bouffon, de rouge et de vert ; Cliton lui-même se compare à Jodelet et Lyse, le décrivant, évoque l'aspect et la voix du célèbre acteur, qui tenait justement le rôle. L'illusion théâtrale est dénoncée d'avance dans une intrigue particulièrement romanesque (duel, prison, rendez-vous sous un balcon d'une rue de Lyon), que les jeux parodiques de Cliton et Lyse empêchent constamment de prendre au sérieux. Cette comédie ne ressemble à aucune des autres comédies de Corneille en même temps qu'elle emprunte des procédés à chacune d'entre elles. Difficile à représenter parce qu'elle comporte diverses allusions au *Menteur,* elle cultive un comique de distanciation très moderne et mérite mieux que sa réputation. Elle ne dépare en rien, en tout cas, l'ensemble original que constitue la production comique de Corneille. Elle prouve aussi une compréhension extrêmement fine d'une dramaturgie étrangère généralement rejetée sans analyse par les contemporains du poète. Car les autres auteurs qui ont imité la *comedia* n'en ont guère pénétré l'âme.

Transformations de la *comedia* : de la comédie d'intrigue à la comédie burlesque

La comédie d'intrigue

La lassitude à l'égard de *scenarii* qui semblaient se perpétuer depuis l'Antiquité n'atteignait pas seulement Corneille, mais tous les poètes dramatiques n'étaient pas aussi inventifs que lui. Les comédies de Plaute, et surtout de Térence, le plus prisé au XVIIe siècle, se dénouaient, à l'instar des *néas,* grâce à une reconnaissance finale (on retrouvait un frère, une fille, perdus depuis longtemps, au cours d'une aventure antérieure à la pièce) qui permettait la satisfaction des amours ou la remise en ordre de la famille perturbée. Auparavant, le parasite avait soit versé, par dépit, de l'huile sur le feu de l'action, soit proposé, par intérêt, l'organisation d'un stratagème dans lequel le jeune protagoniste, peu vertueux, le secondait de manière plus ou moins efficace. L'esclave assistait à tout cela en spectateur effaré, la jeune fille convoitée restait passive et apparaissait d'ailleurs fort peu. La grande innovation de la comédie italienne avait consisté à confier les rênes de l'action à un valet inventif (parfois assisté d'une entremetteuse) qui brouillait les cartes. Néanmoins son agitation ne dispensait que rarement de la reconnaissance finale. Sous l'influence des contes de Boccace, certains, comme Piccolomini, avaient rendu la jeune fille ou la jeune femme plus capable de diriger sa propre vie. Cependant, c'est la *comedia* des Espagnols qui introduisit sur la scène des femmes actives et décidées à prendre en main leur destinée.

Très impressionnés par la *commedia* improvisée ou écrite qui s'était abondamment jouée chez eux, et dans des théâtres populaires autant qu'à la Cour, les auteurs espagnols, se modelant sur leur chef de file, Lope de Vega, avaient surtout retenu le valet ingénu dont la lourdeur et les préoccupations terre à terre soulignaient l'incroyable activité physique et mentale des autres. Qui, dans ces conditions, pouvait mener l'action sinon les jeunes gens eux-mêmes ? Les prouesses guerrières, amoureuses ou verbales des jeunes premiers laissaient pantois leur accompagnateur, le *gracioso*, dans des *comedias* parfois un peu graves qui servirent de modèles à certaines tragi-comédies françaises. Dans des œuvres de ton plus léger, c'était la jeune fille qui menait l'action. Les contacts entre l'Espagne et l'Italie se multipliant, pour des raisons historiques, au XVIe siècle, les poètes dramatiques espagnols connaissaient fort bien Boccace mais aussi le *Roland furieux* de l'Arioste et la *Jérusalem délivrée* du Tasse (dont ils adaptèrent certains épisodes pour le théâtre) : or ces poèmes chevaleresques exaltaient les qualités de femmes actives comme la magicienne et amoureuse Armide ou les guerrières Bradamante et Clorinde (que leur armure n'empêche pas d'être belles, aimantes et aimées). Souvent de bonne famille, les héroïnes des comédies espagnoles ne se heurtent pas à la volonté ou à l'avarice d'un père comme les italiennes : plus proches du poème romanesque, elles perdent celui qu'elles aiment à la suite d'une injustice faite à ce dernier, d'une aventure extraordinaire qui lui survient, souvent parce qu'il est volage, parfois parce qu'il est timide. Alors elles partent à la recherche, à la conquête ou à la reconquête de l'être aimé (à qui il arrive, si l'amour est réciproque, de les chercher aussi : chassés-croisés, poursuite toujours renouvelée, etc.). Leur stratégie peut se développer à l'intérieur d'une simple demeure, dans un palais, dans toute une ville, dans deux villes différentes, dans l'espace de plusieurs pays. Elles dissimulent leur nom, ou elles se déguisent, en une autre femme ou en homme, elles peuvent également changer de condition pour mieux poursuivre l'homme qu'elles aiment (et qui adopte quelquefois lui aussi un déguisement !), de toutes les façons, elles les troublent par leur mystère. Découvertes, elles forcent l'admiration par les capacités d'invention et le courage qu'elles ont déployés. Et de l'admiration, de l'estime, à l'amour, il n'y a qu'un pas...

Ce type d'intrigue, qui avait le mérite de renouveler l'inspiration comique, était de nature à séduire particulièrement les salons précieux où la femme bénéficiait d'un grand prestige. Comme, à plusieurs reprises depuis le mariage de Louis XIII, des comédiens espagnols étaient venus à Paris et qu'à l'occasion du mariage de Louis XIV beaucoup de témoins poussèrent jusqu'en Espagne et y virent du théâtre, un relatif intérêt se maintint pendant presque tout le siècle pour les créations d'outre-Pyrénées, qu'on avait de toute manière le loisir de lire puisqu'il convenait, vu la nationalité des deux reines successives, de connaître un peu leur langue et que de gros recueils de pièces diverses pouvaient être rapportés par de nombreux voyageurs. Un obstacle paraissait cependant devoir retenir les imitateurs : les auteurs espagnols n'avaient cure ni de l'unité de temps conseillée par Aristote, ni de l'unité de lieu prescrite par les poéticiens du XVIe siècle ; or on commençait à se passionner pour « les belles inventions » des *comedias* au moment où les règles s'imposaient en France. Le critique Alexandre Cioranescu remarque finement que l'obstacle n'était qu'apparent et qu'il ne détourna pas de l'imitation les poètes attirés par la nouvelle inspiration, bien au contraire ; il nous les présente comme s'appliquant soigneusement « à comprimer des matières extravagantes, peut-être pour la satisfaction d'avoir dompté la bête ». Il est vrai qu'on ne pouvait guère accuser de servilité un poète qui avait au moins réduit aux règles une œuvre à ses yeux désordonnée. Les imitateurs se permettaient d'ailleurs, dans leurs préfaces, de juger leurs « modèles » avec une condescendance qui faisait pardonner l'emprunt à l'ennemi héréditaire et qui convenait fort bien à l'hispanophobie chronique d'une bonne partie du monde lettré d'alors. Toutefois, si certains moments de l'action étaient un peu trop graves à leur goût pour une comédie et, surtout si de hauts personnages entraient en scène, ils désignaient leur œuvre comme une tragi-comédie.

Entre 1630 et 1640, on imita essentiellement le plus célèbre des Espagnols, Lope de Vega. La *Diane* de Rotrou (publiée en 1635 mais jouée dès 1632, vraisemblablement) est composée d'après *La Paysanne de Xetafe*. Elle fournit un assez bon exemple de ce qu'on appelle la comédie à l'espagnole. Réduite à une durée de vingt-quatre heures, l'action de *La Paysanne de Xetafe*, qui se déroulait en seize mois, y perd beaucoup de son pittoresque (notamment du côté des danses). Diane, jeune paysanne, quitte tout dans son village, même le sincère et dévoué Silvian, et vient à Paris pour y reconquérir Lysimant, beau, noble, mais un peu désargenté, qui l'a séduite et abandonnée. Sous le nom de Célirée, elle se met au service de la riche héritière qu'il courtise en ville : Orante. Parvenant à brouiller Lysimant et sa maîtresse, qui se tourne alors vers son ancien soupirant, Ariste, elle doit encore empêcher celui qu'elle aime de se tourner vers une autre riche citadine : Rosinde. Pour parvenir à ses fins, elle se déguise en homme et se fait passer pour Lysandre, auquel Rosinde avait été promise depuis bien longtemps mais qu'on n'avait pas revu. Elle redevient alors Célirée pour empêcher la réconciliation qui s'amorce entre Orante et Lysimant. Enfin, elle se fait reconnaître... tout en prétendant être riche. Ce mensonge devient vérité, de même que celui qu'elle avait fait à Rosinde et sa famille puisque le véritable Lysandre arrive, et qu'il est porteur d'une merveilleuse nouvelle : Diane est sa sœur et en l'épousant Lysimant pourra oublier les deux autres riches héritières ! La comédie se termine par quatre mariages puisque Silvian abandonne sa poursuite et épouse une fille de son modeste rang, Dorothée, qui l'avait également suivi en ville.

Diane ne fascine pas autant qu'Inés, son modèle espagnol. Elle sait beaucoup moins bien séduire à la façon d'un homme. Mais Rotrou s'est souvenu de la leçon de Lope de Vega : dans une autre de ses comédies, *Célimène,* l'héroïne, Florante, se déguise en homme et enseigne à son volage fiancé comment on séduit une femme (l'orgueilleuse Célimène se rend à ses galanteries). C'est encore une comédie de Lope que Rotrou imite dans *Les Occasions perdues* (1635) et *La Pèlerine amoureuse* dont le sujet est apparemment emprunté à un Italien, Barbagli, présente toutes les caractéristiques d'une intrigue espagnole ; certaines scènes d'*Amélie* (tragi-comédie, 1637) ressemblent à celles du *Timide au palais* de Tirso de Molina. Un des chefs-d'œuvre de cet auteur, *Gil de vert vêtu,* inspira plus tard à Boisrobert sa comédie des *Trois Oronte* (le titre révèle la délicieuse confusion qui y règne).

Mais à partir de 1640 on se tourna surtout vers les œuvres légères de Calderón. Les personnalités féminines y étaient sans doute moins fortes que chez Lope, elles étaient même parfois remplacées par de jeunes cavaliers inventifs, mais les stratagèmes imaginés étaient d'un charme subtil qui rejaillissait poétiquement sur ceux et celles qui les avaient imaginés. Les surprises se multipliaient, et l'on découvrait son erreur au moment où l'on croyait saisir la vérité. Les plus grands imitateurs de Calderón furent D'Ouville, avec, entres autres, *L'Esprit follet* (1642) et *Les Fausses Vérités* (1642), Thomas Corneille avec, notamment, *Les Engagements du hasard* (1647) et *Le Galant double* (1660), Philippe Quinault dont on peut citer *Les Coups d'amour et de fortune* (1655), *Le Fantôme amoureux* (1657), et Boisrobert avec *L'Inconnue* (1655). Même les improvisateurs italiens finirent par être contaminés par cette vogue et jouèrent sur un canevas intitulé *Arlequin persécuté par la dame invisible.* Cette dame-fantôme créée par Calderón dans *La Dame-Esprit* avait inspiré à D'Ouville son *Esprit follet* en 1642 et parut encore assez intéressante à Thomas Corneille et à l'acteur Hauteroche en 1678 pour qu'ils publient à cette date une *Dame invisible,* qu'ils remanièrent ultérieurement.

La comédie burlesque

Dans les *comedias* qu'imitèrent D'Ouville, Quinault, Thomas Corneille, le rôle du *gracioso* est peu important. Il l'est davantage dans des *comedias* à sujet plus grave (le mot *comedia* pouvant désigner en Espagne n'importe quel type de pièce), dans lesquelles son comportement contraste plus fortement avec celui du protagoniste. Il s'agit, on l'a déjà vu, d'un rôle de convention : le *gracioso* doit faire rire du héros comme de lui-même... Ses soucis manquent assurément d'élévation, mais on ne peut le considérer comme un personnage systématiquement grossier. Il n'est goulu que s'il est précisé que son maître vit d'amour et d'eau fraîche ou guerroie sans se nourrir. Parfois le *gracioso* ou la suivante ne manquent pas de culture si les éléments de celle-ci peuvent leur servir à contredire le héros ou l'héroïne. Surtout, ils ne sont présents que dans quelques scènes et on les oublie vite dans les autres. Leur potentiel comique avait cependant de quoi séduire. On peut considérer que, dans sa tragi-comédie *Agésilan de Colchos,* Rotrou introduit un véritable *gracioso,* le spirituel Darinel ; le deuxième Cliton de Corneille mérite aussi cette appellation. Mais de telles créations sont rares. Le gracieux français rassemble tous les défauts quel que soit le caractère du héros qu'il accompagne : il est à la fois peureux, gourmand, grossier, et toujours davantage que la moyenne de ses modèles. Qu'on l'ait fait intervenir dans une tragi-comédie ou dans une comédie, on a drainé vers lui tout le comique, simplifié le contraste qu'il pouvait former avec le personnage principal, détruit le charme du rapport ambigu qu'il entretenait en Espagne avec le héros. A l'origine agent de démystification intervenant par petites touches dans n'importe quel type d'intrigue, le gracieux est même devenu le personnage central dans les comédies burlesques de Scarron, comme *Jodelet ou le maître valet,* inspiré d'une pièce de Rojas Zorilla, auteur chez lequel le *gracioso* présente des traits vraiment vulgaires. Le titre de cette pièce, qui rappelle que Jodelet tenait le rôle, révèle la récupération du gracieux par le jeu farcesque, qui s'était déjà emparé — la tentation était grande — de la figure de Sancho Pança dans les adaptations d'épisodes du *Don Quichotte* qu'avait réalisées Guérin de Bouscal (Jodelet jouait Sancho).

Au fond, il n'était plus guère besoin que le ridicule fût serviteur ou étrange accompagnateur. Les emprunts qui furent également faits en France à la *comedia de figurón,* organisée autour d'un caractère ridicule, qui pouvait être de bonne bourgeoisie (comme le *Narcisse* de Guillén de Castro, émerveillé de sa propre personne et raillé par les jeunes filles qu'il croit séduire) tirèrent, encore sous la plume de Scarron, le genre vers la farce. Toutefois, que Molière ait compté Jodelet dans sa troupe à Paris jusqu'en 1660 et qu'il ait très souvent joué des pièces de Scarron n'implique pas qu'il ait été imperméable aux possibilités offertes par la présence d'un « gracieux » : même si la trame de son *Dom Juan* lui a été fournie par une pièce italienne intermédiaire, il a fait dans cette comédie, qui pourrait avec quelque justesse être assimilée à une *comedia,* un usage bien subtil du « gracieux ». Mais ce n'était pas Jodelet, mort depuis six ans, qui devait tenir le rôle de Sganarelle, c'était Molière lui-même. Et l'acteur-auteur avait pour ses rôles d'autres exigences que le farceur.

3. Molière : la synthèse de toutes les formes du comique à l'écoute du siècle

La refonte des ingrédients de la farce

« Molière » est le pseudonyme de Jean-Baptiste Poquelin (1622-1673).

On considère aujourd'hui comme des œuvres de Molière *La Jalousie du Barbouillé* et *Le Médecin volant,* deux petites pièces en un acte, structure caractéristique de la farce. Il devait les jouer dans la troupe itinérante qu'il forma avec Dufresne. La désignation de certains personnages par leurs caractéristiques physiques (le Barbouillé) ou le nom des acteurs (qui est, en fait, un surnom, comme Gros-René) révèle aussi au premier coup d'œil qu'on a affaire à des farces. Très amusants, ces textes paraissent encore plus intéressants lorsqu'on s'aperçoit que, loin de les renier, Molière les a utilisés comme des sortes de canevas sur lesquels il a brodé d'une part *George Dandin,* comédie en trois actes, représentée à la cour en 1668, d'autre part *Le Médecin malgré lui,* comédie en trois actes également, jouée au Palais-Royal en 1666. Généralement une structure en trois actes est réservée au « divertissement », moins grossier que la farce, moins ambitieux que la comédie imitée de Térence. Ces deux pièces furent donc écrites et jouées après ce que l'on considère comme les « grandes » comédies de Molière, non seulement à cause de leurs cinq actes mais surtout à cause de la complexité des caractères et des mœurs présentés, *Tartuffe, Dom Juan, Le Misanthrope.* Evidemment, par rapport aux deux farces, elles se ressentent l'une et l'autre, sans prétendre au sérieux du genre en cinq actes, de l'habitude prise par Molière de mieux situer socialement ses personnages, de mettre en rapport caractère et condition et de fournir pour une seule figure de nombreux traits.

L'on ne sait trop qui est le Barbouillé : il a de l'argent puisqu'il est prêt à payer le Docteur si celui-ci accepte de le conseiller sur l'attitude à adopter à l'égard de sa femme, Angélique, dont il trouve qu'elle sort beaucoup trop, qu'elle ne s'occupe pas assez de son foyer. Angélique va au bal chez ses voisines et appartient sans doute à un milieu proche du leur, dans la bourgeoisie. Mais elle s'exprime parfois dans un langage bien vulgaire, surtout lorsqu'elle s'adresse à son mari, qui a, il est vrai, l'injure facile et le verbe encore plus cru que le sien, ce qui s'explique un peu par le fait qu'il caresse volontiers la bouteille. On a peut-être affaire, comme chez Plaute, au monde des marchands. Le père d'Angélique survient toujours à point nommé, mais sans raison autre qu'une possible proximité de sa demeure, pour blâmer son gendre de quereller la jeune femme. Une farce repose toujours sur un bon tour : il est joué par la rusée Angélique à son benêt d'époux. Comme elle s'était échappée de la maison pour aller au bal, le Barbouillé a fermé la porte d'entrée de leur demeure, pensant la condamner à l'incommodité et à la honte de passer la nuit dehors. Angélique, d'abord mielleuse, feint de se tuer avec un couteau, le mari sort, laissant ouverte la porte par laquelle Angélique, qu'il cherche, a tôt fait de s'introduire. Et voilà que la maligne épouse se met à le quereller depuis la fenêtre et à l'accuser publiquement de mener une vie de débauche, de rentrer tard, de négliger sa famille ! Le Docteur n'a pour utilité que celle de faire rire avec ses mots latins, son langage démonstratif, ses références pseudo-scientifiques et les incessantes prières qu'il fait aux autres de parler brièvement alors qu'il est lui-même atteint d'incontinence verbale. Le vocabulaire qu'il emploie forme un contraste saisissant avec celui du Barbouillé.

George Dandin offre des personnages beaucoup plus complexes dans une situation plus concrète. Dandin est un gros et riche propriétaire qui continue de se considérer comme un paysan. Néanmoins, pour s'élever au-dessus de sa condition, il a épousé une fille de nobles de campagne, les Sotenville, dont — comme leur nom l'indique — l'intelligence ne brillerait guère s'ils fréquentaient des salons urbains. Dandin est fort déçu de l'attitude des nobles :

> L'alliance qu'ils font est petite avec nos personnes. C'est notre bien seul qu'ils épousent, et j'aurais bien mieux fait, tout riche que je suis, de m'allier en bonne et franche paysannerie que de prendre une femme qui se tient au-dessus de moi... (I, 4).

Angélique, en effet, ne se gêne guère pour accepter les soupirs d'un jeune galant du voisinage. Elle n'y voit d'ailleurs pas grand mal. Les mœurs de l'aristocratie, sinon ses principes, dans le domaine conjugal, ne sont guère rigoristes et l'on comprend bien que deux conceptions du monde s'affrontent lorsque M. de la Dandinière (!) s'avise de parler d'Angélique en disant « ma femme ». Dandin pense toujours, même lorsqu'il s'agit de relations entre deux êtres, en propriétaire, alors que les de Sotenville sont choqués de l'emploi d'une telle expression pour désigner leur fille. Sauf quand il est vraiment hors de lui, George Dandin parle un langage beaucoup plus châtié que celui du Barbouillé, et si sa jeune épouse peut lui reprocher certaines manières, elle ne saurait l'accuser sans injustice d'ivrognerie. Le riche paysan s'est laissé tourner la tête par un titre, mais il est loin d'être stupide et montre dès la première scène une grande lucidité concernant son erreur. Alors que le beau-père, dans *La Jalousie du Barbouillé,* se contente de défendre sa fille et de constater que son gendre a tort, le couple des de Sotenville est ridiculisé dans son esprit de caste, dans son entêtement à ne voir que de la vertu chez eux, dans son art de donner systématiquement raison aux gens de leur monde, d'enrober les conflits possibles dans la politesse, bref, comme dirait le Sosie d'*Amphitryon,* de « dorer la pilule ». Corrélativement, si le Barbouillé ne suscite aucune sympathie, on éprouve en revanche une sorte de jubilation en entendant George Dandin parler à ces nobles méprisants malgré leur blason terni son langage franc et net de paysan :

> ... sans moi vos affaires, avec votre permission, étaient fort délabrées et mon argent a servi à reboucher d'assez bons trous (II, 2).

Sans doute Angélique de Sotenville se comporte-t-elle, à la fin de la comédie, exactement comme l'épouse du Barbouillé. On assiste à la même ruse grossière lorsque la coquette, sortie nuitamment, trouve porte close quand elle veut rentrer au logis : ses tentatives d'amadouer son mari se révélant vaines, elle feint de se tuer, Dandin sort, elle rentre précipitamment pendant qu'il la cherche et ferme derrière elle la porte à clef ; lorsque les parents de Sotenville, convoqués par Dandin, arrivent, c'est pour entendre leur fille s'offrir le luxe d'adresser par la fenêtre des reproches à Dandin, qu'elle humilie en le traitant d'ivrogne. Le malheureux est même contraint de lui demander pardon. Toutefois, contrairement à l'Angélique de la farce, l'épouse de Dandin ne se contente pas de se comporter comme une rouée, elle estime avoir de bonnes raisons pour le faire et les expose. D'abord, telle une précieuse, elle ne juge pas commettre une faute en entendant les compliments d'un homme qui la considère ; elle développe ensuite un argument qu'on qualifierait volontiers de féministe aujourd'hui :

> ... pour moi, je vous déclare que mon dessein n'est pas de renoncer au monde et de m'enterrer toute vive dans un mari ! Comment ? parce qu'un homme s'avise de nous épouser, il faut d'abord que toutes choses soient finies pour nous, et que nous rompions tout commerce avec les vivants ?

Enfin, on découvre aussi en Angélique une fille révoltée de la manière dont on a, comme c'était l'usage au XVIIe siècle, arrangé son mariage sans la consulter :

> M'avez-vous, avant le mariage, demandé mon consentement, et si je voulais bien de vous ? Vous n'avez consulté pour cela que mon père et ma mère ; ce sont eux proprement qui vous ont épousé et c'est pourquoi vous ferez bien de vous plaindre toujours à eux des torts que l'on pourra vous faire (II, 2).

Aussi le rire que suscite son comportement ne provient-il pas simplement du plaisir que donne le rusé en affirmant sa supériorité sur le lourdaud. George Dandin est plus attachant parce que plus vrai que le Barbouillé ; mais du fait que son épouse motive sa coquetterie de manière convaincante, on peut ressentir l'impression d'assister à une libération, même s'il s'agit de la libération d'une peste. Paradoxalement, parce que les deux personnages sont montrés dans leur complexité, le jugement du public les renvoie dos à dos et c'est finalement la farce qui a le dernier mot. Molière ne s'est pas renié : la seule arme contre l'affligeante association que peut créer la société d'une Angélique de Sotenville et d'un George Dandin n'est-elle pas le rire ?

Un bon tour était joué à Gorgibus dans *Le Médecin volant :* le valet Sganarelle endossait l'habit de médecin, pour venir soigner la jeune Lucile, amante de son maître, Valère. Cette dernière n'était point malade mais feignait de l'être pour retarder son mariage, arrangé par son père, Gorgibus, avec un cousin détesté. Sganarelle se tirait fort bien de la situation malgré son ignorance et impressionnait par ses propos de savantasse non seulement Gorgibus mais également un avocat. Il obtenait que Lucile pût prendre l'air dans le jardin, où l'attendait Valère. Toutefois, l'exercice du métier de médecin n'était parodié que dans deux scènes successives, le reste de la farce se passant pour Sganarelle à ôter puis remettre son habit de médecin et à jouer deux rôles car, Gorgibus l'ayant surpris habillé en valet, il se faisait alors prendre pour le jumeau du médecin qui venait de partir. On assistait à de multiples et plaisants jeux de scène, qui donnaient aux deux amoureux le temps de s'entendre pour forcer Gorgibus à accepter leur mariage.

Le Sganarelle du *Médecin malgré lui* est obligé de prendre l'habit de médecin à la suite d'un bon tour que lui joue sa femme Martine ; comme elle l'a présenté comme un extraordinaire médecin, on menace de le rouer de coups s'il refuse de donner une consultation. C'est à ce bon tour joué à Sganarelle qu'est consacré le premier acte. Dans le second, à travers la consultation donnée par le faiseur de fagots, la satire des médecins est beaucoup plus forte et beaucoup plus cocasse aussi que dans *Le Médecin volant,* car cette fois, si la jeune fille feint encore d'être malade (elle semble avoir perdu l'usage de la parole), le faux médecin l'ignore et il doit fournir et diagnostic et remède ! On se rend vite compte que Sganarelle fait plus que de gagner du temps : sans aucun complexe à l'égard de la science médicale, à laquelle il ne croit manifestement pas (pas plus que Molière, qui, déjà atteint de phtisie, avait de bonnes raisons de se montrer incrédule), il prend plaisir à berner tout son monde par un mélange de fausse érudition et de franc parler, il profite des avantages que donne la fonction de médecin pour « visiter » le sein de la nourrice, et il fait bien payer sa consultation ! Rebondissement à la fin de ce deuxième acte : le jeune Léandre lui apprend que Lucinde fait semblant d'être muette et lui demande son aide... contre une bourse bien remplie. Sganarelle le présente donc dans l'acte suivant comme son apothicaire et, distrayant le père, Géronte, il permet à Lucinde de fuir avec son galant. Un bon tour avec coups de bâton, une parodie de consultation médicale, un deuxième bon tour avec déguisement, voilà quelle est la structure d'ensemble du *Médecin malgré lui.*

Dans le détail, la construction est plus complexe : si Martine affirme que son époux est médecin afin de lui attirer des coups de bâton, c'est pour se venger de ceux qu'on l'a vue elle-même recevoir ; Sganarelle, en développant au troisième acte la sensualité qu'il a déjà montrée à l'acte II à l'égard de la nourrice, se venge par là des coups de bâton que Lucas, dont elle est la femme, lui a donnés pour le contraindre à se faire médecin ; après sa brillante performance dans la maison de Géronte, le faux médecin ne craint pas de donner des consultations à qui lui en demande ; quand on apprend que Lucinde a fui avec l'apothicaire, et que Sganarelle est pris, sa femme Martine, inquiète, vient prendre de ses nouvelles, et, au lieu de se plaindre de se trouver piégée par son propre tour et d'essayer, comme on s'y attendrait, de sauver son mari, elle accepte au contraire avec philosophie qu'il soit pendu. Un miraculeux héritage que fait Léandre le ramène alors fort opportunément avec Lucinde pour demander officiellement à Géronte la main de sa fille. Ainsi tandis que la farce évolue de *La Jalousie du Barbouillé* à *George Dandin* dans le sens d'une bien meilleure mise en situation sociale des personnages, qui constitue comme une lente maturation de la scène finale, décalque de la farce première, *Le Médecin malgré lui*, malgré une indéniable multiplication des traits précisant les figures, donne surtout l'impression que c'est la virtuosité de Molière dramaturge qui est à son apogée car il entrelace de façon fort serrée des éléments qui pourraient être les sujets d'une dizaine de farces. Jamais donc l'auteur-acteur ne renia en tant que genre celui grâce auquel il avait tant fait rire en province. Aussi peut-on d'autant moins s'étonner que presque toutes ses comédies comportent des scènes de farce, même si la complexité des situations dépeintes les en éloigne. Capable de transfigurer la farce, Molière réalisa également une métamorphose de la comédie à l'italienne.

La métamorphose de la comédie à l'italienne

« L'Avare » (1668) et « Les Fourberies de Scapin » (1671)

Respectivement tirées de *L'Aulularia* de Plaute et du *Phormion* de Térence, on peut considérer ces deux pièces comme des adaptations à la manière italienne de comédies antiques : introduction dans la première d'une sorte d'entremetteuse et d'un serviteur contestataire et astucieux et, dans la seconde, remise entre les mains d'un valet au nom italien (Scapin) de la conduite de presque toute l'action ; mise en valeur, par rapport aux modèles, des couples de jeunes gens (dans chacune des deux pièces, une des jeunes filles fait preuve d'une personnalité certaine). Mais Molière réalise autre chose qu'une simple et nécessaire adaptation des personnages à la réalité moderne. La seconde amoureuse des *Fourberies,* Zerbinette, fait preuve d'une simplicité et d'une joyeuse humeur qu'on ne trouve guère dans les types féminins italiens autres que les servantes et son personnage a quelque chose de populaire : il faut dire que Molière a imaginé de la faire élever par des bohémiens !

L'Harpagon de *L'Avare* fait bien entendu songer à Pantalone, mais il se montre nettement moins libidineux que lui bien qu'il se prépare à épouser la jeune fille qu'aime son fils : Molière consacre tous ses efforts à montrer, dans une société peinte des couleurs fort sombres que donnent la pratique de l'usure et le règne absolu de l'argent, un vieil avare qui n'a plus l'espèce de bonne santé des avares des comédies antiques et italiennes ; on a affaire à un monomaniaque, dont la folie, à force de comique, révèle au fond de son être une perversion inquiétante.

L'intervention du personnage de Scapin, dans l'autre comédie, métamorphose le *Phormion* de Térence : beaucoup plus inventif que le parasite éponyme de la pièce latine, Scapin imagine devant un père un peu sévère, Argante, une aventure attendrissante pour lui faire pardonner au jeune et peu combatif Octave de s'être marié sans son autorisation avec une jeune fille pauvre, Hyacinthe ; pour soutirer à l'autre figure de vieillard de la pièce, Géronte, l'argent qui devra permettre à son fils Léandre de racheter Zerbinette aux bohémiens, il imagine une histoire rocambolesque d'enlèvement du jeune homme par des pirates (le stratagème inventé par Phormion était beaucoup moins romanesque) ; à tout moment, il se montre capable d'inventer encore, et pour rendre son premier mensonge crédible et pour se venger lui-même (le frère de Hyacinte s'apprêterait, selon lui, à tuer Géronte parce qu'il incite Argante à casser le mariage d'Octave, promis à sa fille). Scapin enseigne à Silvestre, le valet d'Octave (aussi balourd que Scapin est habile et formant avec lui le même contraste qu'Arlequin avec Brighella), comment se comporter pour passer pour un spadassin :

> Enfonce ton bonnet en méchant garçon. Campe-toi sur un pied. Mets la main au côté. Fais les yeux furibonds. Marche un peu en roi de théâtre. Voilà qui est bien. J'ai des secrets pour déguiser ton visage et ta voix (I, 5).

Nous assistons à une belle leçon d'art dramatique au cours de laquelle, si l'élève se montre fort peu doué dans le rôle de Matamore, le maître excelle parce qu'il est lui-même un merveilleux acteur (il parvient, pendant que Géronte est caché dans un sac pour échapper aux poursuites du spadassin, à faire croire à la présence de plusieurs hommes de main). Voilà donc que se glisse dans cette pièce à l'italienne un superbe éloge du théâtre, mais qui n'est en rien plaqué sur l'action. L'art dramatique et l'imagination donnent à Scapin une force dont il est conscient et fier : il aime que tout le monde ait besoin de lui ; il ne dédaigne pas d'humilier son jeune maître Léandre quand il estime avoir été offensé par lui ; il utilise aussi son talent pour se venger quand il estime avoir été atteint dans sa dignité car ses aspirations ne sont pas celles d'un valet ordinaire. Son personnage prend tellement de force que Jean-Pierre Vincent n'a pas craint, dans la mise en scène qu'il a réalisée en 1990 des *Fourberies de Scapin,* d'en faire un personnage un peu inquiétant, qu'il habilla de noir, en anarchiste. Les dénouements invraisemblables des pièces latines, qu'on acceptait dans l'ensemble des conventions dramatiques romaines et que Molière reprend, paraissent une issue tellement fantaisiste à cette action comique se déroulant sur le fond sombre de la réalité des rapports sociaux au XVIIe siècle, qu'on peut se demander si Molière n'en dénonce pas l'artifice en refusant de les rendre plus crédibles, alors qu'il modifie tant d'autres éléments...

De « L'Ecole des maris » à « L'Ecole des femmes »

En écrivant *L'Ecole des maris* (1661), Molière pouvait paraître traiter encore le sujet d'une farce à la française. En fait, le cocu est également (en la personne de Pantalone) une figure d'élection de la *commedia*. Ce qui différencie essentiellement *L'Ecole des maris* d'une farce à la française et la rapproche d'une comédie italienne, c'est que l'accent porte autant sur la virtuosité des jeunes gens auteurs de la bourle (il ne s'agit pas seulement d'un bon tour) que sur le ridicule du mari ou du futur mari trompé. L'Angélique du *Barbouillé* ou de *Dandin* cherche la distraction puis essaie simplement de se tirer d'affaire quand elle se trouve dans l'embarras. Elle n'échafaude aucun projet à long terme. Par contre, l'héroïne de *L'Ecole des maris,* Isabelle, au prénom d'amoureuse italienne, s'engage dans une aventure dont dépend son avenir. Sa fuite nocturne, sous la cape de son « double », sa sœur Léonor, est également pratique courante dans les actions dramatiques à l'italienne. Cependant, bien que son tuteur et futur époux, Sganarelle, soit âgé de quarante ans (ce qui en fait un barbon), qu'il se révèle à la fois naïf (parce que trop confiant en lui-même), méchant à l'égard de son frère, et, finalement, trompé, on ne peut l'assimiler à un stéréotype italien dans la mesure où Ariste, de vingt ans plus âgé que lui, se comporte tout autrement : les défauts de Sganarelle apparaissent moins liés à son âge qu'à son caractère, celui d'un bourgeois français, soucieux, même plus jeune, de son confort, pantouflard et égoïste. Toutefois l'excessive crédulité de Sganarelle, qui porte à son rival les billets doux d'Isabelle parce qu'il pense qu'ils contiennent des protestations de dignité offensée, ses allées et venues répétées entre les deux jeunes gens (car il rapporte des réponses à Isabelle, lui permettant ainsi d'organiser sa fuite nocturne !) le font ressembler très vite à un pantin, malgré les propos suffisants qu'il tient à son frère dans la première scène.

Il n'est que d'examiner les différences que présente avec Sganarelle l'Arnolphe de *L'Ecole des femmes* (1662) pour comprendre pourquoi Molière a pu construire autour de lui une « grande comédie » en cinq actes et en vers. Apparemment, le sujet des deux pièces est le même : un barbon, tuteur d'une jeune fille, entend l'épouser contre son gré. Mais Sganarelle s'est trouvé par hasard tuteur et futur mari d'Isabelle (le père de la jeune fille la lui a confiée avant de mourir, en lui demandant de l'épouser quand elle en aurait l'âge) tandis qu'Arnolphe a choisi d'élever une orpheline inconnue à partir de l'âge de quatre ans pour en faire l'épouse idéale. Il se vante de l'avoir modelée à sa guise :

> Comme un morceau de cire entre mes mains elle est,
> Et je lui puis donner la forme qui me plaît (III, 3).

Son projet est bien plus inquiétant quant au fond de son être (peur maladive de la femme et du jugement d'autrui, goût du pouvoir exercé sur les êtres faibles) que celui de Sganarelle. D'autre part, ce dernier n'aime pas plus Isabelle que Dandin n'aime Angélique ; peut-être Arnolphe n'aime-t-il pas sa pupille Agnès au début de la comédie, mais la capacité de résistance qu'elle démontre et l'intelligence qu'elle acquiert font d'elle un être véritable et donc susceptible d'inspirer l'amour. Arnolphe a conscience que sa blessure n'est pas seulement d'amour-propre :

> Je souffre doublement dans le vol de son cœur
> Et l'amour y pâtit aussi bien que l'honneur (III, 5).

La comédie de Molière tournerait-elle au sérieux en proposant des personnages plus nuancés ? Il n'en est rien car si la scène 5 de l'acte III d'où sont tirés ces vers peut paraître pathétique dans une lecture qui l'isole de son contexte, le souvenir des propos triomphalistes d'Arnolphe, les moqueries qu'il faisait dans la première scène des cocus de la ville, sa position de manipulateur enfin manipulé empêchent qu'on ne le plaigne.

Ce n'est pas qu'Agnès montre un caractère plus nuancé que celui d'Isabelle : la pupille de Sganarelle possède dès le début de la pièce intelligence et goût de l'indépendance ; Agnès, elle, nous est présentée comme une ingénue alors qu'elle ne l'est déjà plus et elle continue d'évoluer vers la conscience et la révolte tout au long de la comédie. En même temps, Molière nous fait réfléchir à l'importance de la conversation, de la fréquentation d'autrui et du désir de communiquer dans la formation de l'intelligence et l'acquisition d'une culture. La vie sociale, la participation aux salons précieux (qu'Arnolphe déteste) n'étaient-elles pas à l'époque de Molière un des plus sûrs moyens de s'instruire pour les femmes ? Et cette démarche présentait, de plus, l'avantage du naturel ! Si Molière réussit ici sa transmutation de la comédie à l'italienne, ce n'est pas seulement parce qu'il a prêté à ses personnages des réactions nuancées, c'est parce qu'il a lié très fortement la psychologie aux mœurs caractéristiques de son époque.

Cet intérêt visible pour la conversation des salons se manifesta avec éclat dans *La Critique de l'Ecole des femmes,* qu'il écrivit quelques mois après *L'Ecole* pour la défendre. Mais Molière avait tant à dire sur son œuvre que la peinture des mœurs des salons y restait au stade d'une esquisse, déjà fort suggestive ; avec *Le Misanthrope,* l'esquisse devint tableau. Ces deux pièces renouent avec les comédies aristocratiques de Corneille, que personne n'avait imitées, en en transformant l'esprit.

Les comédies aristocratiques

« La Critique de l'Ecole des femmes »

C'est donc pour répondre aux diverses réactions d'hostilité exprimées à l'égard de *L'Ecole des femmes* que Molière installa pour la première fois ses personnages à l'intérieur d'une demeure, celle de gens distingués. L'action ne comporte pas d'intrigue amoureuse. Si l'on peut dire qu'elle représente la conversation des honnêtes gens, c'est en donnant cette fois au mot « conversation » son sens moderne. Uranie tient salon à Paris. Il est parfois fréquenté par des indésirables, que supporte mal sa cousine Elise. Au fur et à mesure qu'on avance dans la comédie arrivent donc les habitués, plus ou moins appréciés de la maîtresse de maison. Les indésirables sont justement en proie à la surexcitation parce qu'ils viennent d'assister à la représentation de *L'Ecole des femmes* et prennent à témoin tous ceux qu'ils trouvent du soi-disant scandale que constituerait la comédie. Uranie et Elise, chacune à leur manière, et bientôt secondées par Dorante, assurent la défense de la pièce qu'attaquent à tour de rôle, puis ensemble, une précieuse un peu prude, un marquis à l'intelligence bornée et un poète dramatique suffisant, dont les œuvres ne semblent guère avoir de succès.

On pourrait s'attendre à un débat ennuyeux et, pour tout dire, assez peu théâtral. Il n'en est rien tant les caractères qui soutiennent ce débat sont bien dessinés et tant les rapports entre les personnages sont dynamiques. Uranie paraît fort sage au premier abord. Mais l'on s'aperçoit qu'elle s'amuse beaucoup des facéties de sa cousine et qu'à l'occasion elle sait avoir son franc-parler, tout en feignant de citer autrui :

> Par les mines qu'elles affectèrent durant toute la pièce, leurs détournements de tête et leurs cachements de visage (elles) firent dire de tous côtés cent sottises de leur conduite (...) et même un des laquais cria tout haut qu'elles étaient plus chastes des oreilles que de tout le reste du corps (sc. 3).

Uranie se trouve placée dans une situation cocasse lorsque le Marquis, ayant mis sur le compte de la mauvaise volonté d'un valet le refus de l'introduire sous le prétexte de l'absence de la maîtresse de maison, rentre tout de même et que, comme cette dernière feint l'indignation, le garçon rappelle publiquement que c'est elle qui lui a donné un tel ordre !

La cousine Elise est extrêmement vive et malicieuse. Elle excelle dans les récits et les portraits, fort utiles au demeurant pour nous faire savoir comment doivent être joués les personnages qui arrivent. Voici comment elle décrit la précieuse :

> Il semble que tout son corps soit démonté et que les mouvements de ses hanches, de ses épaules et de sa tête n'aillent que par ressorts. Elle affecte toujours un ton de voix languissant et niais, fait la moue pour montrer une petite bouche et roule les yeux pour les faire paraître grands (sc. 2).

Molière ouvre donc largement son théâtre aux mœurs de son temps puisque les années 1650-1670 sont marquées par le rayonnement du salon de Mlle de Scudéry, fort différent du premier et du plus célèbre des salons du XVIIe siècle, celui de la marquise de Rambouillet : il y règne un féminisme outré et un goût du savoir savant qu'on ne trouvait pas dans la « chambre bleue » de la Marquise. Aussi ces salons se prêtaient-ils à la caricature. Le portrait que fait Elise de la précieuse Climène montre que Molière n'a pas hésité à recourir au jeu farcesque pour se moquer d'une grande dame (il avait déjà raillé les précieuses dans *Les Précieuses ridicules* en 1659, mais Cathos et Magdelon portaient des prénoms qui étaient les diminutifs de ceux des comédiennes Catherine de Brie et Madeleine Béjart, ce qui assimilait la pièce à une farce et insistait sur le fait que les deux pécores n'étaient pas de vraies précieuses). Elise manipule la vanité de Climène comme une marionnette et Climène n'y voit que du feu tant elle est imbue d'elle-même :

> On le voit bien, Madame, que tout est naturel en vous. Vos paroles, le ton de votre voix, vos regards, vos pas, votre action et votre ajustement ont je ne sais quel air de qualité qui enchante les gens. Je vous étudie des yeux et des oreilles ; et je suis si remplie de vous que je tâche d'être votre singe et de vous contrefaire en tout (sc. 2).

Il se peut que le Marquis ne soit pas de grande noblesse ; Molière le montre comme un être dépourvu de toute finesse, plein de préjugés et incapable d'argumenter : pressé d'expliquer pourquoi il trouve la comédie de Molière « détestable », il répond avec éloquence : « Elle est détestable parce qu'elle est détestable » (sc. 6).

Même les propos plus théoriques qui se tiennent dans *La Critique,* notamment ceux qu'échangent le poète dramatique Lysidas et Dorante, qui semble avoir des relations à la Cour, sont assaisonnés de répliques acérées et de plaisanteries qui leur permettent de passer aisément l'épreuve de la scène. Ainsi, la réalité du salon ne s'efface pas devant la polémique : Molière a créé une nouvelle ambiance dans la comédie aristocratique. On retrouve en 1666 dans *Le Misanthrope* le défilé des habitués (plus ou moins ridicules selon le regard que l'on porte sur eux), le goût des portraits charges, la vanité d'auteur médiocre et l'inévitable et plaisante hypocrisie de la maîtresse de maison et de presque tous ses hôtes. La trouvaille de Molière, c'est d'avoir fait réagir à cette pratique sociale bien particulière du XVIIe siècle un caractère, ou plutôt un tempérament (déterminé par des facteurs physiologiques), celui d'un atrabilaire, Alceste.

« Le Misanthrope »

Le Grec Ménandre s'était déjà intéressé, au IVe siècle av. J.-C., à un tel type d'homme mais il ne montrait pas sa mauvaise humeur chronique s'exerçant dans un monde aristocratique ; celui du XVIIe siècle, organisé autour de la cour et en salons mondains, posait d'ailleurs à un tempérament dominé par la bile noire et les accès de tristesse et de sauvagerie un problème tout à fait spécifique. Molière, de plus, a remplacé la polémique théâtrale qui animait le salon d'Uranie par une intrigue amoureuse car cet Alceste au caractère ombrageux aime justement Célimène, la jeune et brillante maîtresse de maison, et entre en fureur contre tous ceux qui, tels des satellites, tournent autour de son amante. Cette animosité personnelle et relativement justifiée à l'égard de presque tous seconde son humeur pour le rendre extrêmement combatif contre les mœurs du salon, dont tout regard objectif (comme celui de son ami Philinte) perçoit bien les défauts et l'artifice. Elise, qui disait n'aimer que la compagnie choisie et se montrait tout aussi lucide qu'Alceste à l'égard de son milieu, prenait, dans *La Critique,* le parti de ridiculiser finement ceux qui l'agaçaient sans pouvoir être taxée d'incorrection ; Uranie, malgré la politesse mensongère de son accueil, décochait quelques traits à destination des prudes et des pédants. Ici Alceste contrevient à toutes les règles de la politesse pour reprendre les comportements hypocrites, médisants ou prétentieux qui le choquent et Célimène pousse l'amabilité obligée de maîtresse de maison jusqu'à renoncer à toute franchise dans son salon et à pousser trop loin pour la délicatesse d'Alceste un manège galant (que Dorante pratique un peu, par dérision, avec Climène, dans *La Critique*) avec deux marquis et un poète qu'elle n'estime guère au demeurant, mais dont elle a besoin pour affaires.

Comme Arnolphe, Alceste est un personnage ambigu, parfois pathétique (d'autant plus que certains de ses propos sont calqués sur ceux d'un personnage de *Dom Garcie de Navarre,* tragi-comédie de Molière) au point qu'une interprétation très romantique du personnage, croisé de la sincérité et de la vertu dans un monde de vice et d'hypocrisie auquel il finit par renoncer, a souvent été adoptée, à l'instar de Rousseau. Le sous-titre de la pièce, *L'Atrabilaire amoureux,* insiste pourtant sur le caractère comique, sinon farcesque du rôle, confirmé par une anecdote rapportée par Saint-Simon : comme beaucoup de spectateurs distingués avaient trouvé des ressemblances entre Alceste et M. de Montausier, plusieurs témoins racontèrent que Molière, convoqué par Montausier, mourait de peur car il jouait Alceste, et le jouait en ridicule ! Montausier, en fait, embrassa Molière, trouvant qu'Alceste était un fort honnête homme. Ce n'est pas tant que les points de vue peuvent diverger concernant Alceste, c'est qu'Alceste est bien lucide, exigeant, vertueux... mais que dans certaines circonstances la vertu même est ridicule. On comparait plus haut Alceste à Arnolphe : il lui ressemble aussi en ce sens que, pour sincère que soit son amour pour Célimène, cet amour n'est guère moins possessif, malgré quelques tentations de fermer les yeux, que celui d'Arnolphe pour Agnès. Ce n'est d'ailleurs pas parce que l'on rit du peu adaptable Alceste qu'on ne rit pas du très aimable et très sage Philinte, lorsque, conformément aux habitudes du temps, il prodigue les compliments avec quelque excès : le spectateur porte alors sur lui le regard d'Alceste, ou... de Molière dont les yeux sont partout et dont les pensées ne se confondent jamais avec toutes celles d'un personnage déterminé. La volonté du poète de peindre les hommes d'après nature s'affirmant, comique et gravité sont absolument indissociables dans les pièces où un tempérament rencontre les mœurs du temps.

En effet, si Molière ne renonça jamais à utiliser les diverses catégories de pièces comiques existantes comme tremplin à son inspiration, il prenait conscience, chemin faisant, de posséder un style personnel. Il était clair dès 1663 que la marque de Molière se trouvait dans l'élaboration de caractères et d'attitudes complexes, dans l'observation précise des mœurs contemporaines, dans le goût de l'actualité et de la polémique. Quand il commença d'écrire *Tartuffe,* Molière avait déjà réfléchi profondément à la spécificité de ses apports au genre grâce à la composition de *La Critique de l'Ecole des femmes* et de *L'Impromptu de Versailles* (1663) qui lui firent mettre au clair sa conception de la comédie. On peut bien considérer *Tartuffe* (représenté pour la première fois en 1664) comme une nouvelle comédie, à la française.

Vers la comédie à la française ; Molière défenseur de son comique

La leçon des comédies polémiques

La Critique de l'Ecole des femmes demande d'abord implicitement au public de prêter aux comédies de Molière l'attention que le Marquis se vante de n'avoir pas prêtée à *L'Ecole des femmes* ; c'est que l'auteur est conscient de n'avoir pas écrit une pièce facile qui peut être jugée sans aucune réflexion (le rire qu'elle déclenche doit réunir cependant et le public bourgeois et populaire du parterre et celui des loges, ce qui prouve que, quoique complexes, les œuvres de Molière n'en visent pas moins la gaieté). On l'a vu, Climène ne brille pas par l'intelligence : or elle a pris *L'Ecole des femmes* pour une charge contre son sexe alors qu'il est clair que Molière y défend le droit des femmes à la liberté. Les pièces de Molière ont besoin d'un public intelligent, un public d' « honnêtes gens », qui ne prenne pas pour argent comptant tout ce que disent les personnages. Cependant le poète comique n'écrit pas que par fantaisie, puisqu'au contraire du poète tragique il peint des hommes ordinaires. Dorante précise :

> Mais lorsque vous peignez des hommes, il faut peindre d'après nature. On veut que ces portraits ressemblent ; et vous n'avez rien fait si vous n'y faites reconnaître les gens de votre siècle.

Pour autant Molière se défend par la bouche d'Uranie de représenter tel ou tel individu :

> Ces sortes de satires tombent directement sur les mœurs, et ne frappent les personnes que par réflexion. N'allons point nous appliquer nous-mêmes les traits d'une censure générale ; et profitons de la leçon, si nous pouvons, sans faire semblant qu'on parle à nous.

Il refuse également la généralisation. Tous les dévots ne le sont pas aussi stupidement qu'Arnolphe :

> Pour le discours moral que vous appelez un sermon, il est certain que de vrais dévots qui l'ont ouï n'ont pas trouvé qu'il choquât ce que vous dites [c'est-à-dire : les dogmes et cérémonies de l'Eglise] ; et sans doute que ces paroles d'*enfer* et de *chaudières bouillantes* sont assez justifiées par l'extravagance d'Arnolphe et par l'innocence de celle à qui il parle.

Enfin, Dorante insiste sur la complexité des personnages de Molière :

> Il n'est pas incompatible qu'une personne soit ridicule en de certaines choses et honnête homme en d'autres (sc. 6).

C'est d'ailleurs pourquoi il réclame pour la comédie une considération égale, sinon supérieure, à celle dont jouit la tragédie. Dans le cadre inattendu de la répétition d'une pièce de théâtre consacrée à la réponse faite par Molière aux critiques adressées... à *La Critique*, *L'Impromptu de Versailles* (représenté fin 1663 à la cour) reprend et développe un certain nombre de ces idées, réaffirmant notamment la différence qui existe entre la satire des mœurs et la satire des personnes (... alors que, visiblement, certaines sont bel et bien visées dans cette deuxième défense présentée par Molière !). L'acteur Brécourt y énonce ce que pourraient être les sujets des futures comédies de Molière : presque tous tournent autour d'un comportement hypocrite. Le personnage de Tartuffe n'est pas loin.

« Tartuffe »

Avec cette comédie, Molière abandonne le monde aristocratique. Toutefois, on est introduit dans la maison d'une famille de bonne bourgeoisie. Elmire, femme d'Orgon, peut y tenir salon — au grand scandale de sa belle-mère, l'austère Mme Pernelle — et ceux qui lui rendent visite roulent carrosse. Bien que l'intrigue, si l'on s'en tient à une analyse superficielle, s'apparente à une intrigue à l'italienne (Orgon, père de Mariane, s'oppose à son mariage avec Valère parce qu'il lui destine un de ses amis qu'elle n'aime pas, Tartuffe), les motivations de celui qui pourrait passer pour un barbon traditionnel sont très originales et métamorphosent le déroulement de l'action. Orgon ne recherche en Tartuffe ni la richesse ni la noblesse (Tartuffe est pauvre et sa prétendue noblesse n'est pas une préoccupation pour son ami) mais la piété, la science religieuse pourrait-on dire. Car Orgon, tout comme sa mère, est dévot. Mais le comportement quotidien de Tartuffe, que le bon bourgeois a carrément installé chez lui de sorte qu'il perturbe la vie de toute la famille, dément sa piété : Dorine, suivante d'Elmire, l'observe et elle a remarqué que tout en s'affirmant détaché des biens de ce monde, Tartuffe mange bien, boit bien... et regarde beaucoup Elmire. On a affaire à un hypocrite en matière de religion. S'il veut épouser Mariane, c'est par cupidité. Dorine, curieuse suivante, qui n'a, elle non plus, pas d'équivalent parmi les figures italiennes de servantes, ne cesse de dénoncer plaisamment l'imposture de Tartuffe, soit devant Mme Pernelle, soit devant Orgon, soit devant le faux dévot lui-même ; son ancienneté dans la maison semble lui avoir donné des droits, elle parle avec aisance à tous les membres de la famille. Sans être manigancière, elle sait intervenir quand il le faut pour gagner du temps (elle parvient à empêcher Orgon d'extorquer à sa fille un consentement au mariage) ; si elle n'a pas inspiré à Elmire le piège que celle-ci tend à Tartuffe, elle est sa complice active et réjouie.

Elmire, qui échappe à toute caricature, s'est aperçue, en essayant de détourner Tartuffe d'épouser Mariane, du désir qu'il avait pour elle et qu'il parvient à exprimer sans renoncer au langage de la dévotion (véritable tour de force rhétorique et stylistique de Molière). Elle le fait donc appeler par Dorine tandis qu'elle contraint Orgon de se cacher sous une table pour assister à l'entretien sans être vu. Après quelques signes de méfiance, Tartuffe se laisse aller à sa sensualité... tandis qu'Orgon, qui n'en croit ni ses oreilles ni ses yeux (mais ce qui caractérise le personnage, qui n'est pas sans qualités, c'est justement l'aveuglement) tarde beaucoup à interrompre l'entrevue, pour ne pas dire les ébats. Elmire est placée dans une situation risible, car alors même qu'elle se trouve dans les bras de Tartuffe et Orgon dans la situation traditionnelle et matérielle du cocu de farce, elle ne cesse de taper du pied pour qu'il se décide à mettre fin à l'épreuve. Démasqué, chassé, Tartuffe peut encore nuire car l'aveugle Orgon a déshérité ses enfants en sa faveur et lui a confié une cassette contenant des papiers compromettants. Mme Pernelle, elle, ne croit toujours pas à la monstruosité du personnage. Mais la justice royale sauve toute la famille car Tartuffe, escroc recherché depuis longtemps, est arrêté et Orgon bénéficie de la bonté du souverain pour la faute (d'amitié) qu'il a commise.

Molière, ami de la nature, déteste tous les emportements qui la briment : refus obstiné de laisser les filles choisir leur époux, renfermement des femmes, zèle religieux s'il dérègle les comportements les plus élémentaires et détourne par exemple de l'amour de ses enfants. Surtout, il remarque que, sous l'effet de ce zèle, on en vient à soupçonner tout et tout le monde. Orgon s'était engagé à marier Mariane à Valère ; sous l'effet de son nouveau zèle, il voit le jeune homme sous un jour bien sombre :

J'avais donné pour vous ma parole à Valère ;
Mais, outre qu'à jouer on dit qu'il est enclin,
Je le soupçonne aussi d'être un peu libertin ;
Je ne remarque point qu'il hante les églises (II, 2).

C'est tout simplement l'esprit d'inquisition qui se développe chez Orgon, cet esprit qui voit du mal partout et qui a trouvé à redire à certaines scènes de *L'Ecole des femmes,* estimant qu'elles choquaient ou la pudeur ou les saints mystères. Cet esprit-là, si l'on suit Molière dans *Tartuffe,* ne vient pas naturellement aux dévots sincères ; il leur est insufflé par des hypocrites, qui ne croient en rien mais ont intérêt à ce que certains, qu'ils manipulent, se montrent intolérants et fanatiques. Le sujet est grave, et d'autant plus qu'il existait du temps de Molière une compagnie du Saint-Sacrement aux agissements obscurs. On n'en rit cependant pas moins puisque des réactions de santé se manifestent autour des inquiétants Orgon et Tartuffe et qu'il est réjouissant de voir qu'un trompeur ne parvient pas à tromper. Le personnage qui se montre le plus imperméable aux effets de simagrées religieuses est incontestablement Dorine, qui parvient à trouver les mots pour rire quand elle décrit la maison ou les êtres se trouvant sous l'empire de Tartuffe (elle invente le participe « tartuffiée ») et qui n'hésite ni à affronter directement Tartuffe en se moquant de lui ni à tourner son maître en dérision pour hâter son réveil.

Puisque c'était l'esprit d'inquisition qui était raillé, ceux qui le possédaient n'acceptèrent évidemment pas la raillerie. La pièce, qui ne se présentait pas sous la forme que nous connaissons mais en trois actes, fut interdite à la demande des autorités religieuses après la première représentation, à la cour, en mai 1664, malgré son succès et bien qu'elle ait été lue au roi, qui avait déclaré n'avoir rien à y redire. Molière fit tout pour que sa pièce pût continuer d'être jouée. Il multiplia lectures (y compris devant des autorités religieuses) et représentations privées, remania son texte (le second, qui portait le titre de *L'Imposteur,* fut également interdit de représentation bien que Tartuffe, devenu Panulphe, n'y apparût plus en habit d'ecclésiastique mais en homme du monde), adressa des placets au roi, écrivit ou fit écrire une *Lettre sur la comédie de l'Imposteur* (qui parut en 1667) ; c'est la troisième version du texte qui put enfin être jouée et publiée en 1669. Dans sa préface, Molière se fait grave pour défendre sa liberté de création :

> ... l'emploi de la Comédie est de corriger les vices des hommes (...). Les plus beaux traits d'une sérieuse morale sont moins puissants, le plus souvent, que ceux de la satire ; et rien ne reprend mieux la plu-

part des hommes que la peinture de leurs défauts. C'est une grande atteinte aux vices que de les exposer à la risée de tout le monde. On souffre aisément des répréhensions ; mais on ne souffre point la raillerie. On veut bien être méchant ; mais on ne veut point être ridicule.

Avec *Tartuffe,* et peut-être plus encore avec la querelle qui se développa autour de la pièce, est né le moraliste qui s'annonçait dans les précédentes comédies. Molière a trouvé un cadre et une situation générale qui lui appartiennent en propre : une famille bourgeoise bouleversée par l'excentricité d'un, ou plusieurs, de ses membres. L'excentricité décrite n'est plus jamais aussi grave que celle d'Orgon, mais elle produit toujours les mêmes dégâts ; des êtres jeunes et sains en pâtissent. La passion du savoir chez Philaminte, qui tient un salon érudit dans *Les Femmes savantes* (1672), fait le malheur d'abord de l'aînée de ses filles, Armande (qui le veut bien), puis celui de la plus jeune, Henriette, qui refuse d'épouser le mauvais et cupide poète Trissotin dont s'est entichée sa mère ; le désir maladif des titres et de la considération de la noblesse qui obsède M. Jourdain (*Le Bourgeois gentilhomme,* 1670) séparerait aussi la jeune Lucile de celui qu'elle aime si Jourdain n'était pas aussi facile à berner ; enfin la dévotion avec laquelle Argan soigne son corps au point de le rendre repoussant dans *Le Malade imaginaire,* la dernière pièce de Molière (1673) a pour conséquence de destiner sa fille Angélique à un horrible jeune médecin (grâce auquel Molière renoue avec la farce). La folie du maître ou de la maîtresse est toujours dénoncée de façon plaisante soit par des servantes d'une simplicité à toute épreuve et qui sont un peu les répliques féminines d'Arlequin (Martine et son langage campagnard choquent Philaminte et son entourage, Nicole dit avec franchise ce qu'elle pense à M. Jourdain), soit par une domestique rusée et astucieuse, qui doit avoir Brighella et Scapin comme cousins (la Toinette du *Malade* est une grande comédienne) et qui s'emploie à rétablir le calme. On le voit, jamais l'acteur ni le dramaturge ne s'effacèrent devant le moraliste. Mais Molière était capable de pousser très loin tous ces talents ensemble. On en a une preuve éclatante avec *Dom Juan,* comédie écrite dans le feu de la bataille du *Tartuffe,* qui reprend, entre autres, le thème de l'hypocrisie religieuse, mais qui constitue aussi une acclimatation de la *comedia* ; Molière y tenait le rôle du plaisant valet Sganarelle.

Dom Juan à la croisée des courants comiques

Même si, contrairement à ce qui a longtemps été affirmé, Molière a pu lire la *comedia* de l'Espagnol Tirso de Molina, *L'Abuseur de Séville et l'invité de pierre*, certainement jouée à Madrid en 1625, publiée pour la première fois en 1630, et source de toutes les œuvres consacrées à Dom Juan, ce n'est certainement pas par elle qu'il a pris connaissance des extraordinaires aventures du galant et peu scrupuleux séducteur espagnol. Deux Italiens, Cicognini et Giliberto, avaient imité l'œuvre de Tirso, le premier avant 1650, dans une comédie qui renchérissait sur les effets de spectacle, bien modestes dans l'original, le second dans une tragicomédie publiée en 1653, mais aujourd'hui perdue ; les deux adaptations avaient pour titre *L'Invité de pierre*. Dès 1658, les comédiens italiens qui jouaient à Paris s'emparèrent du thème, à partir duquel ils improvisèrent au Palais-Royal, développant ou exploitant, comme on pouvait s'y attendre, le potentiel comique du valet, devenu Arlequin dès 1662. Il est tout à fait faux de prétendre que le valet espagnol, Catalinón, est sinistre. En créant un valet drôle, Molière n'italianisait pas forcément la pièce. Catalinón est un *gracioso*, et le rôle d'un *gracioso* ne consiste pas forcément à faire rire aux éclats mais à créer une rupture en adoptant le comportement inverse de celui de son maître : Don Juan Tenorio se montrant insouciant et refusant toute morale et toute crainte religieuse, Catalinón a peur de tout ce qui peut arriver et ne cesse de parler le langage du devoir, faisant, somme toute, piteuse figure, à côté d'un maître, qu'il admire un peu quand un tour s'est bien terminé. Le public, lassé de ses leçons de morale, finit par rire de cet être timoré, qui voit le diable partout et que Don Juan Tenorio se plaît à effrayer. Cet être simple est évidemment terrorisé lorsqu'il voit arriver la statue du Commandeur que son maître a tué et, lorsque Don Juan lui donne l'ordre de parler à cette statue, ne sait que lui demander :

> Ça va bien ? C'est un bon pays, l'autre vie ? C'est la plaine ou la montagne ? On donne des prix de poésie là-bas ? (...) On y trouve beaucoup de tavernes ? Il doit y en avoir, bien sûr, puisque Noé y a sa résidence !

Ce n'est jamais à un *gracioso* que la *comedia* donne raison. Sans doute, à la suite de Giliberto, les improvisateurs italiens ont-ils accentué le comique du valet, ils ne l'ont pas inventé. Le canevas de la pièce semble indiquer que Don Juan n'était joué que comme un vulgaire débauché, alors que, dans la pièce espagnole, son rang de fils du grand chambrier du roi et sa distinction sont rappelés à plusieurs reprises ; d'autre part, Don Juan Tenorio se laisse volontiers appeler « le châtiment des femmes », et prend un peu une allure de justicier à l'égard de celles dont le roi lui-même dit qu'elles ont toutes « inconstance et jugement changeant » ; enfin, pas une seconde il ne tremble devant cette extraordinaire statue qu'il avait invitée à dîner par dérision et qui a relevé le défi. Même si le héros de Molière est différent, il renoue avec le panache de l'original.

Deux pièces en français furent également consacrées sous le titre bizarre du *Festin de pierre* à l'aventure imaginée par Tirso, l'une de Dorimon jouée à Lyon en 1658, puis à Paris en 1661, l'autre de Villiers, jouée à l'hôtel de Bourgogne en 1659, et respectivement imprimées en 1659 et 1661. Alors que Don Juan était jusqu'alors essentiellement montré dans ses aventures amoureuses et son insouciance, il prend, aussi bien chez Dorimon que chez Villiers, l'habit d'un pèlerin par pure utilité et, une fois vêtu de ce costume trompeur, feint la dévotion pour amener un rival à poser ses armes et le tuer. Le valet, chez Dorimon, ne s'appelle pas Arlequin mais Brighelle.

On s'étonnera peu que Molière, après l'affaire, non terminée, du *Tartuffe*, se soit intéressé dès 1665 à cette nouvelle attitude prêtée à Don Juan (Dom Juan, chez lui) : l'hypocrisie religieuse. Mais l'on peut se montrer faussement confit en dévotion sans être vraiment incroyant. Le personnage espagnol a, lui, quelque chose de démoniaque (il se définit dès la première scène comme un « homme sans nom »), mais un peu comme malgré lui ; bien que peu intimidé par le surnaturel il ne rejette pas ouvertement Dieu, il pense seulement qu'il a bien le temps de penser à son salut. Le héros de Dorimon et de Villiers injurie Dieu, mais par fureur, il s'emporte d'ailleurs contre tout ce qui peut brider son plaisir, qu'il s'agisse des lois humaines ou des lois divines, ou du jugement du vulgaire. L'apport essentiel de Molière a donc consisté à faire du personnage un libertin réfléchi, comme on pouvait en trouver en France à son époque, c'est-à-dire un homme affranchi de la croyance religieuse. Le Dom Juan de Molière cherche à tout, y compris au déplacement de la statue du Commandeur, une explication rationnelle. Du coup, l'hypocrisie religieuse prend une tout autre signification : elle peut être considérée comme dérision suprême (organisée par un comédien génial) à l'égard d'une foi méprisée, elle peut être interprétée comme une lâcheté de la part d'un homme qui semblait avoir décidé d'affronter le scandale, et non pas de le fuir. Il paraissait même vouloir faire école lorsque — autre invention de Molière — il avait incité un pauvre rencontré par hasard à jurer contre un louis d'or (véritable transfiguration de l'épisode du pèlerin auquel le séducteur achète son habit contre une bourse). De toutes les façons, le personnage de Molière gagne en gravité, surtout si l'on interprète le don du louis qu'il fait au pauvre (bien qu'il n'ait pas juré) comme un geste altruiste, dénué de toute piété, et qui en fait tout autre chose que le personnage individualiste montré jusqu'alors dans toutes les versions antérieures.

C'est parce que le personnage de Dom Juan est beaucoup plus grave qu'ailleurs que celui de Sganarelle frappe davantage. Le valet faisait rire chez les Italiens, à côté d'un maître qui n'inquiétait pas beaucoup. Le comportement de Catalinón est surtout dérisoire à côté de l'aisance de son maître. Sganarelle garde le ton moralisateur du valet d'origine, mais ses raisonnements sont amplifiés parce que Dom Juan lui donne souvent la parole — le séducteur espagnol montrait un peu cette malice — pour les ridiculiser. Cependant les interventions de Sganarelle restent, comme toutes celles des *graciosos* de *comedia,* des signaux qui invitent à ne pas se laisser abuser par le brio du grand seigneur mais produisent sur le spectateur la même douteuse efficacité que ses mises en garde à l'intention des paysannes : des coups sont à porter contre l'attitude de Dom Juan, on le sent ; or Sganarelle non seulement ne donne pas les bons mais parvient même à mettre le suspect en valeur tant il raisonne mal, tant il est, au fond, fasciné par lui, tant il est dépourvu des qualités (comme le courage) que son maître déploie (au point d'essayer de l'imiter, autre caractéristique du *gracioso*). Sganarelle fait rire (il est bien davantage présent que le personnage conventionnel de la *comedia*), mais ce rire met mal à l'aise parce qu'il côtoie des sujets trop graves. Sans être parti de la *comedia,* Molière a retrouvé la force de sa dramaturgie. Alors que Dorimon et Villiers ont donné à l'action les bornes de la ville de Séville, Molière a également compris que la force et le mystère du personnage tenaient aussi à ses semelles de vent. Les décors qui changent à chaque acte suggèrent des déplacements importants en Sicile : même si le périple du Dom Juan français ne peut être comparé à celui du héros original qui se rend de Naples à Séville en passant par Tarragone.

La succession des paysages (palais, bord de mer, forêt, mausolée, intérieur d'une demeure) donne un peu le vertige et s'accorde encore au personnage, moins manifestement volage que son modèle.

Dom Juan n'est pas que brillant, intéressant et inquiétant. S'il excelle à berner les femmes, ses créanciers et même son père et s'il manipule Sganarelle, il lui arrive, à lui aussi, d'être un peu ridicule lorsque, ses deux conquêtes villageoises lui demandant ensemble de se prononcer clairement, il ne sait trop comment se tirer d'affaire. Le chavirement de sa barque, qui lui fait manquer un enlèvement, le place aussi dans une posture risible. Pierrot met le public de son côté quand il se moque de la complication extravagante de son habit de grand seigneur. Même à son égard donc, le rire moliéresque ne perd jamais ses droits. Il s'exerce également aux dépens et de Sganarelle — c'est évident — et des filles du petit port, un peu trop crédules, et bien hargneuses entre elles. On rit aussi de la rude expression de la passion amoureuse du paysan Pierrot (tous les paysans parlent le patois d'Ile de France : on retrouve la farce, qui remplace les danses villageoises de l'original et en modifie la tonalité), et du tailleur incapable de se faire payer. Le rire fuse donc de partout, malgré la dignité des reproches d'une des conquêtes de Dom Juan, Done Elvire, malgré le mépris manifesté par le séducteur à l'égard de son très vénérable père. Même le châtiment final, Dom Juan se trouvant entraîné dans le feu de l'enfer par la statue du Commandeur qui le saisit par la main qu'il a donnée tant de fois (pour s'engager symboliquement au mariage), se résout en un énorme éclat de rire quand Sganarelle, incapable de tirer les leçons d'une telle intervention de la puissance divine ne songe qu'à réclamer ses gages ! Molière n'oubliait pas qu'il écrivait des comédies. Aussi, alors que son héros n'avait rien d'un débauché ordinaire et que l'action semblait ne devoir trouver qu'une issue « morale », comme la *comedia* de Tirso, qui appartient au genre doctrinal, il reprit à Cicognini, et au canevas, cette réclamation prosaïque qui crée la dérision finale.

Réussie, bien qu'elle ait dû être retirée du théâtre après quinze représentations, *Dom Juan* ne fut pas la seule tentative de Molière dans le domaine du grand spectacle.

Les comédies de Molière et les autres arts du spectacle

« Amphitryon » (1668)

Cette pièce constitue le premier véritable emprunt de Molière à l'Antiquité. Assez curieusement, il n'alla pas, à cette première occasion, chercher son inspiration dans les comédies-farces bourgeoises de Plaute, ni dans les comédies de caractère de Térence, plus proches de sa manière mais dans une tragi-comédie mythologique du premier. L'idée de cette adaptation lui vint sûrement du goût que les grands seigneurs, et même le roi, avaient de se déguiser pour jouer dans des ballets chantés, des rôles de dieux. Raillés dans leurs salons par Molière, les Grands pouvaient bien l'être dans l'Antiquité, surtout lorsque celle-ci offrait, avec les frasques de Jupiter, des sujets qui se prêtaient à une sorte de farce en milieu aristocratique (belle innovation dans la production moliéresque !) : Rotrou avait bien réussi sur le sujet réjouissant que constituait le mélange d'une affaire de cocuage et du recours — redoublé ! — à des sosies (impliquant une savoureuse suite de quiproquos). L'intervention des dieux supposait aussi le recours à des machines dont le public de cour raffolait, et que Molière avait déjà utilisées pour *Dom Juan*.

En se donnant l'aspect d'Amphitryon, époux d'Alcmène et général thébain, Jupiter parvient à passer une divine nuit avec la mortelle qu'il aime et à laquelle il donnera un fils, Hercule, dont la naissance prochaine est annoncée au dénouement. Paradoxalement, alors que le domestique Sosie n'est pas trompé, c'est lui qui, déjà rossé par le dieu Mercure, assume tout le côté farcesque de l'adultère involontaire d'Alcmène, parce qu'il en parle crûment, le redoute pour lui, et, tel Sganarelle insensible à l'intervention divine dans *Dom Juan,* ramène l'aventure à un adultère banal, alors que ceux qui sont impliqués dans l'affaire conservent une grande distinction, en particulier dans leur langage. Amphitryon, trompé avec un autre lui-même, ne se trouve pas dans la situation exacte d'un cocu de farce et se relèverait plus vite de sa piteuse aventure s'il s'emportait moins. Alcmène, infidèle malgré elle, n'est jamais ridicule. Mais l'on sourit du dépit de Jupiter, le roi des dieux, de ne se voir aimé que sous l'aspect d'un autre et d'échouer, malgré les subtilités de son langage et de sa rhétorique, à faire reconnaître à Alcmène qu'elle le distingue de son époux « ordinaire »... bien qu'en son absence — c'est-à-dire devant Amphitryon — la jeune femme avoue :

> Et jamais votre amour, en pareille occurrence,
> Ne me parut si tendre, ni si passionné (II, 2).

La pièce s'ouvrait déjà sur un beau prologue entre la Nuit « dans un char traîné par des chevaux » et Mercure dans un nuage. Elle fut bientôt mise en musique.

Les comédies-ballets

Le succès des ballets comiques en France depuis plus d'un siècle, le goût que montraient pour eux et la cour et le peuple incita Molière à en introduire dans ses pièces dès 1661 *(Les Fâcheux)*, le plus souvent sous la forme d'intermèdes joués entre les actes et à la fin de la pièce (comme dans *L'Amour médecin,* en 1665, et *Monsieur de Pourceaugnac,* en 1669) : les médecins y figuraient presque toujours, mais l'on pouvait aussi trouver des figures de *commedia all'improviso,* comme Arlequin et Polichinelle *(Le Malade imaginaire)*. La troupe de Molière était seule, à Paris, parmi les équipes françaises, à savoir jouer et danser (les Espagnols et les Italiens associaient toujours les deux activités). Molière, sensible au goût et à la protection de la cour, composa aussi des intermèdes pour ses pièces galantes à tonalité pastorale ou mythologique comme *Les Amants magnifiques* (1670), ou *La*

Princesse d'Elide (1664), ou enfin *Psyché* (1671), dont il assuma l'ordonnance et rédigea une partie du texte récité tandis que Corneille écrivait d'autres scènes, et Quinault le texte chanté ; de *Mélicerte*, on devrait plutôt dire qu'elle était immergée dans un ballet. Pour la musique, c'est Lulli qui collabora le plus souvent avec Molière. Mais après leur brouille, le poète se tourna, pour *Le Malade imaginaire*, vers Marc-Antoine Charpentier. Dans *Le Bourgeois gentilhomme*, comme, à un moindre degré, dans *La Comtesse d'Escarbagnas*, Molière introduit musique et chant dans l'action même de sa pièce et leur ajoute la danse (leçons de musique, puis de danse, de Monsieur Jourdain). Ce moment raffiné contraste avec le burlesque de la turquerie qui sert de dénouement à la comédie.

On remarquera que parmi ces pièces à spectacle ont été citées des comédies que nous avions déjà rencontrées et qui correspondent à des moments forts de l'œuvre moliéresque en matière de dramaturgie et de peinture des mœurs. C'est que, pas plus qu'il n'a considéré dans celles de ses comédies qui ne requéraient pas de déploiement de spectacle qu'une espèce de comique devait en exclure une autre, Molière n'a estimé qu'en se rencontrant sur la scène, les différents arts risquaient de se nuire les uns aux autres. Il n'est pas sûr qu'on puisse accorder à Lulli ou à d'autres poètes dramatiques du XVIIe siècle la même largeur de vue.

Molière a pratiqué surtout un genre cultivé par les Anciens : la comédie. La pensée d'Aristote sur ce genre dramatique ne nous est guère connue, celle d'Horace (*Art poétique*, 20 av. J.-C.) l'est davantage. D'après celle-ci et les œuvres des Anciens, des règles avaient été élaborées par les poéticiens. Dorante s'en moque un peu dans *La Critique* et n'admet, au fond, comme contraintes dans la composition dramatique, que celles du bon sens. Il a existé, au XVIIe siècle, des genres libres, comme la pastorale et la tragi-comédie. Même si la pratique les avait soumis peu à peu aux règles, Molière aurait pu les cultiver si le cadre avait convenu à son inspiration. Il ne l'a pas fait, prouvant que la liberté tient peut-être moins à disposer d'un large espace étranger qu'à vivre pleinement dans son propre domaine.

4. Genres libres et contraintes des règles ; modernisation et souplesse de la tragédie

La pastorale dramatique

Lors des concours dramatiques, dans la Grèce du Vᵉ siècle av. J.-C., les poètes devaient présenter, à la suite de la trilogie tragique, un drame satyrique. Mais les rares fragments de drames satyriques qui nous sont parvenus ne nous permettent pas plus qu'ils ne le permirent aux humanistes de la Renaissance de nous faire une idée précise de leur contenu ni de leur forme. On sait par contre grâce aux livres d'architecture du Romain Vitruve (Iᵉʳ siècle av. J.-C.), dont certains concernent la construction des théâtres et l'aspect de la scène, que le décor du drame satyrique faisait voir des bois ou un cadre champêtre. L'appellation semble aussi indiquer qu'y intervenaient les satyres (ou faunes, ou encore sylvains), petites divinités dont le corps était formé de l'assemblage curieux de caractéristiques humaines et de caractéristiques animales, celles du bouc, et qui manifestaient donc une sensualité assez brutale. On peut aisément imaginer que cette sensualité (alliée à un sympathique goût de la vie) entrait en contradiction avec la douceur des mœurs de simples bergers qui agrémentaient leur vie du son de la flûte du dieu Pan.

Malgré ces obscurités, l'action de type pastoral pouvait d'autant plus attirer qu'elle rejoignait celle de saynètes issues de jeux médiévaux donnés à l'occasion de Noël et qui brodaient sur l'adoration de Jésus par les bergers. Ce genre de scènes était répandu partout en Europe. La pastorale provençale donne encore aujourd'hui une idée de ce que pouvaient être ces petites actions dramatiques. L'univers pastoral avait d'autant plus de chances de plaire au XVIe siècle que les prédicateurs, surtout ceux qui côtoyaient les cours, ne cessaient de célébrer les vertus de la vie simple à la campagne tandis qu'ils s'élevaient contre les vices favorisés par l'existence urbaine. Au XVIIe siècle, l'évocation de la vie pastorale avait surtout pour avantage de situer l'action dramatique hors du temps, dans une sorte d'Age d'Or, dont même les moins religieux cultivaient la nostalgie. Mais quel contenu, dès l'instant que l'action se trouvait dégagée de son contexte cultuel, pouvait-on donner à cette pastorale dramatique ? Les lettrés du XVIe siècle, en Espagne, en Italie et en France, ont puisé dans un genre poétique pratiqué par les Grecs des îles au IIIe siècle av. J.-C. puis par imitation par les Romains du Ier siècle av. J.-C. On possédait, en effet, le texte grec des *Idylles* de Théocrite et le texte latin des *Bucoliques*, ou *Eglogues* de Virgile. Il s'agissait de poèmes dialogués, prenant en compte la réalité paysanne d'une part de la Sicile, d'autre part de la campagne romaine. Les *Bucoliques* de Virgile se faisaient notamment l'écho du drame que représentait pour les petits propriétaires la confiscation de leurs terres par les soldats et leur exil forcé. Ils exprimaient leur désespoir de quitter la vie douce, régulière, proche de la nature, qui était la leur. Mais les bergers s'y montraient aussi comme des poètes et des amants.

Cette poésie dialoguée ne constituait cependant pas un genre dramatique. Au reste, elle inspirait aussi des auteurs de récits romanesques mêlés de poèmes comme l'Italien Sannazar *(La Arcadia)* et l'Espagnol Montemayor *(La Diana)* (p. 145). Au XVIIe siècle, Chapelain et Mairet reprochaient d'ailleurs à la première grande pastorale dramatique de la littérature, *L'Aminta,* du grand écrivain italien Le Tasse (publiée en 1573, traduite en française en 1584), la simplicité excessive de son action : l'œuvre était encore proche du genre de l'églogue, quoique de plus grande ampleur ; seule la timidité et la pudeur empêchent Aminta de céder à l'amour. L'action est beaucoup plus importante dans les deux autres grandes pastorales italiennes, le *Pastor Fido* de Guarini (1580, traduite en français en 1595) et *La Filli di Sciro* de Bonarelli (1607, version française dès 1609). De la première, Corneille écrivit en 1648 qu'elle était le « miracle » du siècle.

Sans modèle véritable, le genre présentait l'avantage de bénéficier de lettres de noblesse puisqu'il pouvait être rattaché à un genre antique et d'une liberté totale puisque aucun exemple ancien ne pouvait être allégué pour contraindre à telle ou telle façon de le pratiquer. Au fur et à mesure que les années passèrent, l'action s'enrichit au point de devenir vraiment complexe : le *Pastor Fido* propose une action beaucoup plus simple que celle de la *Filli di Sciro*. On composa donc également des pastorales en France, dont, jusqu'en 1640, de nombreuses adaptations des réussites italiennes citées. Il est cependant difficile de déterminer dans ce puissant mouvement de création de pastorales dramatiques au XVIIe siècle, si ce fut l'influence des pastorales dramatiques italiennes ou celle des premiers livres du premier grand roman pastoral français, *L'Astrée* (1607, p. 147), composée par Honoré d'Urfé à l'instar de Sannazar et de Montemayor, qui prévalut. On étudiera plus loin les diverses caractéristiques de ce roman-fleuve de cinq mille pages, dont l'empreinte fut extrêmement profonde sur les dramaturges du XVIIe siècle (p. 159).

Les caractéristiques de la pastorale dramatique française

Les auteurs de pastorales dramatiques n'exclurent pas tout à fait de leurs compositions les détails réalistes. Le père de la jeune Arténice des *Bergeries* de Racan (jouées à la Cour en 1624 ou 1625, publiées dès 1625) rêve pour sa fille de

> quelque bon ménager,
> De qui la façon mâle [l'air viril]...
> Témoigne un esprit mûr à régir sa famille :
> Et dont la main robuste au métier de Cérès
> Fasse ployer le soc en fendant les guérets.

Et de vanter un certain berger Lucidas qui a vingt paires de bœufs pour sillonner la plaine, quantité de chèvres et de brebis et dont la maison « se fait voir par-dessus le village / Comme fait un grand chesne au-dessus d'un bocage ». Mais la grande affaire de ces pastorales, presque toutes écrites en vers, comme celle de Racan, c'est l'amour. Pour pouvoir donner lieu à une action dramatique, cet amour doit être contrarié. La volonté du père constitue un obstacle fréquent, mais, comme dans *L'Astrée*, c'est là un obstacle dont les vrais amants se soucient assez peu. Le véritable obstacle se trouve dans le cœur des amants eux-mêmes. L'Arténice dont il vient d'être question hésite à s'engager à Alcidor car, dans un songe, la Bonne Déesse lui a défendu d'épouser un étranger ; or Alcidor n'est pas du village, du moins le croit-on. Mais *L'Aminta* a prouvé que les seuls scrupules ne créaient pas une action suffisamment dynamique. La séparation des amants va donc être l'œuvre d'un jaloux qui utilise les ressources fournies par une chaîne de sentiments liant presque tous les bergers. Dans l'œuvre de Racan, la chaîne des amours est la suivante : le berger Tisimandre aime la bergère Ydalie, qui aime le berger sans fortune, Alcidor, qui aime Arténice, qui l'aime, mais qui est aimée du riche Lucidas. Ces amours en chaîne sont repérables dans presque toutes les pastorales. Racine utilisera également ce type de chaîne dans ses tragédies (v. p. 127).

Lucidas ne peut tirer parti seul des possibilités qu'offre la chaîne pour séparer les amants en suscitant une jalousie. Il a recours aux services d'un magicien, Polistène, dont la demeure, une grotte, s'accommode bien de ce cadre champêtre. En effet, le personnage du magicien joue souvent un rôle capital dans l'action des pastorales, peut-être parce que la sorcellerie avait grande vogue dans les provinces de France, mais surtout parce qu'un des romans fondateurs du genre de la pastorale, la *Diana* de Montemayor, avait emprunté quelques éléments, dont l'intervention des magiciens, aux romans de chevalerie. Les magiciens des pastorales dramatiques sont avant tout des créateurs d'illusions : ils font voir dans un miroir des scènes qui n'existent pas (Polistène fait regarder à Arténice une scène galante entre Ydalie et Alcidor) ; grâce à une poudre, ils rendent invisible ; grâce à une recette à base de simples, ils suscitent le « double » fantomatique de tel ou tel personnage, trompant les autres à moins que, grâce à l'opium, ils ne fassent croire à une mort qui n'est pas. Le magicien se montre rarement désintéressé : il se met au service de riches... ou agit pour lui-même, lorsqu'il désire une bergère. Car la figure du magicien recoupe quelquefois celle du satyre. Ce dernier n'a jamais plus qu'un rôle épisodique dans la pastorale : s'attaquant lubriquement à une bergère, il lui donne surtout l'occasion de l'injurier violemment et fournit à un amoureux éconduit une belle occasion de se faire valoir en arrachant la victime aux bras velus du « bouquin puant » ! Au contraire du magicien, le druide ou le prêtre apporte la vérité, même si, dans un premier temps, il peut paraître sévère. La sensualité brutale est condamnée, au profit d'une extrême pureté des sentiments. Les difficultés traversées par les amants apparaissent, au bout du compte, comme une épreuve dont leur amour est renforcé.

Mais les aventures ne font pas tout le texte des pastorales. Les bergers aiment aussi énormément décrire ce qu'ils ressentent, qu'il s'agisse de la souffrance ou qu'il s'agisse d'un doux émoi. Ils le font souvent dans des monologues, mais se confient souvent aussi à des amis, qui les aident d'ailleurs à voir en eux-mêmes, telle Philothée, vestale du temple dans lequel s'est retirée Arténice par désespoir et qui lui fait comprendre, d'une part, qu'il ne faut pas confondre dégoût de tout et vocation religieuse, d'autre part, que derrière la haine se cache encore l'amour. L'analyse des sentiments est donc poussée loin dans ces pastorales, reprenant la tradition de l'églogue. On s'y rend compte que la reconnaissance finit parfois par ressembler à l'amour et qu'il vaut la peine d'être patient, de rester fidèle et de multiplier les services rendus à celle qu'on aime. L'amour peut naître de l'estime (Tisimandre sera finalement aimé d'Ydalie, qu'il a sauvée de la violence du satyre et dont il a défendu la réputation) ; on apprend aussi que la coquetterie est un jeu dangereux, dans lequel on risque de perdre l'être aimé.

Les grottes de magiciens, leurs préparations magiques, leurs actions magiques créent des éléments de spectacle. On les voit tracer des cercles, répéter des pas, prononcer des formules... On voit souvent aussi des bergers qui chantent ou qui dansent, la beauté et la simplicité de leurs évolutions et de leurs airs célébrant les bienfaits de cette existence atemporelle, où seuls les sentiments ont de l'importance. Le ballet pastoral n'est pas loin. Ces moments joyeux contrastent avec des scènes effrayantes : dans la pastorale de Racan, le miroir de Polistène ayant accusé Ydalie d'impureté, la pauvre bergère se trouve sous le couteau du sacrificateur ! On a donc affaire à un genre mixte, ce que souligne la double caractérisation de certaines pièces, appelées tragi-comédies pastorales ; lorsque l'inspiration n'est jamais trop grave, la pastorale peut être désignée comme une « comédie » pastorale. On en vit beaucoup sur la scène de l'Hôtel de Bourgogne jusqu'en 1630 (on possède d'ailleurs le texte de cinq pastorales de Hardy). Après quoi le genre déclina dans le domaine du théâtre proprement dit. Mais on a vu avec Molière que mythologie et pastorale voisinèrent longtemps dans des pièces musicales.

La tragi-comédie et les règles

Tragi-comédie et tragédie à fin heureuse

Dans le prologue de son *Amphitruo,* Plaute explique avec désinvolture qu'il a écrit une tragédie puisqu'on trouve des dieux dans sa pièce (alors les spectateurs s'affligent), mais qu'il a aussi écrit une comédie puisqu'on rit beaucoup : ce sera donc une tragi-comédie. La pièce de Plaute n'était guère appréciée par les puristes (Rotrou et Molière n'en étaient pas) au XVIIe siècle. Ainsi le terme désigne-t-il le plus souvent une œuvre théâtrale dans laquelle le grave côtoie constamment le plaisant. Mairet (1604-1686) explique, dans la préface de sa pastorale *Silvanire* (1631), que sa pièce est plus semblable à l'*Amphitryon* de Plaute qu'au *Cyclope* d'Euripide (vestige de drame satyrique mais assemblage monstrueux selon beaucoup), car elle présente un mélange

> de parties tragiques et comiques en telle façon que les unes et les autres faisant ensemble un bon accord ont en fin une joyeuse et comique catastrophe.

Le célèbre Guarini avait d'ailleurs désigné son *Pastor Fido* comme une tragi-comédie. Mairet prend donc garde non seulement au caractère joyeux du dénouement après des événements graves pour définir la tragi-comédie, il veut que gravité et plaisant s'accordent tout au long de la pièce. En ce sens, il s'oppose au poéticien Scaliger, qui tirait de l'affirmation d'Aristote selon laquelle la tragédie « a » (a souvent ou doit avoir ?) une fin funeste l'idée que toute pièce, même semée de grands malheurs, ne méritait pas l'appellation de tragédie dès l'instant qu'elle se terminait bien et devait donc être désignée comme une tragi-comédie. En fait Aristote écrit qu'Euripide est « le plus tragique des poètes parce que ses fins sont toujours malheureuses » : « le plus » implique tout de même que des tragédies à fin heureuse comme *Œdipe à Colone* ou *Les Euménides* restent des tragédies. Mais au XVIe siècle, le terme de tragi-comédie était commode pour les actions dramatiques proches des mystères et des moralités historiques et qui se distinguaient par leur construction et leur absence de rigueur des tragédies telles que les humanistes essayaient de les restaurer. Au XVIIe siècle, même si l'on compte encore quelques usages du terme de tragi-comédie pour désigner des tragédies à fin heureuse, c'est cependant le sens donné au mot par Guarini et Mairet qui prévaut.

Cependant, la pratique de la fin du XVIe siècle faisait que beaucoup de tragi-comédies étaient dépourvues de caractère pastoral (ce qu'on n'exigeait pas d'elles, au demeurant) et comportaient au contraire d'abondants épisodes guerriers, des duels, des batailles, représentés sur scène et qui ne pouvaient trouver leur place que dans un genre libre, Aristote professant quelque mépris pour le spectacle facile. Surtout, ce genre, non codifié, permit longtemps de représenter de multiples événements, se déroulant en des lieux très divers alors qu'Aristote souligne que l'action tragique atteint une efficacité maximale lorsqu'elle tient dans une révolution du soleil. Mais cette liberté-là était menacée.

Universalité de la règle d'unité de temps

Déjà Guarini, tout en réclamant haut et fort la liberté de mêler les genres, avait estimé avoir ajouté à la beauté de son *Pastor Fido* en ne donnant pas à son action une durée supérieure à vingt-quatre heures. Or sa pastorale était fort admirée. C'est pourquoi François Ogier donna à la deuxième édition de la tragi-comédie de Jean de Schélandre, *Tyr et Sidon* (1628) une préface qui critiquait l'unité de temps, obligeant à représenter une foule d'accidents dans un temps réduit, à utiliser d'artificiels messagers pour raconter des événements antérieurs à l'action si l'on ne voulait pas trop encombrer cette unique journée, et accusait les doctes d'avoir mal compris les motivations des Anciens, motivations qui d'ailleurs n'existaient plus au XVIIe siècle. Il estimait que la véritable imitation des Grecs et des Latins aurait consisté à suivre non leurs principes mais leur démarche, c'est-à-dire de se conformer au goût du public. Enfin il justifiait l'existence du genre tragi-comique (qu'il devait sentir précaire) par la condition de la vie des hommes,

> de qui les jours et les heures sont bien souvent entrecoupés de ris et de larmes.

Effectivement, la liberté du genre tragi-comédie était menacée. Dans la Préface de *Silvanire,* en 1631, Mairet se vantait d'avoir, comme Guarini, donné à son action une durée qui n'excédait pas vingt-quatre heures. Mairet prévoyait, dans cette Préface, l'objection qu'on pouvait faire au respect de cette brièveté de durée : la « nudité d'effets et d'incidents » qu'on trouve chez les Anciens. Il fallait donc parvenir à couler dans ce moule un « beau sujet », c'est-à-dire un sujet comportant des incidents variés car la variété est agréable, de « l'invention ». Mairet estime que désormais la « règle » des vingt-quatre heures doit toujours être respectée dans les pièces de type pastoral. Il concède cependant encore la liberté aux tragi-comédies ne traitant pas ce type de sujet. Mais comme, pour étayer le respect de cette règle, Mairet emploie un maître mot, celui de « vraisemblance » :

> ... puisque l'on est d'accord que l'intention du poète dramatique est de contenter l'imagination de son auditeur, en lui représentant les choses comme elles sont ou comme elles devraient être [...], il me semble que les Anciens ont eu juste raison de restreindre leurs sujets dans la rigueur de cette règle, comme la plus proche de la vraisemblance des choses et qui s'accommode le mieux à notre imagination, qui véritablement peut bien suivre son objet partout, mais qui d'autre côté ne prend pas plaisir à le faire. Il faut donc avouer que cette règle est de très bonne grâce,

il semble bien que sa concession sera de courte durée.

Un autre texte pouvait avoir incité Mairet à rédiger cette Préface. En réalité, il renchérissait, concernant la pastorale tragi-comique, sur ce qu'avait écrit Chapelain un an plus tôt dans sa *Lettre à Antoine Godeau sur la règle des vingt-quatre heures*. Godeau ayant formulé des critiques contre les règles, Chapelain s'efforça d'argumenter pour les défendre. Il mit en avant cette notion de vraisemblance, à laquelle recourt aussi Mairet, en soutenant qu'elle était nécessaire à tout poème (et donc pas seulement à la tragédie). Pour Chapelain, l'imagination la plus fertile ne peut se laisser emporter à croire que des années se sont écoulées, car « les yeux et le discours » sont « témoins et observateurs exacts du contraire » et le spectateur se trouve alors pénétré de la fausseté de l'action à laquelle il assiste. Chapelain ajoutait un argument d'ordre didactique : étendant à tout poème dramatique la théorie aristotélicienne (?) de la purgation des passions et des habitudes mauvaises engendrées par le spectacle de celles-ci et l'émotion qu'il suscite, il pensait que l'incompatibilité de l'émotion et de la conscience de la fausseté du spectacle empêchait cet effet bénéfique du théâtre sur les hommes. Le plaidoyer de Chapelain pour la règle des vingt-quatre heures partait du principe, auquel Godeau ne croyait guère, que le spectateur arrivait au théâtre en désirant oublier que l'action était feinte, c'est-à-dire, en exigeant l'illusion. Il ne manqua pas d'auteurs au XVIIe siècle pour penser, comme Godeau, que les amateurs de théâtre y partaient en admettant qu'ils n'entendraient « rien que de faux », et qu'il fallait accepter la convention. On a vu que Corneille savait être de ceux-là. Au demeurant, bien qu'il ait dans l'ensemble respecté la règle des vingt-quatre heures, il n'a jamais accepté d'en être prisonnier :

> ... si je n'en pouvais venir à bout, je la négligerais même sans scrupule et ne voudrais pas perdre un beau sujet pour l'y vouloir réduire.

Bien que Scudéry, qui ne respecte pas la règle d'unité de temps, ni celle de l'unité de lieu dans sa tragi-comédie *Ligdamon et Lidias* (1631), explique que « le changement de lieux » associé à une longue durée) « a plus d'éclat que la vieille comédie », peu à peu les scrupules s'imposèrent. Les batailles qui s'organisent en un long temps, les voyages chevaleresques, qui permettaient pourtant de porter au théâtre des épisodes du *Roland Furieux* ou de *La Jérusalem délivrée,* les fresques historiques sortirent progressivement des sujets de la tragi-comédie. Evidemment, ce mouvement exclut aussi du champ de l'inspiration des imitations trop fidèles de *comedias,* qui ne respectaient aucune règle. Les auteurs de tragi-comédies soucieux de l'approbation des doctes ne pouvaient plus guère proposer, aux spectateurs avides d'aventures, que celles qu'offraient les déguisements, ou l'association étrange, qui fit bientôt fureur (dans les années 1650), de la romanité et de la sentimentalité. Mais alors la tragi-comédie ne se distinguait plus guère, de la comédie d'intrigue, que par quelques duels à l'épée et quelque évocation de l'attaque d'un château et, de la tragédie, que par sa mièvrerie.

Variété tragi-comique

Pourtant certaines tragi-comédies historiques ne se contentaient pas d'aventures multiples et débridées. Dans certaines d'entre elles — on pourrait citer *Le Vassal généreux* de Scudéry (représentée en 1632, semble-t-il) — le thème de l'engrenage de la tyrannie de celui qui ne se comporte pas constamment en prince chrétien est traité dans une excellente construction dramatique. La gravité de certains thèmes a préparé l'avènement de la tragédie politique ; l'habitude donnée d'un grand dynamisme de l'action, l'insertion dans les tragi-comédies les plus pleines d'aventures de ces analyses de sentiments empruntées aux pastorales ont fait que la tragédie enfin restaurée présentait une variété et une invention que l'enthousiasme même des humanistes du XVIe siècle à l'égard de l'Antiquité avait contribué à éloigner de leurs œuvres. Pour reprendre l'idée d'Ogier, c'étaient bien ces qualités-là que le « génie » du peuple français demandait.

La rénovation de la tragédie : l'œuvre des poètes de la Renaissance

La production de tragédies

La tragédie antique passionna les humanistes du XVIe siècle comme toutes les œuvres que ressuscitait l'impression. Mais ils ne se contentèrent pas de lire les textes ; tous étaient d'excellents latinistes, mais beaucoup moins étaient hellénistes : pour les autres, pour le public bien instruit, ces derniers traduisirent d'abord en latin les tragédies grecques. Certains, à la fois par hommage et dans un esprit d'émulation, se mirent à composer eux-mêmes des tragédies en latin, imitant surtout Sénèque (Ier siècle apr. J.-C.) car des autres tragiques latins, on ne possédait que des fragments. Mais les auteurs de ces tragédies néo-latines recherchaient déjà l'originalité et entendaient faire œuvre moderne en puisant aux sources du christianisme, la Bible et les Evangiles, alors que les tragiques de l'Antiquité pensaient, bien entendu, en païens. Ce furent plutôt les récits de la Bible qui furent dramatisés car la figure d'un Dieu tout de puissance, et dont les malédictions touchaient plusieurs générations, pouvait se substituer aisément, dans l'économie théâtrale, à celle du Destin. Des raisons religieuses s'ajoutaient à celles-là. Mais à partir de 1576, le mouvement de Réforme catholique suscita la création, notamment dans les collèges jésuites, d'un théâtre tragique souvent tiré des récits de la vie des saints martyrs.

Bien entendu, on traduisit aussi en langue française les pièces tragiques de l'Antiquité, sans s'astreindre à trop de fidélité ; mais, en écrivant bien dans leur langue, les « traducteurs » s'estimaient aussi créateurs. La composition de tragédies en langue française constituait la dernière étape de cette appropriation de la culture théâtrale antique. Il ne faut pas, toutefois, négliger l'influence que purent exercer les tragédies italiennes composées en langue vulgaire sur les poètes tragiques français de la Renaissance. Leur succès était encore grand, d'ailleurs, au XVIIe siècle. Les tragédies du Trissino (dont la *Sophonisbe* fut imitée par Mairet puis par Corneille), de Giraldi Cinthio (donnant volontiers dans l'horreur), de Dolce, qui adapta surtout Sénèque, et de Speroni suscitèrent une immense et durable admiration, dont les lettres de Chapelain se font parfois l'écho. Pourtant, au total, la production tragique italienne est beaucoup moins riche et originale que la production comique. On verra aussi qu'elle prend quelque liberté dans l'interprétation de ce qui était considéré comme la doctrine antique en matière de théâtre tragique. L'admiration de Chapelain à son endroit n'est pas sans limites puisqu'il collectionna les comédies italiennes de la Renaissance, mais pas les tragédies. Le débouché de la tragédie, comme de la comédie, en Italie était la représentation devant un public mêlé, convié dans le théâtre de tel ou tel prince. Il était facile, par le rire, de capter les spectateurs, mais les pièces sérieuses posaient problème. Pour frapper le public, à défaut d'une action scénique fournie, que les Anciens n'envisageaient pas, les évolutions du chœur constituant une grande part de l'animation, les auteurs se plaisaient à multiplier, s'inspirant peu ou prou de Sénèque, les « sentences » morales et les récits horribles. Ils furent cependant les premiers à introduire l'histoire romaine, la leur, dans des tragédies : ainsi ils innovaient.

L'*Abraham sacrifiant* de Théodore de Bèze (1550) constitue la première tragédie originale en français : elle témoigne de l'intérêt militant que les protestants, relayés par les catholiques à la fin du siècle, trouvèrent dans la création de tragédies bibliques. Un futur membre de la Pléiade, Jodelle, très marqué par la production tragique et l'inspiration historique nouvelle des Italiens, emprunta lui, son sujet, au passé historico-légendaire de Rome, quand il écrivit sa *Cléopâtre,* jouée pour la première fois en 1553. L'histoire romaine inspira aussi à l'humaniste Grévin son *Jules César* (1561). Robert Garnier, enfin, un juriste extrêmement cultivé, dont l'œuvre abondante traite des sujets tirés de la mythologie grecque, de l'histoire romaine et même, pour sa tragi-comédie *Bradamante,* du *Roland furieux,* choisit un épisode de la Bible comme sujet de sa dernière tragédie, *Les Juives* (bien qu'il fût catholique). La pièce, publiée en 1583, décrit le malheur d'un peuple qui a un jour péché, « comme nous », indique Garnier dans sa dédicace. Il fait évidemment allusion aux guerres de Religion et indique ainsi que les questions posées par des tragédies traitant des sujets anciens concernent les contemporains.

La théorie de la tragédie

Jacques Peletier du Mans a traduit du latin en 1541 l'*Art poétique* d'Horace, dont de nombreux vers sont consacrés au théâtre, et au théâtre tragique. On y trouvait notamment la recommandation de l'écrire dans un style sublime, de faire commencer la pièce très près du dénouement, d'en ôter tout ce qui pourrait être désagréable aux regards. La *Poétique* d'Aristote

(IVe siècle av. J.-C.) est consacrée, pour la partie qui nous reste, à l'épopée et à la tragédie. C'est surtout par ses vulgarisateurs italiens, Scaliger et Castelvetro, qu'elle imprégna les jeunes esprits humanistes. En 1572, le poète tragique Jean de La Taille publia un *Art de la tragédie* qui prouvait que la composition dans ce genre s'accompagnait d'une réflexion théorique, Horace, Castelvetro et Scaliger n'ayant pas écrit pour le théâtre français. Son traité entérine les pratiques françaises les plus fréquentes : division de l'action, unique (et non multiple comme celle de nombreux mystères), en cinq actes, respect de la règle d'unité de temps (p. 86), respect de la règle d'unité de lieu (déduite de la première), présence d'un chœur à la fin de chaque acte. Ces chœurs, réclamés aussi par Horace, ne dansent pas comme ils le faisaient dans la tragédie grecque, ils se contentent de « discourir sur tout ce qui aura été dit devant ». Les chœurs du *Jules César* de Grévin étaient effectivement récités. Cependant il semble que certains auteurs comme Théodore de Bèze, Jodelle ou Garnier se soient tenus assez près de la représentation grecque puisqu'ils faisaient au moins chanter leurs chœurs. Mais si on le prive de sa dimension lyrique et chorégraphique, absolument fondamentale chez les Grecs, le chœur ralentit encore, et sans beaucoup de profit, une action que le dynamisme ne caractérise pas, la préoccupation des poètes grecs étant non pas de faire connaître l'histoire mais de la raconter au mieux en posant, à propos d'un événement, un problème sur lequel, à l'instar du chœur, réfléchissait le public. Chez Jodelle, les chants du chœur se divisent comme en Grèce en strophes et antistrophes (en mettant en scène l'*Hippolyte* de Garnier, Antoine Vitez eut raison, en 1982, de faire chanter quelques strophes séparant les actes par des enfants qui jouaient ou dansaient la ronde : il lui restituait ainsi sa valeur esthétique, qui n'avait pas été négligée par l'auteur). S'agissait-il d'une pure fidélité à l'Antiquité ? Ce n'est pas sûr. Ces précautions semblent plutôt indiquer que, contrairement à ce que l'on croit souvent, les auteurs tragiques de la Renaissance envisageaient leurs œuvres comme destinées à être vraiment jouées. Au reste, même si la structure : peur d'un événement funeste / réalisation de cet événement qu'un messager raconte / longue déploration de cet événement est fréquente, soutenue par des évocations pathétiques, certaines œuvres de cette époque s'efforcent de mieux ménager le suspense. Le patrimoine constitué par les tragédies de la Renaissance et qui se trouvait transmis aux poètes dramatiques du XVIIe siècle en France n'était donc nullement négligeable.

Alexandre Hardy : son univers et son talent de vulgarisateur

Le goût de l'horreur

Le poète à gages de l'Hôtel de Bourgogne finit par pouvoir publier une vingtaine de tragi-comédies et douze tragédies. Onze d'entre elles traitent de sujets antiques. Cependant Hardy les aborda d'une manière bien différente de celle de ses prédécesseurs. Affirmant son admiration pour Sénèque et Garnier, il n'imita guère, en apparence, les sujets traités par le premier. S'il lui arrivait de le citer, c'était plutôt pour chercher une caution de l'horreur qu'il cultivait dans son œuvre. La mode était en effet, à la fin du XVIe et au début du XVIIe siècle, à la recherche des sensations fortes. Laudun d'Aigaliers n'hésita pas à écrire dans son *Art poétique* de 1597 :

> Plus les tragédies sont cruelles, plus elles sont excellentes.

Et, selon l'Italien Giraldi, la purgation des passions se fait encore mieux si, au dénouement, la compassion que l'on éprouve est « merveilleuse », et la terreur remplacée par l'horreur : aussi le malheur, l'irruption de la mort, le crime doivent-ils être selon lui « cosa visibile », chose visible.

Sénèque a systématiquement recherché dans la mythologie les sujets les plus horribles, notamment le meurtre des enfants soit par leur mère (Médée), soit par leur père (Hercule) ou le cannibalisme de leur père (Thyeste).

Les tragédies de Hardy leur ressemblent. Toutes sont des tragédies de vengeance. Les actions de ses pièces mythologiques, *Méléagre* et *Alcméon,* sont presque identiques, avec des personnages aux noms différents, à celles de *Médée* et d'*Hercule sur l'Œta.* Garnier ne tolérait sur scène que le suicide, qu'on voit parfois chez Sénèque. On assiste aussi, dans les tragédies de

Hardy, à des suicides (notamment à celui, fort célèbre, de Didon), mais ses héros meurent souvent sur scène égorgés, comme Achille (dans *La Mort d'Achille*) ou Alcméon (dans la tragédie du même nom), empoisonnés, comme Alexandre *(La Mort d'Alexandre)*, percés de coups (Daire, dans *La Mort de Daire)*, voire dépecés *(Aristoclée)*. Toujours sous les yeux des spectateurs, les personnages se criblent de blessures, exhibent pendant toute une scène une épée dégouttante de sang (dans *Alcméon,* il s'agit du sang maternel !), se démènent dans des crises de folie furieuse. Les récits sont pires encore, dominés par des images de bêtes sauvages, de curée. Dans les métaphores descriptives des dialogues, Hardy fait preuve d'une imagination qui répand l'épouvante.

Les grands mouvements intérieurs

Mais les passions des personnages sont à la hauteur de ces images. Presque tous ont dépassé la révolte contre les dieux, ils ne cherchent plus qu'à faire le plus de mal possible aux autres. S'ils se trompent, comme Hérode qui, après n'avoir rêvé que torture pour Marianne (dont on ne voit pas l'exécution), s'aperçoit trop tard que sa jalousie n'était pas fondée, leur souffrance est aussi violente que l'était leur soif de vengeance. Elle se traduit par un comportement physique et des images insupportables. Le chœur prend sa part dans ce déchaînement de violence verbale. Il vient même aux personnages secondaires des expressions insoutenables pour décrire leur dégoût d'un autre. La mère de Marianne, qui croit sa fille adultère, aurait préféré « avorter », ou « étouffer l'enfant à sa naissance ». On pressent des abîmes dans l'âme de tous les personnages, même les plus vertueux, qui donnent à leur haine des tyrans une fougue inquiétante, même s'ils sont objectivement inoffensifs.

Ainsi, la force du théâtre de Hardy n'est-elle pas tout extérieure. Les mouvements qui animent du dedans certains de ses personnages, et qui ne se traduisent pas tous, ni pas immédiatement, dans des actes, rappellent souvent les héros de Shakespeare. Sans doute, l'abondance des crimes, vus ou évoqués, correspond-elle au goût de l'action du public, qui aimait les tragi-comédies de Hardy (certaines ne sont d'ailleurs pas beaucoup moins horribles que ses tragédies), mais il n'est pas invraisemblable que le poète, malgré ses gages, ait davantage cherché la nouveauté que la facilité. La présence d'un chœur dans plusieurs de ses tragédies et leur régularité ont de quoi étonner, et ne laissent guère penser qu'on avait affaire à un démagogue. La présence, au milieu de tragédies faisant agir de grands personnages, d'une pièce, remarquée par Corneille, dont le héros est un paysan grec *(Scédase)* et d'une autre dont le sujet est moderne et romanesque *(Lucrèce)* semble indiquer un réel souci du renouvellement du genre. L'ensemble des tragédies n'est pas non plus dénué de réflexion. La violence politique et la violence privée y vont toujours de pair ; la tyrannie invite aussi indirectement tous les sujets à assouvir leurs passions *(Timoclée)*. Dans la vengeance, se cherche parfois aussi la gloire, et c'en est déjà une de se laver du déshonneur (la *honra* des Espagnols n'est pas loin). Mais l'humble Scédase, lui, ne cherche que la justice humaine après que ses filles ont été violées : il le fait avec une grande dignité. Alexandre, dans *Timoclée* comme dans *La Mort d'Alexandre,* est meilleur à la fin de la pièce. Dans la première, le roi, saisi par la vengeance de Timoclée sur Hipparque (qui l'a violée), regrette le sac de Thèbes ; dans la seconde, les souffrances de l'empoisonnement et l'idée de la mort changent le tyran qui, à cause de la violence même des événements qu'il vit, retrouve la sérénité avant de mourir.

Les pièces de Hardy, qui en produisit beaucoup plus qu'il n'en publia, sont mal écrites (son style montre beaucoup de négligences de détail). Elles n'en recèlent pas moins un véritable tempérament de dramaturge. Sa *Marianne* a été imitée par Tristan L'Hermite (1636), qui lui doit beaucoup. Ses tragédies ont le mérite, qui n'est pas mince, d'avoir fait accepter le genre à un public mêlé sans le priver des exigences de sublime de ses premiers créateurs en France et en lui imprimant des mouvements dont les beaux poèmes tragiques du XVIe siècle étaient dépourvus. Le succès de la tragi-comédie montrait bien que le public aimait l'action. Hardy, comme Lope de Vega, s'est efforcé de plaire au peuple... en le guidant parfois où il voulait qu'il allât : il a opéré une sorte de synthèse entre un genre encore considéré comme savant et le genre nouveau, déjà populaire, et pas seulement en renonçant quelquefois au chœur. Il convenait, peut-être moins pour rassembler doctes et public populaire que pour plaire à un public d' « honnêtes gens », cultivé sans être savant, d'approfondir ce genre de travail. C'est la tâche à laquelle, fort de s'être attiré des spectateurs fidèles dans le beau quartier du Marais avec ses comédies, s'attela enfin Corneille, qui s'avoue lecteur de Hardy dans l'Examen (1660) de *Mélite*. Avec lui, avec Racine, la tragédie (voir ce mot au lexique) trouve une sorte de point d'équilibre que les Italiens — peut-être faute de la pratique un peu ascétique des poètes tragiques français du XVIe siècle — n'ont pas su lui donner (les Espagnols et les Anglais ne le désiraient pas), et conserve le mouvement imprimé par Hardy en même temps qu'en est évacuée toute violence excessive : l'œuvre, écrite pour durer et pour rivaliser, dans l'immortalité, avec les chefs-d'œuvre des Anciens, ce qui n'était sans doute pas l'ambition de Hardy, cherchait aussi l'approbation immédiate du public. Mais les personnages monstrueux qu'on rencontre chez Corneille, et qu'il aime particulièrement, les récits horribles, la présence d'objets impressionnants, tous ces ingrédients de l'horreur qu'on retrouve aussi, à l'occasion, chez Rotrou, ainsi que les passions paroxystiques et spectaculaires des personnages raciniens indiquent que les grands tragiques du XVIIe siècle n'ont pas, dans leur pratique, renié la force de l'œuvre tragique de Hardy même s'ils évitent de prononcer son nom.

5. Corneille ou la tragédie riche

La richesse extérieure de l'œuvre

Diversité des formes

Si Pierre Corneille (1606-1684) est surtout connu pour son œuvre tragique, il ne faut pas oublier qu'il a également composé huit comédies d'une importance capitale, deux tragi-comédies (*Clitandre,* sa deuxième pièce, et *Le Cid,* désigné tardivement comme une tragédie), trois comédies héroïques, et qu'il a participé à l'écriture d'une tragédie-ballet, *Psyché.* Non seulement Corneille pratique des genres réputés différents, mais il réfléchit à l'existence de genres intermédiaires. C'est ainsi qu'il note que *Dom Sanche d'Aragon,* dont l'action est pourtant dominée par un grand intérêt d'Etat (l'intérêt secondaire, très lié au premier, étant créé par l'amour de la reine de Castille et de Dom Sanche), ne mérite pas l'appellation de tragédie, et doit donc être désigné comme une comédie, parce qu'à aucun moment le héros ne s'y trouve en danger de mort. Le terme « héroïque » vient rappeler qu'on a affaire à des personnages de rang élevé. Peut-être gêné, en 1637, par la fin heureuse de son *Cid,* son origine espagnole et la modernité de son action, Corneille présenta sa pièce comme une tragi-comédie, bien qu'elle ne fût pas un exemple de mélange des genres ; en 1648, enhardi par ses succès, il affirma son appartenance au genre tragique, ce qui revenait à dire que l'époque de l'action et son issue, heureuse ou malheureuse, ne déterminaient nullement le caractère d'une œuvre et que l'enjeu du tragique était tout autre.

Au sein même de son œuvre tragique, quelle variété ! Elle comporte des pièces mythologiques, comme *Médée* (représentée en 1635), *Andromède* (1650), *Œdipe* (1659), *La Conquête de la Toison d'or* (1660). Mais la seconde et la quatrième sont ouvertement des tragédies de machines, comportant un prologue, des changements de décor à vue, des chants (*soli* et chœurs). *Médée,* par contre, ne comporte pas d'éléments chantés mais l'action se passe en trois lieux différents (qui pouvaient fort bien être représentés en même temps sur la scène) et, surtout, dans la dernière scène, Médée doit s'envoler sur un char tiré par deux dragons. *Œdipe,* enfin, ne s'appuie sur aucun artifice de théâtre. Corneille a aussi écrit deux tragédies sacrées, *Polyeucte* (1640-1641) et *Théodore* (1645), consacrées respectivement à un saint et à une sainte, martyrs de leur foi. Cependant il est visiblement plus attiré par l'histoire véritable que par la mythologie ou les sujets sacrés et il lui consacre presque toutes ses tragédies.

Variété des sujets historiques

Agésilas (1666) se déroule dans la Grèce antique, à Sparte. *Pertharite* (1651 ?) et *Attila* (1667) fouillent dans ces périodes confuses que sont le Ve et le VIIe siècle apr. J.-C. en Lombardie et au nord de l'Illyrie. Mais Corneille semble se passionner pardessus tout pour les Romains un peu mythiques qu'avaient rendus familiers au public non seulement les *Essais* de Montaigne, mais aussi la traduction par Amyot (1559) des *Vies des hommes illustres* ou *Vies parallèles* du Grec Plutarque.

Une dizaine de pièces concernent de près ce grand peuple. Et pourtant, il est impossible de trouver quelque monotonie dans les sujets traités par Corneille : si l'action d'*Horace* (1640), de *Cinna* (1640-1641), d'*Othon* (1664, Fontainebleau), se passe à Rome, celle de *Polyeucte* se déroule dans une colonie romaine, l'Arménie, *La Mort de Pompée* (1642-1643) en Egypte, *Théodore* à Antioche, *Nicomède* (1650-1651) en Bithynie, *Sertorius* (1662) en Espagne, *Sophonisbe* (1663) en Numidie. Dans la première pièce, c'est la sécurité et presque la fondation de Rome qui est en cause. Dans les deux suivantes ainsi que *La Mort de Pompée* et *Sertorius,* on a affaire à des problèmes de politique intérieure, mais ils concernent tantôt l'Empire, naissant ou déclinant, tantôt la période de la guerre civile entre César et Pompée, tantôt la dictature de Sylla. Les relations de Rome avec les pays qui lui sont soumis sont examinées sous la République dans *Sertorius, Nicomède, Sophonisbe,* mais sous l'Empire dans *Polyeucte* et *Théodore* : dans le premier cas, la *pax romana* est présentée comme une domination hypocrite et pénible, dans le second, Rome incarne la persécution contre les chrétiens. Si certaines pièces peuvent paraître exalter la grandeur de Rome, ou de certains Romains, la bravoure de ses guerriers, d'autres accusent son goût de la domination ou le caractère malsain de sa vie politique. Mis à part Auguste, parce que le sujet de *Cinna* consiste dans sa métamorphose de tyran en empereur raisonnable, les très grandes figures de l'histoire ne sont jamais aussi belles que lorsqu'elles sont absentes et que leur souvenir motive toutes les actions de ceux qui les révèrent. Le Pompée de *Sertorius* est infiniment moins sublime que celui de *La Mort de Pompée,* qu'on ne voit pas mais dont le monde parle. César, présent, laisse aux spectateurs des impressions mélangées malgré certaines vertus. Hannibal devient dans *Nicomède* un être mythique, symbole de la résistance à Rome. Enfin, il arrive que Corneille place l'action dans une Antiquité dominée par Rome, mais dans des pays si mal connus, comme la Syrie de *Rodogune* (1644-1645) et la Babylonie de *Suréna* (1674), ou à une époque si confuse, comme la période des Héraclides dans l'empire romain d'Orient choisie pour *Héraclius* (1647), que la référence antique sert surtout à donner du lustre à l'action, plus archétypale qu'historique.

Au sein même de cette extrême variété, de nouvelles nuances peuvent encore être apportées, qui suggèrent d'autres regroupements des pièces : la mythologie peut être dominée soit par l'horreur et la haine *(Médée)* soit par le beau et l'amour *(Andromède, La Conquête de la Toison d'or)* ou encore, malgré un sujet terrifiant, être traitée avec une sorte de sérénité *(Œdipe)*. Les deux tragédies sacrées sont de tonalité extrêmement différente, *Théodore* s'assimilant, comme *Rodogune,* à une tragédie d'horreur, alors que, malgré le martyre, *Polyeucte* ne joue nullement sur ce genre d'émotion. On a voulu distinguer un type particulier de tragédie, la tragédie matrimoniale, dans laquelle il est pratiqué une sorte de chantage au mariage, en liaison avec l'exercice du pouvoir : mais on retrouve dans cette catégorie des pièces aussi différentes que *Rodogune, Nicomède, Sertorius, Othon,* et *Suréna,* pour ne citer qu'elles ! Et le chantage au mariage peut se faire aussi bien dans une pièce toute simple que dans une tragédie compliquée (appelée « implexe », pour souligner que la complication provient non du hasard mais de la volonté des personnages eux-mêmes). La vérité est que Corneille pratique toutes les combinaisons possibles et que pas une de ses tragédies ne ressemble à une autre. L'obsession de nouveauté qu'on remarque chez l'auteur dans le domaine de la création comique ne le quitte pas quand il aborde le genre tragique.

La densité intérieure des tragédies

De la vengeance individuelle au devoir et à la passion de la liberté

La première tragédie de Corneille, *Médée,* s'inspire de Sénèque. Corneille ne la reniera jamais. C'est l'épisode terminal de la tumultueuse existence de Médée qui est évoqué. Médée s'y fait criminelle non plus par amour (comme dans sa jeunesse) mais par jalousie et désir de se venger. Magicienne, elle fait porter à sa rivale, Créuse, une robe empoisonnée qui la brûle dès qu'elle s'en revêt. Mais pour verser dans le cœur de son infidèle et ingrat époux, Jason, une souffrance égale à celle qu'elle ressent, la magie ne suffit pas : elle ne peut le châtier que dans ce qu'il aime, dans ses enfants, dans leurs enfants, qu'elle sacrifie donc à sa haine. Non seulement Corneille n'a jamais rejeté cette première tragédie, écrite, il est vrai, dans un fort beau style, mais, après avoir montré dans les actions de Marcelle, épouse « virile » du gouverneur Valens de *Théodore,* jusqu'à quels raffinements de torture morale peut descendre une haine puissante, il a même renchéri sur le caractère monstrueux de Médée lorsqu'il a conçu le personnage de Cléopâtre, reine de Syrie, dans *Rodogune.* Cléopâtre voue une haine farouche à Rodogune, la puissante reine des Parthes que son défunt mari, Nicanor, voulait épouser par dépit de s'être vu remplacer — parce qu'on le croyait mort au combat — à la tête de son Etat et dans la couche de sa femme par Antiochus, son frère. Assumant le pouvoir à la suite du décès de son second époux, Cléopâtre, ne pouvant supporter de le perdre — et au profit du couple formé par Nicanor et Rodogune ! —, leur a tendu une embuscade dans laquelle Nicanor a trouvé la mort ; elle a cependant laissé la vie à Rodogune afin de pouvoir exercer une sorte de chantage sur les Parthes, dont elle détient ainsi la reine, bien malmenée dans sa prison. Un traité avec les Parthes, qui l'emporteraient pourtant militairement, va être conclu et les Parthes ont retiré leurs armées ; pour sceller cette entente, Rodogune doit épouser un des deux fils jumeaux de Cléopâtre et Nicanor, nommés Antiochus et Séleucus. En fait, au lieu de tenir la parole donnée aux Parthes, la reine ourdit une sinistre vengeance, pour laquelle elle utilise ses deux fils. Comme elle doit désigner l'un d'eux comme son successeur en révélant qui est l'aîné et que le futur roi épousera Rodogune, Cléopâtre offre le trône à celui qui tuera cette dernière, alors qu'ils l'aiment tous deux ! Ils refusent d'une seule voix le pouvoir à ce prix. Leur mère essaie alors, en vain, de pousser chacun d'eux à supprimer l'autre. Comme Séleucus, qui a pénétré le jeu horrible de sa mère, renonce au pouvoir en faveur de son frère, écartant ainsi d'Antiochus l'obligation de tuer Rodogune, Cléopâtre le prend aussi en haine et le fait assassiner. Incapable, d'autre part, de supporter que Rodogune épouse Antiochus, qui n'est pour elle qu'un instrument, et pour lequel elle n'éprouve pas plus d'amour que pour Séleucus, elle s'apprête à empoisonner les deux futurs époux à l'occasion de la cérémonie du mariage. Ainsi gardera-t-elle seule le pouvoir, auquel elle n'aurait renoncé que pour assouvir sa haine ; encore aurait-elle régné sur celui de ses fils qui aurait ainsi accepté de lui obéir.

La passion de Cléopâtre est encore plus terrifiante que celle de Médée. Médée souffre de devoir tuer ses enfants, qu'elle aime. L'amour de Marcelle pour sa fille Flavie, le chagrin qu'elle a de sa mort peut expliquer, sinon excuser, un acharnement qui n'est pas contre nature et qui va se déguiser sous le masque d'une persécution des chrétiens, contre la cause première de son malheur, la chrétienne Théodore, car c'est pour elle que Placide dédaigne Flavie. Cléopâtre n'aime personne.

Lorsqu'elle se rend compte que ses enfants lui résistent, ses tourments (mais en éprouve-t-elle ?) sont de courte durée : il lui suffit d'un cri :

> Sors de mon cœur, nature, ou fais qu'ils m'obéissent (IV, 7),

pour ne plus rien sentir à l'égard de ces jumeaux, qui, au reste, ont été élevés loin d'elle. Sa seule affection, c'est celle qu'elle porte à son trône :

> Délices de mon cœur, il faut que je te quitte (I, 2) !

Le personnage de Cléopâtre est entièrement noir. On a l'impression que sa haine ne cesse de se ramifier. En présentant une reine qui dit « se rendre heureuse à force de grands crimes » (IV, 7), qui rêverait d'être la fondatrice d'une dynastie maudite, comme le fut celle des Atrides ou des Pélopides, Corneille pousse très loin une dramaturgie du mal, empruntant une voie qui n'était pas celle de Sénèque. Ce type de tragédie lui est cher. Il écrit dans son Examen de la pièce qu'il n'a « jamais osé déclarer toute la tendresse » qu'il ressent pour *Rodogune*. Il dit aussi qu'elle lui semble un peu plus à lui que les pièces qui l'ont précédée. Ne serait-ce point parce qu'en l'écrivant il a réalisé une considérable innovation ? Il a conscience de contredire ouvertement Aristote en nous intéressant à un personnage qui est entièrement méchant et non pas de cette « bonté médiocre » recommandée par la *Poétique*. L'absence de cette bonté médiocre fait que si, lorsque Cléopâtre est contrainte de boire — sur scène, parce que sa laideur morale finit ainsi par se peindre sur son visage — le poison destiné à Antiochus et Rodogune, on éprouve de la frayeur, on n'éprouve, en revanche, aucune pitié. Corneille va plus loin. Dans son *Discours du poème dramatique*, il écrit au sujet de cette terrifiante reine de Syrie :

> ... tous ses crimes sont accompagnés d'une grandeur d'âme qui a quelque chose de si haut qu'en même temps qu'on déteste ses actions, on admire la source dont elles partent.

Même si le terme « admiration » connote autant, au XVIIe siècle, la surprise devant l'insolite que le respect, le poète fait bien intervenir la possibilité d'introduire dans la tragédie d'autres émotions que celles qu'Aristote avait retenues. Au reste, comme il le note dans son *Discours de la tragédie,* certains de ses héros comme Polyeucte (il aurait pu citer Théodore), ou Nicomède sont, eux, parfaitement vertueux. On éprouve devant leur destin de la pitié, mais, au lieu de frayeur, ils emplissent le spectateur d'admiration. Ne peut-on en dire autant de Rodrigue ? En 1648, sûr de son bon droit, Corneille renonce à désigner *Le Cid,* dont il est le héros, comme une tragi-comédie, malgré sa fin heureuse, estimant probablement son inspiration suffisamment élevée pour mériter l'appellation de tragédie, comme si l'admiration, au dénouement, pouvait se substituer à la frayeur de la même manière qu'elle se substitue, dans *Rodogune,* à la pitié. Autant dire que pour Corneille, l'émotion avait sa valeur en soi, indépendamment du phénomène de « purgation des passions ». Le travail qu'il a effectué sur la tragédie de vengeance paraît avoir contribué beaucoup à la maturation de sa réflexion théorique et *Rodogune* est très souvent citée dans les *Discours.*

Mais Corneille a transfiguré la tragédie de vengeance de bien d'autres manières. On a vu chez Hardy le personnage de Timoclée se venger par sens de l'honneur. Corneille, lecteur de *comedias,* était un familier de cette notion, si obsédante chez les Espagnols qu'elle était même devenue en France un sujet de raillerie à leur égard. L'honneur, c'est la considération dont on jouit auprès des autres, le public, et qui se traduit par des marques comme un surnom laudatif, une charge éclatante, un titre. Mais, associé à un adjectif possessif, le mot exprime aussi le souci de l'individu de coïncider avec cette image qu'on a de lui. Venger *son* honneur, c'est, certes, supprimer celui qui a abîmé cette image et recouvrer ainsi la considération perdue. Mais parfois les offenses sont secrètes : dans *Le Cid,* Don Gormas, père de Chimène, jaloux de la charge de gouverneur du prince que Don Diègue vient obtenir, lui cherche querelle et, à la suite d'une repartie un peu vive du vieillard, lui donne sans témoins un soufflet ; Don Diègue pourrait donc estimer n'avoir pas perdu sa réputation. Mais il veut coïncider avec celle-ci. Aussi fait-il connaître l'injure et s'emploie-t-il à la venger. On n'a pas affaire là à une vengeance purement passionnelle (sauf si l'on considère que seul l'amour de soi est en cause). C'est une réaction sociale à un événement. La dimension passionnelle est d'autant plus absente du *Cid* que Don Diègue, trop faible, ne peut assurer lui-même sa vengeance et la transmet à son fils Rodrigue en lui confiant l'épée dont il n'a pu se servir lui-même. Mais pour être dépassionnée, la vengeance n'en sera pas moins implacable : « Meurs ou tue ! », ordonne Don Diègue à son fils. Toutefois, elle laisse à l'offenseur l'occasion de se défendre : il s'agit de montrer qu'on est supérieur à lui et que l'offense était imméritée. Il y a loin de la provocation en duel, dans laquelle le « vengeur » risque sa vie, à l'assassinat (pratiqué dans certaines *comedias* en cas d'offense secrète). Don Diègue a beau dire à son fils : « Va, cours, vole et nous venge », Rodrigue a beau se sentir solidaire de « l'honneur de sa maison », dans les stances (I, 6) qu'il prononce (monologue d'arrêt de l'action, divisé en plusieurs strophes, aux vers de longueur régulièrement variable), le jeune homme se dit d'abord « vengeur d'une juste querelle », répète qu'il faut « venger son père » avant de s'assimiler à ce dernier, auquel il se sent lié par le sang et par l'appartenance à un même clan, en employant des expressions comme « en me vengeant », « en ne me vengeant pas » : il remplit plus un *devoir* de vengeance et un acte de piété à l'égard de tous ces ancêtres qu'il ne se venge personnellement, ôtant par là toute sauvagerie à son geste. Chimène elle-même, lorsque son père est tué en duel par Rodrigue, ne cherche nullement à tremper les mains dans le sang de l'auteur du crime (qu'elle aime, au demeurant !). Comme Scédase, elle demande non pas vengeance mais justice au roi, même si elle l'incite à « se venger » de la mort de son plus vaillant sujet. Lorsque Don Sanche, qu'elle choisit comme champion, combat Rodrigue, l'idée de vengeance a, en fait, disparu des esprits. Ainsi Corneille reste-t-il fidèle au dynamisme de la tragédie de vengeance tout en la transfigurant au profit d'une notion plus civilisée, celle du devoir d'honneur, au sujet duquel il émet pourtant, par la bouche du roi Don Fernand et de son porte-parole, Don Arias, l'idée qu'il pourrait être également dépassé.

Emilie, dans *Cinna,* rêve aussi de se venger de l'empereur Auguste qui, pendant la guerre civile, a fait tuer son père, Toranius. Par remords, car Toranius était son tuteur, Auguste entoure Emilie d'égards et la traite comme sa fille. Mais Emilie conserve sa haine contre le tyran, pourtant un peu assagi depuis que son pouvoir s'est affermi. Ne pouvant se venger elle-même, elle complote avec le parti républicain, qui a toujours eu horreur des rois et de tout ce qui peut ressembler à un roi, pour assassiner Auguste. Elle a confié personnellement sa vengeance à Cinna, chef clandestin de ce parti républicain, qui a gagné habilement la confiance d'Auguste. Ainsi, la vengeance d'Emilie se confond-elle avec la haine collective à l'égard d'un tyran et avec l'aspiration à la liberté dont elle devient un porte-parole à ce point vibrant que Guez de Balzac dit d'elle qu'elle était « possédée du démon de la République ». Mais dès l'instant que l'empereur semble vouloir rendre sa liberté au peuple, le motif républicain disparaît et seul subsiste le désir d'assouvir une soif de vengeance. Cinna, prêt à commettre un crime républicain, répugne à se faire l'exécuteur d'une vengeance personnelle ; il persiste toutefois, car il aime Emilie (la découverte du complot, l'inexplicable pardon d'Auguste, la reddition soudaine d'Emilie le dispensent du crime). On voit que, comme dans *Le Cid,* la nature de la haine est presque totalement métamorphosée par rapport à celle de Médée : de même, les hésitations manifestées dans l'accomplissement de la vengeance ont surtout des causes raisonnables et non pas viscérales, comme l'amour que Médée porte à ses enfants. Il n'empêche que ces passions, repensées, magnifiées, confèrent à la tragédie le même dynamisme qu'une passion primitive et que les scrupules du héros, plus réfléchis qu'attendris, maintiennent le suspense. Sertorius, républicain, symbolisera une lutte plus désintéressée encore contre l'oppression ; dans la même pièce, la reine de Lusitanie, Viriate, assumera la haine de son peuple contre l'occupant romain. Au bout du compte, le mouvement des tragédies de Corneille reste le même, mais le désir de vengeance individuelle finit par laisser totalement place à des sentiments plus nobles.

Les hésitations de la mère, dans *Médée,* sont fort brèves (V, 2). En introduisant des hésitations d'une autre nature, et en les faisant durer, sinon sous la forme du report de la prise de décision — qui ménage le suspense, mais qu'on ne peut trop prolonger sous peine de conduire l'action dans une impasse, de ruiner la prestance du héros et d'ennuyer —, du moins sous la forme du tourment toujours renouvelé d'avoir dû choisir, Corneille a pourvu la plupart de ses tragédies d'un pathétique de bon aloi, celui du déchirement d'un ou plusieurs personnages entre deux impératifs presque également dignes de respect.

Des tragédies du déchirement

Dans les *Mocedades del Cid,* de Guillén de Castro, Corneille a trouvé un beau monologue, dans lequel le jeune héros examine avec douleur la situation qui est la sienne : avoir reçu de son père mission de tuer en duel le père de celle qu'il aime, Chimène. Dans ce monologue, le Rodrigue espagnol doit surtout se convaincre qu'il ne s'agit pas d'un cauchemar mais de la réalité :

> « ainsi, il me faut verser le sang de mon âme ? »,

mais il n'envisage pas une seconde, en fait, de ne pas venger son père. La vue de Chimène ralentit toutefois son pas, tandis qu'il répète encore le même vers, quelques scènes plus loin, au moment où il s'approche du Comte pour le provoquer. Corneille a rapproché ces deux scènes pour les fondre en une seule, celle des stances, et a converti en mots l'hésitation physique de Rodrigue : après une longue déploration assortie d'un examen de la situation, le jeune homme envisage, le temps d'une strophe, de se donner la mort plutôt que d'offenser Chimène. A peine formulée, l'hypothèse est contredite dans la strophe suivante, tandis qu'il s'applique, dans la dernière, à se pénétrer du désir de vengeance de son père. Pas plus que dans la pièce espagnole, Rodrigue n'envisage de vivre avec Chimène sans se venger ; l'évidence s'impose à lui que son bonheur est, de toutes les façons, perdu. C'est pourquoi il est difficile ici de parler de dilemme. Ce qui est sûr, par contre, c'est que Rodrigue part au combat la torture au cœur, désireux de venger son père en même temps qu'il sait qu'il va blesser Chimène en le faisant. Cependant sa souffrance ne transparaît pas lorsqu'il apostrophe le Comte, ni *a fortiori* au cours du duel verbal qui précède le duel à l'épée (II, 2). Il ne faut pas oublier qu'en affrontant le Comte, Rodrigue affronte aussi la mort et que toute son énergie est tendue dans l'effort de cette provocation ; les propos qu'il tient au plus valeureux guerrier du royaume prouvent bien que, sans désespérer, et surtout sans le manifester trop, il mesure parfaitement la force de son adversaire. Le public, lui, est préparé à la victoire de Rodrigue par la prescience de sa grandeur que l'amour donne à l'infante. Mais le jeune homme ? Il croit en lui-même tout en se gardant de la présomption, mais ce n'est pas avant un combat qu'on fait le modeste pour accroître l'assurance de l'adversaire. Aussi le ton décidé de Rodrigue ne prouve-t-il en aucune façon qu'il a dépassé sa souffrance. La dépasse-t-il jamais dans la pièce ? Vainqueur du Comte, il se montre incapable de partager la joie « primitive » de son père : Rodrigue n'est pas le héros d'un barbare Moyen Age, les valeurs d'amour sont pour lui aussi importantes que les valeurs guerrières, il a quelque chose de l'honnête homme de Faret :

> L'infamie est pareille et suit également
> Le guerrier sans courage et le perfide amant (III, 6).

Aussi vient-il se rendre à Chimène, qui refuse de se venger directement (III, 4) ; engagé par son père à aller combattre les Maures qui menacent la ville, il rapporte encore une victoire, augmentée d'une vraie gloire, mais se déclare prêt à mourir sans combattre contre le champion que Chimène a désigné contre lui parce qu'il ne se remet pas de la douleur qu'il lui a infligée ; victorieux une troisième fois, et destiné par ce succès à Chimène, Rodrigue ne fait pas exécuter la promesse : il sait bien qu'il reste et restera le meurtrier du père de celle qu'il aime. Le roi Don Fernand comprend qu'il faut du temps pour faire accepter, non seulement à Chimène, mais aussi à Rodrigue, d'oublier le choix inévitable qui a été fait dans les stances. Un an ? Il faudra peut-être davantage. L'union de Chimène avec le meurtrier de son père a été reportée, elle pourrait bien l'être encore. *Le Cid*, pour cette seule raison, méritait bien d'être appelé tragédie.

Par une belle symétrie, Chimène doit, elle aussi, venger son père dans la personne qu'elle aime le plus au monde. On ne la voit pas hésiter à demander justice, mais l'on apprend ensuite que son amour pour Rodrigue n'a pas cessé. Rodrigue a soigneusement caché son déchirement avant de provoquer le Comte, il l'a ensuite révélé à Chimène. Chimène aussi cache son combat intérieur à tous... sauf à Rodrigue, lorsqu'il vient justement chez elle pour s'en remettre à la justice de son bras. Si elle avait ainsi assouvi son désir de vengeance, la jeune fille eût été considérée comme sanguinaire, comme barbare : il se fût agi d'un assassinat, non d'un duel, qui ôte tout de même de la sauvagerie à une vengeance. Chimène refuse donc de tuer Rodrigue, et lui avoue qu'elle l'aime encore, ce qui ne l'empêchera de demander sa tête au roi. Le déchirement de Rodrigue se disait dans un monologue, puis dans les contrastes formés par sa pugnacité à l'égard du Comte (puis à l'égard des Maures) et ses retours obstinés chez Chimène. Celui de son amante se dit d'abord dans un aveu redoublé à Rodrigue (III, 4 et V, 1) dont personne ne peut soupçonner l'existence, et dont l'effet, du côté de l'action, est donc le même que celui d'un monologue. Cet aveu fait mesurer *a posteriori* l'effort que la jeune fille a accompli sur elle-même pour réclamer au roi la tête de Rodrigue. Après la première visite de celui-ci, Chimène continue de cacher et de réclamer sa mise à mort, même lorsque, après son éclatante victoire, il a sauvé la ville et que son amour s'accroît de l'admiration qu'elle lui porte. Les réactions contre *Le Cid*, motivées partie par la jalousie, car la pièce remporta un succès inouï à la cour comme à la ville, partie par les affirmations d'indépendance de Corneille à l'égard de toute école ou protection, accablèrent le personnage de Chimène, qualifiée de « fille dénaturée » par les *Sentiments de l'Académie sur Le Cid*, rédigés par Chapelain, dont le ton est pourtant dans l'ensemble modéré par rapport aux attaques de Scudéry (le premier à employer l'expression). Corneille n'estima jamais avoir eu tort dans la conception de son personnage et rappela encore dans l'édition de 1648 de ses œuvres que, pour lui, Chimène avait résisté à sa passion puisqu'elle l'avait tue, en tout cas tue devant le roi et la Cour, ce qui était la chose seule requise d'elle. Comment aurait-il pu regretter ce beau « spectacle » du déchirement que constitue une réplique comme :

> Malgré des feux si beaux qui troublent ma colère
> Je ferai mon possible à bien venger mon père (III, 4).

Le déchirement de Chimène est plus manifeste que celui du héros car, pendant trois actes, Rodrigue traîne le souvenir affreux de ce qu'il *a dû* faire et la conscience du fossé qui le sépare désormais de Chimène ; Chimène, dont la vengeance ne peut s'accomplir sans complications parce qu'elle est une femme, est beaucoup plus longtemps déchirée par ce qu'elle *doit* faire. L'effort qu'elle exerce sur elle-même est montré comme surhumain : elle perd connaissance lorsque le roi, pour sonder ses sentiments, lui apprend la fausse nouvelle que Rodrigue est mort des blessures reçues pendant la grande bataille de la nuit, mais n'en continue pas moins crânement de chercher à accomplir son devoir. Lorsqu'il est enfin accompli grâce au combat de Don Sanche contre Rodrigue, la plaie reste ouverte : elle refuse d'épouser celui qu'elle aime (et pas seulement de l'épouser le jour même !) lorsque le roi lui en donne l'ordre parce que, s'il est douloureux de chercher par devoir la mort de celui qu'on aime, il ne l'est pas moins de s'unir au meurtrier de son père. Le déchirement chez Chimène est toujours renouvelé.

Dans *Horace,* c'est par devoir patriotique et en aucune façon par devoir de vengeance qu'Horace, romain, va s'efforcer, dans un triple combat singulier, de tuer Curiace, albain, frère de son épouse Sabine, fiancé de sa sœur Camille, et son ami. En effet, les cités d'Albe et de Rome ont choisi respectivement les trois frères Horace et les trois frères Curiace comme leurs champions dans un combat qui évite aux deux peuples une guerre plus meurtrière. Ni Horace ni Curiace n'hésitent à remplir la mission qui leur a été confiée. Mais alors que Curiace dénonce la cruauté du Destin qui met la gloire à un si haut prix et s'interroge sur la validité de cette notion, dont on peut penser, comme lui, qu'elle n'est que « fumée », Horace déclare accepter « aveuglément cette gloire avec joie ». Les scènes suivantes, dans lesquelles Sabine, d'une part, Camille, d'autre part, s'efforcent de détourner à la fois leur frère et l'homme qu'elles aiment de ce carnage familial, montrent que Curiace n'est pas moins soucieux de son honneur qu'Horace et qu'Horace ne souffre pas moins au fond de lui-même que Curiace. Mais l'un choisit de dire sa déchirure, l'autre de la cacher en exaltant en lui les mouvements qui le poussent au combat vers lequel, de toutes les façons, il faudra aller.

Horace fut représenté à une époque pendant laquelle on s'interrogeait beaucoup sur la vertu romaine, la marquise de Rambouillet ayant même demandé à Guez de Balzac d'écrire sa pensée sur ce sujet (p. 315). Un an après *Horace,* La Mothe Le Vayer publia, pour sa part, un traité exaltant *Les Vertus des païens* (p. 315). Parmi ces vertus : l'exercice de la constance contre les maux qui s'abattent sur l'homme. Jadis Guillaume Du Vair (*Traité de la constance* (1594)) avait tenté de rapprocher morale stoïcienne et morale chrétienne. En pratiquant la tempérance, la patience, le courage, la libéralité et la justice, en maîtrisant ses passions, on se prémunit du péché. Sans « vision » de Dieu, l'exercice de la vertu permet à l'homme d'accomplir le bien. Les idées de Du Vair coïncident avec celles d'un moraliste de Louvain,

Juste Lipse (1547-1606) dont les ouvrages, écrits en latin, connurent un extraordinaire succès en Europe et notamment en France. La confiance dans le pouvoir de la volonté humaine caractérise cette pensée qu'on peut qualifier de néo-stoïcienne, dont on trouve déjà des marques dans les *Essais* de Montaigne. Mais à quel moment la pratique de la constance devient-elle dureté ? L'exemple le plus couramment donné de la vertu romaine était celui du consul Manlius qui ordonna d'exécuter son propre fils parce qu'il avait livré une bataille (gagnée) sans son ordre et qui avait fait taire son affection de père, sa « passion », pour montrer aux Romains que la *loi* devait être respectée en toutes circonstances. Horace règne sur sa volonté et fait taire son affection d'époux, de frère et d'ami pour partir au combat sans arrière-pensée. On peut voir en lui un héros stoïcien. Mais Guez de Balzac, en admirant la vertu des vieux Romains, insiste sur le fait qu'elle ne peut plus avoir cours au XVIIe siècle, que de tels personnages sont comme des statues, et qu' « entre la dureté et la mollesse, il y a un tempérament qui s'appelle fermeté ». Curiace ne ferait-il pas preuve de cette fermeté-là, compatible avec l'honnêteté ? Ainsi, en introduisant une variation dramatique sur le beau « mouvement » du déchirement, Corneille intègre à sa tragédie un grand débat d'idées. Il le fait d'ailleurs selon les règles de la rhétorique car Horace et Curiace s'opposent comme deux avocats dans le prétoire, multipliant les « sentences » qui font mouche sur un auditoire. Ainsi lorsque Horace affirme fièrement :

> Mourir pour le pays est un si digne sort
> Qu'on briguerait en foule une si belle mort.
> Mais vouloir au public immoler ce qu'on aime,
> S'attacher au combat contre un autre soi-même,
> Attaquer un parti qui prend pour défenseur
> Le frère d'une femme et l'amant d'une sœur,
> Et rompant tous ces nœuds, s'armer pour la patrie
> Contre un sang qu'on voudrait acheter de sa vie,
> Une telle vertu n'appartenait qu'à nous,

Curiace rétorque :

> A quelque prix qu'on mette une telle fumée
> L'obscurité vaut mieux que tant de renommée.
> (...)
> Je rends grâce aux dieux de n'être pas Romain
> Pour conserver encore quelque chose d'humain,

ce qui lui vaut une réponse cinglante de mépris et un durcissement de la position exprimée par Horace :

> Si vous n'êtes Romain, soyez digne de l'être
> Et si vous m'égalez, faites-le mieux paraître.
> (...)
> Avec une allégresse aussi pleine et entière
> Que j'épousai la sœur, je combattrai le frère,
> Et pour trancher enfin ces discours superflus,
> Albe vous a nommé, je ne vous connais plus (II, 3).

La formule paraît conclusive mais Curiace ne s'y laisse pas prendre :

> Je vous connais encore, et c'est ce qui me tue.

Il n'est pas bien aisé, au terme de cette joute, de déterminer lequel des deux est le héros cornélien. Horace, parce que ensuite, il sort vainqueur du combat ? César aussi est vainqueur de Pompée, qui, par sa mort, est pourtant le héros incontestable de la tragédie que Corneille lui consacre. En fait, Corneille ne propose pas de modèle ; il oppose dans un duel verbal qui vaut bien les vrais duels à l'épée de tragi-comédie, deux héros, éminemment dramatiques tous deux par la tension qui les anime différemment et qui provient de la contradiction de leur devoir patriotique et de leurs liens familiaux. Horace est peut-être surhumain, Curiace plus ordinaire ; Horace paraît revenu à une sauvagerie primitive, Curiace paraît doué de sagesse dans son courage. Corneille ne se contente donc pas de faire surgir les violences au sein des alliances comme le recommandait Aristote ; il procède au sein d'une même pièce, et alors que les données fournies par l'historien de Rome Tite-Live n'y engageaient nullement, à une étude comparée des réactions possibles à cette situation. Le plus souvent, dans la tragédie grecque, et certains théoriciens italiens pensaient qu'il fallait les imiter, c'est *a posteriori* que les personnages reconnaissaient leur alliance, après que la violence était survenue entre eux : Corneille refusait ce procédé de la reconnaissance après coup dans son théâtre, qu'il peupla, au contraire, de personnages douloureusement lucides.

Cinna doit choisir entre son dévouement amoureux à Emilie et sa probité politique ; il choisit Emilie la mort dans l'âme et doit être soulagé que le revirement de celle-ci le dispense d'agir. Polyeucte, seigneur d'Arménie, poussé par sa foi chrétienne à briser les idoles et emprisonné pour cet acte sacrilège, est invité par sa femme Pauline, fille du gouverneur Félix, à renoncer à sa foi ou du moins à la dissimuler pour avoir la vie sauve. Il aime Pauline, et se trouve déchiré entre l'amour désespéré de celle-ci, qui le rattache à la terre, et le respect de sa foi qui le pousse au contraire à se défaire des prétendus biens de ce monde. Antiochus et Séleucus, les frères jumeaux de *Rodogune*, refusent, eux, de choisir entre deux crimes, tuer Rodogune, qu'ils aiment, ou tuer Cléopâtre, leur mère. La solution est ailleurs que dans le choix, ils le comprennent : Séleucus refuse de payer à un prix si fort le bonheur amoureux et le pouvoir et préfère céder tout à son frère, sûr d'y gagner au moins la persistance de leur immense affection (IV, 1) ; Antiochus, lui, entreprend de faire renoncer et sa mère et Rodogune à leurs projets criminels respectifs. Confrontés à un choix horrible, les deux héros refusent donc de deux manières différentes d'entrer dans le jeu parce que le dilemme qui leur est proposé ne leur paraît pas pouvoir s'identifier à deux véritables lois contradictoires mais à de purs caprices de tyrans. Avec *Rodogune,* la dramaturgie de Corneille entre dans l'ère des choix pervertis par l'exercice de la tyrannie.

Avec le tyran Phocas d'*Héraclius,* le thème du choix est encore traité différemment, et redoublé : des deux jeunes gens qui sont en face de lui et qui se prétendent tous deux fils de l'empereur Maurice (qu'il a assassiné pour prendre le pouvoir), l'un est son fils à lui, mais il ne sait pas lequel. Il a élevé Héraclius et est attiré par lui, mais le laisser en vie, c'est peut-être remettre sur le trône le fils abhorré de l'empereur défunt. Piégé par son propre mode de gouvernement, il va finir par choisir... de tuer les deux jeunes gens, donc de tuer et son fils véritable et celui qu'il aime, mais sera lui-même assassiné avant d'avoir pu exécuter sa décision. Même les choix, à l'abri des manipulations de la tyrannie, débouchent désormais sur des apories : Sertorius, tiraillé entre la passion de la liberté, qui le pousse à attaquer les armées du dictateur Sylla en s'alliant par un mariage aux forces de la reine de Lusitanie, Viriate, et le respect du peuple romain, de son idéal républicain, qui refuse toute compromission avec une tête couronnée, s'efforcera d'abord d'éviter le choix ; celui-ci s'imposant à lui, il ne parvient pas à prendre une décision, et la mort surviendra sans qu'il l'ait prise. Le dernier héros de Corneille, Suréna, doit, lui, choisir entre la fidélité à Eurydice, qui signifierait pour lui une désobéissance au roi Orode, et donc la mort, ou le mariage avec Mandane, fille du roi, qu'il n'aime pas. Les supplications d'Eurydice, qui tient à sa vie, lui font accepter un temps l'idée d'une union avec Mandane, mais la jalousie irrépressible de son amante lui fait faire volte-face : il est heureux de choisir la mort, qui vient vite, car il s'est rendu compte que le chantage exercé sur lui ne visait qu'à l'asservir, à le priver de toute liberté. Sujet trop puissant, auquel Orode devait trop, il était devenu indésirable, s'il ne perdait pas toute son indépendance, donc son être. « Mon vrai crime est ma gloire et non pas mon amour », révèle-t-il, lucide, à Eurydice. Etre fidèle à son amour et à son être, accepter la mort, c'est la seule solution que peut accepter un valeureux sujet qui refuse le machiavélisme d'un prince. Suréna considère que le seul choix possible face à un tyran, c'est la vertu, la constance.

Il faudrait ajouter à ces exemples très différents, mais non pas exhaustifs, de déchirement, une variété supplémentaire, la torture infligée à des personnages qui ne peuvent que subir : celle de Sabine, femme d'Horace et sœur de Curiace, celle de Camille, fiancée de Curiace et sœur d'Horace, celle d'Eurydice ; en cela, Corneille ne rompt pas avec la tradition du pathétique intérieur qui était celle des tragédies du XVIe siècle. Mais lorsque les hommes sont confrontés à des choix truqués, peuvent-ils aller beaucoup plus loin ? Si le choix est sain, les héros s'élancent, s'emballent parfois comme de jeunes chevaux répondant à l'appel de l'espace ; s'il ne l'est pas, le dynamisme de l'action revient souvent à déjouer, dans une ambiance étouffante, les calculs de personnages sinistres qui manipulent les autres et parviennent parfois à imprimer leur seul mouvement à la pièce. Le calcul se différencie en tout du projet. Le théâtre de Corneille, d'abord théâtre de héros conquérants, devient de plus en plus un théâtre de la manœuvre dans lequel les héros se contentent de résister ou prennent le risque de perdre leur âme.

Les réponses héroïques au défi tragique

On a souvent qualifié le théâtre de Corneille de théâtre optimiste. Si ce qualificatif convient à des pièces comme *Le Cid, Cinna*, ou *Polyeucte,* il ne va guère, en revanche, au reste de sa production tragique. La vertu active conduit les héros aussi bien à leur gloire qu'à leur perte et la vertu de résistance n'est guère spectaculaire.

L'effort que le jeune Rodrigue a réalisé sur lui-même pour prendre la décision de provoquer en duel le père de Chimène lui donne un élan tel qu'il réalise un exploit extraordinaire en se rendant vainqueur du plus grand guerrier du royaume. Croit-il vraiment que le mariage avec Chimène soit au bout de son épée comme son père le lui suggère, lorsqu'il va combattre les Maures ? Ce n'est pas sûr. Toujours est-il que sa vocation de guerrier, le sentiment que son pays a besoin de lui se sont éveillés en lui à partir du moment où, son premier effort ayant porté ses fruits, il s'est découvert autre à lui-même autant qu'au public. La victoire contre les Maures est le prolongement du « signe » que constituait la victoire contre le Comte : c'est l'épiphanie du héros. Mais l'on a affaire à une victoire sinon défensive du moins préventive. A l'acte V, après avoir sans peine triomphé de Don Sanche (triomphe qui prouve que la gloire de Rodrigue n'est pas feu de paille et qu'il n'est pas monté à un sommet pour en être précipité), le héros se voit confier par le roi la mission d'attaquer les Maures : c'est lui qui assurera la Reconquête. Meurtri dans sa vie privée, Rodrigue goûte du moins la revanche d'une vie publique éclatante.

Après une commotion qui la déclenche, la carrière de Rodrigue suit une progression continue. Au contraire, c'est d'un seul saut qu'Auguste semble atteindre la perfection que son seul dégoût du pouvoir ne laissait guère prévoir. En fait, le tyran s'est peu à peu assagi. Mais la découverte du complot qu'ont fomenté contre lui les êtres qui lui sont le plus chers (ses confidents Maxime et Cinna et sa « fille » Emilie — version féminine de Brutus) semble le ramener à sa tyrannie première, dont il se défait tout d'un coup et si absolument qu'on a parlé d'une « conversion » d'Auguste, dont le règne s'annonce grandiose dans une prédiction de Livie, son épouse. Polyeucte, qui par amour pour Pauline tardait à recevoir le baptême, passe également de la modération au zèle lorsque, à peine baptisé, il brise les idoles. Mais sa trajectoire est moins simple. Les pleurs de Pauline le font regarder en arrière l'espace d'un instant (IV, 2) ; alors, en cédant son épouse à Sévère, qu'elle aimait jadis

(IV, 4), il s'élance encore plus loin d'elle et plus haut, mais il se dirige avec tant de force vers la mort et vers Dieu que Pauline est entraînée à sa suite et se convertit.

Horace s'est arraché aux bras de Sabine, à son amitié et aux pleurs de sa sœur avec une énergie farouche qui paraît être à l'origine de sa victoire contre les trois Curiace, ses deux frères étant morts. Mais le même élan qui l'a conduit à sa gloire le conduit aussi à sa perte : pour pouvoir aller combattre, il a investi toute son énergie dans la cause de Rome et a renoncé pour elle à entendre la voix de ses sentiments, les cris de sa famille. Lorsque Camille, ivre de douleur après la mort de son fiancé, révoltée — comme l'était Curiace — contre l'inhumanité du devoir patriotique, se répand en imprécations contre Rome, Horace oublie sa sœur, ne voit plus en elle que l'ennemie du peuple romain et la transperce de son épée (IV, 5). Sa carrière est terminée, même si le roi Tulle, dans le cinquième acte, ému par la prière du vieil Horace qui, par la mort de son fils, perdrait tous ses enfants la même journée, lui accorde sa grâce. A défaut du bonheur avec Chimène, Rodrigue connaît la gloire ; Horace fait horreur à Sabine et se trouve déshonoré par son crime. Corneille révèle ainsi les limites que trouve la beauté du mouvement de dépassement de soi, quand il ne s'agit pas d'un élan divin. Aussi n'y revient-il plus guère dans le reste de son œuvre.

La vertu d'Horace a dégénéré dans une sorte de folie. Celle de Pompée consiste plus simplement dans l'acceptation de la mort, que lui fait donner non pas César mais Ptolomée, frère de Cléopâtre d'Egypte, hôte compatissante du grand Romain. Ptolomée, mal conseillé, a cru par là s'attirer les bontés de César. La « vertu » de ce dernier va donc se limiter à châtier les coupables et à organiser de superbes funérailles pour son grand ennemi. Encore le calcul n'est-il pas tout à fait absent de cette générosité... Le véritable élan de la pièce est donné par le comportement de Cornélie, veuve de Pompée, qui décide de remplacer son époux dans la lutte contre César, refusant de le laisser assassiner à son tour par Ptolomée affolé. De quelle vertu peut se prévaloir Nicomède, fils et valeureux guerrier de Prusias, roi de Bithynie ? Flaminius, le consul romain, lui interdit et de poursuivre ses conquêtes et d'épouser Laodice, puissante reine d'Arménie dont il est amoureux mais que les Romains destinent à son demi-frère Attale, parce qu'il leur est apparemment plus soumis après avoir été élevé à Rome, et non pas, comme Nicomède, par Hannibal. La seule arme de Nicomède, c'est le refus, et le refus ironique et agressif, qui va le conduire en prison, grâce aux bons soins de sa marâtre Arsinoé. L'héroïsme de Nicomède consiste à présenter contre la mer déchaînée la fermeté d'un roc ; le mouvement de la pièce est constitué par les assauts conjugués de l'ambitieuse Arsinoé et de Flaminius, dont on a tout loisir d'admirer l'habileté politique, qui consiste à diviser pour régner. La tragédie manquerait cependant de dynamisme si l'héroïsme n'était pas partagé : le peuple se révolte contre Prusias parce que le populaire Nicomède est arrêté tandis que le prince est tiré de sa prison par une main inconnue, qui se révélera être celle d'Attale, son frère, métamorphosé, contaminé par la vertu de Nicomède et révolté contre l'impérialisme romain. Pour sortir de l'impasse, il faut donc ici que deux héros se relaient, la belle action du second constituant en quelque sorte une émanation de la vertu du premier, qui possède déjà son double en la personne de Laodice. Ce puissant mouvement souterrain — de même que la révélation de Cornélie comme héroïne — est une sorte de réponse à celui des manœuvres, qui manque d'ampleur. Sophonisbe, faute de trouver contre les manœuvres de division des Romains des solidarités dans la vertu, choisit la seule solution qui convienne à son honneur et à son goût de la liberté : le suicide par le poison.

L'héroïne d'*Attila,* Ildione, sœur du roi de France, et le héros éponyme d'*Othon* échappent à cette classification entre personnages vertueux et actifs et personnages vertueux dont l'action se limite à la résistance. L'une et l'autre évoluent dans un monde bien pire que les royaumes d'Orient dominés par Rome. Dans *Othon,* la vie politique de l'Empire romain se décompose, et Attila est, bien entendu, prêt à tout. Les héros, mus par l'ambition, mais une ambition qui leur permettrait de faire régner la vertu là où règne la cruauté et/ou le vice, choisissent de jouer le même jeu que les calculateurs, les machiavéliques. Tous les hommes politiques qui entourent l'empereur Galba mentent. On peut être étonné d'envisager un Attila aussi politique ; cependant, Corneille lui fait bien dire :

> ... mais la noble ardeur d'envahir tant d'états
> Doit combattre de tête encore plus que de bras (I, 1).

Comment la sincérité pourrait-elle emporter la victoire dans un tel monde ? pour expliquer, pour justifier ce comportement des héros, les critiques citent à juste titre un texte de Chapelain, tiré de son *Dialogue de la gloire* (1662) :

> ... toute tromperie fait injure à la vertu et blesse la morale qui veut que l'on procède en tout cas avec candeur et sincérité. Mais celle-ci ne blesse ni ne choque la politique qui est la science architectonique à laquelle toutes les autres doivent soumettre leur devis pour les accommoder aux besoins des hommes. C'est tromper, il est vrai, mais pour tromper vertueusement, que de ne tromper que pour faire parvenir à la vertu.

Aussi les héros jouent-ils, intensifiant le mouvement de la pièce — non pas un mouvement qui dirige vers le haut, mais un parcours sinueux — sans jamais adhérer au personnage qu'ils jouent, en sachant qu'un jour leur vertu éclatera. Tout en souhaitant de toutes ses forces qu'Attila ne l'épouse jamais (elle aime le roi des Gépides, Ardaric, et le Hun sanguinaire lui répugne), Ildione flatte l'attirance qu'il éprouve envers elle et exige que les accords avec son frère Mérovée soient respectés pour mieux se venger et venger les peuples de la cruauté du monstre quand elle sera proche de lui. Mais elle aimerait pouvoir faire respecter le traité... et éviter le mariage ; c'est pourquoi, aussi longtemps qu'elle le peut, elle « donne » Attila à Honorie, sœur de l'empereur de Rome, et le tyran accepte car il se méfie de ses sentiments :

> L'amour chez Attila n'est pas un bon suffrage
> Ce qu'on m'en donnerait me tiendrait lieu d'outrage.
> Et tout exprès ailleurs je porterais ma foi
> De peur qu'on n'eût par là trop de pouvoir sur moi (I, 2).

Le refus qu'Attila fait de l'amour aurait suffi, au XVIIe siècle, à le faire classer parmi les barbares si sa sauvagerie guerrière ne lui eût déjà assuré sa place parmi eux. Alors qu'Honorie résiste fièrement, lucidement..., mais aussi sans efficacité, aux atroces chantages exercés sur tous les personnages par Attila (qu'elle menace sans peur de sa colère), Ildione revient habilement à lui pour tirer Ardaric et Valamir (roi ostrogoth, aimé d'Honorie) de l'horreur de ne pouvoir obtenir celle qu'ils aiment qu'en offrant au roi hun la tête de l'autre et de la mort qu'occasionnerait ou leur refus (Attila les exécuterait) ou leur consentement (le peuple du roi assassiné se retournerait contre le meurtrier : Attila a subtilement calculé !). Son projet est clair pour qui l'entend bien :

> Grâce, grâce du moins jusqu'après l'hyménée.
> A son heureux flambeau souffrez un pur éclat,
> Et laissez pour demain les maximes d'Etat (V, 4).

Ildione sera dispensée et de l'horreur d'avoir Attila pour époux et de son assassinat par la mort providentielle et brutale du tyran qu'Honorie avait prophétisée.

Othon reçoit presque l'ordre de Plautine, qu'il aime (vraiment, après en avoir fait semblant parce qu'elle est fille d'un homme influent à la cour), de donner sa parole à Camille, nièce de l'empereur Galba, pour devenir, par son mariage, l'héritier naturel de Galba. Malgré ses réticences, il obéit, même s'il ne ment pas très bien (il est facile d'aveugler quelqu'un qui désire l'être). Mais Camille, amoureuse de lui, est écartée de l'empire par son oncle parce qu'elle refuse d'épouser le servile Pison, qu'il veut installer sur le trône. Othon s'écarte d'elle aussitôt, alors qu'elle espérait que son nom et celui d'Othon associés seraient assez aimés du peuple pour leur frayer un chemin vers l'Empire sans l'aval de Galba... Mesurant les conséquences du comportement d'Othon, Plautine s'efforce de le renvoyer à Camille et envisage même de se faire aimer de Pison pour assurer la carrière de son amant. Othon n'y tient plus et préfère renoncer à l'empire et même s'exposer, ainsi que Plautine, à la colère de tous ceux qu'ils auront trompés. Il veut rompre avec le mensonge et les compromissions :

> Périssons, périssons, Madame, l'un pour l'autre,
> Avec toute ma gloire, avec toute la vôtre (IV, 1).

Car il est insupportable à un honnête homme de donner de lui une image qui ne le reflète pas : certains prennent l'aspect de vertueux alors qu'ils ne le sont pas, Othon a l'impression d'offrir à tous l'image d'un ambitieux sans scrupules alors que ses aspirations sont pures. C'est le moment où Vinius vient chercher Othon pour le prévenir que l'armée est défavorable à Pison et qu'il faut tenter un coup d'Etat. Celui-ci réussit grâce à une nouvelle manœuvre d'Othon qui — nouvelle imposture stratégique — se fait passer pour mort afin de démobiliser l'entourage de Galba. Mais Vinius meurt assassiné dans la tourmente. Plautine, toute douleur, refuse d'envisager le mariage avec le nouvel empereur bien qu'il ne soit pas responsable de la mort de son père. Michel Prigent a remarqué très justement qu'*Othon* est moins une tragédie politique que la tragédie de la politique, car, par ses règles et ses compromissions, elle torture et finit par briser les hommes les meilleurs.

Corneille aimait particulièrement cette pièce, dont l'ouvrage de Chapelain souligne l'actualité, et dans laquelle il est encore parvenu à donner au Destin une autre figure, très laide, et façonnée par les hommes eux-mêmes. Elle n'est pas optimiste. Mais en dehors du *Cid,* dont le dénouement n'est pas exempt d'amertume et dont le caractère tonique peut s'expliquer par l'influence encore grande du genre tragi-comique, en dehors des tragédies sacrées, dont l'issue pose un problème spécifique, et de *Cinna,* qu'on a rapprochées d'elles, existe-t-il vraiment, dans l'œuvre de Corneille, des tragédies à fin heureuse ? Si l'on n'y meurt pas forcément, la douleur y est grande, l'expérience lourde, l'espoir mince. Beaucoup de héros se relèvent ; mais en vingt-quatre heures (après avoir un peu malmené la vraisemblance dans *Le Cid* parce qu'il s'efforçait de réduire une fresque historique à la durée recommandée par les doctes qui avaient critiqué ses comédies, Corneille respecte les règles sans difficultés dans ses tragédies même si l'unité de temps leur apporte peu), qu'ils se soient jetés dans l'action, qu'ils soient devenus de marbre dans une belle résistance, ou qu'ils se soient efforcés d'adopter une stratégie pénible mais efficace, la sagesse leur est venue trop vite, ils ont terriblement vieilli, beaucoup restent seuls... Le temps, l'histoire, avec leurs richesses et leurs malheurs, ont passé sur eux.

Au moment où Racine commence à écrire pour le théâtre (il fait représenter sa première œuvre, *La Thébaïde,* en juin 1664), Corneille compose justement *Othon,* après *Sertorius.* Le tragique cornélien réside à cette époque dans la réponse que le héros s'efforce, dans ses œuvres touffues, de donner à la politique dans laquelle se trouve *de facto* plongée sa carrière. Proposer alors un sujet grec, c'était marquer une sorte de retour aux sources de la tragédie.

6. Racine ou la tragédie pure

Le tragique racinien

Réactions de Racine à l'héritage cornélien

La culture latine de Corneille, sa connaissance érudite de l'histoire, peuvent en partie expliquer le choix de ses sujets. Le désir de se différencier de Corneille et la culture helléniste de Racine, davantage marquée par la poésie et l'épopée antiques, l'ont amené à chercher à créer d'autres formes d'émotion. Cependant Jean Racine (1639-1699) était conscient de l'apport de Corneille au genre tragique et notamment de la gravité que le poids de l'histoire lui donnait. *Alexandre* (1665), *Britannicus* (1669), *Bérénice* (1670), *Mithridate* (1673), c'est-à-dire quatre des neuf tragédies profanes composées par Racine, montrent son souci de donner à l'action l'épaisseur que confère la complexité historique. Mais chez Racine ce n'est pas à l'histoire que réagit le héros. D'abord, Racine revendique dès la préface d'*Alexandre* (publiée en 1666) le droit à la simplicité des sujets :

> ... la plus importante objection qu'on me fasse, c'est que mon sujet est trop simple et trop stérile. Je ne représente point à ces critiques le goût de l'Antiquité. Mais de quoi se plaignent-ils si toutes mes scènes sont si bien remplies [...] et si, avec peu d'incidents et peu de matière, j'ai été assez heureux pour faire une pièce qui les a peut-être attachés malgré eux... ?

On comprend bien que les détracteurs d'*Alexandre* étaient des admirateurs du théâtre de Corneille. Patiemment, au fil des années, mais avec de plus en plus d'opiniâtreté et d'assurance, voire de venin, Racine discute les fondements du tragique cornélien. Dans la Préface d'*Andromaque* (1667), c'est presque avec coquetterie qu'il écrit, après la citation de dix-huit vers de l'*Enéide* de Virgile :

> Voilà, en peu de vers, tout le sujet de cette tragédie. Voilà le lieu de la scène, l'action qui s'y passe, les quatre principaux acteurs, et même leurs caractères.

Corneille, au contraire, s'employait, dans ses préfaces, à expliquer les changements qu'il avait apportés à l'histoire, rapprochant deux faits, ajoutant un personnage, etc. Malgré l'unité d'action, l'histoire ne perdait rien de sa complexité chez lui. Aussi perçut-il comme une critique globale de cette dramaturgie la *Pratique du théâtre* de d'Aubignac (auteur tragique peu talentueux mais influent chez les doctes) publiée en 1657 :

> ... le peintre qui veut faire un tableau de quelque histoire n'a point d'autre dessein que de donner l'image de quelque action, et cette image est tellement limitée qu'elle ne peut représenter deux parties de l'histoire qu'il aura choisie, et moins encore l'histoire tout entière, parce qu'il faudrait qu'un même personnage fût plusieurs fois dépeint, ce qui mettrait une confusion incompréhensible dans le tableau, et l'on ne pourrait pas discerner quel serait l'ordre de toutes ces diverses actions, ce qui rendrait l'histoire infiniment obscure et inconnue.

Le dépouillement de l'action racinienne correspond infiniment mieux au poème dramatique dont rêve d'Aubignac que les tragédies historiques, qui méritent pleinement leur qualificatif, dont Corneille a régalé son public pendant plus de trente ans. L'autre souci majeur de d'Aubignac consiste dans la vraisemblance, dans la recevabilité des événements et des personnages proposés, eu égard aux réactions particulières qui sont celles d'un public de théâtre, tout proche des héros et de l'action. Racine s'est bien gardé, lorsqu'il a composé *Britannicus,* de présenter en Néron l'étrangleur de sa mère, à laquelle il fit ouvrir le ventre, comme le rappelle d'Aubignac, pour voir l'endroit où il avait été porté pendant neuf mois. Racine considéra comme suffisant de faire pressentir le monstre. Refusant les créatures noires de Corneille, il rejette aussi les trop grands héros :

> ... le public m'a été trop favorable pour m'embarrasser du chagrin particulier de ceux qui voudraient qu'on réformât tous les héros de l'Antiquité [ainsi Racine se présente comme plus respectueux de la vérité historique que Corneille !] pour en faire des héros parfaits. Je trouve leur intention fort bonne de vouloir qu'on ne mette sur la scène que des héros impeccables. Mais je les prie de se souvenir que ce n'est pas à moi de changer les règles du théâtre [...] Aristote, bien loin de nous demander des héros parfaits, veut au contraire que les personnages tragiques [...] ne soient ni tout à fait bons ni tout à fait méchants.

Racine mettait les doctes de son côté en rappelant que Corneille ne suivait pas la règle de « médiocrité » de la bonté héroïque. L'appréciation qu'il porte sur son grand rival est plus que simplificatrice : peut-on dire d'Horace, de César, d'Emilie, de Sertorius, d'Othon, qu'ils sont parfaits après l'évocation qui a été faite d'eux plus haut ? La Bruyère (p. 360) lui-même a conscience de sa démarche simplificatrice lorsqu'il écrit dans les *Caractères* au sujet des deux poètes :

> Si cependant il est permis de faire entre eux quelque comparaison, et les marquer l'un et l'autre par ce qu'ils ont eu de plus propre et par ce qui éclate le plus ordinairement dans leurs ouvrages, peut-être qu'on pourrait parler ainsi : Corneille nous assujettit à ses caractères et à ses idées, Racine se conforme aux nôtres ; celui-là peint les hommes comme ils devraient être, celui-ci les peint tels qu'ils sont *(Des ouvrages de l'esprit)*.

La préférence de La Bruyère pour Racine, plus ostensiblement respectueux de l'Antiquité que le « moderne » Corneille, s'exprime discrètement. Mme de Sévigné (p. 371), sans nier les beautés du théâtre de Racine, montra toujours un grand enthousiasme pour les héros de Corneille.

L'assassinat de Sertorius, la mort d'Attila sont moins qu'il ne paraît des coups de théâtre. D'un côté la jalousie du lieutenant du grand général, Perpenna, et les atermoiements de Sertorius, ses maladresses, de l'autre l'accumulation même des crimes du roi hun qui fait pressentir un coup de la colère de Dieu, préparent l'issue funeste. Mais il est vrai que les héros ne défont pas eux-mêmes le nœud gordien de l'action dans ces deux tragédies, qu'on peut y voir ces « incidents surprenants » que Racine semble voir dans tout le théâtre de Corneille. On n'en peut dire autant des autres tragédies. Aussi est-ce peut-être surtout aux plis et aux replis de l'action, comme dans *Othon,* que s'adresse la critique implicite de Racine lorsqu'il écrit, dans la première Préface de *Britannicus,* que l'action doit s'avancer « par degrés » vers sa fin. Racine reproche surtout à Corneille de malmener la vraisemblance en chargeant trop l'action d'une seule journée et en proposant des caractères par trop surprenants. L'auteur de *Britannicus* se montre comme imperméable au refus de l'amour qui caractérise le personnage d'Attila. C'est que, pour lui, l'amour est le sujet principal de la tragédie tandis que Corneille, même s'il lui accorde une grande place (ne serait-ce qu'à cause de sa vertu civilisatrice), estime que la dignité de la tragédie :

demande quelque grand intérêt d'Etat ou quelque passion plus noble et plus mâle que l'amour.

Mais Racine ne s'est pas contenté de réagir aux compositions tragiques de Corneille. Sa culture, son éducation l'entraînaient d'elles-mêmes vers des choix opposés en matière de réflexion sur le tragique.

Les moteurs de l'action racinienne

Même si Racine rompit avec Port-Royal à cause des attaques de Pierre Nicole contre le théâtre (p. 23), le poète n'en avait pas moins été formé par les jansénistes, aux Petites Ecoles de Port-Royal. Le théâtre de Corneille est fondé sur la capacité personnelle de l'homme à faire le bien, à refuser le mal dans les situations les plus difficiles, la constance s'approchant souvent de la vertu chrétienne. Celui de Racine est marqué par l'idée que l'homme seul, sans la grâce de Dieu, ne peut échapper à la perdition du péché. Aussi la fatalité est-elle bien plus forte dans ses tragédies que dans celles de Corneille, si l'on en excepte *Œdipe,* bien entendu.

Elle peut prendre l'aspect d'une vengeance divine se perpétuant de génération en génération. La haine que se vouent mutuellement Etéocle et Polynice, les deux fils jumeaux d'Œdipe et de Jocaste, dans *La Thébaïde,* est la conséquence de l'inceste commis par leurs parents mais cet inceste était déjà voulu par les dieux, comme l'oracle de Delphes l'avait révélé à Œdipe : les deux frères se battaient déjà dans le sein de leur mère ; leur rivalité concernant le trône de Thèbes n'est en somme qu'un des aspects de la passion qui les meut l'un contre l'autre. Oreste, dans *Andromaque,* rappelle (en sombrant dans la folie après avoir, sur l'ordre d'Hermione, tué Pyrrhus) qu'il appartient à la dynastie des Atrides, poursuivie de la haine des dieux depuis l'affreux festin offert par l'ambitieux Atrée à son frère Thyeste : il est fils d'Agamemnon, il a déjà tué Clytemnestre et les Erinnyes l'ont déjà rendu fou... Son retour à la santé n'était que provisoire. Hermione, elle, est fille d'Hélène, qui causa la guerre de Troie. Son amour pour Pyrrhus est aussi redoutable dans ses conséquences que la passion que sa mère éprouva pour Pâris. L'acharnement des dieux est encore plus visible dans *Phèdre* (1677), la dernière pièce que Racine écrivit avant de renoncer au théâtre pour rejoindre sa famille spirituelle et embrasser une carrière d'historiographe du roi. Phèdre est dévorée par la passion parce que, comme sa mère Pasiphaé, dont l'emportement prit un caractère animal au point de l'accoupler à un taureau, elle est victime de la vengeance de Vénus, l'inspiratrice de sa folle passion pour Hippolyte, fils de son époux Thésée. Mais Phèdre descend aussi de Minos le juste, et rêve d'innocence, d'où sa souffrance, son sens du péché. Les personnages de Racine rappellent toujours leur ascendance, sûrs qu'ils sont de ne pas échapper à la volonté qui les meut avant de les broyer. Jocaste aura beau faire, ses deux fils s'entre-tueront ; c'est trop tard qu'Hermione se repent d'avoir ordonné à Oreste de tuer Pyrrhus, qui lui préfère sa captive troyenne, Andromaque ; le désir de pureté vient avec le désespoir à Phèdre qui, par jalousie à l'égard d'Aricie, a accusé Hippolyte de lui avoir déclaré une passion quasiment incestueuse en l'absence de son père ; Thésée, emporté, l'a maudit et Neptune s'est vite emparé de sa proie, courant au-devant du désir de vengeance de Thésée. Mais le sort d'Eriphile est plus terrible encore puisque, après une vie passée dans l'obscurité, enfant abandonnée, sans identité, sans espoir, elle n'apprend qui elle est, la fille d'Hélène et Thésée, que pour mourir puisque son véritable nom est Iphigénie, et qu'elle est bien « le sang d'Hélène » réclamé par les dieux et le devin Calchas en échange de vents favorables pour la flotte grecque. Après son retour à Port-Royal, Racine ne masque plus de paganisme la puissance de Dieu. C'est bien le Dieu des Juifs qui a réservé à Jézabel une mort horrible. Le tour de la fille de celle-ci, la vieille et terrible reine Athalie, qui a passé sa vie à venger sa mère, est venu : bien qu'elle se soit vouée au culte de Baal, la reine, émue par un songe, entre dans le temple des Juifs, où se trouve un enfant qui l'attire étrangement et qui se trouve être son petit-fils, Joas, seul survivant de la race de David, qu'elle a décimée. Aveuglée, rendue imprudente par sa passion pour l'enfant, Athalie tombe dans le piège tendu par les Juifs fidèles à leur foi.

Mais le Destin prend d'autres figures que celle des dieux ou de Dieu : il se confond aussi avec l'hérédité, ou avec l'exercice d'un absolu pouvoir. Néron devient criminel parce qu'il est fils d'une criminelle, Agrippine, et que les crimes des pères rejaillissent sur les enfants. De son père, un certain Aenobarbus, il a aussi « l'humeur triste et sauvage ». Dans *Bajazet,* tous les personnages, Roxane, favorite du sultan, Bajazet, frère de ce dernier, Atalide, princesse amoureuse de Bajazet, se débattent et se battent entre eux pour essayer d'échapper à la mort, à la tyrannie. Roxane, jalouse, incapable de contraindre Bajazet à faire seulement semblant de l'aimer, le fait exécuter... pour être elle-même assassinée aussitôt par ordre du sultan Amurat qui de très loin surveillait son sérail et pour lequel elle n'a, au fond, fait qu'œuvrer en tuant Bajazet alors qu'elle désirait le sauver. L'œil d'Amurat voyait tout, la mort de tous se trouvait programmée avant même le début de la tragédie... Les personnages de Racine, malgré des éclairs de lucidité, croient toujours avoir des motifs pour agir comme ils le font : en fait ils sont toujours mus par une puissance supérieure dont ils sont les jouets dérisoires.

Le Destin se reconnaît aussi dans une passion dès l'instant qu'elle paraît toucher tout le monde, bouleversant toutes les données d'un rapport de forces, toute la stabilité d'un pays. Le vieux et vaillant roi de Pont, Mithridate, est amoureux fou de l'Ephésienne Monime dont le père, ennemi des Romains, lui a offert politiquement la main ; mais ses deux fils, Pharnace et Xipharès, l'aiment tout autant ! L'amour des deux jeunes gens prend la figure du péché quand on se rend compte que la mort annoncée, mais fausse, de leur père a pu les réjouir l'un et l'autre. Chacun des frères quitte son poste, alors que le danger romain reste pressant, pour rencontrer Monime. La jalousie de

Mithridate, bien vivant, et toujours ennemi invincible des Romains (il envisage même de marcher sur Rome), jette le peu scrupuleux Pharnace dans les bras de ses ennemis et cause le suicide du grand guerrier à la suite d'une bataille. Une bataille dont il aurait pu se dispenser mais dont il a pris le risque insensé en pensant, à tort, que Xipharès, maudit, privé de son affection, menacé dans sa vie, l'avait trahi. Ainsi l'Amour dévastateur obtient-il en quelques heures ce que les légions romaines n'ont jamais pu réaliser.

On aura remarqué le soin avec lequel Racine s'applique à ne jamais donner au Destin la même figure. On découvre son rôle tantôt très tôt *(Phèdre)*, tantôt très tard *(Bajazet)*. Mais même lorsque les personnages font preuve de quelque lucidité, ils oublient ce moment de claire conscience. Pourtant, les forces qui entraînent les personnages vers leur accomplissement tragique trouvent des renforts dans certains personnages mais qui paraissent souvent insignifiants surtout à des âmes aveuglées : les espions multiples dont il est question dans Bajazet (et qu'on ne voit jamais) œuvrent pour le sultan Amurat ; Œnone, nourrice de Phèdre donc trop bonne pour elle, pousse sa maîtresse à s'abandonner à sa passion puisque, après tout, les dieux aussi ont brûlé de feux illégitimes ; le rôle de Narcisse, conseiller de Néron dans *Britannicus,* est plus visible puisqu'il apporte dans le cœur du jeune empereur la contradiction aux leçons vertueuses de Burrhus en faisant passer pour insoumission au pouvoir impérial tout ce qui contrecarre la satisfaction de sa passion.

La fatalité semble aussi trouver un relais dans la passion des autres personnages. L'amour, chez Corneille, est souvent réciproque, l'obstacle au bonheur venant, à l'origine, de l'extérieur. Racine, lui, emprunte à la pastorale la chaîne des amours non partagées (v. p. 82). Dans *Andromaque,* Oreste aime Hermione, qui aime Pyrrhus, qui aime Andromaque, qui n'aime que le souvenir d'Hector et son fils Astyanax. Andromaque n'a qu'à faire un geste en faveur de Pyrrhus — et elle en fait un, car Pyrrhus menace la vie d'Astyanax — pour que le roi d'Epire éconduise sa fiancée Hermione, transforme l'amour de celle-ci en haine agissante, et pour que celle-ci se tourne vers Oreste pour rechercher une aide, toujours prête, à sa vengeance. La veuve d'Hector repousse-t-elle Pyrrhus ? Tous les espoirs sont permis pour Hermione tandis qu'Oreste est renvoyé à son désarroi. Etre éconduit parce qu'on n'est pas aimé fait éprouver du dépit, de la colère ; mais être repoussé alors qu'un autre ou une autre est aimé(e), voilà qui n'est pas supportable et qui transforme l'amour en haine provisoire, enrichie du désir d'anéantir le (ou la) rival(e). Agrippine voue à Néron une affection possessive, étouffante, dont il se libère le jour où il fait enlever Junie, qu'il connaissait peu. A chaque fois que l'empereur s'efforce ensuite d'oublier Junie, il revient à Agrippine, mais Junie l'attire irrésistiblement. D'abord simplement curieux puis amoureux, il se comporte en bourreau à l'égard de la jeune fille dès l'instant qu'il comprend qu'elle lui échappe (comme il échappe à Agrippine) en découvrant son amour pour Britannicus ; les bien modestes prétentions de ce fils de l'empereur Claude à l'empire deviennent aussitôt crime d'Etat. Placée sans le savoir sous le regard jaloux d'Amurat, Roxane supporterait la froideur de Bajazet (elle aime pour deux) si elle ne découvrait qu'il est capable d'aimer puisqu'il aime Atalide : alors elle se retourne vers Amurat, ou plutôt la solution de violence que son autorité incarne. Phèdre revient en quelque sorte à Thésée et à sa fidélité lorsqu'elle sait qu'Hippolyte aime Aricie et qu'elle peut le perdre, et donc les perdre, en faisant intervenir le pouvoir.

Le haut rang caractérise selon Aristote les personnages de tragédie : il convient surtout aux personnages de Racine dans la mesure où il les amène à pécher plus encore que s'ils se trouvaient sans pouvoir. Comme Roland Barthes l'a bien montré, un grand nombre de personnages raciniens se servent de leur pouvoir pour forcer la volonté de qui ne les aime pas et éliminer leurs rivaux. Pyrrhus menace Andromaque d'exécuter Astyanax, comme les Grecs le lui demandent, voyant en lui un successeur d'Hector, un survivant dangereux de Troie, si elle s'obstine à refuser de l'épouser. Néron oblige Junie à torturer Britannicus en lui signifiant son congé sans explication. Roxane, qui a reçu l'ordre d'Amurat d'exécuter Bajazet, n'a qu'un mot à dire s'il lui résiste pour le faire assassiner. Il semble bien que ces personnages, habités par une passion qu'ils prennent pour une volonté et investis du pouvoir, même provisoirement, même par délégation, se donnent à un certain moment l'illusion qu'ils sont devenus le Destin de l'autre, des autres. Ils trouvent des substituts à la jouissance qu'ils ne peuvent obtenir en faisant souffrir ceux qu'ils aiment ainsi que leurs rivaux : Pyrrhus aime les plaintes d'Andromaque, Néron adore les pleurs qu'il fait couler chez Junie et se fait de la peine de Britannicus « une image charmante », Roxane se figure avec délices la souffrance d'Atalide quand elle verra Bajazet « pâle et mort devant elle », Mithridate fait épouser à Pharnace une princesse parthe pour l'humilier et s'impose d'autant plus comme époux à Monime qu'il sait qu'il lui répugne. Le pouvoir paraît servir l'amour de tous. En fait il facilite surtout l'accomplissement de leur destin tragique.

La jalousie du personnage principal va parfois si loin qu'il s'aliène totalement l'être aimé en se comportant en bourreau de son (ou de sa) rival(e) : Andromaque n'accepte d'épouser Pyrrhus que dans l'espoir de sauver Astyanax mais dans l'intention de se tuer aussitôt après la cérémonie ; Junie fuit le palais après le meurtre de Britannicus pour se réfugier chez les Vestales sûre d'y être à jamais hors de portée de Néron. Pire, le jaloux puissant ou influent préfère tuer l'être aimé que le voir à un autre. Hermione donne à Oreste l'ordre de tuer Pyrrhus au temple où il va épouser Andromaque ; Monime refusant désormais d'épouser Mithridate, le vieux roi lui envoie du poison ; Phèdre, en « dénonçant » Hippolyte, lui fait courir tous les risques, celui de l'exil, celui de la mort, plutôt que de supporter plus longtemps qu'il soit heureux avec une autre. Athalie, pour venger sa mère, a voulu anéantir la race de David, qui l'avait massacrée : comment anéantir cette famille puisqu'elle était elle-même épouse d'un de ses membres, Joram, qu'elle avait entraîné dans l'idolâtrie ? En tuant ses enfants et petits-enfants ! Au nom de son amour, Roxane tue celui qu'elle aime ; au nom de son amour pour la race d'Achab, Athalie tue tous ceux qui descendent de la race de David mais aussi forcément ceux qui par elle descendent d'Achab et de Jézabel. Les personnages de Racine se font donc leur propre bourreau ; le Destin est à ce point ironique à leur égard qu'il les amène à s'infliger eux-mêmes les pires des souffrances, qu'ils ne considèrent comme telles qu'après coup. Alors Phèdre se suicide après la mort d'Hippolyte, emporté par un monstre marin suscité par la prière de son père courroucé, Néron devient fou en perdant Junie, Hermione se suicide et plonge Oreste dans la folie, Mithridate se jette entre les Romains dans une sorte de désespoir. Roxane est, certes, tuée par Amurat, mais elle a prévenu Bajazet dès l'acte II de la tragédie qu'elle ne saurait lui survivre... Le mal de tous ces héros vient de bien loin mais, sur scène, ils procèdent en quelque sorte eux-mêmes à leur exécution. Les ministres du Destin sont donc des êtres de chair et d'os, parfois les protagonistes eux-mêmes, dont toutes les actions et tous les sentiments conjugués finissent par former un malheur.

Il faut noter qu'*Alexandre* et *Iphigénie* constituent des exceptions dans la mesure où, dans les deux pièces, comme le note Roland Barthes, le Destin prend sa victime non dans les personnages principaux mais dans les personnages secondaires, Taxile et Eriphile, grâce au sacrifice desquels les autres, qui ne demandent qu'à vivre, sont libérés.

L'univers racinien

En marge du monde

La plupart des personnages de Corneille occupent un rang élevé mais non pas le rang suprême. César, Cléopâtre (celle de *Rodogune*) et Attila exceptés, les héros se situent dans la société (même s'ils sont rois car ils le sont dans un pays dominé, en fait, par les Romains), pas au-dessus. Au contraire, ce qui caractérise les personnages de Racine qui donnent aux pièces leur impulsion première, c'est leur absolue indépendance. Pyrrhus, Néron, Roxane, du moins le croit-elle, Mithridate, Phèdre en l'absence de Thésée, Athalie ne doivent de comptes à personne. Ils ne se soucient en aucune façon de ce que l'on pense d'eux, la notion d'honneur est vide de sens pour eux. Un seul dépend du jugement des autres, c'est Titus, dans *Bérénice*, qui ne peut négliger l'opinion du sénat, ni la tradition romaine de rejet absolu des rois. Mais la pièce fut justement écrite pour rivaliser avec la *Tite et Bérénice* de Corneille ! Parfois, le monde tente, il est vrai, de se rappeler à eux : les Grecs s'efforcent de peser sur Pyrrhus pour obtenir que le petit Astyanax leur soit livré. Pyrrhus se sert de cette pression pour faire chanter Andromaque et obtenir son consentement au mariage, en aucun cas il ne la subit. Agrippine constitue à l'extérieur du palais impérial, chez Pallas, une sorte de contre-pouvoir, qui sera négligeable dès l'instant que le respect filial n'arrêtera plus Néron. L'erreur d'Athalie, c'est de sortir de son palais pour se rendre dans le temple des Juifs. Dans le palais, dans le pays, elle règne sans partage ; entrant dans le temple juif, elle se confronte à autrui.

Le fait de se trouver le maître absolu des autres crée chez les personnages raciniens l'effet inverse de ce qu'il produit chez Corneille. Auguste s'écrie :

> Je suis maître de moi comme de l'univers (V, 3).

C'est au contraire parce qu'ils sont les maîtres que les personnages de Racine ne se gouvernent pas et laissent les passions faire leur travail en eux. Alexandre est encore un héros cornélien parce qu'il domine sa fureur contre Porus qu'il a vaincu difficilement et dont il admire le courage. Mais même Titus, si Bérénice ne lui venait en aide en renonçant à lui, se laisserait submerger par l'amour. Phèdre renonce à toute censure d'elle-même dès l'instant qu'elle pense ne plus être soumise à quelque autorité que ce soit. Roxane est toute-puissante tant qu'elle reste dans le sérail : Acomat et Bajazet comptent bien, dès qu'elle en sera sortie, ne plus tenir compte d'elle. En effet, au-dehors, c'est le monde des armes, des rapports de force, le peuple y prend Junie sous sa protection ; au-dedans, le champ est libre pour l'exercice des passions puisqu'il est restreint, puisque l'être aimé se trouve sous le regard de l'autre : ailleurs, il lui échapperait. Parce que Titus est, d'une certaine façon, soumis au monde extérieur, c'est Bérénice qui utilise le lieu fermé qu'est le palais pour guetter Titus, le contraindre à l'explication qu'il veut éviter. Le palais de Néron sert d'abord à Agrippine qui obsède son fils, puis il devient prison pour Junie. L'action des tragédies de Racine s'adapte donc merveilleusement à l'unité de lieu, à ce palais à volonté des décorateurs de théâtre. Et c'est dans ce monde clos, où les personnages vivent serrés, que la communication est presque impossible entre eux, bien qu'ils s'adressent désespérément aux autres. Malgré quelque souci d'emprunter à l'histoire, sans laquelle une tragédie n'eût guère été considérée, les personnages donnent l'impression de vivre dans un espace et dans un temps purement symboliques, ceux de l'existence humaine.

Un monde étouffant

Les personnages de Racine sont souvent placés dans une situation de proximité physique qui devrait favoriser leurs rapports. Or il n'en est rien, bien au contraire. Pyrrhus, quoi qu'il fasse, est le maître et Andromaque l'esclave ; il est le vainqueur de la guerre de Troie, elle représente les vaincus. Dans les années quatre-vingt, Stuart Seide a donné à *Andromaque* un décor qui matérialisait cette frontière séparant les personnages : une maquette de Troie, des dépouilles de guerriers décoraient le palais de Pyrrhus, le transformant un peu en musée. Quelle communication peut exister quand on se parle de part et d'autre d'un tombeau ? Néron est objectivement du côté des usurpateurs, Junie du côté des spoliés. Roxane, favorite d'Amurat, est toute-puissante tandis que Bajazet est son prisonnier : comment pourrait-elle abolir cette distance ? Elle est d'autre part d'origine servile tandis que Bajazet est de race royale. Même si le cœur d'Andromaque, de Junie, de Bajazet n'était pas pris, pourraient-ils une seconde s'ouvrir à des étrangers ? Hippolyte est peu sociable, Phèdre est sa belle-mère, il peut d'autant moins songer à la regarder qu'il la perçoit comme sa marâtre, elle est plus âgée que lui. Que peut ressentir le petit Joas, élevé depuis sa plus tendre enfance dans le temple des Juifs, dans le culte de Jahvé et la haine de l'idolâtre et criminelle souveraine, pour cette vieille reine qui vient du dehors, qui fait irruption dans le temple, même si elle s'adresse à lui avec gentillesse et intérêt ? C'est probablement parce que les puissants possèdent tout, mais rien de fondamental, qu'ils sont ainsi attirés par ce qui est le plus différent d'eux, par ceux qui ne sont pas leurs créatures. Les êtres aimés par les puissants non seulement n'aiment pas en retour mais sont placés dans une situation de dépendance telle qu'ils ne peuvent faire entendre cette absence d'amour, ni *a fortiori* qu'ils aiment ailleurs. Absence de communication et dissimulation sont les règles de ces univers fermés. Comme les puissants ne peuvent supporter le silence ni l'absence de mouvement, ils rompent le premier par la ruse — à moins que la fragilité des autres ou un dénonciateur ne leur apprennent ce qu'ils veulent savoir — et créent le second par la violence.

On tremble pour le jeune Joas lorsqu'il répond sans fard à la reine Athalie, qu'il n'hésite pas, citant la Bible, à assimiler aux méchants, dont il méprise ouvertement le dieu, et dont il repousse la proposition d'être élevé par elle dans la puissance et la gloire. Seule l'innocence d'un enfant et le fait que la parole divine s'exprime par sa bouche expliquent une telle hardiesse. On a souvent, au contraire, reproché à Andromaque une certaine coquetterie à l'égard de Pyrrhus : peut-elle dans la situation qui est la sienne ne pas s'efforcer de ménager un tant soit peu le vainqueur des Troyens ? On peut dire à peu près la même chose du comportement de Bajazet envers Roxane, avec cette réserve que c'est sa vie à lui, et non celle d'un enfant, qui est en cause. Le personnage met mal à l'aise, surtout présenté par Acomat :

> Bajazet est aimable. Il vit que son salut
> Dépendait de lui plaire et bientôt il lui plut (I, 1).

Longtemps Bajazet n'a pas eu à mentir à Roxane parce que, se méfiant des yeux indiscrets, la favorite du sultan communiquait avec lui par l'intermédiaire d'Atalide, princesse ottomane placée à son service. Atalide inventa ainsi à Bajazet un comportement d'amoureux qu'il n'avait pas. Dès l'instant que Roxane voyait Bajazet, ses discours et son attitude lui paraissaient décevants par rapport aux propos plus flatteurs que rapportait Atalide. Celle-ci note d'ailleurs que son amant, car il l'est, « ne sait point se cacher ». Une première entrevue, à laquelle nous assistons, nous montre un Bajazet respectueux mais froid et refusant, en invoquant la tradition ottomane, d'épouser Roxane. Les supplications d'Atalide l'amèneront à changer de comportement, à flatter davantage Roxane, à feindre de consentir au mariage. Nous n'assistons pas à cette entrevue mais elle est rapportée par Acomat :

> J'ai longtemps immobile, observé leur maintien.
> Enfin, avec des yeux qui découvraient son âme,
> L'une a tendu sa main pour gage de sa flamme,
> L'autre avec des regards éloquents, pleins d'amour,
> L'a de ses feux, Madame, assurée à son tour (III, 2).

Bajazet lui-même confessera à Atalide, étonnée d'un tel zèle, que Roxane l'a ému, même si elle ne lui a pas inspiré d'amour :

> Moi-même, rougissant de sa crédulité,
> Et d'un amour si tendre et si peu mérité,
> Dans ma confusion, que Roxane, Madame,
> Attribuait encore à l'excès de ma flamme,
> Je me trouvais injuste, barbare, criminel (III, 5).

La dissimulation est un jeu dangereux pour la pureté. L'Othon de Corneille l'avait déjà montré. Néron pourrait gagner beaucoup à se libérer de sa mère ; mais, faible, il ne peut le faire qu'en la trompant, en lui laissant l'illusion qu'elle est encore la maîtresse, en érigeant la tromperie en système de gouvernement et l'exercice de sa liberté est corrompu par le premier essai qu'il en fait... et qui aboutit au meurtre de Britannicus. Comment Mithridate peut-il distinguer de l'amour le respect que continue de lui porter Monime après son retour, alors qu'elle a reçu l'aveu de l'amoureux Xipharès et qu'elle s'est déclarée à lui ? L'affection même qu'il continue de porter à Xipharès rend le silence de ce dernier difficilement supportable, malgré le risque qu'il courrait s'il parlait. Au reste, on ne se sent pas tout à fait convaincu lorsque Bajazet reporte la faute de la tromperie sur Roxane :

> Et même votre amour, si j'ose vous le dire,
> Consultant vos bienfaits, les crut, et sur leur foi,
> De tous mes sentiments vous répondit pour moi.
> Je connus votre erreur. Mais que pouvais-je faire ?
> Je vis en même temps qu'elle vous était chère (I, 4).

Le héros ne fait-il pas preuve ici de la même mauvaise foi que Phèdre qui, au moment de mourir, se décharge de la responsabilité de son aveu d'amour à Hippolyte et de l'injuste accusation qu'elle a portée contre lui, sur le Ciel et Œnone :

> Le Ciel mit en mon sein une flamme funeste ;
> La détestable Œnone a conduit tout le reste (V, 7) ?

Certes, Bajazet court détromper Roxane dès qu'Atalide lui adresse des reproches, Andromaque compte mettre fin à ses jours dès qu'elle aura épousé Pyrrhus, Monime, une fois Xipharès découvert, affronte ouvertement Mithridate et refuse de l'épouser. Mais l'image qu'ils offrent au public est altérée. Dans ces mondes à part, il règne une atmosphère de dissimulation et de suspicion qui atteint presque tous les personnages. Que penser d'Atalide qui a parlé si longtemps à Roxane au nom de Bajazet ? La sincérité d'Athalie, sa douceur inhabituelle envers Joas lui valent le piège tendu par le grand prêtre Joad et ses lévites. Junie, elle, ne tente rien contre Néron ; mais la protection qu'Agrippine lui apporte fait que sa cause se confond avec celle de l'impératrice, qui est une bien mauvaise cause... Le tragique réside dans le fait que les êtres les plus transparents semblent devenir opaques au contact de ceux avec lesquels ils sont condamnés à vivre.

Un monde de la sensibilité

L'amour chez Racine ou bien est né depuis longtemps d'une complicité objective dans le malheur ou la sujétion, ou bien naît d'une première vue, d'un coup de foudre, qui n'a cure des qualités ou du rang de la personne. Voir, chez Racine, signifie aimer, surtout lorsque la personne qui voit vit recluse, comme Phèdre, comme Roxane, comme Néron même, étouffé par sa mère. Les sens, brimés, se réveillent d'un coup. L'émotion des yeux se transmet à tout le corps (les lecteurs de *L'Astrée,* qui fait à la sensualité la place qui lui est due, n'ont pas oublié qu'ils en avaient un) : paralysie, incapacité de parler, vertiges, semi-inconscience caractérisent l'irruption des sentiments chez Néron, chez Phèdre, chez Athalie. Ces émotions se renouvellent à chaque entrevue : les yeux brillent, la rougeur revient. Chez ceux qui s'aiment depuis longtemps, la violence de la passion jointe à la peur peut avoir des effets physiques comme l'évanouissement (Atalide), mais on remarque surtout le tremblement pour l'autre, le geste simple mais tendre, qui produisent une impression d'autant plus forte que ce n'est qu'en cachette qu'ils peuvent laisser couler leurs larmes. Rares parce que interdites, ces scènes ne sont pas mièvres chez Racine car la douceur de l'épanchement est de fort courte durée ; il faut d'abord rassurer, se réconcilier après des méprises. Le plus beau geste du théâtre de Racine est peut-être celui de Joad, d'ordinaire bien sévère, qui, après l'interrogatoire auquel Athalie a soumis le petit Joas, prend l'enfant dans ses bras (avant la cérémonie de son couronnement Joas courra encore dans les bras du grand prêtre).

L'empire des sens est si grand chez les plus passionnés des héros de Racine qu'ils sont en permanence habités par la première vision qu'ils ont eue et en restent comme aveuglés. Lorsque Phèdre revoit Hippolyte, elle ne distingue pas le jeune homme horrifié qui est devant elle, elle divague ; Roxane prend pour émotion amoureuse la moindre rougeur de Bajazet, qu'elle n'a d'ailleurs jamais vraiment vu : elle a fait coïncider la réalité avec les descriptions qu'Acomat lui fournissait du seul homme du sérail et qui alimentaient son rêve. Lorsque la réalité, la froideur de Bajazet, dément plus d'une fois son rêve, elle fait preuve d'une extraordinaire promptitude pour effacer cette vision défavorable.

Les rêves, les souvenirs, les songes habitent les personnages raciniens. Andromaque transporte partout avec elle les souvenirs de la dernière nuit de Troie, pleine de cadavres et de flammes ; elle projette en permanence cette image sur Pyrrhus, qui a participé au massacre. Athalie ne peut se défaire des visions horribles que le massacre de ses parents et de leur famille a laissées en elle : elles lui reviennent sous la forme de songes, qui déforment à peine la réalité. Elle revoit Jézabel, qu'elle aimait, dans toute sa beauté et veut l'embrasser :

> Mais je n'ai plus trouvé qu'un horrible mélange
> D'os et de chair meurtris et traînés dans la fange (II, 5).

Elle est également impressionnée, bien plus que par n'importe quel argument raisonnable sur la force des Juifs, par la beauté d'un enfant qu'elle a vu en rêve et dont elle a senti qu'il la tuait. Grande reine, et qui sait gouverner, Athalie n'est pourtant mue que par les appels de sa sensibilité. C'est contre toute raison qu'elle se rend dans le temple pour la deuxième fois. On sent bien, à la description que Néron fait de Junie à Narcisse, qu'il conserve de la nuit de son enlèvement le souvenir d'un véritable tableau et que cette image ne le quittera plus : on l'oublie, effaré qu'on est du meurtre de Britannicus et du comportement de l'empereur avec sa mère, et l'on s'en souvient brusquement lorsque Albine raconte l'errance de Néron qui n'a plus que le nom de Junie à la bouche. C'est dans ce tableau que s'est réfugiée toute sa sensibilité ; il est perdu pour toute autre émotion, Burrhus s'en est aperçu :

> Ses yeux indifférents ont déjà la constance
> D'un tyran dans le crime endurci dès l'enfance (V, 7).

La langue de Racine

Pour parler à ces personnages sensibles, seul un langage riche et descriptif semble convenir. Aussi trouve-t-on chez Racine, outre les songes et souvenirs évoqués plus hauts, de superbes narrations dont la plus célèbre est sans doute le récit que fait Théramène de la mort d'Hippolyte : l'apparition du monstre marin, la lutte d'Hippolyte contre lui, sa chute, la course de ses chevaux traînant son corps et la vision du paysage sanglant qui en résulte. Mais les personnages assument ce goût des images et parlent souvent un langage à la fois concret et métaphorique. Pyrrhus montre qu'il comprend Andromaque en employant le même vocabulaire qu'elle :

> J'ai fait des malheureux sans doute ; et la Phrygie
> Cent fois de votre sang a vu ma main rougie (I, 4)

mais c'est par là aussi qu'il espère lui faire sentir ce qu'il éprouve :

> Vaincu, chargé de fers, de regrets consumé,
> Brûlé de plus de feux que je n'en allumai... (id.).

Impulsifs, même si les personnages raciniens aiment se dire, voire se confesser dans de longues tirades, il leur arrive aussi d'interrompre d'un mot un discours trop pompeux ou qu'ils ne supportent plus : c'est le fameux « Sortez ! » de Roxane, qui, finissant un vers d'une longue tirade embarrassée de Bajazet, l'envoie à la mort, ou l'unique syllabe « roi » par laquelle Porus répond fièrement à Alexandre qui lui demande ce qu'il veut devenir après sa défaite. Narcisse, quant à lui, connaît l'art des formules courtes mais percutantes qui déclenchent la fureur de Néron. Enfin, dans cet univers de violence, la tendresse parle souvent, et elle parle avec une extrême simplicité quand elle est celle d'une mère, adoptive (Josabet) ou véritable (Andromaque), ou d'une amante affligée d'avoir fait souffrir, sur ordre de Néron, celui qu'elle aime :

> Vous êtes obéi. Laissez couler du moins
> Des larmes dont ses yeux ne seront pas témoins (II, 7).

Le dépit sait être simple aussi chez Bérénice ; elle parle parfois un langage tout à fait ordinaire :

> N'êtes-vous pas content ? Je ne veux plus vous voir (V, 5).

Titus lui demandant de quitter Rome puisqu'il ne peut l'épouser, Bérénice s'étonne de la sévérité de la mesure et lui lance :

> Pourquoi m'enviez-vous l'air que vous respirez ? (IV, 5).

Mais c'est cette même Bérénice qui sait attendrir Titus en évoquant, comme si leur séparation était déjà réalisée, ce qu'ils seront bientôt. Le lyrisme est poignant parce qu'il est dépourvu de toute grandiloquence :

> Dans un mois, dans un an, comment souffrirons-nous,
> Seigneur, que tant de mers me séparent de vous ?
> Que le jour recommence et que le jour finisse
> Sans que jamais Titus puisse voir Bérénice,
> Sans que de tout le jour je puisse voir Titus ? (IV, 5).

Le théâtre de Racine est peut-être avant tout un théâtre poétique. Au reste, dans la dernière partie de son œuvre, *Esther* et *Athalie,* les deux tragédies sacrées qu'il écrivit pour les demoiselles de Saint-Cyr en 1688 et 1689 alors qu'il avait renoncé à l'écriture théâtrale depuis plus de dix ans, on trouve des chœurs qui sont de purs et très beaux morceaux de poésie religieuse (p. 248) et qui, à l'extrême fin du XVIIe siècle, font renouer la tragédie avec la pratique du XVIe siècle. Mais les spectateurs étaient peu nombreux (surtout ceux d'*Athalie,* en janvier 1691) à cause d'une campagne menée par les dévots et les acteurs étaient les demoiselles de l'école, en robe noire. On peut penser qu'il s'agissait plus d'une mise en espace du texte que d'une représentation. C'est dommage, car les didascalies suggèrent de fort beaux mouvements des lévites et un changement somptueux du décor pour le couronnement de Joas à l'acte V. Mais il est certain que peu de textes dramatiques peuvent supporter aussi bien que ceux de Racine la simple lecture. Mettre ces textes en valeur par une étude attentive des rythmes et des mots, comme l'a entrepris Jean-Marie Villégier en 1991, ne peut presque se faire qu'en réduisant le plus possible les effets de scène afin de conserver aux personnages — si tel est le parti pris de mise en scène — la tenue qui était la leur au XVIIe siècle, bien qu'on eût évidemment affaire à une dramaturgie de la passion.

DEUXIÈME PARTIE
Le roman

Les auteurs dramatiques français étaient imprégnés de leur culture humaniste, de l'exemple italien et désireux de donner à la France, en prenant en compte les habitudes et les aspirations de leur public, une véritable littérature théâtrale. Les romanciers, dont on pourrait penser qu'ils étaient moins savants, n'avaient cependant rien d'écrivains naïfs. Il est peut-être excessif de leur attribuer, comme le fait Antoine Adam, la connaissance des *Discours* de l'Italien Giraldi Cinthio *sur l'art de composer les romans* (1544). Cependant, même si certains censeurs affectent de le mépriser, les romanciers avaient conscience que le genre auquel ils travaillaient comptait déjà quelques quartiers de noblesse. En le pratiquant, ils pouvaient aussi bien qu'ailleurs exprimer des idées : il n'est que de lire quelques romans, même les moins connus, pour se rendre compte que leur visée n'est pas purement distractive. Simplement, leur propos sent peu l'étude. Il est particulièrement adapté à un public féminin et à ceux qui s'en voudraient de passer pour des doctes. Sans imiter, les auteurs de romans de l'époque qui nous intéresse étaient imprégnés d'une belle culture livresque qu'on peut qualifier de moderne (bien que certains de ses éléments remontent... au IIe siècle apr. J.-C.) et qu'il convient d'examiner pour apprécier leur apport personnel.

7. L'élaboration de la sensibilité romanesque : les influences étrangères

Les romans italiens et espagnols d'aventures merveilleuses

Le *Dictionnaire* de Furetière estime encore, en 1690, que « les poèmes fabuleux se mettent aussi au nombre des romans, comme l'*Enéide* et l'*Iliade* ». Si les lettrés du XVIIe siècle n'ont pas connu Giraldi, ils ont sans doute été plus sensibles au *Discours du poème héroïque* du Tasse, dont la réputation de poète épico-romanesque et de poète dramatique n'était plus à faire : le *Discours* du Tasse, traduit en 1638, y montrait que l'épopée et le roman présentaient entre eux peu de différences. Au Moyen Age, on appelle roman un récit écrit en vers, et, à partir du XIVe siècle, en prose, qui raconte les aventures merveilleuses de héros purement imaginaires ou idéalisés. Si la matière de Bretagne (les romans de la Table Ronde) n'a guère inspiré le roman du XVIIe siècle, en revanche l'influence des poèmes chevaleresques de la Renaissance italienne que sont le *Roland amoureux* de Boiardo, le *Roland furieux* de l'Arioste, publié sous sa forme définitive en 1532, et la *Jérusalem délivrée* du Tasse (1581), fut considérable. L'amour tient dans ces romans une place essentielle bien qu'ils se présentent à première vue — et la *Jérusalem délivrée* expressément — comme des épopées (l'amour malheureux de Roland pour Angélique va même, chez l'Arioste, jusqu'à le détourner de ses prouesses guerrières), mais il se différencie fortement de l'amour courtois en ce sens que la femme y est évoquée pour elle-même et non seulement pour ce qu'elle représente dans l'esprit du chevalier. Le héros sarrasin du *Roland furieux,* Roger, est pris de passion pour Bradamante, dont la forte personnalité se marque en particulier dans son talent de combattante, tout comme celle de la Clorinde du Tasse. D'autre part, les héros ne se contentent pas de vivre leur amour, ils en parlent : ainsi, sous une nuit étoilée, Roland et Agrican, qui viennent de se battre, devisent de religion, de faits d'armes, mais surtout d'amour. Le poème du Tasse, loin d'être constamment épique et empreint de merveilleux chrétien, offre des moments de bonheur particulièrement réussis et certains personnages quittent le monde de l'épopée pour vivre un moment parmi des bergers, comme Herminie (le Tasse est, nous l'avons vu, l'auteur de la pastorale dramatique *Aminta*). Enfin le *Roland furieux* comporte quarante-deux chants, le *Roland amoureux* soixante-neuf. Ceux qui connaissaient bien ces poèmes romanesques étaient donc habitués à des aventures interminables, dont l'amour, compliqué par l'action de magiciens et magiciennes jetant des charmes pour leur propre compte ou pour celui d'autrui, constituait la trame, autant que le combat contre les Sarrasins, pourtant exaltant car les héros chrétiens devaient y affronter des chevaliers d'une force surhumaine, comme Rodomont, roi d'Alger, ou Argant, défenseur de Jérusalem contre les assauts des Croisés.

Mais un autre roman, en prose, s'étendant sur cinq livres, avait soulevé l'enthousiasme de toute l'Europe du XVIe siècle, l'*Amadis de Gaule* de l'Espagnol Rodriguez de Montalvón, publié en 1506, traduit en France plusieurs fois, ainsi que ses nombreux descendants (parmi lesquels on distingue surtout l'*Amadis de Grèce* de Feliciano Da Silva). La traduction la plus célèbre fut celle d'Herberay des Essarts, publiée en 1556 et qui avait été commandée par François Ier. Pas plus que dans les poèmes romanesques italiens, l'amour, dans les *Amadis,* n'est adultère. C'est un sentiment qui, passionnément vécu, élève celui qui le ressent. Les épreuves se multiplient pour les amants, qui jugeront de la perfection de leurs sentiments : ainsi, l'Arc des loyaux amants ne peut-il être franchi que par ceux qui ont toujours montré une absolue fidélité. Cette perfection ne semble nullement compromise par les multiples anifestations de sensualité qu'on remarque dans ces romans : la sensualité s'exprime d'ailleurs avec d'autant plus de force — surtout chez Da Silva — que les amants sont souvent séparés par les guerres (les *Amadis* restant avant tout un roman d'aventures) et se trouvent fort émus lorsqu'ils se retrouvent... Mais la dimension intellectuelle ne fait pas défaut ; le débat fait partie du roman : qui a raison, le fidèle et relativement chaste Amadis, dont toutes les pensées sont tournées depuis l'enfance vers la belle Oriane, ou Galaor, son frère, qui n'est pas un moins vaillant chevalier mais se montre inconstant, sensuel, avide de sensations immédiates ? Les duels, les batailles, les combats contre des sortes de géants ne manquent pas dans le roman, parfois commandés par l'amour (Oriane est enlevée), parfois dictés par le devoir de reconquête contre un ennemi avide et violent. Les héros vont de pays en pays. On s'attarde de temps en temps dans une cour aux mœurs raffinées, comme celle du roi Lisarte à Londres.

Le succès des *Amadis* fut tel en France qu'on tira de leurs traductions des recueils de belles phrases désignés sous le nom de *Trésor des Amadis*. La place qu'occupèrent ces romans dans les esprits fut longtemps considérable. Et J.-P. Camus avouait, en 1624, qu'*Amadis* était « une école d'amour, mais, Dieu, de quelle amour ! ». Certains hommes pieux ne partageaient cependant pas son avis et, en 1648, un certain Fortin de La Hoguette écrivait dans une sorte de testament :

> Il est très certain que la morale qui a fait en mon esprit sa première impression a été celle que j'ai lue dans les *Amadis* où j'ai vu le vice être toujours châtié, la vertu récompensée, la parole inviolable et la valeur être au plus haut point où elle puisse aller...

Quiconque aurait voulu faire, au XVIIe siècle, le bilan des vertus et des dangers repérés par les uns ou les autres dans la lecture des *Amadis* pour décider si ces ouvrages devaient être brûlés ou non aurait été aussi déchiré que le curé du *Don Quichotte*. Mais ces divergences prouvent bien que ces aventures habitaient toujours les imaginations. Elles avaient même stimulé la création. A la fin du XVIe siècle, Béroalde de Verville et, en 1608, Pierre Deimier composèrent en effet des romans d'aventures en prose sur lesquels l'influence des romans espagnols est évidente.

Les romans grecs

C'est évidemment avec passion qu'on découvrit, au XVIe siècle, les romans que composèrent en langue grecque des écrivains, originaires de la région d'Ephèse ou de Syrie, aux IIe et IIIe siècles après J.-C. Les plus célèbres d'entre eux furent Jamblique, avec ses *Babyloniques ou Amours de Rhodanes et de Sinonis,* et surtout Héliodore, dont les *Ethiopiques ou Amours de Théagène et Chariclée,* traduites en français par Jacques Amyot en 1547, connurent sept réimpressions jusqu'en 1626 et suscitèrent encore trois traductions, deux en latin et une en français (édition en 1623, suivie de deux réimpressions, en 1626 et 1633), une paraphrase en vers et surtout « huit poèmes dramatiques ou théâtres consécutifs » qu'on doit à la plume prolixe d'Alexandre Hardy (première publication : 1623 — ce qui suppose que les pièces furent jouées maintes fois dans les années précédentes — et deuxième édition en 1628 !). Une peinture d'un plafond du château de Fontainebleau représente un épisode du roman grec. Balzac, Chapelain, Huet, Boisrobert, Sorel voient dans les *Amours de Théagène et Chariclée* l'origine de presque tous les romans de leur époque, mais ce n'est pas pour éprouver à l'égard de l'œuvre d'Héliodore beaucoup de reconnaissance. Chapelain appréciait dans le *Lancelot,* et malgré l'absence de structure, la peinture naïve des mœurs de ce temps ; d'une manière générale, les doctes goûtaient d'autant plus un roman qu'il se rapprochait de l'épopée, que la chevalerie, l'héroïsme guerrier y trouvaient leur place. Ce n'est en aucune façon le cas du roman grec.

Chariclée et Théagène se rencontrent dans un temple à Delphes. Leur amour est d'emblée placé sous le signe de l'élévation. Loin de ces amants la sensualité qu'on trouve dans les *Amadis* : le roman d'Héliodore est un roman de la chasteté et de la fidélité, d'autant plus « méritoires » que si l'extraordinaire beauté de Chariclée traîne tous les cœurs après elle, même ceux de ses ravisseurs, Théagène a lui-même tant de charme qu'il se fait aimer de bien des femmes. Les plus méchants, les plus farouches sont attirés par eux, finissent par se laisser tromper par de pieux mensonges ou par leur vouer une respectueuse adoration. Leurs aventures font voyager les héros dans tout un exotique bassin méditerranéen, où ils subissent les assauts des tempêtes, les enlèvements des pirates, des bandits, qui les séparent ; Théagène devient esclave. Ces aventures, à coup sûr, n'ont rien de chevaleresque et Théagène est un amant courageux mais en aucune façon un guerrier. Ce sont les sentiments qui produisent des effets dans ce roman. On en prendra pour preuve la blancheur de la peau de Chariclée (signe de perfection... ?) qui lui vient de ce que sa mère, reine d'Ethiopie (les Ethiopiennes ont la réputation d'être très belles), a regardé trop longtemps le portrait de la Grecque Andromède avant la naissance de sa fille ! Signe d'élection, l'extraordinaire beauté de Chariclée dans son pays lui vaut d'être abandonnée, par peur du scandale. Les épreuves qu'elle traverse sont à la mesure de ses qualités et ne font que prouver son excellence. Pure, Chariclée sait cependant jouer, feindre, quand sa vertu ou son amour doivent recourir à des stratagèmes. Elle doit vivre quelque temps avec Théagène en prétendant être sa sœur, ce qui leur crée à la fois un espace de liberté et des contraintes difficiles à supporter pour des amoureux. Les méchants sont toujours punis, de façons diverses ; les bons sont éclairés par des songes sur ce qu'ils doivent faire quand ils sont plongés dans une situation inextricable. Ils se lamentent à haute voix, expriment sur l'amour de hautes conceptions. Autant de traits qu'on retrouvera dans *L'Astrée* ou les romans héroïques du XVIIe siècle. Même la construction du roman a eu également ses répercussions : on n'a pas affaire à un récit linéaire car l'action débute *in medias res* et c'est par plusieurs retours en arrière que le lecteur apprend comment on en est arrivé là. On verra qu'Honoré d'Urfé adopte une construction similaire pour nous informer du passé des bergers de *L'Astrée*. Car ce roman-fleuve, bien que pastoral, s'alimente à bien des sources. Les plus importantes se trouvent évidemment dans le domaine des romans pastoraux italiens et espagnols, dont on trouvera d'ailleurs aussi quelque liqueur dans les eaux des romans héroïques.

Les romans pastoraux d'Espagne et d'Italie

On a vu (p. 79) à quels genres antiques se rattachait la pastorale dramatique, ce qui lui valait d'emblée une estime dont la bergerie romanesque pouvait également bénéficier. Dans le domaine de la prose, Sannazar composa son *Arcadia* en 1504. A la fin du XVe siècle, le mouvement humaniste italien se trouve à son apogée et l'érudit qu'était Sannazar — il avait notamment composé des Eglogues en latin — n'utilisa pas comme son prédécesseur la fiction pastorale pour glisser les narrations fort lestes dont, au XIVe, un Boccace avait l'habitude. Son héros, au joli nom de Sincero, a été repoussé par sa dame et se réfugie en Arcadie pour trouver la paix auprès des simples bergers. Sannazar est surtout un poète : aussi mêle-t-il à la prose des vers, qui doivent beaucoup à Virgile et Catulle, et notamment des Eglogues. Sincero éprouve une joie d'humaniste plus qu'un vrai sentiment de la nature à voir tous les fleuves illustres de la Grèce ; dans ce cadre auquel il est cependant sensible, il traîne une sorte de mélancolie qui lui vient de son échec amoureux. C'est probablement à son origine italienne que l'ouvrage de Sannazar dut sa réputation, qui est toutefois loin de valoir celle dont jouit plus tard l'*Aminta* du Tasse dans le domaine dramatique (p. 80). Par contre la *Diana* de l'Espagnol Montemayor bénéficia en France d'une extraordinaire faveur qui surmonta les préjugés de beaucoup d'écrivains contre la littérature d'outre-Pyrénées.

Les sept livres de la *Diana* furent publiés en 1559. Dès 1578, Nicolas Colin les traduisait en français. Son travail fut sans aucun doute couronné d'un succès de librairie car les suites données à la *Diana* en Espagne par Alonso Pérez et surtout Gil Polo intéressèrent le traducteur Gabriel Chappuys dès 1582. De nouvelles traductions du premier roman furent données en 1603, en 1611, en 1623, en 1624, en 1699. On verra que l'un des principaux personnages de la *Diana* s'appelle Sireno. Or Honoré d'Urfé, avant même l'édition du premier livre de *L'Astrée,* publiait un long poème pastoral *Sireine,* qui fut réédité dix fois jusqu'en 1619. Ce poème en trois chants, dont certaines strophes paraissent simplement traduites de l'espagnol, raconte un épisode du roman de Montemayor : le départ du berger, son absence et son retour. L'action de la *Diana* se déroule dans une campagne du Léon, au bord de la rivière Ezla. Là vit la bergère Diana, d'une incomparable beauté ; elle est aimée du berger Sireno qu'elle aime aussi, d'un amour d'une grande pureté. Mais un autre berger l'adore, Silvano, qu'elle déteste. Appelé à l'extérieur du royaume, Sireno doit quitter Diana. Loin des yeux, loin du cœur : Diana oublie Sireno et épouse un autre berger, Delio. Cependant Sireno a accompli son devoir et revient au bord de l'Ezla... pour y apprendre son malheur. C'est ici que commence la *Diana*. Dans des lieux où il a été si heureux, Sireno se souvient, médite sur la cruauté du souvenir dans un monologue en prose, puis chante un poème sur l'inconstance, avant de trouver sur lui une ancienne lettre d'amour de l'infidèle, dont le texte nous est communiqué. Nouvelle et amère méditation de Sireno... Le récit dans la *Diana* est ainsi constamment coupé par des monologues — souvent dits à voix haute pour être entendus d'oreilles qui en feront leur profit —, par des poèmes, par des textes de lettre. Mais les bergers de la *Diana* sont nombreux, leurs aventures se ressemblent, s'opposent, s'entrecroisent... La prêtresse-magicienne Felicia les dirige un peu dans leur désarroi.

Les sources de « L'Astrée »

D'Urfé sut faire son profit de sa lecture non seulement dans son poème mais aussi dans son roman. Si *L'Astrée* connut un succès prodigieux puisque sa publication s'étala sur plus de vingt ans (1607-1628, les deux dernières des cinq parties ayant été publiées par les soins du secrétaire de l'auteur, mort en 1625) et s'il inspira à son tour beaucoup de romanciers français, les ouvrages que nous avons évoqués auparavant n'en faisaient pas moins partie de la culture dans laquelle puisaient ces derniers lorsqu'ils écrivaient. Il conviendrait de leur ajouter des livres d'histoire : les *Vies des hommes illustres* de Plutarque, rééditées dans la traduction d'Amyot en 1620, constituaient évidemment la base des connaissances historiques assaisonnées de morale, mais le goût de l'Antiquité amenait aussi à s'intéresser à la *Cyropédie* de Xénophon, aux récits de Quinte-Curce. Dans l'histoire moderne, le XVIe siècle des Valois connut une grande faveur grâce à l'historien Pierre Matthieu (p. 309) mais ce fut l'époque de la chute de Grenade qui passionna le plus les esprits, surtout quand elle était écrite par la plume alerte et presque romanesque de Peréz de Hita. La civilisation et la civilité mauresques, détrônées par la rudesse des Espagnols, faisaient rêver... L'histoire et l'héroïsme, gages de sérieux, entrèrent dans les romans de bergers ; les héros guerriers se donnaient souvent le temps d'une réflexion pastorale. Les innombrables romans français du XVIIe siècle réalisaient une synthèse, dominée par le goût d'une certaine gravité, de tout ce qu'on aimait chez les étrangers : selon l'époque, tel ou tel type d'aventure fut favorisé, mais, en parcourant la production romanesque qui sépare *L'Astrée* d'Honoré d'Urfé du *Grand Cyrus* de Mlle de Scudéry, on éprouve la sensation d'être resté dans le même et étrange pays ; les pensées des bergers et des chevaliers de l'Antiquité présentent beaucoup de ressemblances et, lorsqu'ils relatent faits et gestes aussi bien que lorsqu'ils pénètrent dans les pensées, nos guides parlent tous d'abondance et dans un style très comparable. A ce flot intarissable de romans répondirent par la dérision quelques ouvrages romanesques beaucoup plus courts qui (sans susciter l'enthousiasme ni créer l'événement comme le *Don Quichotte* de Cervantes [entièrement traduit en français avant 1615], beaucoup plus habile dans son attaque et dans son assomption des romans d'aventures et des romans pastoraux) marquèrent le public par la violence de leur dissemblance avec les premiers. Cependant, malgré l'absence, dans son contenu comme dans sa présentation, de toute critique même implicite de la production romanesque antérieure, l'événement du XVIIe siècle après *L'Astrée,* si l'on considère le rapport du nombre de pages écrites à l'innovation introduite et au succès remporté, ce fut *La Princesse de Clèves* de Mme de Lafayette, dont il convient pourtant de ne pas sous-estimer la parenté avec les romans produits jusqu'alors.

8. Le roman pastoral français : *L'Astrée*

L'essentiel de l'action de *L'Astrée* se déroule non pas au bord de l'Alphée, non pas au bord de la rivière Ezla, mais au bord d'une petite rivière peu connue, le Lignon, qui arrose le Forez, province d'origine d'Honoré d'Urfé (1567-1625). Cette localisation de l'action en France révèle de la part de l'auteur une volonté de refaire du roman un genre national et de l'adapter au goût et aux mœurs de son pays.

Au cœur du pays est le plus beau de la plaine, ceinte, comme d'une forte muraille, des monts assez voisins et arrosée du fleuve Loire, qui, prenant sa source assez près de là, passe presque par le milieu, non point encore trop enflé ni orgueilleux, mais doux et paisible. Plusieurs autres ruisseaux en divers lieux la vont baignant de leurs claires ondes mais l'un des plus beaux est Lignon, qui, vagabond en son cours, aussi bien que douteux en sa source, va serpentant par cette plaine depuis les hautes montagnes de Cervières et de Chalmazel, jusques à Feurs, où Loire le recevant et lui faisant perdre son nom propre, l'emporte pour tribut à l'Océan.

L'entreprise de d'Urfé est de prouver la validité en France et au XVIIe siècle des valeurs défendues dans le *Lancelot* aussi bien que dans *Amadis*. Ainsi s'adresse-t-il à son héros Céladon dans la préface de son œuvre :

On dit maintenant qu'aimer comme toi, c'est aimer à la vieille Gauloise, et comme faisaient les chevaliers de la Table ronde ou le Beau Ténébreux. Qu'il n'y a plus d'Arc des loyaux amants, ni de Chambre défendue pour recevoir quelque fruit de cette inutile loyauté.

L'idéal des bergers est en effet perméable à celui d'un chevalier comme Amadis. D'ailleurs, si c'est dans cet endroit délicieux *(locus amoenus)* que s'épanouit la réflexion de l'auteur parce que ses personnages principaux, des bergers, n'en sortent guère, et si ce lieu presque fermé les met à l'abri des pirates, des brigands et de l'appel du large, d'Urfé s'intéresse aussi aux origines de la France puisque les bergers sont parfois en contact avec la cour de la reine Amasis, elle-même en relation, d'alliance ou d'hostilité, avec certains royaumes de la Gaule, dans laquelle croît le pouvoir du roi franc Mérovée. D'Urfé nous ramène donc au Ve siècle de notre ère et, en dehors des valeurs morales qui sont celles des bergers, introduit des principes de morale politique et de conduite dans les cours qui fondent, semble-t-il, la force du royaume de France, restauré dans son unité par Henri IV. De plus, l'épître de d'Urfé à sa bergère Astrée lui rappelle sa véritable identité :

> ... tu ne parles pas le langage des villageois et [...] toi ni ta troupe ne sentez guère les brebis ni les chèvres, [...] tu n'es pas, ni celles aussi qui te suivent, de ces bergères nécessiteuses qui, pour gagner leur vie, conduisent les troupeaux aux pâturages, mais [...] vous n'avez toutes pris cette condition que pour vivre plus doucement et sans contrainte.

On a donc affaire, dans *L'Astrée,* à des personnages bien nés, vêtus aussi élégamment que les bergers de théâtre, qui ne portent ni bure ni sabots mais des vêtements élégants et des houlettes enrubannées. Comme au théâtre, justement, la fiction temporelle n'empêche pas une réflexion d'actualité et la condition de berger ne saurait empêcher les personnages de véhiculer les valeurs de la noblesse à laquelle appartient Honoré d'Urfé et qui rêve, après les rudes années de guerres civiles et contre les habitudes de certains compagnons de Henri IV, d'un retour au raffinement de ces cours que les Valois tenaient au bord de la Loire, en aval, précisément, de la jolie région choisie par d'Urfé pour y faire vivre Astrée, Céladon, Diane, Silvandre et les dizaines de bergers dont les aventures devaient être suivies un peu à la manière dont on se délecta des romans-feuilletons, au XIXe siècle, par les lecteurs et lectrices du XVIIe.

La structure de « L'Astrée »

La structure visible

Les cinq parties de *L'Astrée* sont toutes divisées en douze chapitres ; il n'est pas interdit de donner à ce nombre une valeur initiatique puisque Céladon, le héros, imagine, dans le culte qu'il rend à Astrée, une loi de l'Amour en douze tables. Le récit est tout le contraire d'un récit linéaire avec un début, un milieu, une fin, puisque, si le sujet principal est bien l'aventure amoureuse de Céladon et d'Astrée, l'exposé de cette aventure est sans cesse interrompu par la narration d'événements qui lui sont étrangers, du moins à première vue. Les quatre premiers livres de *L'Astrée* ne contiennent pas moins de quarante-cinq aventures ! Et pourtant, le fil conducteur n'est jamais perdu, le lecteur n'a jamais l'impression de se trouver bien loin du couple principal ; on verra plus loin pourquoi.

On remarque d'abord une alternance entre scènes de « bergeries »... c'est-à-dire d'amour, se déroulant à proximité du Lignon (le monde des nymphes, avec le palais d'Isoure, est situé légèrement en aval de celui d'Astrée et de ses compagnons), et de scènes dont les personnages sont engagés dans la vie politique, dans l'histoire, les intrigues, les ambitions. L'univers protégé des bergers paraît comme hors du temps et rattaché à une sorte d'Age d'or (dont on rêve d'autant plus au XVIIe siècle que la vie sociale se complique), mais il est néanmoins relié à la vie de la Gaule par sa familiarité avec la reine-nymphe Amasis, souveraine de la contrée, elle-même en butte à des complots intérieurs et à des menées extérieures à son domaine. L'eden des bergers est situé au cœur d'une Gaule qui bouge, et au sein de laquelle des alliances s'organisent. Honoré d'Urfé s'intéresse tout particulièrement aux Francs et à cette région du « beau fleuve Seine »... On pourrait penser que s'opposent simplement histoires politiques hors du Forez et histoires d'amour chez les bergers. En fait, loin du Lignon, on suit aussi bien des aventures d'amour, très mouvementées, que des aventures historiques. D'autre part, alors que le druide Adamas paraît lié à la bergerie, comme il est un personnage important du royaume d'Amasis, on enlève sa nièce Alexis... qui se trouve être Astrée car les deux jeunes « filles » avaient justement échangé leurs habits. La sérénité pastorale est donc troublée par les méchants de l'extérieur ou sert de refuge aux meilleurs éléments du monde des cours. Le mouvement de va-et-vient d'un monde à l'autre n'est cependant pas trop régulier, ce qui risquerait d'ennuyer, car certains récits nous entraînent à Venise, à Constantinople, en Afrique.

Non seulement le récit principal est interrompu par une multitude de récits annexes ou connexes (de longueur très variable : certains occupent deux pages, d'autres s'étendent sur une centaine !), mais parfois le récit fait place à la description (d'Urfé aime particulièrement décrire des tableaux, au point que certaines attitudes de sa réalité romanesque sont montrées comme si elles faisaient partie d'une œuvre d'art) ; surtout, il s'efface pour laisser lire, comme dans la *Diana,* des cartels de défi, des lettres, des poèmes : madrigaux, sonnets, stances. Les poèmes se répondent parfois les uns aux autres.

L'action commence *in medias res* par la brouille des deux parfaits amants et le suicide manqué de Céladon, qui se jette dans le Lignon mais ne s'y noie pas. Astrée et Céladon, sollicités par des amis ou des rencontres, racontent ensuite seulement quelle éducation ils ont respectivement reçue, comment ils se sont rencontrés, de quels événements marquants ils gardent le souvenir maintenant qu'ils sont séparés. Ainsi, on peut dire que les retours en arrière ne sont pas gratuits et que d'Urfé a probablement cherché à désamorcer ici les critiques les plus fréquemment formulées à l'égard du genre romanesque et qui dénonçaient l'absence de construction. Les dialogues sont en effet nombreux ; il leur arrive parfois de prendre la forme d'une « dispute » comme celle qui oppose Tircis à Hylas, et Hylas à Silvandre ; il leur arrive aussi de constituer de vraies confidences sur les changements de sentiments que l'on ressent. Ce n'est pas toujours la même personne qui raconte toute une aventure : un témoin commence un récit, l'interrompt là où s'arrêtent ses connaissances ! Une histoire racontée peut trouver un de ses épisodes, voire son épilogue, au moment même où elle se raconte, le passé et l'avenir hypothétique rejoignant le présent. D'Urfé utilise tant pour l'exposition que pour le développement de son action des procédés que le théâtre ne renierait pas. Il sait à merveille, dans son goût des portraits, nous indiquer quels gestes devraient être effectués si l'on voulait représenter une scène :

... ils rencontrèrent un jeune berger couché de son long sur l'herbe, et deux bergères auprès de lui ; l'une lui tenant la tête en son giron, et l'autre jouant d'une harpe, cependant qu'il allait soupirant les vers, les yeux tendus contre le ciel, les mains jointes sur son estomac, et le visage tout couvert de larmes.

La structure profonde de « L'Astrée »

Beaucoup de bergers se ressemblent. Tircis, par sa conception élevée de l'amour, la tournure philosophique de son esprit et son absolue fidélité, ressemble au second héros du roman, Silvandre, mais leur caractère est confronté à des expériences très différences. Céladon, le personnage principal, est un composé d'Hylas et de Silvandre : il n'est en aucune façon dépourvu de la sensualité que célèbre le premier, mais, dans le culte qu'il voue à Astrée, il rejoint la spiritualité du second. Les jeux de symétries sont fort étudiés : le berger Tircis pleure la mort de sa chère Cléon et ne peut être sensible à l'amour de Laonice tandis que Diane, qui ne parvient pas à oublier le défunt Filandre, n'écoute pas Silvandre. Pourtant, Filandre, Silvandre, les deux prénoms sont si proches... Ce Filandre savait comme Céladon se déguiser en fille pour voir Diane... Le récit que cette bergère en fait prépare, sans que d'Urfé le dise, la belle et intransigeante Astrée à accepter le travestissement de son amant. Subtilement, l'expérience de l'un nourrit la réflexion de l'autre. D'ailleurs les aventures évoluent parallèlement : quand Tircis se laisse émouvoir par Laonice, Diane se sent de plus en plus sensible à Silvandre. L'histoire de la coquette Stelle est la version féminine de l'histoire de l'inconstant Hylas, l'exigence de Célidée en amour, qui ne doit, selon elle, concerner que l'âme, est la même que celle de Silvandre. Certaines réactions rapprochent aussi des héros ou des héroïnes du monde de la cour de certains bergers. Diane et Madonte ne se ressemblent pas seulement physiquement et l'aventure même de Damon, l'amant de Madonte, préfigure dans le monde chevaleresque l'itinéraire de Céladon. Malgré ces ressemblances, les personnages ne sont jamais tout à fait semblables ni tout à fait opposés. Aussi, alors que notre analyse de tous ces personnages s'affine, (parce qu'on décèle des constantes dans les comportements) le dialogue reste-t-il possible entre eux.

Dans le premier livre de *L'Astrée,* la nymphe Léonide fournit une explication de l'amour brutal de sa sœur Galathée pour Céladon : un faux mage lui a prédit qu'elle trouverait en le premier homme qu'elle verrait près de la rivière celui avec lequel elle devait finir ses jours. C'est plus tard seulement que la nymphe apportera des éclaircissements supplémentaires en racontant les amours malheureuses de Galathée et de Lindamor ; mais c'est la troisième nymphe, Silvie, qui termine le récit en éclairant des points laissés obscurs, en corrigeant des interprétations hâtives. Le lecteur est amené à adopter une attitude active et à recomposer la totalité de l'aventure pour saisir le vrai des choses qui apparaît d'abord mal parce qu'il ne nous est fourni que par petites touches successives. Nous nous trouvons constamment placés en situation d'apprentissage, nous devons nous habituer à démêler apparence et réalité.

Variété et convergence des thèmes

La nature divine de l'amour

C'est autant par obéissance à Astrée que par désespoir que le berger Céladon, à qui son amante a commandé de ne plus jamais se présenter devant elle sans qu'elle le lui commande, se précipite dans le Lignon. Sauvé par les nymphes alors que le courant l'a déposé à moitié mort sur une rive, Céladon ne pense plus qu'à celle qu'il aime, mène une existence d'ermite, construit une sorte de temple à sa maîtresse. C'est que l'amour est vécu comme une ferveur religieuse et qu'Astrée est adorée à l'égal d'une déesse dans la pensée de laquelle Céladon s'oublie entièrement, ne sentant ni la faim ni la soif. Ce dévouement total à la dame provient, bien entendu, des romans courtois mais aussi des poèmes romanesques ou épiques des Italiens, qui reprenaient les mêmes valeurs. Laure est également présentée comme une divinité par le poète Pétrarque. L'amour entre deux êtres est d'ailleurs voulu par Dieu, qui un jour frotta toutes les âmes avec un aimant différent et leur fit choisir une des pierres aimantées utilisée sur une âme de l'autre sexe avant de les envoyer s'incarner dans des corps. Lorsqu'un jeune homme ou une jeune fille (mais l'âge n'a pas grand-chose à voir à l'affaire : dans *L'Astrée,* on s'aime dès dix ou onze ans) rencontre celui ou celle qui possède l'aimant avec lequel il ou elle a été frotté(e), l'attirance est immédiate, réciproque, incoercible ; si l'une des âmes doit être attirée par l'aimant renfermé dans un corps qui meurt très jeune, l'autre cherche indéfiniment celle qui avait été aimantée comme elle ; si une âme larronnesse a volé plusieurs pierres, alors elle attire irrésistiblement plusieurs cœurs. Il faut imaginer, pour parfaire cette théorie, que développe le berger Silvandre, qu'il arrive à des pièces d'aimants de se casser et que certains, de ce fait, ont une capacité d'amour bien réduite et dispersée sur plusieurs êtres... Rien ne peut donc s'opposer à la puissance de l'amour, rien ne peut contrarier non plus telle ou telle nature d'amant. On peut répertorier certaines variétés d'amants, mais en aucune façon il n'est possible de porter sur eux un jugement moral. Aussi Hylas, berger inconstant dans un monde de dévotion et donc de fidélité à l'être aimé, n'est-il en aucune façon rejeté par ses compagnons qui acceptent sans l'approuver sa manière de voir les choses.

Est-il, dans ces conditions, possible de blâmer Céladon qui, malgré l'interdiction d'Astrée, mais sur le conseil d'un druide, Adamas, se déguise en fille pour vivre à ses côtés sans se faire reconnaître d'elle ? Sans elle, il est condamné à mourir. L'attirance de deux êtres est telle qu'ils n'en forment plus qu'un. Chacun devient l'autre. Céladon est si vivement épris des « perfections » d'Astrée que l'hostilité des parents de cette dernière ne peut l'empêcher de « se perdre entièrement en elle ». Le chevalier Damon perd presque toute individualité devant Madonte, qui le forme « sur un nouveau modèle », et Madonte l'aime parce que, devenu vertueux, il ne diffère plus d'elle-même. L'amant s'aliène en l'autre comme on s'oublie en Dieu et respecte les commandements de l'amour comme on respecte l'Ecriture.

Le commerce des esprits

Silvandre rêve d'éprouver une telle exaltation. Aussi se met-il à servir Diane sans l'aimer, du moins le croit-il. La beauté physique de Diane n'est pas ce qui l'a ému. Il apprend de jour en jour à en connaître ou en reconnaître l'âme, qui correspond à la sienne. Il finit par aimer Diane parce qu'il a voulu l'aimer... Le sujet de *La Suite du Menteur* (p. 43) est là. L'amour ne se sent pleinement qu'après une longue fréquentation mutuelle ; il n'est guère, dans *L'Astrée,* d'amour de première vue, l'Eros y a toujours quelque chose de sororal. C'est peut-être pourquoi les héros ou héroïnes sont si peu décrits (sauf lorsqu'ils sont déguisés ou noyés) : d'Urfé se borne à indiquer que chaque amant est épris des « perfections » de l'autre. La mort sépare les corps mais ne saurait séparer les âmes. C'est pourquoi Diane et Tircis continuent de vivre en pensée avec leurs amants défunts. Le véritable amour se mesure non pas à l'attachement à une beauté physique mais à l'attachement aux qualités intérieures. Dorinde, atteinte de la petite vérole, voit Périandre s'éloigner d'elle tandis que Mérinde, le parfait amant, lui reste fidèle. Aussi la très belle Célidée se défigure-t-elle volontairement, lacérant son visage avec un diamant, pour être sûre d'être aimée pour elle-même et non pour son enveloppe corporelle. Thamire continue de l'aimer malgré la disparition de sa beauté, c'est le véritable amant. Un tel amour survit, bien entendu, au passage du temps, qui altère la beauté physique mais non pas celle du cœur. On voit que cette conception de l'amour repose sur une distinction absolue de l'âme et du corps et sur un certain mépris des émois physiques, qu'on trouvait déjà chez Platon, justement redécouvert à la Renaissance. Aussi qualifie-t-on souvent le comportement des héros de *L'Astrée* de comportement néo-platonicien. Il ne faudrait pas pour autant imaginer que toute sensualité, tout élan, sont rejetés du roman.

La réalité passionnelle et charnelle de l'amour

Ce n'est pas seulement Hylas qui paraît un être de chair parce qu'il veut jouir de l'instant présent et se donne le plaisir comme valeur essentielle. Astrée enseigne à Diane, qui se sent attirée par Silvandre malgré sa fidélité au souvenir de Filandre, qu'elle ne pourra longtemps cacher cette attirance et que, si elle la combat trop, elle risque de lui céder un jour trop brusquement et trop ouvertement. Le caractère divin de la passion doit inciter à la respecter, à ne pas en sous-estimer la force. On doit s'attacher à l'âme et non pas au corps, mais la volonté est de peu de prise sur le sentiment. A défaut de déboucher sur une jouissance physique qu'il peut espérer mais dont il peut vaincre le désir, l'amour est forcé de se dire.

Céladon se déguise parfois en fille pour favoriser sa fuite, parfois aussi pour jouir de la vue du corps d'Astrée : il se fait passer pour une bergère afin de pouvoir attribuer le prix de la beauté à l'une des trois jeunes filles sélectionnées pour le concours et parmi lesquelles se trouve évidemment celle qu'il aime ; mais le supplice est à la mesure du contentement obtenu car Céladon doit absolument dissimuler toute émotion sous peine de se faire découvrir et condamner à mort. Cependant l'arbitre a été tirée au sort et la feinte de Céladon est donc cautionnée par les dieux, qui ont peut-être voulu le mettre à l'épreuve... De même, lorsqu'il partage, sous le nom d'Alexis, nièce d'Adamas, la chambre et l'intimité d'Astrée, il a besoin de plus de vertu encore que s'il se trouvait loin d'elle ; d'Urfé expose avec quelque complaisance le contentement des yeux de Céladon, mais toujours dans un langage extrêmement discret dans lequel se multiplient les périphrases, systématiquement préférées au mot concret trop rude (qui ne correspondrait pas bien à la nature de l'émoi ressenti car il n'est pas purement physique) et pour le montrer maître de lui-même en dernier ressort. La sensualité n'est en aucune façon masquée mais mentionnée avec tact et subtilité : Alexis-Céladon et Astrée échangent leurs vêtements de filles avec délectation. Au demeurant, ce travestissement en fille ne doit pas être perçu avec notre regard contemporain. Pour sa maîtresse, l'amant doit être capable, comme Lancelot, de subir n'importe quel type d'épreuve, même de celles qui, apparemment, le dégradent. Au reste, jamais un homme habillé en femme n'est présenté comme ridicule ; on insiste plutôt sur la finesse de ses traits, sur sa grâce, car nous nous trouvons dans un monde en rupture avec la rudesse guerrière assimilée à la virilité. Céladon, capable de la plus grande délicatesse, sait saisir une épée quand il doit secourir Astrée.

S'habiller en femme, c'est accepter le monde des valeurs féminines, de l'élégance ; ce n'est pas plus infamant que de chanter ou de jouer du luth, de danser. Le déguisement des femmes en hommes n'est pas davantage empreint d'équivoque. Certaines d'entre elles se montrent capables de bravoure guerrière, d'un grand courage sinon d'une véritable habileté dans le maniement des armes, ce qui les grandit encore ; mais elles n'y perdent pas leur féminité et l'enflure du sein est dénoncée sous le costume masculin. Ainsi ce roman idéaliste réalise-t-il un compromis entre la chasteté de *Théagène et Chariclée* et la sensualité d'*Amadis*. Sans pouvoir être qualifié de roman éthéré, il propose de l'amour une conception très exigeante.

Les épreuves de l'amour et l'étude de soi

Le travestissement en homme ou en femme s'accompagne donc presque toujours de souffrances. C'est que, même s'il est parfait, tout amant est encore perfectible. Parfois la confiance mise dans l'autre n'est pas suffisante : ni Astrée ni Madonte ne se montrent capables de supporter jusqu'au bout la feinte qu'elles ont demandé à leurs amants respectifs d'organiser. Il est dur de voir l'être qu'on aime feindre d'en aimer un(e) autre. L'Atalide de Racine s'en souviendra. Aussi Astrée et Madonte sont-elles condamnées à cause de leur trop peu d'amour à être longtemps privées de ceux qu'elles aiment et, surtout pour Madonte qui vit à la cour, à traverser seules des moments bien difficiles qui leur font mesurer leur erreur. La réflexion longue, répétitive, adressée à soi-même ou à un confident, prend surtout place après le malheur car ceux qui le subissent le dissèquent : *L'Astrée* est à cet égard un modèle pour l'analyse psychologique, même si, au moment même où ils s'examinent, les personnages semblent souvent chercher à se leurrer encore un peu. Madonte doit subir l'épreuve du déshonneur, elle risque même la mort. Mais Damon lui-même trouve dans le duel difficile qu'il subit pour sauver Madonte de manière anonyme, puis dans les guerres qu'il traverse, une sorte de châtiment de son zèle excessif à obéir à sa maîtresse puisque, s'il a vécu un amour purement spirituel avec cette dernière, il n'a pas donné que des illusions à

Ormanthe. Lorsque les amants se retrouvent enfin, ils ont gagné ce qui leur semblait simplement donné au départ de l'action. L'expérience les a rendus plus forts. Ces aventures qui n'en finissent pas ont leur raison d'être. On a affaire à un véritable parcours initiatique, qui passe même par les étapes de la dure vie des autres. La grâce leur était donnée, encore tenait-il à eux de la rendre efficace.

La postérité dramatique de *L'Astrée* fut abondante : mais ce n'est pas le couple principal, dont l'aventure était trop étendue, qui retint l'attention des poètes dramatiques. Ils s'intéressèrent surtout aux histoires secondaires, surtout aux épisodes chevaleresques. Scudéry fit une tragi-comédie (p. 87) des aventures de *Ligdamon et Lidias* racontées en plusieurs séquences dans le roman ; Auvray se montra particulièrement touché par les personnages de Dorinde et de Madonte. Parce que les tragi-comédies avaient besoin de beaucoup d'action et de sujets un peu plus graves que le seul amour, les poètes puisèrent beaucoup dans les épisodes montrant à l'œuvre un prince tyrannique qui, ne sachant pas qu'il convient de régner sur les cœurs et non sur les personnes, veut contraindre de force telle belle à l'aimer. Comme le prince chrétien est un bon prince, celui qui sait ce qu'est véritablement l'amour se trouve toujours être un sage gouverneur. Mais le puissant qui a une mauvaise conception de l'amour, celui qui ne respecte pas sa dame comme une divinité est un tyran en politique. Childéric, mauvais fils du roi Mérovée, est le prototype du tyran, la cour dans laquelle vit Madonte montre combien cet endroit est propice aux médisances et aux mauvais conseils. Madonte rejoindra d'ailleurs le monde pastoral au terme de ses épreuves : c'est là et seulement là qu'elle peut retrouver Damon, dans un monde purifié. Presque toute la pensée morale du XVIIe siècle se trouve déjà dans *L'Astrée*.

9. Le roman héroïque

Les caractéristiques du genre

C'est aux alentours de 1630 qu'on adapta ainsi les épisodes les plus « historiques » et les plus pleins d'action de *L'Astrée* à la scène. La noblesse, il est vrai, renouait alors avec l'action, sollicitée qu'elle était pour des guerres extérieures et souvent traversée de mouvements de rébellion contre l'autorité de Louis XIII, contestée par son propre frère Gaston d'Orléans. De 1620 à 1640, on voit surtout se multiplier les romans d'aventures, un peu dans la veine des *Amadis,* comme l'exotique *Polexandre* de Gomberville, sans cesse réédité de 1619 à 1637 : la générosité des héros, le don qu'ils font de leur personne, se mesurent à la longueur du roman, qui comporte cinq tomes de mille pages chacun. Le personnage principal, sans lien aucun avec la réalité, est roi des Canaries et parcourt les mers pour retrouver l'inaccessible Alcidiane. Lorsqu'un chevalier veut prouver son amour ou que sa conception de l'amour est meilleure que celle de telle autre personnage, il n'argumente pas, il ne « dispute » pas comme le font les personnages de *L'Astrée,* il monte à cheval et provoque son contradicteur en duel. Véhiculant souvent les mêmes valeurs que *L'Astrée,* le *Polexandre* est loin de proposer la même profondeur de réflexion.

A partir de 1640, l'histoire entre en force dans les récits d'aventures... qui n'en sont pas raccourcis pour autant si l'on en juge par les ouvrages de La Calprenède dont la *Cléopâtre* (1646-

1657) occupe douze volumes et la *Cassandre* (1642-1645) dix. L'emprunt à l'histoire ne doit cependant pas faire illusion : La Calprenède est aussi un auteur de tragi-comédie et a notamment emprunté à l'Arioste pour sa *Bradamante* (1637). Le traitement réservé à l'histoire est hautement fantaisiste dans son œuvre. Comme tous ses contemporains, il se borne à rapporter les faits essentiels avec exactitude, respectant à peu près le caractère prêté à Auguste, à Livie, à Tibère, à Julie, mentionnant l'existence de gladiateurs. Une fois cette tâche accomplie, il se sentait libre. Libre, par exemple, de représenter une fête antique comme un ballet de cour, de vêtir ses personnages des costumes fantaisistes qu'on leur donnait aussi au théâtre. A Rome se multiplient les duels par amour, la civilité la plus raffinée est de mise. C'est tout à fait par hasard que se produit une rencontre avec tel ou tel grand personnage. Prêter à des actions chevaleresques une dignité antique, c'était tracer un parallèle entre les grandes figures du passé et les grandes figures du présent. Evidemment la considération du mode de pensée antique n'effleurait pas de tels auteurs qui cherchaient bien plutôt à projeter la sensibilité contemporaine sur des personnages illustres. Il est vrai que certaines tragédies de Corneille adoptent un peu la même démarche mais Corneille avait le souci de ne pas choquer son public lorsqu'il s'agissait d'un épisode connu de l'histoire et il estimait que la totale liberté du roman devait le rendre beaucoup plus scrupuleux à l'égard de la réalité historique. Mais l'histoire n'est pas toujours belle : dans les romans d'aventures historiques, elle le devient. Apparemment les romans de Madeleine de Scudéry ressemblent à ceux-là. Mais une lecture plus attentive permet d'y trouver une réflexion bien supérieure et un tout autre projet.

L'originalité du « Grand Cyrus » et de la « Clélie »

Artamène ou le Grand Cyrus (dix volumes, 1649-1653) nous emmène dans l'empire perse à l'époque de Cambyse ; la *Clélie* (dix volumes, 1654-1660) évoque une période mieux connue comme l'indique son sous-titre (« histoire romaine ») et l'on pourrait s'attendre, puisqu'il s'agit de la guerre entre Latins et Etrusques, à ce que les valeurs fondamentales de la nation romaine y soient surtout exaltées. En fait, dans chacun des deux romans, le sujet consiste principalement dans des amours contrariées, dans des récits ou des plaintes que les personnages se font les uns aux autres même si l'action presse. Qu'on en juge : Artamène se rend devant la ville de Sinope, qui a outragé le roi Cyaxare, mais la ville est la proie des flammes alors que le grand guerrier comptait bien, la nuit, s'y introduire pour délivrer la belle Mandane, enlevée là par le roi d'Assyrie. Au lieu d'agir, Artamène se désespère bien longtemps devant l'incendie... et pourtant il se révélera être Cyrus, le fils du roi de Perse ! Clélie est connue, dans l'histoire romaine, pour avoir traversé le Tibre à la nage afin d'échapper aux Etrusques. On songe évidemment à la folle équipée de la duchesse de Chevreuse qui traversa la France à cheval, passant des rivières, pendant la Fronde. Mais ce n'est guère au mâle esprit romain de Clélie que s'intéresse Madeleine de Scudéry. L'auteur estime en effet qu'il convient de chercher la vérité dans l'histoire et non pas dans les romans

> qui doivent, quand ils sont bien faits, servir non seulement au plaisir mais encore à polir l'esprit et à insinuer insensiblement tous les sentiments vertueux aux cœurs de ceux qui les lisent [...] Les livres sont les seuls donneurs d'avis qui ne fâchent point et dont on peut plus aisément suivre le conseil.

Malgré quelques belles descriptions qui placent l'action dans un univers exotique et somptueux, Madeleine de Scudéry n'utilise l'histoire que comme un masque pour décrire la société qu'elle connaît et dont elle apprécie les mœurs : c'est sa façon de « polir l'esprit ». Chacun à l'époque reconnut en Cyrus le Grand Condé et en Mandane sa sœur, la belle et frondeuse duchesse de Longueville. Surtout on trouvait dans le roman beaucoup des habitués de l'hôtel de Rambouillet, la marquise elle-même y étant peinte sinon sous les traits, tant le portrait donné est abstrait, du moins avec les perfections de Cléomire, en laquelle on chercherait en vain quelque trace de mentalité orientale :

> L'esprit de Cléomire n'est pas un de ces esprits qui n'ont de lumière que celle que la nature leur donne, car elle l'a cultivé soigneusement, et je pense pouvoir dire qu'il n'est point de belles connaissances qu'elle n'ait acquises. Elle sait diverses langues et n'ignore pres-

que rien de tout ce qui mérite d'être su, mais elle le sait sans faire semblant de le savoir et on dirait à l'entendre parler, tant elle est modeste, qu'elle ne parle de toutes choses admirablement comme elle le fait que par le sens commun et par le seul usage du monde.

Ainsi le savoir des femmes, le refus du pédantisme et le goût du naturel ont-ils atteint jusqu'à la Perse ! Au reste, alors que l'auteur est parfaitement capable de décrire le palais doré de Thomiris, reine des Massagètes, son costume, sa coiffure, de tels détails lui paraissent probablement encombrer l'évocation de Cléomire (dont elle peint seulement l'esprit, sa qualité dominante semblant consister en la sérénité) et de sa demeure, pourtant présentée aussi comme un « palais » :

... elle a trouvé l'art de faire en une place d'une modeste grandeur un palais d'une vaste étendue. L'ordre, la régularité et la propreté sont dans tous ses appartements et à tous ses meubles ; tout est magnifique chez elle et même particulier ; les lampes y sont différentes des autres lieux ; ses cabinets sont pleins de mille raretés qui font voir le jugement de celle qui les a choisies ; l'air est toujours parfumé dans son palais [enfin un détail concret !] ; diverses corbeilles magnifiques, pleines de fleurs, font un printemps continuel dans sa chambre, et le lieu où on la voit d'ordinaire est si agréable et si bien imaginé qu'on croit être dans un enchantement, lorsqu'on y est auprès d'elle.

Ce n'est pas tant la demeure que décrit Madeleine de Scudéry que ce qu'elle traduit de l'activité de l'esprit qui l'a conçue. Cléomire est entourée de Mégabate (Montausier), Philomèle (Julie d'Angennes), Callicrate (Voiture), et... Sapho (Madeleine de Scudéry), présentée comme une anatomiste du cœur amoureux. La romancière n'est pas de ces auteurs qu'elle critique et qui se « sont contentés de nous assurer qu'un tel héros pensa de fort belles choses sans nous les dire » (« et c'est justement ce que je désirais savoir », ajoute-t-elle). L'observation s'exerce dans *Cyrus* sur quatre cents personnages qui nous valent trente-neuf récits enchâssés dans celui des aventures de Cyrus, auditeur privilégié dont la perfection s'enrichit de l'expérience d'autrui. Car les héros cherchent des modèles de comportement. Ecoutons la précieuse Clélie :

Je soutiens que, pour bien aimer, il faut qu'un amant ait de la tendresse naturelle, devant que d'avoir de l'amour ; et cette précieuse et rare qualité qui est si nécessaire à bien aimer, a même cet avantage qu'elle ne s'acquiert point et que c'est véritablement un présent des Dieux, mais dont ils ne sont jamais prodigues. On peut en quelque façon acquérir plus d'esprit qu'on n'en a ; on peut presque se corriger de tous les vices, et acquérir toutes les vertus ; mais on ne peut jamais acquérir de la tendresse.

Il n'est pas impossible que Racine ait lu Madeleine de Scudéry... La romancière se cachait si peu de l'actualité de son roman qu'elle n'hésita pas à y introduire, pour préciser ses idées sur la tendresse, un document plaisant, une petite utopie qui avait été élaborée lors d'un de ses samedis, quand elle recevait ses amis. Clélie a parlé à son soupirant Herminius d'une carte qu'il lui faudrait suivre s'il désirait trouver le chemin de son cœur ; Herminius la lui réclame et Clélie finit par se décider à coucher sur le papier l'itinéraire sentimental qu'elle a imaginé. C'est la Carte de Tendre, ainsi nommée parce qu'elle indique par quelles routes on peut arriver aux villages de Tendre. Car il existe plusieurs villages de Tendre, qui ne diffèrent que par la mention de la rivière sur laquelle ils sont situés : Tendre sur Reconnaissance, Tendre sur Estime, Tendre sur Inclination. Tendre sur Inclination occupe une place centrale : faut-il y voir un symbole ? Le voyageur doit s'orienter à partir du village de Nouvelle Amitié. Voici quelles seront ses étapes obligées s'il veut parvenir très vite à Tendre sur Reconnaissance : Complaisance, Soumission, Petits Soins, Assiduité, Empressement, Grands Services, Sensibilité, Tendresse, Obéissance (la vertu de Céladon et de Damon est toujours vivace), Constante Amitié. Indiquons aux amateurs de voyages que le chemin de Tendre sur Reconnaissance paraît plus constamment difficile que celui de Tendre sur Estime, qui semble réclamer au départ des talents un peu superficiels : Jolis vers, Billet Galant, Billet Doux, mais voilà soudain qu'il faut y faire preuve de réelles qualités morales, comme Sincérité (pour valider la traversée des villages précédents ?), Grand Cœur, Probité, Générosité, Exactitude, Respect, Bonté. Tout près de Billet Galant se trouve le village de Légèreté. Si l'on s'égare par là, on aboutit vite, au lieu de Tendre, au Lac d'Indifférence. L'autre chemin n'est pas très assuré non plus puisqu'on peut se fourvoyer et, passant par Indiscrétion et Orgueil, se retrouver sur le rivage de la Mer d'Inimitié que nous trouvons bien vaste et sur laquelle un amoureux négligent a bien des chances de tomber ! Madeleine de Scudéry sait bien que les folles attirances existent et elle envisage qu'on puisse brûler les étapes en allant moins laborieusement de Nouvelle Amitié à Tendre sur Inclination... en se laissant porter par le courant, c'est-à-dire par la pure et simple Inclination... Autre finesse de la Carte : au-delà des divers villages de Tendre, on entre dans la Mer Dangereuse et l'on risque d'aborder sur des Terres Inconnues. Mais il n'est peut-être pas interdit d'avoir le goût de l'exploration ! L'auteur de la *Clélie* procède à une mise au point : il s'agit bien de se rendre à Tendre, pas à Amour, qui se trouve sans doute dans les Terres Inconnues mais dont la route est ignorée des meilleurs cartographes :

> ... il est assez dangereux à une Femme d'aller un peu au-delà des dernières Bornes de l'amitié ; et elle sait ensuite qu'au-delà de cette Mer, c'est ce que nous appelons Terres Inconnues parce qu'en effet nous ne savons point ce qu'il y a.

La romancière prouve ici à la fois son goût de l'analyse, qu'elle partage avec beaucoup, et sa conviction que tout, dans l'élan de la personnalité, n'y est pas réductible. Elle laisse, comme tous ses contemporains, une place au « je ne sais quoi », au mystère de chacun.

On peut discuter de la valeur intrinsèque des romans de Madeleine de Scudéry. Il est certain qu'on éprouve quelque peine à s'attacher aux personnages et qu'en matière d'analyse psychologique, les héros de Corneille et de Racine sont, parce qu'on croit en eux, beaucoup plus convaincants. Mais le style du récit, des lettres et des billets qu'on trouve aussi dans le roman, les innombrables portraits, qu'on peut presque lire séparément, sont un document essentiel pour connaître la pensée et les manières des Précieux. En lisant Madeleine de Scudéry, comme en lisant *L'Astrée,* nous comprenons mieux Rodrigue, Othon, Bajazet, Aricie.

10. Romans réalistes et burlesques

Les refus de Charles Sorel : contre les romans pastoraux et héroïques

Le dérisoire « Berger extravagant »

L'année même qui vit la publication du quatrième tome de *L'Astrée* (1627), Charles Sorel (1602-1674) fit imprimer *Le Berger extravagant*. Plus qu'un discours, un extrait des premières pages de cet ouvrage donne une idée du ton employé par Sorel. Lysis vient de s'adresser à ses brebis en leur annonçant que « la Déité » qu'il adore, Charite, a décidé de « ramener dedans ces lieux la félicité des premiers siècles » (on reconnaît ici la démarche de toute œuvre pastorale, qu'elle soit dramatique ou romanesque). Le narrateur reprend ainsi le cours du récit :

> Ce sont les paroles qui furent ouïes un matin, de ceux qui les purent entendre, sur la rive de Seine, en une prairie proche de Saint-Cloud. Celui qui les proférait chassait devant soi une demi-douzaine de brebis galeuses qui n'étaient que le rebut des bouchers de Poissy. Mais si son troupeau était mal en point, son habit était si leste en récompense, que l'on voyait bien que c'était un berger de réputation [suit la description du costume du berger]... avec tout cet équipage, il était fait à peu près comme Bellerose lorsqu'il va représenter Myrtil à la pastorale du Berger Fidèle.

Sorel va donc décrire les ravages produits sur un jeune homme du XVIIe siècle qui a lu trop de romans pastoraux, vu trop de bergeries dramatiques et qui croit pouvoir ressusciter vraiment l'Age d'or à quelques lieues de Paris. Evidemment, la réalité ne cesse d'apporter de cuisants démentis à son rêve : on a pu apprécier comment est constitué le troupeau de Lysis... Sorel présente son ouvrage comme un anti-roman : d'ailleurs, dès les premières lignes de cette œuvre très divertissante, on se rend compte que son auteur a voulu faire pour le roman pastoral ce que Cervantes avait réalisé dans le *Don Quichotte* à l'égard des romans d'aventures chevaleresques et notamment des *Amadis*. Rappelons que Don Quichotte essaie de vivre, dans l'Espagne du début du XVIIe siècle, l'existence des chevaliers errants, et, monté sur un pauvre cheval qu'il assimile à un palefroi, prend de sordides auberges pour des châteaux, une fille de mauvaise vie pour la gente dame de ses rêves (Dulcinée), un bon paysan (Sancho Panza) pour un écuyer, afin de parcourir le monde à la recherche de belles damoiselles et de faibles à défendre et secourir. On sait qu'il se tire des multiples épreuves qu'il s'impose avec force contusions et que les potions magiques qu'il ingurgite produisent de désastreux effets. La réalité est dure avec la fiction. Le public français du XVIIe siècle ne lisait pas *Don Quichotte* comme nous, et ne percevait guère dans l'ingénieux *hidalgo* ce refus radical et poignant non seulement de son temps mais même de toute réalité (et qu'il parvient parfois à communiquer à Sancho). Mais Don Quichotte finit par mourir de ses désillusions, et chacun pleure sincèrement et le faux chevalier et les rêves qu'il emporte. Lysis ne meurt pas à la fin du *Berger extravagant* et toute interprétation philosophique du roman s'en trouve interdite. Au reste, le berger, à la différence du chevalier, n'est jamais investi d'une mission... Aussi la parodie d'un roman pastoral se trouve-t-elle être forcément plus cruelle encore que celle d'un roman d'aventures chevaleresques dont le héros est un fort honnête homme.

Lorsqu'il ne se travestit pas en berger, le « héros » perd son nom grec et n'est plus que Louis, fils d'un marchand parisien de soieries. Sa famille rêve pour lui que l'argent amassé par son père puisse bientôt lui permettre d'acheter un office porteur d'un titre de noblesse. Voilà des considérations bien matérielles pour le jeune homme, qui dédaigne ses livres de droit et se plonge dans les romans de son époque au point d'en être obsédé. Des amis l'emmènent à la campagne, près de Paris, pour qu'il puisse une bonne fois pour toutes réaliser son rêve de devenir berger comme Céladon, et par là même s'en dégoûter. Il a tôt fait de prendre l'Ile de France pour le Forez. Celle qu'il aime, Catherine, devient aussitôt pour lui Charite (anagramme partiel du prénom réel ; Catherine de Vivonne, marquise de Rambouillet, se faisait appeler Arthénice : v. p. 214). De cette Charite, l'édition originale du *Berger* fournit un portrait gravé ; dans le roman, Lysis demande à son ami Anselme, qui sait tout faire, de réaliser un portrait de Charite d'après tout le bien qu'il lui a dit d'elle : il est très déçu en voyant l'œuvre car il ne reconnaît pas Charite. Anselme lui rappelant les termes de ses évocations métaphoriques, Lysis convient que le portrait est fidèle non pas à la réalité mais à la fiction : première étape d'une difficile prise de conscience, que cherchent justement à provoquer ses amis en flattant au début sa manie. La présence de la gravure dans le roman rend encore plus cruelle la dénonciation du langage excessivement poétique : deux branches de corail remplacent les lèvres de « Charite », sur chaque joue elle porte une sorte de tatouage, à gauche un lys, à droite une rose, ses yeux-soleils dardent des rayons qui rejoignent les motifs des joues, deux petits arcs lui tiennent lieu de sourcils, un Amour est gravé sur son front ; point de cheveux torsadés mais des chaînes, décorées çà et là d'hameçons... au bout desquels pendent quelques petits cœurs ! Un cœur un peu plus gros se trouve juste au-dessous de l'oreille gauche de Charite : c'est celui de Lysis qui pousse sa plainte de façon à être entendu... La robe de la jeune fille est assez décolletée pour faire voir non pas la naissance des seins mais la partie supérieure de deux globes, munis de méridiens. Le roman contient d'ailleurs un sonnet composé par un autre ami de Lysis et intitulé *Adieu à la poésie* ; on peut y lire :

> Le bien que tu promets n'est qu'une fantaisie.
> Pour abuser des sots qui rêvent nuit et jour
> Lorsqu'étant arrêtés aux prisons de l'Amour,
> Une double fureur tient leur âme saisie.

On voit que les compagnons de Lysis ne manquent pas d'humour. Anselme, le graveur, exhorte d'ailleurs le faux berger à se jeter dans le Lignon « à la moindre parole rigoureuse » que Charite lui aura dite. Mais Lysis réclame trois nymphes pour le sauver comme elles ont sauvé Céladon car il ne sait pas nager... Bien qu'Anselme lui représente qu'il ne se comporte pas alors en parfait berger puisque Céladon se précipita dans la rivière avec la sincère intention de se noyer, Lysis, qu'on pourrait plutôt qualifier de Louis en cette circonstance, décide, pour le cas où cette obligation de suicide se présenterait, de se placer dès à présent une vessie de porc sous chaque aisselle. Car la parodie du rêve pastoral se double d'une satire de la bourgeoisie : Louis se heurte non seulement à la réalité du monde mais à la sienne propre, qui est peut-être la plus décevante de toutes. Cependant, malgré les efforts que déploient ses amis pour le mettre en contradiction avec lui-même et affirmer leurs propres valeurs (Clarimond rappelle que, de toute façon, il a toujours préféré le vin à l'eau), Louis, *alias* Lysis, s'entête si longtemps que son entourage commence à regretter d'avoir poussé si loin la plaisanterie. Il faudra beaucoup de talent pour ramener le « héros » à la vie normale.

On a vu que, dans *Le Berger,* Sorel ne se contente pas de parodier, qu'il manie aussi la satire, que, d'autre part, certains de ses personnages pourraient être qualifiés de libertins (Sorel était un ami du poète Théophile de Viau). Ces traits sont bien plus accusés encore dans son principal roman, publié en 1623, l'*Histoire comique de Francion.*

L'acide « Francion »

L'avertissement au lecteur du *Francion* est particulièrement provocateur à l'égard des lecteurs habituels de romans :

> ... ils sont si stupides pour la plupart qu'ils croiront que tout ceci est fait plutôt pour leur donner du passe-temps que pour les corriger de leurs mauvaises habitudes.

Bien entendu, ces lecteurs supposés ont coutume de lire des romans d'aventures. C'est d'ailleurs ce que fait son « héros », Francion, qui, racontant sa vie à un compagnon de chambre, indique :

> C'était donc mon passe-temps de lire des Chevaleries (...) il me semblait qu'il me serait aussi facile de couper un homme par la moitié

qu'une pomme. J'étais au souverain degré des contentements quand je voyais faire un chapelis horrible de Géants, déchiquetés menu comme chair à pâté.

Le résultat de ces belles lectures ne se fait pas attendre sur le jeune Francion devenu écolier (collégien) :

> Le courage m'étant alors crû de beaucoup, je soupirais en moi-même de ce que je n'avais encore fait aucun exploit de guerre, bien que je fusse à l'âge où les Chevaliers errants avaient déjà défait une partie de leurs ennemis.

Mais les conséquences lointaines de ces lectures sont inattendues. Francion, déçu par l'existence, commence à « blâmer les viles conditions à quoi les hommes s'occupent en ce siècle » (toutefois, ce trait reste au Francion mûr qui déclare les avoir « aujourd'hui en horreur tout à fait ») et à imaginer les pires tours contre le régent de son collège, prenant un grand plaisir à jouer les pièces de celui-ci, qui se croit poète et qui compose des sortes de tragi-comédies, en suivant sa raison et non pas les indications données. Plus tard Francion retrouve ces « œuvres » :

> Je pensai vomir tripes et boyaux tant cela me fit mal au cœur.

Voilà réglé le compte de la littérature chevaleresque. Celui de la littérature pastorale l'est par les propos que tient Joconde, fille d'un riche marchand, dans le livre X, car elle ne trouve aucune « vraisemblance » dans les histoires de bergers.

Mais Sorel propose, en échange de ces aventures débridées et invraisemblables, l'observation de la réalité. Sa démarche est un peu celle des auteurs de romans picaresques espagnols qui, en réaction contre les *Amadis* et les bergeries à la mode depuis presque un siècle, se mirent à coller à la réalité la plus vulgaire, choisissant de suivre dans leur existence quotidienne des personnages appartenant aux basses couches de la société. Point de préoccupations éthérées, point d'exploits admirables dans le *Lazarillo de Tormes* ou le *Guzmán de Alfarache* de Mateo Alemán (traduit en 1620 par Chapelain). Il faut d'abord se nourrir, et cette nécessité dicte tous les gestes, tous les comportements, vidant de tout son sens la notion d'aventure. Le corps, dans sa trivialité, prend une importance obsessionnelle, tandis que la réflexion s'arrête. Au demeurant, les *pícaros,* même si la plupart de leurs tours sont motivés par la faim ou le désir de gagner un peu d'argent, font parfois preuve d'une malignité gratuite : la vision de l'humanité qui se dégage des romans picaresques est fort sombre.

Francion, lui, est un gentilhomme. Si on le suit dans des détails de sa vie quotidienne, il n'est pas obsédé par la question de la simple subsistance. Pourtant, il lui arrive d'être volé et de vivre pauvrement en attendant de l'argent de sa mère, qui devient rare car son père, en mourant, a laissé des dettes ; il mange, mais il n'a pas de quoi s'acheter des vêtements.

> Je rattachais avec des épingles les basques décousues et mes boutons étant tous usés, j'avais de méchantes aiguillettes qui faisaient leur office. Au reste, je me couvrais toujours de mon manteau, le plus que je pouvais, encore qu'il ne valût guère.

Voilà une présentation de la noblesse qui n'en fait guère attendre des actions d'éclat car celles-ci s'effectuent toujours dans l'ignorance des contingences matérielles. Mais Francion a surtout définitivement renoncé à ses rêves puérils et porte sur divers secteurs de la société parisienne un regard sans concession, son « horreur des viles conditions » semblant lui être inspirée surtout par la bourgeoisie. Peindre un monde dont les préoccupations sont mesquines, dont les personnages, sans être de pauvres hères, paraissent peu glorieux, c'est aussi prendre le contre-pied des romans d'aventures chevaleresques et héroïques. Nous avions déjà suivi Francion à Paris, dans son collège, où l'esprit était justement bien mal traité par le régent :

> Ne vous étonnez point si j'aimais mieux lire que d'écouter mon régent car c'était le plus grand âne qui jamais monta en chaire.

L'indiscipline de Francion lui valait des châtiments corporels (de quoi détruire tout un rêve de chevalerie) :

> A la première faute que je commis, il me déchiqueta les fesses avec des verges plus profondément qu'un barbier ne déchiquette le dos d'un malade qu'il ventouse.

On appréciera la métaphore, dont le rôle n'est plus d'embellir. Devenu étudiant, Francion est bien placé pour observer les pratiques du monde des juristes : provisoirement pauvre, il remarque qu'un de ses anciens camarades de collège, plutôt voleur, et dont le père « était un des plus vilains usuriers et mercadents du monde », se trouve désormais fort respecté parce qu'il est devenu conseiller ; il apprend au greffier qu'il s'agit du fils d'un « vil marchand » mais s'entend dire que la charge de conseiller anoblit. Francion n'est pas au bout de ses découvertes, qu'en sa qualité de gentilhomme, il juge scandaleuses :

> Je m'enquis de mon hôte si à Paris les hommes de robe longue étaient aussi hommes d'épée. Il me répondit que des jeunes gens, comme le conseiller que je venais de voir, ne prenaient la robe que pour avoir une qualité qui les fît respecter et trouver des femmes qui eussent de grands avantages, et que leur âge les portant aux gentillesses de cour, étant hors du palais, ils se licenciaient de prendre aucune fois l'épée et l'habit de cavalier.

Autant dire que l'ère des chevaliers est plus que révolue puisque même des fils d'usuriers sont assimilés à des nobles ! La pauvreté de Francion le fait rejeter de partout, même de la cour du Louvre, car sa qualité n'est pas aussi visible qu'il le croit. Les Grands sont pleins de morgue, ne s'intéressent qu'à l'apparence et leur monde produit une impression de vanité.

Redevenu riche grâce à un envoi de fonds de sa mère, Francion prend de beaux habits et peut faire sa cour à Diane (dont le prénom n'est sans doute pas choisi sans référence parodique à Montemayor) mais dont il se détourne parce qu'elle est trop vertueuse (et comme elle n'est qu'une fille d'avocat, il n'entend pas l'épouser). Francion n'a rien du parfait amant, et l'on suit ses « amours » avec Laurette, avec Diane, avec Joconde (« la jouissance avait éteint si peu de passion qu'il avait eu pour elle »), avec Emilie, avec Nays (les femmes sont présentées comme « marchandise qui est assez commune »), et il faut dire d'ailleurs qu'il se plaît étrangement aux récits grivois qu'on peut lui faire. Ils sont nombreux dans l'ouvrage, dont la structure n'est donc pas très différente des romans pastoraux ou des romans chevaleresques (retours en arrière de Francion, ouverture aux aventures des autres, rencontre d'amis dans une ville étrangère, qui renouent leur état présent aux épisodes passés par une nouvelle narration) mais, alors que, dans *L'Astrée,* par exemple, ces récits nous introduisent dans des sphères de plus en plus hautes, Francion ne dédaigne pas d'entendre les narrations de gens de fort basse condition, comme la vieille et libidineuse Agathe, s'exprimant souvent dans un langage très cru ; certains chapitres prennent un peu l'allure de contes de Boccace.

Francion voyage, jusqu'en Italie, où il vit à Rome ; on le voit aussi à la campagne, se plaisant à passer pour un charlatan (et réussissant, fort bien). Mais ces voyages ne signifient pas une errance, ni une quête ; Francion est beaucoup trop raisonnable pour cela. C'est bien entendu par dérision que son compagnon Hortensius, spécialiste du galimatias, prétend

qu'il s'appelait Francion parce qu'il était rempli de franchise et qu'il était le plus brave de tous les Français. Que si l'on décrivait son histoire, l'on l'appellerait la Franciade, et qu'elle vaudrait bien celle de Ronsard, et que si Francion, fils d'Hector, était le père commun des Français, le Francion de ce siècle était leur protecteur.

Les nouveaux exploits que Sorel propose sur les traces de Francion ne sont autres que ceux de la lucidité. Même à la fin de l'histoire du jeune homme, Sorel empêche les imaginations de s'exalter. Francion va épouser Nays, une jolie veuve. Il demande à Hortensius ce qu'il pense de ce mariage :

Hortensius qui n'avait pas assez de prudence pour celer ce qu'il pensait, lui répondit que les secondes noces n'avaient rien de meilleur que les viandes réchauffées, et qu'au moindre mécontentement que les femmes recevaient de leur second mari, elles regrettaient le premier.

Le « héros » persiste néanmoins dans sa décision, toujours par raison et non pas par passion :

... elle sait mieux ce que c'est d'aimer : il m'en fallait une nécessairement, et si elle a été à un autre homme que moi, à combien de femmes ai-je été aussi ?

On ne s'étonnera pas non plus que Sorel termine son roman sans poésie aucune. Peu de monde au mariage, puisque Francion épouse une veuve. Le narrateur ajoute, désinvolte et sec :

Afin donc que personne ne paraisse participer à leur contentement, je ne m'efforcerai point de l'exprimer.

Le ton du *Francion* est agressif. Le personnage principal se fait volontiers donneur de leçons (au « dénouement » ne se propose-t-il pas de « châtier les vices des hommes ? »). Il est le porte-parole de Sorel qui indique dans son *Avertissement d'importance au lecteur* :

Jamais je n'eusse fait voir cette pièce sans le désir que j'ai de montrer aux hommes les vices auxquels ils se laissent insensiblement emporter.

Ce dynamisme, l'espèce de supériorité dédaigneuse de Francion font qu'il n'est pas inassimilable à un héros et que cette *Histoire comique* paraît tout de même plus un roman qu'un anti-roman. L'anti-roman semble en fait avoir été composé par Furetière (1619-1688) : c'est le *Roman bourgeois* (1666), qui se présente comme un « ouvrage comique », même pas comme une « histoire » ; le mot « roman » employé dans le titre paraît être mis là par antiphrase.

Le réalisme de Furetière dans « Le Roman bourgeois »

La mise en pièces du tissu romanesque

On a retrouvé dans *Francion* une structure romanesque et le *Berger extravagant* ne propose en fait aucune forme ni aucun contenu pour remplacer le genre parodié. L'ouvrage « comique » de Furetière est finalement plus audacieux dans sa démarche. On lui a d'autant plus souvent reproché d'être mal construit que Furetière était académicien. Mais la réalité n'est pas ordonnée : n'est-ce pas déjà faire du roman que de l'organiser ? Les deux parties du *Roman bourgeois*, d'une part l'histoire de Javotte puis de Lucrèce la bourgeoise, d'autre part l'histoire de Charroselles, de Collantine et de Belastre, sont si mal reliées l'une à l'autre qu'il ne peut s'agir d'une négligence. L'auteur refuse en fait les artifices d'écriture. Sorel place un portrait gravé de Charite dans *Le Berger* ; Furetière fait bien pire. Dès le début du Livre I, dans une histoire enchâssée dans le récit, il nous fournit un « tarife *(sic)* ou évaluation des partis sortables pour faire facilement un mariage » sous forme de tableau ! Plus loin, nous sommes contraints de lire un fastidieux inventaire (celui de Mythophilacte), puis un catalogue de livres, enfin il nous inflige la lecture de la table analytique des soixante-quatorze (!) chapitres d'un ouvrage au contenu exaltant puisqu'il s'agit d'une *Somme dédicatoire* « ou examen général de toutes les questions qui se peuvent faire touchant la dédicace des livres, divisée en quatre volumes ». L'analyse du dernier chapitre est prometteuse puisqu'il est annoncé « la juste et prisée estimation qu'on doit faire des différents éloges » et « le prix des places qui sont à vendre dans tous les ouvrages de vers ou de prose, suivant la taxe qui en a été ci-devant faite ». Aussi un personnage demande-t-il que le récapitulatif des taxes soit communiqué. Nous apprenons avec lui que ces taxes, destinées à la subsistance des pauvres auteurs, se répartissent de manière bien fantaisiste car les rats ont mangé certaines parties de la marge où se trouvaient les chiffres : un héros de roman se vend à un prix dont on ne déchiffre plus que trois zéros, l'anagramme d'un prénom quarante sous, un poème épique en vers alexandrins deux mille livres. Une note indique qu'il faut augmenter la taxe « selon qu'on y met de beauté, de valeur et d'esprit ». C'est l'écriture romanesque même, autant que le sujet du roman, qui est remise en question par Furetière. A preuve le dénouement, si l'on peut ainsi qualifier les dernières pages du premier Livre : il se termine d'un côté par un enlèvement, dont Furetière prétend ne pas connaître les suites n'ayant plus eu de nouvelles des amants depuis, de l'autre par un mariage sordide entre deux personnes qui ne s'aiment en aucune façon :

S'ils vécurent bien ou mal ensemble, vous le pourrez voir quelque jour, si la mode vient d'écrire la vie des femmes mariées.

La grisaille de la petite bourgeoisie

Ce premier livre est en effet occupé non pas par deux histoires d'amour mais par deux affaires de mariage qui se croisent puisque Javotte, fille du procureur Vollichon, est censée épouser un avocat-marquis, moyennement argenté, Nicodème, qui s'est déjà engagé à Lucrèce, enceinte de ses œuvres au demeurant, avant de s'amouracher de la fille du procureur : Furetière nous raconte le début des ternes relations de Nicodème et Javotte avant de passer, du fait de la découverte de la « débauche » de Nicodème par un ami des Vollichon, à celle de Lucrèce ; puis les deux histoires se confondent. Javotte n'était guère amoureuse de Nicodème ; son père, moins indigné qu'on ne s'y attendrait, trouve un autre de ses soupirants, l'avocat Bedout, bien plus honnête que le premier... non pas parce qu'il a la preuve de sa vertu mais parce qu'il le sait plus riche (il l'est d'autant plus qu'il est horriblement avare). Tout est vieux dans la maison de Bedout, et il l'est aussi puisqu'il se rend au Palais assidûment depuis vingt ans. Voici comment Furetière nous décrit ce « beau galant » :

Il était même si honteux en tout temps qu'en parlant à l'un il regardait l'autre ; il tournait ses glands ou ses boutons, mordait ses gants et se grattait où il ne lui démangeait pas ; en un mot il n'avait pas de contenance assurée. Ses habits étaient aussi ridicules que sa mine (...) Son chapeau noir était plat, quoique sa tête fût pointue ; ses souliers étaient de niveau avec le plancher et il ne se trouva jamais bien mis que quand on porta de petits rabats, de petites basques et des chausses étroites : car comme il y trouva quelque épargne d'étoffe, il retint opiniâtrement ces modes. Il avait la tête grasse quoique son visage fût maigre (...) C'eût été dommage qu'une si belle plante et unique de son espèce n'eût point eu de rejetons...

Bedout se donne du mal pour plaire :

Enfin, à force de soins, il devint un peu moins effroyable qu'auparavant.

Sa cousine Laurence s'offre à aider cet « Adonis qui avait tous ses charmes renfermés sous la clef de son coffre ». Elle songe à Javotte, veut organiser les présentations, mais Bedout ne veut pas rencontrer celle qu'elle lui propose :

... il lui dit que rien ne pressait, qu'il ne prenait pas une femme pour sa beauté et qu'il serait temps de la voir quand l'affaire serait conclue ; qu'enfin, telle qu'on la lui voudrait donner elle lui plairait assez. « Mais si vous ne lui plaisez pas (lui dit Laurence) ? » Bedout répondit qu'une honnête femme ne devait point avoir d'yeux pour les défauts de son mari.

Laurence insiste pour que la rencontre ait lieu. Mais l'événement manque de splendeur et d'émotion : Javotte reçoit l'avocat d'une manière aussi renfrognée, par la sottise et la « vertu », qu'elle recevait jadis Nicodème. L'exploit que réalise Bedout pour Javotte ce jour-là, c'est de lui peler une poire, de la faire tomber, la ramasser, et, l'ayant « ratissée », de la lui offrir avec mille excuses (qu'elle refuse). Mais Bedout se surpasse et adresse ensuite à Javotte une lettre dans laquelle il file une stupide métaphore de vingt-cinq lignes, à laquelle sa promise ne comprend rien. Bien qu'en la circonstance Javotte n'ait pas tort,

Laurence, femme d'esprit et désireuse de civiliser un peu la jeune fille, l'emmène dans le salon précieux d'Angélique qui n'a rien de ridicule ni de pédant. Javotte, qui fait d'abord merveille par son ignorance crasse, trouble le jeune Pancrace :

> Comme il aimait bien autant le corps que l'esprit, il trouva sa beauté si admirable qu'elle lui ôta le dégoût que d'autres en auraient pu avoir pour n'être pas accompagnée d'esprit.

Il lui fait la cour et comme elle ne la comprend pas, il entreprend de l'instruire en lui faisant lire *L'Astrée*. Javotte fait des progrès de jour en jour, sort de son mutisme... et prend Pancrace pour son Céladon. Mais ses parents commencent à la trouver trop savante et hâtent son mariage avec Bedout ! Devant le notaire, Javotte refuse fermement de signer, surprenant tout son monde car on la croyait fille soumise. Enfermée dans une pension religieuse, Javotte se fait enlever par son Pancrace. Furetière, qui mentionne la plainte que Vollichon n'a pas manqué de déposer (elle coûte fort cher, bien que rédigée par un de ses amis commissaires), quitte aussitôt ses amants pour reprendre les aventures de Lucrèce... qui, riche des deux mille écus que Nicodème a dû lui verser (grâce à un avocat ravi de nuire) et après une période de ferveur religieuse passée dans le même couvent que celui où avait été séquestrée Javotte (mais où Furetière déclare s'être totalement refusé à les faire se rencontrer), finit par faire ses comptes et épouser le naïf et surtout avare Bedout.

On ne voyage pas dans ce roman. On ne se déplace même guère d'une classe à l'autre. Le salon d'Angélique n'est là que pour mieux faire ressortir la bêtise de la famille Vollichon. Aucun idéalisme assurément chez les parents de Javotte ; Vollichon, avocat aussi pernicieux à ses clients qu'à sa partie, ne pense qu'à l'argent ; sa femme, dont les préoccupations étroitement ménagères ennuient Laurence à mourir, se montre un peu plus sensible à la « débauche » de Nicodème mais se soucie peu de la laideur repoussante de Bedout. Nicodème, intéressé et jouisseur, n'a guère de personnalité ; Pancrace, cultivé, reste un amant un peu fade ; on aurait du mal à prendre la pragmatique Lucrèce pour une héroïne (elle sait manœuvrer... et compter). Javotte, qui se fait enlever, pourrait apparaître comme le centre du récit mais Furetière prend bien soin, pendant presque tout le récit, de nous la présenter comme une jeune fille bête et maussade. Si Pancrace ne le découvrait pour nous, nous ne saurions penser qu'elle est jolie, car la description que nous en donne Furetière au début de son « ouvrage » se nie elle-même : quand on fait un portrait, nous dit-il en substance, on dissimule toujours les taches de rousseur ou de petite vérole, alors autant ne pas en faire ! Il ne faudrait pas croire non plus que Furetière admire beaucoup la conversion de Javotte par *L'Astrée* : une telle métamorphose n'était possible que chez quelqu'un de stupide. Pour lui, elle est tout simplement tombée dans le piège que le désir de Pancrace et la bêtise de ses parents, qui l'ont élevée dans l'ignorance, lui ont tendu.

Pas un seul héros donc, dans cette première partie de roman gris, pas même une voix pour s'indigner, comme Francion, de telle ou telle pratique. Vollichon et Bedout ne scandalisent pas : ils sont seulement petits, bourrus dans leurs esprits et dans leurs manières de gens de loi bornés et parfois bernés malgré leur malignité. Mais, tels quels, ils ont autant d'importance dans l'ouvrage que Lucrèce, Javotte ou Mme Vollichon. Si Furetière s'attarde sur tous, car le rythme du récit ne se presse jamais, c'est qu'aucun d'entre eux n'est assez intéressant pour guider une action. Il serait sans doute risqué de comparer le réalisme de Furetière à celui d'un Balzac ; mais son désir manifeste, sinon régulièrement efficace, de bouleverser la forme du roman nous fait songer aux expériences de Diderot en ce domaine.

Le réalisme grotesque du « Roman comique » de Scarron

On aura remarqué que le titre complet du *Francion* et la mention du « genre » du *Roman bourgeois* comportent l'épithète « comique ». Est-ce à dire que Sorel comme Furetière veulent provoquer le rire ? Sans doute. Mais il faut penser aussi que l'emploi du mot réfère au monde dans lequel il nous plonge, et qui n'est pas celui dont les personnages pourraient animer une tragédie (des Grands, aux intérêts élevés) ou une tragi-comédie (des Grands, amoureux) ; ils pourraient, par contre, figurer dans une comédie, vu la médiocrité de leur condition. Lorsque Scarron intitule son roman *Roman comique* (1651-1657), la polysémie de l'épithète est plus riche encore puisqu'il nous raconte les aventures d'une troupe de *comédiens*. Il s'agit bien d'aventures, les personnages étant placés dans des conditions d'errance et de disponibilité à l'événement, sinon de réelle quête du succès. On aurait donc affaire à un roman traditionnel si les héros n'étaient pas des miséreux, si les aventures qui leur arrivent n'étaient pas si souvent triviales (la petite vengeance du comédien bien nommé La Rancune consistant, par exemple, à se prétendre incontinent pour réveiller sans cesse son compagnon de lit et finir par renverser le pot de chambre au-dessus de lui !), et si Scarron ne s'amusait à employer souvent un haut style pour les décrire.

A vrai dire, ce haut style n'est pas celui dans lequel Scarron s'exprime constamment. L'épisode du pot de chambre est écrit dans un style constamment bas. Scarron aime également installer son lecteur dans une atmosphère qu'il va détruire quelques instants après. Nous croyons presque entrer dans un salon en lisant le début d'une phrase, la fin nous inspire quelque méfiance et la seconde phrase nous propulse dans un autre univers :

> Mlle de La Rapinière reçut la compagnie avec force compliments, comme elle était la femme du monde qui se plaisait le plus à en faire. Elle n'était pas laide, quoique si maigre et si sèche qu'elle n'avait jamais mouché de chandelle avec les doigts que le feu n'y prît.

Les comédiens n'entreront donc pas dans une seconde chambre bleue d'Arthénice... On croit parfois avoir affaire à un Géant, on est vite détrompé :

> Le Comédien Destin fit des prouesses à coups de poing dont l'on parle encore dans la ville du Mans.

Si la troupe ne s'était déjà trouvée au Mans on serait peut-être impressionné par cette gloire de guerrier ! Scarron se plaît aussi à mêler véritablement des expressions qui conviendraient à l'épopée et des mots concrets et bas. Voici le récit d'une « bataille » qui interrompit une représentation donnée par les pauvres comédiens... dans un tripot :

> La Trippotière, qui voyait rompre ses meubles, emplissait l'air de ses cris pitoyables. Vraisemblablement, ils devaient périr par coups d'escabeaux, de pieds et de poings, si quelques-uns des Magistrats de la ville [...] ne fussent accourus à la rumeur.

Cependant, à la suite d'une attaque inattendue, un valet blessé mourra. Si sa mort émeut moins que celle du chevalier Tersandre dans *L'Astrée*, elle n'en est pas moins là pour nous empêcher de ne voir que dérision dans toutes ces aventures. La Rancune, Ragotin, La Rapinière sont des noms qui font rire et qui vont bien à ceux qui les portent, que Scarron nous peint d'un trait ferme, toujours dans leurs actions. On ne sourit pas en lisant les noms du Destin ou de Mlle de l'Etoile, qui indiquent surtout que la volonté et les actions des personnages ne peuvent pas grand-chose contre la Fortune. La Rancune se vante sérieusement d'avoir déjà joué une pièce à lui tout seul, tenant le rôle du roi, de la reine et d'un ambassadeur, mais, si le Destin est un comédien sans expérience, il est beau, doué pour le métier, et finalement courageux dans ce monde brutal. Certes, Scarron prend quelque distance avec cette bravoure en mentionnant qu'

> en moins de rien il fit voler à terre deux épées, ouvrit deux ou trois têtes, donna force coups sur les oreilles et déconfit si bien Messieurs de l'embuscade que tous les assistants avouèrent qu'ils n'avaient jamais vu un si vaillant homme,

mais, bien que la nature de la lutte ne flatte pas autant le combattant qu'une belle lutte à cheval, et qu'à d'autres moments le Destin se batte en donnant à une grosse servante belliqueuse « plus de cent claques sur les fesses », il est véritablement vaillant. On sent que règne dans la troupe une vraie amitié et un sentiment profond lie le Destin à Mlle de l'Etoile qui « paraissait plutôt fille de condition qu'une Comédienne de campagne ». Le Destin est lui-même fils d'un pauvre gentilhomme qui s'était fait écuyer avant de devenir paysan. Quand il conte son histoire passée, toute trace de ridicule disparaît. Si beaucoup de représentations tournent à la bagarre, il semble que la troupe, quand elle est au complet, représente passablement le *Nicomède* de Corneille, dont Scarron nous offre, à titre personnel, un court mais judicieux éloge.

Scarron insère dans son récit, qui, comme on l'a vu, comporte des retours en arrière, des nouvelles espagnoles dont l'intrigue est riche et plaisante sans être excessivement romanesque et qui font mesurer de quelle nature est le comique du propre roman de Scarron. On a remarqué une recherche — qui n'est pas constante — d'une très forte trivialité, le choix d'un petit monde, le mélange des registres. Il faut noter aussi que les bagarres, dont Scarron raffole, sont souvent déclanchées par Ragotin, « violent et présomptueux », mais qu'en compensation, en quelque sorte, ses malheurs, ses « disgrâces » se multiplient au point qu'on a déjà envie de rire lorsqu'on lit dans le titre d'un chapitre : « disgrâce » de Ragotin. Le personnage est une sorte de pitre, comme Scarron en montrait dans son théâtre, entraînant à sa suite toutes les catastrophes imaginables. Quand, par amour pour Mlle de l'Etoile, il demande à être reçu dans la troupe de comédiens, La Rancune défend sa candidature :

> ... il sera fort propre à représenter un nain quand il en sera besoin ou quelque monstre comme celui de l'*Andromède*.

Il finit par être intégré à la troupe... mais seulement pour distraire les comédiens tant ses harangues sont ridicules. C'est une autre forme d'anti-héros, qui ne fait cependant pas oublier le personnage de Destin. On se souvient des aspects franchement théâtraux de *L'Astrée*. Avec Scarron le lien entre farce et roman, entre comédie et roman, commence d'exister.

11. De la nouvelle au roman d'analyse

La mode de la nouvelle ; son évolution

La nouvelle n'est pas forcément un récit court, réaliste et se terminant par un événement frappant. Le mot *novela* en espagnol désigne d'ailleurs, aujourd'hui comme au XVIIe siècle, tout roman. La nouvelle, au XVe et au XVIe siècle, recherche la « nouveauté » plutôt dans la manière de raconter que dans le sujet lui-même ; on veut produire une impression assez vive (rire ou terreur) en peu de mots. Au XVIIe siècle, en France, on est fortement influencé par les *Nouvelles exemplaires* de Cervantes : les personnages n'y sont pas de haut rang (on y voit des *pícaros,* des bohémiens, des soldats, des bourgeois et... même des chiens) et l'action, moderne, commence *in medias res* par une belle scène dont les motivations, les mouvements et les personnages sont expliqués ou présentés ensuite seulement ; la construction est telle et le dialogue y tient une place si importante que Jean Jourdheuil a donné une adaptation théâtrale très réussie de certaines d'entre elles. Sorel apprécie dans les nouvelles de Cervantes le caractère naturel, circonstancié et agréable ; il note que celles de Montalván sont même lisibles par les dames car elles ne choquent pas les bonnes mœurs (ce qui n'est pas toujours le cas des *Nouvelles exemplaires*), contrairement à celles de Boccace (que certains appellent Contes). Surtout, Sorel souligne

— mais l'on s'en étonnera peu — le caractère « vrai » de la nouvelle :

On commençait aussi de connaître ce que c'était des choses vraisemblables par de petites narrations dont la mode vint, qui s'appelaient des nouvelles. On les pouvait comparer aux histoires véritables de quelques accidents particuliers des hommes.

Sorel lui-même a écrit *Les Nouvelles françaises* (1633), dont il dit en 1664 qu'elles ne sont pas assez « naïves » (naturelles) et qui doivent beaucoup à Cervantes. On a vu Scarron intercaler des nouvelles dans son récit des aventures de la troupe comique. Les *Nouvelles françaises* de Segrais (1656-1657), racontées pour le divertissement de la « Princesse Aurélie », ont la particularité d'être longues chacune d'une centaine de pages. Mais, surtout, elles sont pleines d'une atmosphère et de traits de galanterie : rencontre, idylle, incident, jalousie, échange de lettres et de petits billets, dans un contexte de fêtes et de beauté. La plus connue aujourd'hui est la sixième, intitulée *Floridon,* parce que son sujet est le même que celui d'une tragédie de Racine, *Bajazet.* Un personnage de Segrais dit que :

[...] la nouvelle doit un peu davantage tenir à l'histoire et s'attacher plutôt à donner les images des choses comme d'ordinaire nous les voyons arriver que comme notre imagination se les figure.

Or *Floridon* s'inspire d'un fait historique (le prince Bajazet de Constantinople fut étranglé sur ordre de son frère Mourad IV en 1635), et de précisions données par l'ambassadeur de France à Constantinople en 1640 à propos de l'affection de la sultane pour le frère de son époux et de la jalousie qu'elle avait conçue de la passion de Bajazet pour sa favorite (enceinte). Segrais a beaucoup imaginé à partir de ces données authentiques (du moins les croit-on telles). Surtout, il s'est efforcé de donner des motivations à la fureur de la sultane, qui aurait provoqué la mort de Bajazet, et a particulièrement brodé sur le comportement de la victime. Voici comment Segrais met en place ses réactions à un billet d'amour de la sultane :

Ce papier ne contenait que des paroles. Mais elles remplirent l'esprit de Bajazet d'une infinité de pensées. Il n'aimait rien encore. La sultane n'était que trop belle pour donner de l'amour à un jeune homme de son âge. Elle avait plus de crédit dans l'Empire qu'Amurath même pour contenter l'ambition d'un homme plus ambitieux que ui. Aussi il ne balança pas s'il se ferait cruel ou non [...] Il savait que cette fière princesse était une femme qui aimait les adorations et qui voudrait sans doute qu'il réparât par une ardente poursuite le petit reproche qu'elle sentait infailliblement en son cœur d'avoir prié la première.

Segrais était un ami de Mme de Lafayette, de La Rochefoucauld. Il vivait dans un monde d'esprit, plus que de bel esprit, on y cultivait la lucidité. Aussi comprend-on que dans *Floridon,* il prêta à ses personnages à la fois bien des impulsions et bien des calculs. Il signa à la place de Mme de Lafayette quand elle voulut publier son roman hispano-mauresque *Zaïde* (1671), pour lequel il mit peut-être la main à la pâte. *Floridon* prouvait d'ailleurs qu'il avait du talent pour l'analyse et pour les dialogues passionnés et pour les dialogues par lettres, préparés, expliqués. Les lettres ne sont pas citées gratuitement, la sultane et Bajazet, comme la jeune Floridon et Bajazet doivent presque toujours se cacher, ne peuvent s'entretenir et l'échange de lettres est ici parfaitement fonctionnel. Mme de Lafayette fit mieux encore avec sa *Princesse de Montpensier.*

Mme de Lafayette 1634-1693

« La Princesse de Montpensier »

Cette nouvelle de la grande amie de Segrais fut publiée cinq ans après les *Nouvelles françaises.* L'action en est moderne, comme celle de *Floridon,* mais de plus elle se passe en France, sous le règne d'Henri III. On a affaire à une simple histoire d'amour sans retours en arrière, sans enlèvement et sans bataille grandiose. La simplicité de l'action tout autant que la présence de l'histoire fait la vérité de cette nouvelle. La princesse fiancée, au duc de Guise, a dû épouser M. de Montpensier. Revoyant le duc à la cour bien qu'elle cherche à l'éviter, elle se laisse reprendre par l'amour. Le duc se rend chez elle à la campagne mais survient le prince de Montpensier. Le duc de Guise se cache et un fidèle de la princesse, le comte de Chabanes, qui n'a pas énormément d'estime pour le duc, se laisse compromettre à sa place, par amour pour cette dernière. Chabanes part à Paris, où il se fait tuer lors du massacre de la Saint-Barthélemy. Le duc de Guise, privé de la vue de Mlle de Montpensier, finit par l'oublier tandis qu'elle meurt de chagrin, très éprouvée par la disparition de Chabanes. On trouve quelques lettres intercalées dans le tissu du roman. *La Princesse de Montpensier* est considérée comme une sorte de premier crayon de *La Princesse de Clèves* (1678), mais il s'agit cependant d'une œuvre parfaitement autonome.

« La Princesse de Clèves »

La symbiose de l'histoire et de l'analyse

L'action de *La Princesse de Clèves* se déroule également à la cour des Valois, mais sous le règne d'Henri II. Les premières pages du roman sont caractéristiques à la fois de l'originalité de Mme de Lafayette et de sa dette à l'égard du roman traditionnel, qu'elle parvient à commuer en une sorte de richesse personnelle. La « magnificence » réfère à l'histoire tandis que la « galanterie » réfère à l'amour. Mais malgré le terme de galanterie, qui convient parfaitement à Henri II « qui aimait le commerce des femmes même de celles dont il n'était pas amoureux », l'amour est dépourvu ici de toute mièvrerie : l'amour du roi pour Diane de Poitiers, qui, s'il n'est pas le sujet de l'œuvre, semble donner le ton à toute la cour, est une « passion violente ». Mais l'amour n'est pas la seule passion qui traverse la cour ; la jalousie s'y trouve, chez Catherine de Médicis, l'ambition, notée chez la reine, est « démesurée » chez le cardinal de Lorraine, générale dans la famille de Guise. Les passions sont individuelles mais aussi collectives : la cour est divisée entre le connétable de Montmorency et les Guise, on cherche à se gagner les personnages influents. Voilà des traits qui n'apparentent pas l'œuvre de Mme de Lafayette au roman traditionnel bien qu'on s'y trouve parmi les Grands. La documentation de l'auteur est précise, car non contente d'évoquer avec soin les personnes présentes à la cour, leurs liens familiaux, elle fait quelques allusions discrètes à l'avenir de certains d'entre eux ; bien informée concernant la généalogie, Mme de Lafayette l'est aussi sur les mœurs de l'époque, les jeux qu'on pratiquait.

Apparemment, pour parler des personnages qui hantent cette cour, l'auteur ne dispose pas d'assez de superlatifs. Il n'est question que de ce qu'il y a de « plus beau dans les plus grandes princesses et les plus grands princes », de « l'ornement et de l'admiration du siècle ». Mlle de Scudéry n'aurait pas désavoué une telle présentation des membres de la cour mais La Calprenède non plus. Il faut toutefois se souvenir que cette beauté et cette grandeur peuvent s'accompagner des défauts cités plus hauts. En fait, comme dans *L'Astrée*, comme dans les romans héroïques, les qualités physiques reconnues sont on ne peut plus vagues : la quasi-totalité de ces gens sont « bien faits ». Trois échappent cependant à la règle ; ils sont non pas décrits mais personnellement qualifiés de beaux : ce sont Elisabeth de France, le vidame de Chartres et le duc de Nemours. On notera tout de même — gage de la vérité de l'évocation — que le prince de Condé présente « un petit corps peu favorisé de la nature ». Beaucoup de courtisans se sont illustrés dans des exploits guerriers (non cités) mais par-dessus tout, c'est leur esprit qui est remarquable, au point que les femmes oublient la laideur physique du prince de Condé. Aucun personnage ne nous est plus présenté pour lui-même mais seulement pour assurer la transition entre exposition et action après que l'auteur nous a montré (brièvement) le prince de Clèves, le vidame de Chartres et, comme au sommet de la pyramide, le duc de Nemours très longuement évoqué pour la supériorité que lui donne son charme.

La subtile mise en place des héros

Nemours est un être d'exception car les expressions laudatives le concernant sont redoublées, voire triplées :

> Ce prince était un chef-d'œuvre de la nature ; et ce qu'il avait de moins admirable, c'était d'être l'homme du monde le mieux fait et le plus beau.

On remarquera, malgré l'éloge, le refus de prendre en considération la beauté physique. L'auteur lui préfère la valeur (l'héroïsme) mais surtout une espèce de grâce indéfinissable de toute la personne (de l'âme ?) et qui fait d'un être un modèle. Car tout le monde essaie de le suivre sans pouvoir l'imiter. La cour si parfaite a des défauts ; le duc de Nemours en a-t-il ? Il semble, en ce début de roman, séduire beaucoup, mais aimer peu.

Le duc de Nemours est pressenti pour épouser la reine Elizabeth d'Angleterre au début du roman. C'est alors qu'il est ainsi au sommet de sa gloire que Mme de Chartres présente sa fille à la cour dans l'intention de la marier. Or le vidame de Chartres, dont elle est la cousine, était le seul qui pût être comparé à Nemours. Mlle de Chartres est évidemment fort belle mais « d'un éclat qu'on n'a jamais vu qu'à elle ». Le dernier personnage présenté et le plus beau étant Nemours, on attend la rencontre de ces deux êtres d'exception.

Mais Mme de Lafayette sait surprendre : la rencontre qu'elle nous raconte n'est pas d'abord celle-là. Elle a lieu chez un joaillier, chez qui se trouve aussi le prince de Clèves. Echange de regards, entre Clèves et Mlle de Chartres, gênée par l'insistance de celui du prince qui est surpris de sa beauté. Le prince de Clèves tombe immédiatement et violemment amoureux (l'amour est de première vue chez Mme de Lafayette comme chez Racine). Malgré les réticences de son père, très lié à Diane de Poitiers et qui est l'ennemi du vidame de Chartres, le prince de Clèves est tellement pris par sa passion qu'il refuse de s'en défaire et persiste à demander la main de Mlle de Chartres qu'il obtient, la nouvelle beauté de la cour, dont sa mère prend l'avis, ressentant pour lui de la reconnaissance et pensant qu'elle l'épouserait même avec « moins de répugnance qu'un autre ». L'amour fou de M. de Clèves décrit à lui seul la beauté de Mlle de Chartres, que convoite aussi M. de Guise : attirer l'amour de tous est un gage de perfection. Le jour des fiançailles arrive, un bal a lieu à la cour, M. de Nemours s'y trouve. En le voyant si beau, Mlle de Chartres pense qu'il ne peut s'agir que de celui dont elle a tant entendu parler. Elle est surprise, il est surpris. Alors que la rencontre avec M. de Clèves se fait presque dans l'intimité, celle — si attendue grâce à la manière dont Mme de Lafayette présente les événements — de Nemours et de la future Mme de Clèves se fait sous les regards admiratifs de la cour, car la fiancée reçoit du roi l'ordre d'inviter le prétendant d'Elizabeth d'Angleterre à danser (manipulation royale ? Histoire et roman semblent ici se mêler étroitement. Henri II n'approuve sans doute pas le mariage projeté par Clèves... et

Nemours a une belle réputation de séducteur). L'admiration de la cour devant le couple qu'ils forment est une sorte d'approbation de l'amour qui naît entre eux et qui va prendre tous les aspects d'un amour d'exception. Cet amour naît trop tard puisque Mlle de Chartres est engagée à M. de Clèves. On a donc affaire à un amour contrarié et surtout refoulé, par nature beaucoup plus intéressant que l'amour partagé qui ne rencontre que des obstacles extérieurs, comme celui de Cyrus et Mandane, de Clélie et d'Aronce. On retrouve la classique chaîne des amours pastorales et raciniennes. L'impossibilité d'une union exacerbe les sentiments des deux amants et Mme de Lafayette procède à la peinture des effets ravageurs de la passion non pas dans un palais oriental où on est seul et maître de tout, où il est permis de s'abandonner à sa fureur, mais dans un monde où chacun regarde l'autre, où les bruits courent vite et où la bienséance exige qu'on reste constamment maître de soi.

Les ravages de la passion

Le séducteur Nemours semble épris pour la première fois de sa vie, ne se soucie plus de son mariage en Angleterre, ni d'aucune autre dame de la cour. Mlle de Chartres, qui n'a jamais aimé son époux mais qui l'estime, lutte contre sa passion mais se trouve parfois de bonnes raisons d'y céder un peu comme lorsqu'elle laisse dérober son portrait par le duc de Nemours :

> Mme de Clèves n'était pas peu embarrassée. La raison voulait qu'elle demandât son portrait ; mais en le demandant publiquement, c'était apprendre à tout le monde les sentiments que ce prince avait pour elle, et en le lui demandant en particulier, c'était quasi l'engager à lui parler de sa passion. Enfin elle jugea qu'il valait mieux le lui laisser et elle fut bien aise de lui accorder une faveur qu'elle lui pouvait faire sans qu'il sût même qu'elle la faisait.

La mort de Mme de Chartres laisse la princesse de Clèves seule pour combattre une passion que sa mère avait d'ailleurs devinée. La lutte devient difficile, d'autant plus que tout le monde soupçonne un véritable amour dans la métamorphose de Nemours car le séducteur ne s'intéresse plus à aucune femme. L'amour appelle l'amour ; celui de Nemours grandit dans la mesure où il a pu se rendre compte que ses sentiments étaient partagés :

Quelque application qu'elle eût à éviter ses regards et à lui parler moins qu'à un autre, il lui échappait de certaines choses qui partaient d'un premier mouvement, qui faisait juger à ce prince qu'il ne lui était pas indifférent. Un homme moins pénétrant que lui ne s'en fût peut-être pas aperçu ; mais il avait déjà été aimé tant de fois qu'il était difficile qu'il ne connût pas qu'on l'aimait.

Bien entendu, lorsqu'elle a peur pour la vie de Nemours lors d'un tournoi, l'héroïne parvient mal à cacher son trouble. Il n'échappe ni à Nemours lui-même ni au jaloux chevalier de Guise car l'amour rend bien perspicace. L'émoi de la princesse est à son comble lorsqu'elle connaît les tourments de la jalousie parce qu'elle a connaissance d'une lettre qu'elle croit comme d'autres de M. de Nemours à une femme.

Mme de Clèves lut cette lettre et la relut plusieurs fois, sans savoir néanmoins ce qu'elle avait lu. Elle voyait seulement que M. de Nemours ne l'aimait pas comme elle l'avait pensé et qu'il en aimait d'autres qu'il trompait comme elle. Quelle vue et quelle connaissance pour une personne de son humeur, qui avait une passion violente, qui venait d'en donner des marques à un homme qu'elle en jugeait indigne et à un autre qu'elle maltraitait pour l'amour de lui !

La lettre n'est pas de Nemours mais du vidame, qui s'en explique à son ami en racontant — récit enchâssé mais nécessaire — ses relations avec Catherine de Médicis et Mme de Thémines. La froideur que l'héroïne témoigne à M. de Nemours l'enhardit à aller la voir pour se disculper. Consciente d'avoir été aveuglée par la jalousie, de n'être plus maîtresse d'elle-même, Mme de Clèves demande à son époux de l'éloigner de Paris parce que — comme chez Racine — la vue est de trop de puissance dans l'épanouissement du sentiment amoureux. Pour ne pas devoir rentrer à la cour, Mme de Clèves se résout à une démarche inouïe, à la mesure de la crainte qu'elle a de succomber à sa passion et du besoin d'aide qu'elle ressent : avouer à M. de Clèves ses sentiments sans lui nommer celui qui les suscite. C'est l'action d'éclat du roman. Le duc de Nemours, venu à Coulommiers pour repaître sa vue de celle qu'il aime, se trouve entendre la conversation qui a lieu dans un jardin. C'est le seul « coup du hasard », discret, relativement vraisemblable, qu'on peut trouver dans le roman. Clèves, fou d'amour et de jalousie, ne tarde pas à identifier l'heureux homme qu'aime sa femme. Quant à Nemours, il est transporté par l'étrangeté de la démarche de l'aveu, qui le met au comble du bonheur car il est sûr d'être aimé et au comble du malheur car il comprend que Mme de Clèves ne lui cédera jamais (il se trouve exactement dans la même position que le Silvandre de *L'Astrée* lorsqu'il surprend la conversation de Diane et Astrée et apprend qu'il est aimé mais condamné à n'être jamais reçu). Il raconte cet aveu en cachant les noms, mais l'histoire fait le tour de la cour et revient aux oreilles de la princesse. Elle juge bien sévèrement Nemours :

> Il a été discret, disait-elle, tant qu'il a cru être malheureux ; mais une pensée d'un bonheur même incertain a fini sa discrétion. Il n'a pas pu s'imaginer qu'il était aimé sans vouloir qu'on le sût.

Mme de Clèves accuse en fait l'amour de Nemours de se confondre avec l'amour-propre. On reconnaît l'amie de La Rochefoucauld (p. 349). L'effet de cette indiscrétion sur le prince de Clèves est désastreux. Il soupçonnait depuis longtemps que son rival était Nemours mais chaque effort que fait désormais son épouse pour éviter ce dernier devient pour Clèves une preuve supplémentaire de l'amour qu'elle lui porte. Une visite que Nemours rend à Mme de Clèves, qu'il ne peut s'empêcher d'essayer de voir, a raison de l'endurance du prince de Clèves. La jalousie le détruit physiquement :

> M. de Clèves ne put résister à l'accablement où il se trouva. La fièvre lui prit dès la nuit même, et avec de si grands accidents que, dès ce moment, sa maladie parut très dangereuse.

Clèves meurt bien vite. Il est des afflictions que ne commande pas l'amour, dans lesquelles entre en particulier le remords, et qui sont presque aussi vives : la réaction de Mme de Clèves à la mort de son époux est « si violente qu'elle perdit quasi l'usage de la raison ». Elle prend le deuil et vit retirée. Revoyant un jour Nemours endormi alors que son époux était mort depuis longtemps, voilà que sa passion se rallume, mais elle y résiste. Enfin, elle rencontre Nemours chez le vidame de Chartres et c'est là qu'ils ont la plus longue conversation du roman. Nemours ne se laisse pas convaincre par « le fantôme de devoir » que la princesse lui oppose. Elle finit par avouer son véritable sentiment : elle refuse de l'épouser moins par remords à l'égard de M. de Clèves que pour la préservation de son repos. Toujours amoureuse cependant, elle se retire de la cour sans éclat et après une maladie qui apaise sa passion en l'éloignant un peu de la vie. Nemours finit par l'oublier.

L'amour prend dans le roman tous les traits d'une passion fatale. Le prince de Clèves en meurt, le chevalier de Guise aussi, qui, par désespoir de voir Mme de Clèves éprise de Nemours, part se faire tuer à Rhodes. La santé de Mme de Clèves est définitivement altérée. La jalousie qui ronge Catherine de Médicis n'est pas moins épouvantable. De plus la passion ne naît guère de l'estime. Henri II est éperdument amoureux de Diane de Poitiers qui fut la maîtresse de son père et dont Mme de Lafayette nous dit par la bouche de Mme de Chartres :

> Ce n'est ni le mérite ni la fidélité de Mme de Valentinois qui a fait naître la passion du roi, ni qui l'a conservée, et c'est en quoi aussi il est inexcusable.

Enfin les efforts de l'éducation ne permettent guère de prémunir quiconque contre les effets de l'amour. Mlle de Chartres, à qui sa mère avait fait une peinture si effrayante des effets des passions, avait cru — peut-être en précieuse — pouvoir s'en garder en épousant un homme estimable... L'ouvrage de Mme de Lafayette n'est guère moins pessimiste que les tragédies de Racine.

L'art de la romancière

Le plus remarquable dans le roman, c'est que cette vérité n'empêche pas les artifices d'une structure romanesque traditionnelle (présence de lettres, récits enchâssés, « exploit »), simplifiée puisque le déroulement est presque linéaire, mais totalement repensée dans ses motivations, beaucoup plus profondes. Les récits, comme ceux de *L'Astrée,* accroissent l'expérience de ceux qui les entendent mais surtout insistent sur l'universalité de la faiblesse humaine contre les passions. Mme de Chartres ne craint point d'évoquer pour sa fille les commencements de la passion d'Henri II pour Mme de Valentinois. Le prince de Clèves fait à son épouse le récit de l'infidélité de Mme de Tournon.

L'impression de vérité qui se dégage des personnages vient aussi de ce qu'ils semblent ancrés dans une réalité historique précise. La question du mariage d'Elizabeth d'Angleterre permet et de mesurer la métamorphose de Nemours et de donner l'impression que les personnages principaux ne sont que quelques figures du vaste monde des princes. Un détail historique est exploité de manière magistrale par la romancière. Le goût de Catherine de Médicis pour la magie et les horoscopes était célèbre. Henri II ne le partageait guère : il raconte qu'un astrologue lui a prédit, à lui, le roi, qu'il sera tué en duel. La prédiction se trouve confirmée quelques dizaines de pages plus loin puisque le roi meurt de la blessure reçue pendant un tournoi. Ainsi la présence du Destin plane sur le roman. L'évocation du tournoi et l'accident, puis la mort du roi, sont admirablement bien placés dans l'œuvre pour retarder la maturation de la crise déclenchée par l'indiscrétion de Nemours. L'importance de l'événement justifie largement ce retard du récit et ménage une habile suspension de l'action principale. Autre raffinement : la peinture que donne Mme de Lafayette de la reine dauphine Marie Stuart, vive, curieuse, bavarde, séduisante, n'est peut-être pas tout à fait conforme à la réalité mais prouve une grande habileté de la romancière à faire avancer l'action. Surtout, le souci constant de l'auteur de préciser les jeux de regards qui se déroulent à la cour enferme les héros dans des contraintes de dissimulation qui avivent encore leurs sentiments.

Dialogues passionnés, conversations de cour apparemment légères mais capitales pour l'action, analyses de l'auteur, monologues intérieurs lyriques se mêlent au récit, aux narrations enchâssées, créant la variété avec un naturel qu'on ne trouve pas dans les autres romans de l'époque. La révolution silencieuse accomplie dans le genre est d'une ampleur considérable. Les *Lettres portugaises* publiées par Guilleragues en 1669 constituent un événement d'une autre nature.

Les « Lettres portugaises » : la naissance du roman épistolaire ?

L'illusion d'authenticité

Le souci de vérité y est poussé jusqu'à d'extrêmes conséquences pour l'époque : en apparence l'auteur n'est pas un écrivain ; on croit avoir affaire à un ensemble de documents authentiques, des lettres soi-disant écrites sans visée de publication, par une religieuse. Au nombre modeste de cinq, les lettres sont envoyées par Mariane, une jeune portugaise, au même destinataire, un officier français qu'elle aime éperdument mais qui l'a abandonnée. La correspondance dure ce que dure la passion de Mariane, sans l'aliment des réponses ou de la vue. L'ordre des lettres est présenté comme incertain, ce qui rend difficile l'analyse de l'évolution psychologique. Aucun événement ne se produit, le seul étant constitué par la disparition de l'amour chez Mariane, s'il est vrai qu'il a bien disparu, que la dernière lettre est bien placée et que Mariane, qui se leurre beaucoup dans ces effusions, ne s'est pas encore trompée sur elle-même. Les lettres ont tendance à être de plus en plus longues, beaucoup ne présentent pas de paragraphes, la fin de la lettre dément ce qui est dit dans les premières lignes. On a affaire à un « roman » (?), une « nouvelle » (?) écrite à la première personne puisqu'il s'agit de lettres. Rien d'extérieur à la personne n'est appris artificiellement par le lecteur. Furetière, Scarron avaient déjà raillé dans leurs œuvres réalistes le narrateur omniscient. Le procédé des lettres, qui s'ajoute à l'isolement de l'épistolière, permet à l'analyse de pousser jusqu'à une cruauté extrême et le cœur de Mariane est véritablement mis à nu par elle-même.

Une gravure au burin

Des retours en arrière nous racontent l'idylle de Mariane avec un officier français mais nous permettent surtout de juger de sa bonne volonté à se laisser tromper, de sa responsabilité dans son échec, de sa capacité à transformer la réalité selon l'envie qu'elle a de la voir autrement. On pourrait s'attendre à des plaintes incessantes, monotones. Mariane souffre et elle le dit, mais l'analyse va loin en ce sens qu'elle révèle en la religieuse une véritable assomption de sa passion, qu'elle refuse de rejeter comme tout le monde. Il y a comme un goût de la damnation dans ses lettres :

[...] Je ne me repens point de vous avoir adoré, je suis bien aise que vous m'ayez séduite ; votre absence rigoureuse, et peut-être éternelle, ne diminue en rien l'emportement de mon amour. Je veux que tout le monde le sache, je n'en fais point de mystère, et je suis ravie d'avoir fait tout ce que j'ai fait pour vous contre toute sorte de bienséance... ; je ne mets plus mon honneur et ma religion qu'à vous aimer éperdument.

Mariane est fière de la force de la passion qu'elle éprouve et qui la fait vivre si intensément. Dans les moments de lucidité qui lui font comprendre qu'elle est abandonnée, elle exprime quelque mépris à l'égard de la tiédeur de celle de son ancien amant :

[...] Vous êtes plus à plaindre que je ne suis, et il vaut mieux souffrir ce que je souffre que de jouir des plaisirs languissants que vous donnent vos maîtresses de France. Je n'envie point votre indifférence et vous me faites pitié.

Mariane, avant Roxane, considère l'amour comme un rapport de domination et elle n'hésite pas à écrire, après avoir exprimé les mépris qu'on vient de lire :

Il y a des moments où il me semble que j'aurais assez de soumission pour servir celle que vous aimez.

Ce goût de l'esclavage est lié à la certitude que la souffrance assure une plénitude de vie, empêche d'être mort. « Faites-moi souffrir encore plus de maux » demande Mariane au volage officier français (on parlerait aujourd'hui de masochisme). En dernier ressort, la passion de la religieuse se retourne vers elle, elle se délecte de sa claustration, de sa folie, parce qu'elle est présente à elle-même. Dernière trouvaille de Guilleragues : Mariane découvre le plaisir de l'écriture...

12. Romans philosophiques et didactiques

Le roman de Guilleragues constitue, parmi les œuvres du XVIIe siècle, une de celles qui parlent le plus à notre sensibilité moderne, influencée par Freud et par les nouvelles pratiques narratives. Le roman qui, *a priori*, attire le moins parce qu'il affiche une très étroite relation avec l'Antiquité et un propos didactique est une sorte d'épopée en prose, *Les Aventures de Télémaque* de Fénelon (1699). Une fois dépassée la première réticence, on découvre un univers extrêmement poétique, des aventures bien racontées qu'on n'a pas envie d'abandonner et les mêmes interrogations sur les effets du pouvoir et des passions qu'on a aimées dans la tragédie. *L'Autre monde* de Cyrano de Bergerac (1657) semble par sa fantaisie, sa virulence et sa hardiesse d'esprit nous projeter dans le XVIIIe siècle, et (comme les œuvres de ce siècle éclairé qui remettent en cause les fondements de la pensée, de la place de l'homme dans l'univers et de l'organisation sociale, préparant les révolutions et de 1789 et du XIXe siècle) s'adresser directement aux gens du XXe siècle, dans la mesure où l'on est rarement allé, dans les faits ou dans les états d'esprit, jusqu'au bout des expérimentations et des bouleversements suggérés par les écrivains-philosophes.

« Les Autres mondes » de Cyrano de Bergerac

Apporter des précisions sur le titre de l'œuvre, c'est déjà entrer dans l'histoire de sa réception et, partant, du caractère insolite, voire malséant, qu'elle présentait au milieu du XVIIe siècle. Grâce aux soins de Lebret, un ami de Cyrano, parut en 1656, après la mort de l'auteur (1655), une *Histoire comique contenant les Etats et Empires de la Lune.* On a depuis retrouvé deux manuscrits, datant approximativement de 1653, qui nous donnent une autre version du texte, appelée *L'Autre Monde ou les Etats ou Empires de la Lune* : sa lecture révèle que la version de 1656 est expurgée d'un certain nombre d'éléments jugés probablement trop audacieux par Lebret. Une suite était donnée par Cyrano à cette première œuvre, dont on ne retrouva pas, cette fois, le manuscrit, et qui fut publiée (sans aucun doute dans un texte censuré par son promoteur) sous le titre d'*Histoire comique des Etats ou Empires du Soleil,* en 1662. Dans la mesure où, à la fin des *Etats et Empires de la Lune,* le narrateur arrive à Marseille et où ceux du Soleil commencent par la mention d'une arrivée à Toulon, on peut même penser qu'il manque une troisième histoire entre les deux. Par ailleurs, effacer du titre « l'autre monde », c'était gommer la mise en place qu'effectuait Cyrano d'une alternative, c'était atténuer l'invitation à penser autrement. La désignation des deux courts ouvrages (le premier occupe à peine cent pages, le second cent cinquante environ) comme des « histoires comiques » montre qu'on a affaire à des récits écrits dans un style voisin de celui du *Francion,* c'est-à-dire un style résolument bas. Comme le propos de l'auteur n'est manifestement pas de railler une autre forme littéraire, on peut penser que le choix du style correspond essentiellement à un souci de vulgarisation. En effet, il s'agit bien de l'expression de la pensée d'un libertin ; la fantaisie qu'on y trouve provoque d'autre part le rire, comme certains aspects de la vie même de l'auteur, qui a passionné Edmond Rostand.

Fantaisie et raison

Nous sommes entraînés dans un voyage interplanétaire. Le Grec Lucien y avait déjà songé dans son *Histoire véritable,* et l'Anglais Godwin, traduit par Baudoin en 1648, avait imaginé le voyage « chimérique » d'un aventurier espagnol se déroulant sur une autre planète dans *L'Homme dans la Lune.* Mais l'ouvrage de Cyrano est beaucoup plus intéressant du fait que l'auteur est en étroit contact avec le monde scientifique de son temps. Au reste, la préface des *Etats du Soleil* est rédigée par un disciple de Descartes. En 1647, P. Borel, ami de Gassendi, de Mersenne, composa, sans le publier, semble-t-il, un *Discours de nouveau prouvant la pluralité des mondes* reflétant les interrogations des philosophes-savants qui se demandaient si les astres avaient des habitants. Les observations de la Lune réalisées par Galilée et rappelées par Borel indiquaient l'existence de montagnes et de plaines. Borel expose, entre autres, tous les problèmes physiques liés à la pesanteur, qui empêchent l'homme de réaliser une machine volante efficace. Ces problèmes constituent une partie du comique des deux histoires car la machine volante du narrateur est bien difficile à mettre au point et plaisante à décrire. Il attache d'abord autour de lui « quantité de fioles pleines de rosée » (l'intention scientifique n'empêche pas la poésie) que le soleil est censé attirer. Premier résultat, sa machine le transporte non pas dans la Lune mais en Nouvelle-France, au Canada. Immédiatement, essai d'interprétation de ce qui s'est passé :

> ... il fallait que la Terre eût tourné pendant mon élévation puisqu'ayant commencé de monter à deux lieues de Paris, j'étais tombé par une ligne quasi perpendiculaire au Canada.

Une nouvelle tentative lui rapporte force contusions. Puis le hasard travaille pour lui car l'explosion des fusées placées contre la machine volante pour la détruire le propulse dans l'air. Mais, toujours grâce au hasard, mais un hasard qui produit des conditions analysables et reproductibles, il continue de s'élever même une fois la machine détruite parce que

> la Lune pendant ce quartier ayant accoutumé de sucer la moelle des animaux, elle buvait celle dont je m'étais enduit avec d'autant plus de force que son globe était plus proche de moi et que l'interposition des nuées n'en affaiblissait point la vigueur.

Pour se rendre dans le Soleil le narrateur imagine une autre construction : une sorte de boîte percée en haut et en bas et surmontée d'un « vaisseau de cristal fait en globe » :

> Le vase était construit exprès à plusieurs angles et en forme d'icosaèdre, afin que chaque facette étant convexe et concave, ma boule produisît l'effet d'un miroir ardent.

On notera que le style ici s'est éloigné de la « bassesse » qu'on lui reconnaissait plus haut : nous verrons plus loin un autre exemple de cette variété.

Un roman d'idées

Evidemment, cette volonté de se déplacer dans l'espace suppose un accord préalable avec les théories de Galilée. Il y a remise en cause du système de Ptolémée, auquel s'accrochait l'Eglise — la Terre y étant considérée comme le centre du monde et par conséquent la Création organisée autour de l'homme. Cette pensée libre est exposée par le narrateur au vice-roi de la Nouvelle-France, parce que les Pères jésuites se trouvent mal satisfaits de la manière dont le voyageur est arrivé dans le pays, le prennent pour un magicien (donc ayant commerce avec le diable), et incitent le vice-roi à en savoir plus. Cyrano ne sépare pas l'acquisition d'un savoir scientifique de l'examen d'une tentative d'explication rationnelle des croyances :

> Il y a des siècles fort éloignés au-delà desquels il ne paraît aucun vestige du genre humain. Peut-être qu'auparavant la Terre était un soleil peuplé d'animaux proportionnés au climat qui les avait produits ; et peut-être que ces animaux-là étaient les Démons de qui l'Antiquité raconte tant d'exemples.

Arrivé sur la Lune, le narrateur « tombe » en plein Paradis et est accueilli par un Elie non pas vieux mais jeune. Elie parle toujours de la Terre en disant « la Lune ». Il raconte comment Adam s'est réfugié sur la « Lune » du narrateur pour échapper aux poursuites de son père, comment Enoch fabriqua plus tard une machine volante pour remonter dans la Terre et comment, ayant mangé de la pomme de l'Arbre de Science, il fut introduit au Paradis. Elie lui-même habitait autrefois la Terre. Le paradis lunaire est décrit par Cyrano avec une sensualité qui rappelle qu'il est libertin. Il en va de même des réflexions « déplacées » (il les appelle des « fariboles ») qu'il fait en entendant les récits d'Elie. Celui-ci ayant expliqué qu'en punition du crime du premier homme, chacun porte un serpent dans son ventre que les hommes ont nommé boyaux :

> — En effet [...] j'ai remarqué que comme ce serpent cherche toujours à s'échapper du corps de l'homme, on lui voit le col et la tête sortir du bas de nos ventres.

Et de suggérer que, pour empêcher que l'homme ne soit seul à être tourmenté, le serpent peut piquer la femme et son venin la faire enfler pendant neuf mois... Le narrateur met Elie hors de lui, et en est puni en mangeant l'écorce du fruit de la science, qui donne l'ignorance. Il est aussitôt expulsé du paradis lunaire et se retrouve au milieu de quadrupèdes qui, le considérant comme un monstre parce qu'il est bipède, le mettent en cage. Le monde lunaire fonctionne exactement à l'inverse du nôtre : les parents obéissent aux enfants, les vieillards aux jeunes gens, la virginité est considérée comme un objet de scandale, le suicide est non seulement licite mais recommandé. On met fin à ses jours au milieu de ses amis, qui boivent ensuite le sang du mort avant de s'accoupler afin que le disparu revive dans les enfants qui naîtront. On perçoit ici le souvenir du banquet qui suit la mort d'Eumolpe dans le *Satyricon* de Pétrone mais aussi le désir de donner une autre version de l'immortalité.

Un roman varié et habile

Beaucoup d'entretiens (le narrateur est assisté, pour comprendre le langage lunaire, du démon de Socrate) animent le récit : on a affaire à de véritables débats scientifico-philosophiques qui montrent que la forme donnée à l'ouvrage vise surtout à sortir le débat scientifique de son ghetto et de la forme conventionnelle de l'entretien. Au cours de ces discussions, il arrive à Cyrano de recourir à un style épique pour décrire le fonctionnement du vaste univers ou au contraire celui du microcosme que constitue le moindre organisme vivant. Que se passe-t-il dans une blessure ?

> ... alors ces grands feux, rebrouillant tous les corps, les rechasseront pêle-mêle et de toutes parts comme auparavant et, s'étant peu à peu purifiés, ils commenceront à servir de soleils à d'autres petits mondes qu'ils engendreront en les poussant hors de leur sphère.

C'est pourquoi, même quand le récit semble laisser la place au didactique, la narration vivante reprend ses droits. L'œuvre de Cyrano, par le biais de la fiction la plus fantaisiste, fait encore entrer la vérité dans le roman, non pas la vérité des mœurs ou la vérité d'un caractère, mais celle des choses, du rapport du corps et de l'esprit : celle-ci se cherche, et c'est pourquoi le mouvement du roman lui convient parfaitement.

« Les Aventures de Télémaque »

La structure du roman

Si Cyrano s'adressait à la masse des hommes pour les instruire et les faire réfléchir, Fénelon (v. p. 387-391) destine son pastiche de l'*Iliade* et l'*Odyssée* à son élève, le duc de Bourgogne. Pour être moins ennuyeux, il propose à son disciple de suivre les aventures d'un jeune homme, comme lui, Télémaque, qu'il imagine parcourant la Méditerranée, non seulement comme l'avait fait Ulysse son père mais également comme le faisait par exemple le Polexandre (p. 161) de Gomberville. Il n'est guère étonnant que Fénelon ait choisi la prose pour sa suite de l'*Odyssée* : on a vu plus haut quels rapports unissaient l'épopée et le roman. Fénelon s'est d'ailleurs d'autant mieux imprégné du style d'Homère qu'il a traduit auparavant les chants V à XI de l'*Odyssée.* Son œuvre s'articule précisément sur le quatrième chant de cette épopée, car Télémaque, qui a reçu d'Athéna l'ordre de chercher son père, et qu'on suit au début de sa quête, disparaît chez Homère de ce quatrième chant au quinzième. Fénelon comble donc une lacune de l'épopée homérique et son roman, comme ceux du Moyen Age, est celui d'une quête, celle d'Ulysse mais aussi celle de la sagesse. Fénelon divise son œuvre, comme Homère l'avait fait, en un grand nombre de livres (dix-huit) correspondant chacun à une étape du périple de Télémaque. Ce dernier a vécu longtemps sans son père, qui n'a pu lui inculquer sa sagesse, s'il en avait acquis... Ce sont la vie, et ses épreuves, qui vont servir de précepteur au jeune homme. Toutefois, il n'est pas seul pour tirer les leçons de ce qu'il vit. Il est très souvent accompagné du sage Mentor sous les traits duquel s'est cachée Athéna. Le récit ne progresse pas de façon linéaire. L'action commence *in medias res* sur l'île de Calypso à laquelle Télémaque raconte ses aventures passées dans les livres II et III ; le livre IV nous ramène au présent et Mentor presse Télémaque d'achever la narration commencée et qui reprend donc dans ce livre IV et pendant le livre V. A partir du sixième livre, le récit étant achevé, les aventures de Télémaque sont racontées au présent et non plus par Télémaque, mais par Fénelon. Cependant bien d'autres récits, impliquant un changement de point de vue, sont introduits dans l'action car lorsque Télémaque fait des rencontres, il aime entendre ce qu'ont vécu les autres. Il arrive que le narrateur écouté par Télémaque lui parle d'Ulysse, approfondisse la réflexion que peut inspirer tel passage de l'épopée, tel épisode de la mythologie ; c'est le cas de Philoctète qui lui raconte la mort d'Hercule et comment il reçut les fameuses flèches du héros. Les aventures personnelles de Télémaque semblent s'épaissir, s'assombrir au fur et à mesure qu'on avance dans le roman, puisqu'il va être impliqué dans une grande guerre. On voit que le roman est remarquablement construit. Une étape différente des autres réoriente le récit : au quatorzième livre, Télémaque décide d'aller chercher Ulysse jusqu'aux enfers comme Enée l'avait fait dans le livre VI de l'*Enéide* de Virgile. Ayant acquis la certitude que son père est vivant, Télémaque, sûr que sa quête n'est pas vaine, retrouve une énergie nouvelle. On le sent mûri dans les quatre derniers livres.

Les épreuves personnelles de Télémaque

Les expériences que va connaître Télémaque sont de deux types. Certaines le concernent personnellement, d'autres sont surtout des observations. Le jeune homme fait dans le quatrième livre l'expérience de la pure volupté, à Chypre. Elle est bien différente de l'amour :

> Toutes les compagnies m'inspiraient je ne sais quelle inclination pour le désordre : on se moquait de mon innocence ; ma retenue et ma pudeur servaient de jouet à ce peuple effronté [...] Je me sentais affaiblir tous les jours [...] J'étais comme un homme qui nage dans une rivière profonde et rapide : d'abord il fend les eaux et remonte contre le torrent ; mais, si les bords sont escarpés et s'il ne peut se reposer sur le rivage, il se lasse enfin peu à peu ; sa force l'abandonne, ses membres épuisés s'engourdissent et le cours du fleuve l'entraîne.

Ce n'est qu'après cette immense tentation que Télémaque fait dans le premier et surtout le sixième livre l'expérience de l'amour : celui dont il est l'objet de la part de Calypso qui retrouve en lui les traits de son père qu'elle aimait (elle prend un plaisir sensuel à l'écouter raconter ses aventures comme on prend du plaisir à lire un livre, un roman) et celui qu'il ressent pour la nymphe Eucharis. La jalousie de Calypso est effrayante à voir :

> Calypso avait les yeux rouges et enflammés : ses regards ne s'arrêtaient jamais en aucun endroit ; ils avaient je ne sais quoi de sombre et de farouche. Ses joues tremblantes étaient couvertes de taches noires et livides : elle changeait à chaque moment de couleur. Souvent une pâleur mortelle se répandait sur tout son visage.

Télémaque aime en Eucharis autre chose que son corps ; aussi se méfie-t-il peu. Mais sa passion pour elle le détourne de la quête d'Ulysse. Tout au bonheur des tendresses de la nymphe, Télémaque se laisse aller au désespoir de retrouver son père pour tenter de rester sur l'île de Calypso ; Mentor lui adresse des reproches. Sachant qu'il devra partir, Télémaque devient tourmenté, est en proie à la mélancolie et se montre sans énergie :

> Il était devenu maigre ; ses yeux creux étaient pleins d'un feu dévorant ; à la voir pâle, abattu et défiguré, on aurait cru que ce n'était point Télémaque. Sa beauté, son enjouement, sa noble fierté s'enfuyaient loin de lui. Il périssait, tel qu'une fleur qui, étant épanouie le matin, répandait ses doux parfums dans la campagne et se flétrit peu à peu vers le soir : ses vives couleurs s'effacent ; elle languit, elle se dessèche et sa belle tête se penche, ne pouvant plus se soutenir...

On reconnaît ici l'éloquence des sermons d'un brillant homme d'Eglise. Trop bouillant, emporté, Télémaque attaque et blesse Hippias, le frère d'un roi venu pour aider Idoménée, protecteur de Télémaque, contre les Dauniens. Il a ainsi affaibli son camp. Sans même avoir besoin de Mentor, il tire les conséquences de l'absence de maîtrise de soi. Ce n'est qu'après avoir ainsi réfléchi sur l'art de se gouverner que Télémaque s'illustre au combat.

L'instruction politique du prince

Télémaque réfléchit aussi à ce qu'il voit : il apprend à connaître les régimes tyranniques, comme celui du roi d'Egypte Bocchoris, contre lesquels le peuple se révolte ; des régimes justes comme celui de Sésostris d'Egypte ou la royauté d'Idoménée à Salente. Cependant les deux types de connaissances ne s'opposent pas : la tyrannie n'est qu'une forme de l'intempérance d'un roi et Télémaque a mesuré ce qu'était l'intempérance. Ebloui par l'ancienne magnificence de Salente, Télémaque est étonné de retrouver le pays changé au livre XVI. La campagne est fort belle mais la ville est devenue plus austère. Idoménée a fait procéder à des transferts de population pour que l'accumulation des richesses amollissantes ne corrompe pas la ville. Ainsi le royaume d'Idoménée va-t-il ressembler à la Bétique, un pays évoqué par Adoam au livre IV et situé au plus profond de l'Egypte et qui constitue une sorte d'utopie : aucune violence dans ce pays, où règnent la simplicité des mœurs, l'harmonie, la sobriété ; la seule industrie y est celle qui doit servir l'agriculture ; on n'y exploite pas les mines d'or. Ainsi Idoménée s'efforce-t-il de faire coïncider le rêve et la réalité en favorisant la campagne par rapport à la ville. Télémaque se rend compte que les réformes d'Idoménée sont au fond bien plus importantes que toutes les grandes guerres qu'il a pu mener, même si elles font moins de bruit.

Simplicité ne veut pas dire absence de culture. Dans le deuxième livre, Télémaque raconte avoir été réduit à conduire un troupeau dans le désert d'Oasis parmi de sauvages bergers. Il y rencontre un prêtre nommé Termosiris, qui lui apporte un autre soutien moral que celui que lui donnait Mentor : sorte de nouvel Orphée, il lui récite des vers en jouant de la lyre et lui apprend son art. Il lui donne une flûte et la « voix » de Télémaque éduquée révèle une harmonie divine. Les bergers aiment cette musique, ils chantent avec lui tout le jour. La leçon de Termosiris était la suivante :

> Puisque vous êtes dans l'état où fut Apollon, défrichez cette terre sauvage ; faites fleurir comme lui le désert : apprenez à tous ces bergers quels sont les charmes de l'harmonie ; adoucissez les cœurs farouches ; montrez-leur l'aimable vertu...

Les bergers se mirent à travailler :

> Tout y était devenu doux et riant ; la politesse des habitants semblait adoucir la terre.

Ainsi les arts ont leur place dans cette société rurale dont rêve Fénelon.

Il est vrai que les plus belles descriptions du *Télémaque* sont sans doute celles qui s'attachent au paysage, même si telle ville particulièrement ordonnée et bien construite intéresse Fénelon. Une vigne mérite tous les efforts de l'écrivain, qui n'aime pas les spectacles grandioses mais les jolis endroits, arrondis et doux. Ces évocations forment évidemment un contraste saisissant avec la peinture des effets de la passion, les admonestations de Mentor, les conseils de gouvernement qu'il donne à Idoménée dans un style posé et grave, ou avec les récits véritablement épiques des combats de Télémaque. La variété du style est un des grands charmes du roman. Ces convergences dans *Télémaque* font que le lecteur a non seulement envie de connaître les suites de l'aventure de Télémaque mais de retrouver, après plusieurs pages d'un haut style, quelques moments de la douceur qu'on a qualifiée de fénelonienne. Le Télémaque qui sort de toutes ces aventures est un Télémaque assagi, riche d'une infinité d'expériences, de leçons, mais aussi de sensations et d'images. Car la poésie est bonne pédagogue et la rencontre extraordinaire qui se produit dans l'œuvre de Fénelon est celle de la poésie et du roman.

TROISIÈME PARTIE
La poésie

La poésie est un espace à plusieurs dimensions. On a depuis longtemps fait du poète un être inspiré qui sait traduire, dans des paroles souvent énigmatiques et difficiles à maîtriser, des messages venus d'ailleurs. L'inspiration ressemblait pour les Anciens à un état de folie, « fureur », « enthousiasme », faisant sortir du sens commun, parfois avec violence. La contrepartie en est la révélation du mystérieux. Cette conception de la poésie est remise en valeur au XVIe siècle par la Pléiade, et se transmettra en héritage controversé au XVIIe siècle. La poésie apparaît ainsi comme un engagement de tout l'être, une vocation, une aventure qui projette dans l'inconnu, permet de vastes explorations et de surprenantes découvertes. On comprend qu'avec les progrès des sciences exactes et avec la montée en force de la raison cette vision de la poésie ait été progressivement contenue.

Cependant, si pour certains la poésie est dérèglement, elle est pour d'autres travail et maîtrise de la langue. C'est un métier que de faire des vers, avant d'être un art, et ce travail de « métrification » assure une bonne fixation du sens, pour une meilleure mémorisation par exemple. De là surgit un autre espace à découvrir, et la poésie peut devenir une exploration des capacités de la langue. Celles-ci permettent toutes sortes de jeux pour s'égayer et s'évader du sérieux quotidien, ou à l'inverse amènent des formes qui transposent la réalité ou qui peuvent accueillir les révélations les plus hautes. De plus, travaillée dans ses rythmes et ses sonorités, la langue peut devenir musique et conduire à la découverte d'harmonies nouvelles. Enfin, le mot étant pour beaucoup dans la perception de la chose, s'emparer des mots a pu paraître comme un moyen efficace d'explorer les choses, le monde dans son immensité inconnue, les êtres et les objets. Et il existe, surtout au XVIe siècle, une poésie cosmique, encyclopédique, énumérative qui, partant à la découverte, espère contenir la création et la révéler, comme il existera au XVIIe siècle une poésie des choses et des objets qui en exploite par les mots la consistance et les qualités.

Ces deux conceptions de la poésie que nous venons d'évoquer se rejoignent finalement : d'un côté, l'inconnu surgit spontanément, par l'intermédiaire de l'être hypersensible qu'est le poète, qui voit arriver les mots sans qu'il puisse réellement les comprendre tous, d'un autre côté, le travail sur les mots projette dans des découvertes et ramène l'inconnu.

Cette puissance révélatrice de la poésie lui fait confier des missions essentielles. L'intérieur est un de ses domaines réservés. La poésie se trouve être, et depuis fort longtemps, le lieu de la projection du moi, de l'expression des sentiments, qui viennent se déposer, comme des forces affectives difficiles à contrôler et à réprimer. Ce qui bouleverse l'être trouve à s'extérioriser, à se libérer par la poésie, d'où la place importante faite à l'amour, le sentiment des sentiments. Mais, dans un mouvement inverse, la fixation des sentiments dans la forme poétique peut amener à une maîtrise, une exploration de soi, une ascèse qui permet de tracer un itinéraire constitutif de la personnalité et de la stabiliser.

Etant donc à la fois révélation et action, la poésie est sollicitée aussi pour jouer un rôle dans la vie sociale et politique. Platon ne voulait pas du poète dans sa *République* parce que le dérèglement causé par l'inspiration lui semblait le rendre inapte aux affaires de la cité. Nous avons d'ailleurs tendance à partager ce sentiment, faisant du poète un être à part à l'écoute de l'invisible et toujours enclin à s'évader du monde. Et il est vrai qu'une part importante de la poésie ouvre des voies d'évasion par la recréation de la réalité : reconstitution idéalisée du paradis des premiers âges, retraites cachées de la culture, mondes imaginaires, magiques, lointains, mystérieux ou inaccessibles du passé ou des autres peuples et civilisations, déstructurations cocasses et divertissantes des situations habituellement sérieuses... Cependant, bien des époques, et particulièrement le XVIIe siècle, voient comme inhérente à sa nature l'insertion de la poésie dans le réel. En l'absence d'autres moyens de résonance, la poésie est ainsi constamment appelée à être l'écho de la vie publique, dans ses manifestations les plus variées : exercice du pouvoir, contre-pouvoir et rébellion, polémiques, expression collective de la foi, débat littéraire et culturel, expression commune, dans un code mondain, d'un art de vivre et de se divertir... Mais la poésie n'est pas là un simple reflet révélateur. Elle cherche souvent à avoir prise sur la réalité, à agir sur elle. La magie des mots et des sons amplifie alors l'effet d'une volonté d'être utile ou efficace. Les poètes du XVIIe siècle nous montrent que la poésie participe à la vie, qu'elle est un moyen privilégié d'accompagnement de l'action, ou action elle-même, que, servant en principe à immortaliser, elle se voit attribuer un rôle considérable sur le présent.

Evidemment, d'autres moyens d'expression s'imposeront bientôt qui dispenseront la poésie d'une partie de ces attributions, et l'évolution des mentalités fera plus tard trouver étranges ou peu supportables certaines de ses manifestations. L'évolution d'une notion comme le lyrisme, par exemple, peut donner une idée de cette transformation qui s'est effectuée dans la perception du fait poétique et du rôle de la poésie. Aujourd'hui, le lyrisme représente l'expression poétique des sentiments personnels. Au XVIIe siècle, le mot était plus proche de son sens d'origine : la poésie lyrique est d'abord celle qui se chantait sur la lyre, instrument d'accompagnement du chant, associé à l'image d'Apollon, dieu de la poésie et de la musique. Dans le théâtre grec antique, le texte dramatique était entrecoupé de parties lyriques, en vers plus courts, confiées à un chœur. Et l'on dit encore aujourd'hui théâtre lyrique pour désigner le théâtre chanté, l'opéra. Il y a dans la poésie des formes proprement lyriques, odes, stances, hymnes..., qui, travaillées dans leurs rythmes et leurs harmonies, étaient destinées très souvent à être mises en musique ou tout au moins à résonner par la lecture à haute voix. Là peut se déployer un style élevé et solennel pour célébrer, faire l'éloge des événements et des grands personnages. Pour ne pas confondre avec notre acception moderne, il convient d'appeler grand lyrisme cette tonalité et ces formes poétiques appliquées à l'éloge public. L'enthousiasme, l'émotion, une certaine effusion sont censés accompagner cependant ces poésies de la célébration, de même que le chœur des pièces antiques était censé exprimer des sentiments face aux événements développés par la pièce. C'est par là que pointe le sens actuel qu'imposera le Romantisme : la poésie lyrique est le lieu d'expression de l'intérieur, du moi du poète, sur ces thèmes communs (la vie, la mort, l'amour, le destin, le temps...) qui supposent « autant de variation qu'il y a de sensibilités » (Brunetière) et pour lesquels il faut trouver des rythmes, une musicalité, une harmonie correspondant aux émotions vécues. L'intimité de la confidence, la sincérité qui touche donnent à la poésie lyrique son poids de vérité et nous avons à présent tendance à juger par là de la qualité de toute poésie passée. Ce qui est constant en l'homme traverse en effet mieux les siècles que ce qui appartient en propre à une époque. Il n'en reste pas moins que ces époques percevaient comme poétiques les accents élevés du grand lyrisme, et qu'il y a lieu de les replacer dans leur temps et dans leurs fonctions pour pouvoir en apprécier les richesses. Dans l'œuvre de chaque poète au XVIIe siècle, une part est faite, importante, parfois dominante, à cette dimension publique de la poésie, regard sur la réalité, célébration, action politique ou morale. Les accents personnels y répondent avec relief comme dans une perception toute poétique de l'existence.

L'idée que l'on se fait de la poésie s'exprime par des théories, des doctrines, des *Arts poétiques*. Ceux-ci, assez souvent, reprennent des cadres qui existent depuis longtemps, souvent depuis l'Antiquité, et tentent d'observer, de classer les manifestations contemporaines de la poésie. Ces distinctions peuvent être des classements purement formels. On sépare ainsi la poésie strophique (odes, stances, psaumes, chansons...), dans laquelle existent des formes fixes (sonnet...), de la poésie non strophique, en vers égaux à rimes plates (épopée, élégie, satire, épître...). La distinction par genres est, elle, plus signifiante, chaque genre étant susceptible de recevoir une fonction. Ainsi l'épopée est destinée à célébrer les exploits de héros exemplaires, la satire à fustiger les vices de la société. En illustrant ces genres, les poètes ont conscience de poursuivre un effort continu de transposition des réussites de l'Antiquité ou d'époques plus récentes. Mais la séparation nette des natures et des fonctions des genres reste souvent théorique au XVIIe siècle ; l'élégie sert autant à l'expression des sentiments qu'à celle des idées, et devient parfois épître ou satire ; l'épopée se voit pénétrée de romanesque, de pastoral et de galant, et devient parfois « idylle héroïque », l'ode sert autant à la célébration des événements qu'à celle de l'amour, le sonnet est utilisé dans toutes les circonstances. De nouveaux genres apparaissent, plus libres, comme le madrigal, des genres peu faits pour la poésie sont totalement transformés, comme la fable. La distinction des genres apparaît ainsi au XVIIe siècle surtout comme une référence à partir de laquelle tous les renouvellements sont possibles.

Théoriquement aussi, il existe une répartition des styles à utiliser suivant les genres, et cette distinction est suffisamment efficace pour permette les effets plaisants du burlesque, lorsque volontairement l'on n'adoptera pas le style adéquat. Cependant, l'on voit des poètes, comme La Fontaine, rechercher un style qui fasse la synthèse de caractères très différents. En principe aussi, l'unité du style est requise dans la même œuvre. Mais l'on cherche parfois de meilleurs effets en mélangeant les styles, comme le fait Saint-Amant. Là aussi les niveaux de style sont des références utiles qui permettent aux poètes de trouver des réponses originales.

Il semble aussi acquis que la poésie se fonde sur la forme versifiée. Cependant, le goût de l'expression naturelle poussera à rechercher des formules qui se rapprochent de la prose, comme le poème en vers irréguliers, et l'on aimera faire se succéder, et presque se superposer et se confondre, la prose et les vers dans une même œuvre. La poésie semble alors susceptible de surgir librement, même en l'absence de vers. Une rigueur plus grande s'applique cependant à l'usage de la langue et au travail du vers, régularité que Malherbe fait admettre à son siècle. Mais l'on trouvera parfois qu'il faut laisser aux mots leur spontanéité ou qu'il est des négligences nécessaires pour donner l'agrément que n'apportent pas les beautés trop parfaites. Le paysage poétique du XVIIe siècle fait apparaître ainsi à la fois un respect pour la régularité et, en contrepoint, un effort permanent de découverte et d'originalité.

Malgré tout, le siècle évolue vers un resserrement, un appauvrissement de la poésie, issue sans doute inéluctable et à mettre en parallèle avec la promotion des autres genres littéraires, et l'évolution des mentalités et des comportements. Bien que rien ne se fasse d'une manière nette et abrupte, différentes périodes se dessinent. Le début du siècle voit s'opposer à l'héritage de la

Pléiade et à la vivacité tumultueuse du XVIe siècle, la maîtrise des mots et des choses par la régularité et la douceur. Trois poètes dominent cette première période, Régnier, Malherbe, d'Aubigné. Vers 1620, l'œuvre de Théophile de Viau, trop tôt interrompue, détermine un nouveau climat, cependant que l'influence de Malherbe se précise. Entre 1625 et 1650, la poésie mondaine se développe au rythme de l'évolution des mœurs, Vincent Voiture en étant le meilleur représentant, alors que la gaieté de Saint-Amant, la facétie grave de Scarron et la mélancolie de Tristan semblent se répondre. Après la Fronde (1648-1653), alors que l'on espère sans doute tirer les bénéfices d'un affinement du goût, la poésie s'épuise, explosion, mais échec épique, étincelles artificielles des galanteries. Les attentes de la poésie seront amplement comblées par Boileau et La Fontaine, presque seuls cependant dans le paysage poétique des années 1660 et jusqu'à la fin du siècle et au-delà. Leur œuvre, différemment, représente à la fois une situation d'équilibre rassemblant et dépassant les évolutions du siècle, et comme un aboutissement sans postérité immédiate.

Nous observerons d'abord cette première période où se dépensent les héritages et se précisent des règles durables (chap. 13). Partant de là, pour voir évoluer la poésie par genre sur tout le siècle, nous séparerons deux attitudes face à la réalité et à soi-même : la vision sérieuse, pathétique, fervente, recherchant l'évasion, ou attachée à la réalité et directement engagée dans la vie sociale (chap. 14), et la vision détendue de la gaieté, ou les détours distanciés de l'acidité épigrammatique, de la dérision burlesque et de l'humour badin (chap. 15), pour aboutir à l'œuvre de Boileau et La Fontaine (chap. 16).

13. Ordre et tumulte : dialogue de l'ode et de la satire

Pendant trente ans, la France s'était déchirée en guerres civiles opposant les religions et impliquant des puissances étrangères. La paix est rétablie (traité de Vervins, édit de Nantes, 1598). La stabilité politique semble retrouvée autour de la personne d'Henri IV. Accompagnant la paix, la poésie connaît un essor extraordinaire. Un grand nombre de poètes se pressent aux portes du succès. De nombreux recueils collectifs sont publiés qui réunissent les poèmes les plus remarquables. L'activité poétique est une marque de la vitalité qui accompagne la prospérité retrouvée, et pour le poète, plus que jamais peut-être, elle représente l'espoir de se hisser à une place de choix dans la société. Car, si les poètes sont en quête d'une situation à la cour et de la protection gratifiante d'un Grand, les hommes de pouvoir, reconnaissant la force que représente la plume, tentent de retenir à leur service les poètes les plus talentueux.

François de Malherbe 1555-1628

Parmi ceux-ci, il en est un qui insensiblement va s'imposer en donnant une orientation nouvelle à la poésie. En trente ans, Malherbe, presque un inconnu avant son installation à Paris en 1605, va être considéré par la presque totalité des poètes comme le maître de la poésie moderne.

Sa vie et son œuvre sont liées aux milieux du pouvoir. Malherbe est un gentilhomme de province (Caen), qui exerce la poésie comme l'un des arts traditionnels de la noblesse, et en fait une voie privilégiée où se rassemble et se réalise son idéal intellectuel, social et politique. Puis il s'installe à Aix-en-Provence.

Il se forge un talent poétique et déjà sa méthode, dans la lignée d'hommes de lettres, ses contemporains, mêlés aux affaires publiques (comme Guillaume Du Vair ou Jacques Du Perron, cardinal en 1604, prédicateur et poète, influent à la cour d'Henri IV et réputé pour son éloquence efficace...). Comme eux, Malherbe souhaite accéder aux plus hauts niveaux et faire de sa plume un instrument efficace du pouvoir.

Ses premières odes le font apprécier (1600). Du Perron et Du Vair l'introduisent à la cour d'Henri IV et Malherbe commence en 1605 une carrière de poète quasi officiel, liée de près aux événements du règne et aux grands personnages (le roi, le duc de Bellegarde, à qui le roi l'a confié...), dont il fait l'éloge dans ses vers. Après la mort d'Henri IV (1610), il est plus proche encore du pouvoir, devenant un des familiers de la régente, Marie de Médicis. Mais vers 1615 il se retire de la cour, cependant que l'Etat se désagrège. L'égoïsme des Grands, et leur ingratitude, fait douter de leur capacité à soutenir l'image idéale que le poète avait forgée d'eux. Il n'écrit plus guère non plus, conservant en ses amis des appuis qui tempèrent ses soucis. A la ville il retrouve avec plaisir le salon de Mme de Rambouillet (Catherine de Vivonne, qu'il dénomme, en faisant l'anagramme de son prénom, « L'incomparable *Arthénice* »). Voici pourtant un beau regain poétique, dans le style de ce qui avait animé ses grands élans de jadis : en 1624 Richelieu s'installe sur la scène politique comme « principal ministre » et Malherbe retrouve les accents du grand lyrisme pour accompagner les événements de la montée en pouvoir du règne de Louis XIII. Ses derniers jours seront assombris par le deuil et par de vaines démarches pour obtenir la punition des assassins de son fils.

La « doctrine » de Malherbe

L'existence de cet homme est faite d'idéal et de difficultés matérielles, d'élans et de déceptions, de peines vécues avec amertume et fermeté, ou de gaieté puisée à une énergie de bon vivant. Or sa poésie n'est pas précisément le reflet de sa vie : égale, située en majeure partie sur les niveaux élevés de la pensée et de la parole, son œuvre fait apparaître qu'il considérait moins l'écriture comme un lieu d'épanchement que comme un art maîtrisé et un véritable moyen d'agir efficacement dans la vie publique. Il ne croit donc pas que le poète soit un être inspiré, pénétré de paroles venues d'ailleurs, divines, magiques, prophétiques, parfois obscures, dont ses vers seraient l'écho. En cela, il rompt avec les conceptions de la Pléiade, pour qui l'inspiration divine, la « fureur » poétique marquent le vrai poète. La poésie n'est pas plus pour lui un moyen de révélation de soi ou de libération des imaginations. Elle se doit d'être au contraire toute tournée vers le public, et parfaitement accessible au lecteur, qui en est l'unique justification.

Pour cela, Malherbe compte surtout sur le jugement qui permet de choisir les meilleures pensées, les meilleures images, et sur le travail qui permet d'affiner les meilleures tournures, de trouver les meilleurs rythmes. Le lecteur peut alors être saisi par une parole que rien ne heurte, et qui en sera d'autant plus pénétrante.

Les principes essentiels qui permettent d'y parvenir sont la clarté, la netteté, la concision, la simplicité. Les mots choisis doivent pouvoir être immédiatement compris. L'usage est ainsi sans cesse à consulter, de même qu'il faut percevoir en écrivant les capacités de compréhension et d'attention d'un public non savant. Autant le travail de la Pléiade avait été d'enrichir la langue, de faire revivre de vieux mots et d'en créer d'autres, autant Malherbe travaille à l'épurer de ce qui, pour lui, l'encombre et lui fait perdre sa force, en particulier les archaïsmes. Un respect des règles de la grammaire est de même indispensable à la clarté. Il faut éliminer les impropriétés, les approximations de la syntaxe, tout ce qui met à mal le sens. Contre le foisonnement des mots qui étouffe la signification sous l'épaisseur du remplissage, il faut, au contraire, de la concision et un choix de termes, d'idées, d'images simples. Dans l'héritage poétique considérable que laisse Ronsard, un tri est nécessairement à effectuer, pour ne retenir que ce qui reste mesuré et raisonnable. L'emprunt à la mythologie grecque et latine par exemple, constant dans la poésie de cette époque, est à limiter à ce qui appartient à la culture générale, c'est-à-dire à ce que le lecteur connaît et comprend. Malherbe fera ainsi admettre que la langue poétique doit rester simple et qu'il n'y a pas un niveau spécial, où tout serait étonnant, inhabituel et un peu irréel, et qui serait celui de la poésie.

Il comparait, en revanche, la poésie à la danse, divertissement qui ne peut se satisfaire de négligences et qui a besoin d'être réglé à la perfection pour faire correspondre harmonieusement le rythme des pas et les inflexions de la musique. D'où un nécessaire et exigeant travail de versification, pour que tout soit exact et mesuré, les coupes, les rimes, la correspondance entre le sens et l'espace de l'hémistiche ou du vers, la proportion des strophes... La poésie est pour lui un art de haute discipline qui ne peut être soumis au hasard. Le travail est le prix à payer pour parvenir à une écriture d'une grande fluidité rythmique et musicale.

Malherbe n'a pas exposé sa « doctrine » dans un livre ; il l'avait lentement mûrie en lisant les poètes qui étaient ses contemporains et en réagissant sur leur œuvre. Il a en particulier annoté un exemplaire des poésies de Philippe Desportes (1546-1606), poète maniériste très apprécié à la cour d'Henri III. Ce *Commentaire* de Malherbe nous est parvenu et permet, avec les témoignages de ses disciples, de reconstituer en partie ce qu'ont pu être son enseignement et les fondements de sa réforme. Car il assemblait autour de lui de jeunes poètes, qu'il faisait travailler selon ses principes. Les plus fidèles sont Racan et Maynard, qui occuperont une place importante dans la poésie, Godeau, qui éditera ses *Œuvres,* Chapelain, Guez de Balzac, Vaugelas (v. p. 312-314)... profiteront aussi des perspectives tracées par Malherbe qui orientent l'art littéraire vers ce que nous nommons le classicisme. Résolument novateur, combatif et constructif, l'enseignement du maître a laissé sa marque sur eux, et sur bien d'autres, mais surtout son œuvre, qui le mettait en pratique.

L'ode et le grand lyrisme

L'œuvre de Malherbe est en grande partie conçue à partir des événements publics. Il restaure l'ode, et en fait un poème mesuré et porteur de la puissance de la parole, pour accompagner les grands moments, pour faire l'éloge des puissants, pour chanter les qualités du règne. C'est l'ode *A la Reine sur sa bienvenue en France* (1600), c'est l'*Ode au Roi* (Henri IV) sur la prise de Sedan (1607), *A la Reine sur les heureux succès de sa régence* (1610), *Pour la Reine mère du Roi pendant sa régence* (1613), *Pour le Roi* (Louis XIII) *allant châtier la rébellion des Rochelois* (1628)...

Comment apprécier cette poésie aujourd'hui où nous trouvons insupportable tout éloge appuyé des pouvoirs en place ? Nous constatons d'abord que le poète espère en obtenir des avantages, protection, pension, situation en vue. Ce qui contribue à augmenter nos réserves face à une pratique que nous jugeons contraire à la dignité de l'esprit et à la nécessaire liberté de la création. Replaçons pourtant l'écrivain face à sa condition, en une époque où l'on ne peut vivre de sa plume que si elle est utile à un patron, indispensable protecteur et nécessaire employeur. De plus, dans l'art d'écrire, l'on différenciait moins en ce temps ce que nous nommons littérature des autres métiers d'écriture et le secrétaire d'un prince était bien souvent, sans contradiction, poète, épistolier, mémorialiste..., de même qu'il entrait dans les conceptions du temps que l'art littéraire pouvait être un moyen de faire passer utilement des connaissances et des idées.

De sérieuses motivations fondent et justifient ces élans poétiques qui nous semblent aujourd'hui étranges. Découvrons-les pour profiter d'un très vaste domaine de la poésie du XVIIe siècle, consacré à la vie publique, et particulièrement à l'éloge (poésie dite encomiastique), illustrée par la quasi-totalité des poètes, même par les plus fiers et ceux qui se disent le plus épris de liberté.

Pour Malherbe, l'activité poétique s'inscrit dans un idéal politique. L'explosion des conflits civils lui a montré que la paix, la prospérité, le bonheur des peuples ne peuvent s'établir qu'appuyés sur un ordre stable, maintenu par la fonction royale, pour peu qu'elle soit représentée par des êtres à admirer. L'élan qu'Henri IV, la Régente, le jeune Louis XIII ou Richelieu voudraient susciter peut être soutenu par la poésie. C'est une force qui fixe pour longtemps les pensées et les actes dans la musique des mots, comme le savent bien les hommes de pouvoir, qui commandent des vers aux poètes. A cet appel avait finalement répondu, dans un passé lointain, le poète latin Horace (65-8 av. J.-C.), esprit libre et indépendant, qui avait constaté brusquement, à l'issue des guerres civiles romaines, qu'Octave (Auguste) était le seul personnage capable de maintenir l'ordre nécessaire à la paix. Il compose alors plusieurs livres d'odes, qui exposent un véritable programme de gouvernement, la poésie étant un moyen d'expliquer et de faire admettre la politique engagée. C'est dans cette lignée que se situe d'abord Malherbe, mais, moins didactique dans ses odes, il s'emploie surtout à célébrer les événements, à chanter la paix, à se réjouir de l'état apaisé du pays, à déplorer les catastrophes et les crimes, à conjurer les forces néfastes, à en appeler à Dieu pour qu'il favorise l'action bénéfique entreprise. Ce faisant, l'ode fait retentir l'actualité, expose la situation, sert de justification aux grands desseins, d'appui à l'action royale, lance un appel à la participation du peuple, et lui présente, sécurisante, l'image du prince idéal.

Dans l'éloge poétique, le roi, la reine, le dauphin, les Grands... sont des modèles sur lesquels se fonde l'espoir d'une prospérité générale du pays. Le tout ressemble à un beau mythe. Ce rêve se projette sur des êtres idéalisés, véritables héros, comme on en trouve dans les épopées, et qui sont chargés de représenter les valeurs positives. Cette époque, comme la nôtre d'ailleurs, aime à se créer des héros et à se transposer sur eux. Sur ceux que Malherbe chante, repose la destinée de la France. Au combat ou dans la paix, le roi est magnifié. Les odes de Malherbe sont ainsi les chants héroïques d'une grande épopée vécue au présent : l'histoire en train de se faire.

La personne du roi est par ailleurs auréolée par sa fonction. Personne double, comme on le pensait, humaine d'un côté, avec ses faiblesses, quasi divine de l'autre, lieutenant et image de Dieu sur terre. Il y a donc peu de différence dans le ton entre une ode qui fait l'éloge du roi et une prière de louange adressée à Dieu. Souvent chez Malherbe, les invocations se mêlent, et le chant de célébration des actes et des personnes humaines s'élève vers le ciel comme pour sceller une union indissoluble entre Dieu et les hommes.

Bien entendu, l'on est souvent loin, dans la réalité, des qualités idéales attribuées aux héros et du bonheur parfait du pays. L'ode devient alors un appel plutôt qu'un constat, un souhait, un chant qui permettrait de conjurer le malheur et comme une incantation pour la paix qui n'est pas assurée.

Là se révèle aussi le rôle que le poète se sent habilité à tenir par les paroles qu'il adresse aux Grands ; la morale du gentilhomme s'exprime et signale que la noblesse oblige à la vertu, que le pouvoir est une mission pour le bonheur du pays. Il y a dans la poésie d'éloge tout un enseignement à destination des Grands, mêlé aux compliments, et comme une invitation à ressembler à l'image idéale qui est tracée d'eux.

Le poète gentilhomme qu'est Malherbe n'est donc pas engagé à la légère dans la poésie d'apparat et d'éloge. Les vers qu'il fournit spontanément ou à la suite d'une commande sont soutenus par ses convictions et par un réel attachement aux héros qu'il exalte.

A ces héros, il parle d'égal à égal, quand ce n'est pas lui qui parle pour eux. C'est une langue royale que Malherbe réinvente pour tout le siècle et au-delà, sobre et majestueuse. La poésie est investie d'une haute fonction, celle de faire parler les rois ou de leur offrir une parole qui porte, et qui a trouvé dans une raisonnable régularité les secrets qui la rendent durable. Cette situation suffit à expliquer les accès d'orgueil que le poète a pu avoir (« Ce que Malherbe écrit dure éternellement »).

Sans doute pris par la désillusion, Malherbe a-t-il pu lancer un jour cette boutade rapportée par son disciple Racan, qu' « un poète n'est pas plus utile à l'Etat qu'un bon joueur de quilles ». On voit aisément que sa poésie exprime tout le contraire.

Odes et stances

L'engagement du poète est plus sensible encore dans ses stances, variété d'odes (et qui s'en distinguent d'ailleurs assez peu chez Malherbe), mais où le poème se fait souvent plus intime, plus mesuré, plus musical encore. De la *Prière pour le roi allant en Limousin* (1605) aux stances *Sur la mort de Henri le Grand* (1610)..., le poème devient l'expression de souhaits, de prières, de plaintes, de lamentations, de sentiments que chacun pourrait partager, comme si le poète cherchait à orchestrer, en s'en faisant l'écho, les effusions collectives. L'Histoire étant une tragédie continue, les stances de Malherbe, proposées au fil des événements, ressemblent alors à ces parties lyriques des tragédies antiques où un chœur répercutait dans son chant les réactions affectives du peuple.

Démarche comparable aussi dans ces stances spirituelles où Malherbe adapte des *Psaumes,* pris dans ce recueil poétique de la Bible *(Le livre des Psaumes)* composé de chants de louanges, de confiance, de remerciements... adressés à Dieu, par un roi poète exprimant la foi de tout un peuple.

Les stances et autres formes poétiques que Malherbe écrit pour des ballets sont aussi animées de ce désir de cohésion publique. Ces vers sont destinés à être prononcés ou chantés au cours de fêtes princières qui accompagnent de grands événements. La musique, la poésie, la danse sont alliées pour créer l'harmonie et l'idée d'ordre heureux. Même dans cette poésie de cour créée pour le divertissement, s'impose le grand sujet qui domine la poésie de Malherbe : la paix et l'âge d'or à retrouver au-delà des déchirements internes du pays.

Passant aux malheurs privés, les stances gardent chez Malherbe cette gravité, ce tragique simple et émouvant qui fait sentir que le destin est le même pour tous, roi ou sujet. Lui-même atteint dans sa vie par les deuils savait de quelle souffrance il s'agissait. Plusieurs de ses poèmes (stances, odes, sonnets...) sont des consolations *(A un ami, A Du Périer sur la mort de sa fille, Au Premier Président sur la mort de sa femme...),* qui cherchent à apaiser une douleur contre laquelle on ne peut rien. Rien de plus difficile que de raisonner un ami dans la peine. La résignation au destin, à la volonté de Dieu que la foi chrétienne impose, la nécessité de penser au pays qui a besoin des forces de chacun (jusque dans la consolation privée l'idée d'utilité publique subsiste) sont de ces raisons que Malherbe invoque avec stoïcisme, valables pour tous, mais sans doute peu aptes à consoler si elles n'étaient magnifiées par la poésie. Car la beauté émouvante d'un poème met sur un lieu de grandeur la souffrance humaine, et la détourne de ses effets en la faisant partager, en la rendant publique.

Malherbe est aussi poète de l'amour. Il prête en général sa plume à un Grand qui lui a demandé des vers pour s'adresser à une Dame. L'amour semble aussi vécu comme une mission officielle. Les poèmes qui en résultent en sont-ils moins beaux ? On oublie facilement qu'une très grande partie des œuvres d'art résulte de commandes (sculptures, peintures, bâtiments, compositions musicales) et que cette situation n'empêche nullement l'artiste de donner sa dimension. Pourquoi n'en serait-il pas de même pour la poésie ?

Les thèmes développés font partie des lieux communs de l'amour, souffrance de l'absence, de l'indifférence, de la séparation. Mais Malherbe, en bon vivant, n'est pas homme à sublimer les accès du désir et du sentiment comme dans les itinéraires sentimentaux des poètes pétrarquisants. Ses stances amoureuses, tout en reprenant les mêmes thèmes, évitent les effusions, expriment avec mesure des états d'âme maîtrisés, transcrits avec philosophie, parfois avec amusement. Pas de grand drame intérieur dans ces poésies, ni de mièvreries ou d'excès de raffinement. Mais une mélancolie ordonnée et paisible.

Influence de Malherbe

Tous les poètes de son époque ne partageront pas les idées de Malherbe. Rapprocher la poésie de la raison pouvait paraître contre nature, et certains montreront nettement leur opposition, comme nous verrons. Mais son œuvre et sa « réforme » vont s'imposer, comme une sorte de victoire de l'esprit moderne. On le constate d'abord en examinant les recueils collectifs. Au XVIIe siècle, on assemble souvent en effet, pour les publier en recueil, les poésies de différents auteurs que l'on juge les meilleures, ou qui ont été les mieux accueillies. Le nombre des poèmes de Malherbe contenu dans ces recueils ne fera que croître dans les trente premières années du siècle, jusqu'au *Recueil des plus beaux vers* de 1627, entièrement composé de ses poésies et de celles de ses élèves. La publication de ses *Œuvres* en 1630 marquera une sorte de consécration posthume. Malherbe devient une référence, non seulement pour les poètes, mais pour tout écrivain. D'une part, son œuvre inaugure une nouvelle ère de la poésie officielle, très largement illustrée dans le siècle, d'autre part, ses idées compteront considérablement dans les réflexions sur l'art d'écrire et de parler. Lorsque Boileau fera le point dans son *Art poétique* (1674) sur ce que son temps considère comme des vérités, il reprendra l'essentiel des principes de Malherbe (chant I) et prononcera dans un raccourci d'histoire de la poésie son éloge le plus célèbre (« Enfin Malherbe vint et le premier en France / Fit sentir dans les vers une juste cadence »).

Pourquoi tant de succès ? On conviendra que son œuvre correspondait à une aspiration générale, et que l'ordre politique et social qu'elle appelait était dans le sens de l'Histoire. Sans doute estime-t-on aussi de plus en plus que la maîtrise du langage apporte la maîtrise de la pensée, qui donne prise sur les choses et les événements. D'autres poètes, à la cour avant Malherbe, partageaient avec lui cette conviction, Du Perron, déjà cité, et Jean Bertaut (1552-1611), dont la poésie est empreinte de raison et d'harmonie. Malherbe a donné toute sa dimension à ce qui était dans l'air du temps, et a trouvé, ou tout au moins retrouvé, un secret d'écriture qui est l'un des caractères essentiels du classicisme : l'effet de force atteint par la douceur. Les « sages emportements de Malherbe », dont parlera Boileau, donnent ainsi au siècle un modèle d'équilibre. A partir de là se développeront bientôt d'autres conquêtes comme celle du naturel et de la délicatesse, où la fine subtilité remplacera le raisonnement.

Son travail sur le vers pour en faire une partition musicale a marqué ses successeurs. Tout chante dans Malherbe, les strophes sont des couplets, les vers des mélodies, les syllabes des rythmes. Sans doute cette réussite a autant frappé son époque (ou plus) que ses exigences de rigueur grammaticales. Ainsi, Malherbe fait-il prendre une orientation précise au lyrisme, celle du chant et de la douceur musicale, loin des cris de l'inspiration libérée. C'est une orientation qui semble convenir à son époque, qui attend de la poésie, non plus comme au siècle précédent une voie d'accès à la connaissance, mais une conquête de l'harmonie. Sur cette voie peu de poètes parviendront à l'égaler.

Régnier et la satire

Face à cette poésie officielle qui vient ou qui parle du Louvre, les individualités s'expriment et une grande variété de tempéraments se manifeste. La poésie satirique en est l'une des formes. Si l'ode du lyrisme officiel présente un idéal social que l'on voudrait voir devenir réalité, la satire voit la réalité sans complaisance, montre les ridicules avec verve et comique, et les vices avec une verdeur décapante ou un vigoureux sursaut de désapprobation. C'est une autre manifestation de l'ouverture du poète à son siècle et de son engagement dans son temps, mais la vision est différente : c'est le monde tel qu'il est, ou tout au moins tel qu'il paraît être aux regards sélectifs du satirique, saisi par l'aversion ou le dégoût, et trouvant dans la poésie les moyens de la liberté de parole. De l'idéal à la réalité, de l'éloge à la critique, de la douceur à la violence, de l'ode à la satire, la poésie semble ainsi dialoguer sur l'époque dans laquelle elle est impliquée.

L'esprit satirique se trouve dans de nombreux genres littéraires. Il est très vivace dans la poésie du début du XVIIe siècle. Une forme précise nommée « satire » existait depuis les Anciens. C'était dans l'Antiquité un poème assez long sans strophes, en vers amples, destiné à la peinture critique des mœurs. Nous allons assister au renouveau de cette forme, que l'on appelle la satire régulière.

Mais elle a plusieurs tonalités, suivant les différentes traditions qui l'animent. Le poète latin Horace avait su en faire une poésie de fine observation, permettant de confier avec élégance au lecteur des réflexions philosophiques et morales. Plus tard, Juvénal (42-120) fait hausser le ton à la satire, qui traduit chez lui la violence de l'indignation. Ses tableaux de mœurs sont frappants de réalisme et font surgir en évocations pittoresques les aspects les plus variés de la vie grouillante de Rome, où le vice s'étale.

Voilà donc deux tonalités, l'une tempérée, l'autre emportée, qui sont en arrière-plan de la satire française, lorsqu'elle apparaît. Quoique au programme de la Pléiade, la satire régulière, fréquente en Italie, n'avait pas en effet été transposée dans la littérature française. Le poète Vauquelin de La Fresnaye (1535-1607), imitant Horace, s'y essaie tardivement. Mais elle est surtout illustrée par Régnier, dont nous allons parler. Passant en français, et imitant son modèle latin, la satire régulière est un poème non strophique, allant jusqu'à deux ou trois cents vers alexandrins à rimes plates. Pour le ton, si la familiarité simple d'Horace se profile derrière certaines satires, en ce début de siècle encore frappé de violence et d'angoisse, c'est souvent Juvénal qui y laisse sa marque.

D'autant qu'en passant en France la satire se teinte de l'influence du poète italien Berni (1497-1535) et de ses successeurs, qui travaillent dans la truculence burlesque, le cocasse et le grivois, et tirent aisément les satiriques vers l'une des traditions françaises les plus robustes : la veine gauloise, licencieuse, leste et égrillarde, constamment renouvelée au XVIe siècle et dont l'œuvre de Rabelais est la représentation la plus vivace.

Ceci explique que le terme de satire (écrit aussi satyre) désigne à cette époque indistinctement des pièces, des recueils, des œuvres et des sujets qui sont aussi différents que la réflexion morale sur les mœurs du temps et des pièces obscènes destinées au rire graveleux et au défoulement. Cette confusion subsistera longtemps et gênera sans doute le développement littéraire de la satire régulière, toujours suspecte de libertinage.

Mathurin Régnier 1573-1613

Les satiriques sont en effet, à tort ou à raison, supposés fréquenter les mauvais lieux qu'ils décrivent. La légende n'épargne pas Régnier. Neveu du poète Desportes, il suit ses traces pour réussir : bénéfices ecclésiastiques et carrière littéraire. Attaché très tôt au service de l'austère cardinal de Joyeuse, il l'accompagne à Rome et dans ses nombreux voyages, mouvementés et instructifs, avant de se fixer à Paris, vers la même époque que Malherbe (1606). Des revenus suffisants lui permettent de s'adonner à la poésie. Il s'y fait une place de choix, souhaite devenir poète à la cour, et écrit pour cela quelques pièces officielles. Sans être le débauché, ni le mélancolique nonchalant décrit plus tard par la légende, il aime les plaisirs et la liberté, écrit des vers galants pour le roi (Henri IV) dont on sait les exploits amoureux, fréquente aussi bien les grands personnages un peu libres que les érudits parisiens. La maladie, qui devait le faire mourir jeune, lui inspire des poésies chrétiennes. Ses *Satires*, l'essentiel de son œuvre, très personnelles, mais situées dans la grande tradition de la poésie antique, deviennent l'une des œuvres les plus appréciées du XVIIe siècle.

L'opposition à Malherbe

En poésie, Régnier est un héritier de la Pléiade, un grand admirateur de Ronsard. L'arrogance de Malherbe et de ses « écoliers », qui épluchent les œuvres de son oncle Desportes pour faire « De ses fautes un livre aussi gros que le sien », n'est pas sans l'irriter, d'autant qu'il ne partage pas, au moins sur des points importants, les idées de la nouvelle école sur la poésie. Pour Régnier, les vrais poètes sont avant tout des êtres inspirés (« De verve et de fureur leur ouvrage étincelle »). Les exigences de Malherbe qui veut mettre l'imagination à la raison lui semblent incompatibles avec la nécessaire liberté de la parole poétique. Celle-ci surgit naturellement belle chez le bon poète, sans qu'il soit nécessaire de la limer ou de la polir. Ecrire en poésie aussi simplement que parle le peuple est de plus pour Régnier aussi aberrant que de récuser l'héritage des Anciens. Malherbe trouvait à qui parler, et ces critiques ouvraient avec assez de hauteur un vrai débat. C'est sur le ton de la raillerie, dans sa Satire IX, que Régnier reprend Malherbe, lui oppose sa conception de la poésie et le met au défi de composer une œuvre qui dure autant que celle d'Homère ou de Virgile.

Cependant, Régnier disparaît à quarante ans (1613), en pleine possession de ses moyens, et nul ne sait comment aurait évolué son œuvre. Ses *Satires,* moins rigoureuses pour la syntaxe que les poésies malherbiennes, révèlent un artiste du vers à qui la rigueur ne fait pas peur, qui sait construire un poème et parler clairement. Sans doute les positions rivales sont-elles moins éloignées qu'il y paraît.

Sans Régnier, l'opposition à Malherbe se disperse, passe pour l'attitude passéiste de nostalgiques d'un autre temps et se dissout lorsque la fidélité à Ronsard pourra ne plus paraître contraire à l'admiration portée aux réussites des Modernes.

Les « Satires » de Régnier

Dans la satire, comme nous le montre Régnier, l'intention n'est pas l'apparat, et la contrainte est moins grande que dans l'ode, même si ses poèmes sont aussi dédiés à des grands personnages, même si certaines « satires » sont en fait des pièces d'éloge (satire I, *Au Roi*). Volontiers, le poète vagabonde, au gré de ses humeurs, entretient son lecteur, et lui propose une peinture des mœurs, une réflexion morale, un portrait satirique, des éléments de théorie poétique, des souvenirs... Mené par les impulsions du moment, le lecteur passe des sursauts d'indignation aux discours plus tempérés de la confidence.

Avec ses allures de liberté, l'œuvre n'en est pas moins le résultat d'un travail varié d'écriture ou de réécriture. Régnier réutilise souvent des textes antiques, fait réapparaître des types traditionnels de la satire, traduit ou adapte certaines satires des Italiens... Mais, comme le souhaitait la Pléiade, à l'issue de ce travail d' « innutrition », il réussit une œuvre personnelle et originale.

Ses situations, ses personnages surgissent en effet de la vie contemporaine : on y voit certains milieux de la société : celui des gens de cour, des faux savants que sont les pédants, des poètes qui étalent leur médiocrité, des entremetteurs et filles de joie des mauvais lieux. Les portraits sont d'une vivacité caustique, et les tableaux de mœurs, à la fois des peintures concrètes, fourmillant de détails, et des récits alertes prenant souvent l'allure de véritables compositions théâtrales auxquelles un commentateur (Brossette) a pu donner des titres (*Le souper ridicule,* satire XI ; *Le mauvais gîte,* satire XII, et la plus célèbre sans doute, qui dénonce le vice sous l'honnêteté apparente : *Macette ou l'hypocrisie déconcertée,* satire XIII). Si Malherbe est « musicien et architecte », Régnier est surtout peintre (graveur, a-t-on pu dire, incisant par la satire), narrateur attrayant et metteur en scène, expert dans l'art du mouvement.

Ses satires sont aussi des lieux de réflexion, de conversation (elles ressemblent ainsi parfois d'assez près à des épîtres) où s'expriment des inquiétudes personnelles, et une véritable sagesse. Si, en homme de l'art, il sait justifier la poésie satirique, déplorer la pauvreté des poètes qui l'entourent (pauvreté concrète ou indigence de l'esprit) ou s'inquiéter de l'avenir de la poésie, il évoque aussi, inspiré de la pensée de Montaigne qu'il admire, les problèmes généraux de la société et de l'homme ; le monde lui semble soumis au désordre et au hasard, l'individu contraint à la légèreté par ses passions ou à l'hypocrisie par ses fonctions. Bien des laideurs morales engagent au scepticisme, au découragement. Mais sans doute une sagesse est possible, qui peut s'appliquer à soi, si l'on ne peut pas transformer le monde. Il faut à chacun retrouver la liberté de l'âme, et choisir la voie qui correspond à sa nature, ce qui permet de vivre en sincérité avec soi-même.

Les *Satires* de Régnier sont publiées en recueil à partir de 1608 (12 satires), les éditions suivantes ajoutant de nouvelles pièces (1609, 1612, 1613, et jusqu'en 1652), dix-sept satires en fin de compte suffisant à rendre leur auteur durablement célèbre.

Veine gauloise et satyrique

Ce succès de Régnier et les évocations assez gaillardes que l'on trouve dans ses satires ont fait utiliser son nom, après sa disparition, dans d'autres publications, où on lui attribue bon nombre de poésies licencieuses. Cette autre veine « satyrique », celle de la poésie grivoise et obscène, était en effet largement représentée. Tous les poètes écrivent de ces vers à cette époque, Sigogne, Motin, Berthelot, Malherbe comme les autres, et Maynard son disciple, Boisrobert, Théophile de Viau et tant d'autres. L'effet est assuré, l'indécence et la paillardise étant attractives à toute époque. Mais les « recueils satyriques » intitulés *Muses gaillardes, folâtres* ou *bâtardes, Labyrinthe d'amour, Cabinet* ou *Parnasse satyrique,* jouent aussi consciemment sur un effet de contraste par rapport aux traditions poétiques les plus enracinées, comme si chaque chose devait générer son contraire. Au lieu de l'amour sublimé par le pétrarquisme et de l'idéal féminin, c'est la brutale satisfaction des sens qui s'étale, et la complaisance morbide à décrire des spécimens de femmes laides, monstrueuses, des situations scabreuses, où l'on joue avec les forces démoniaques. Atmosphère qui révèle sans doute la face cachée et profonde des consciences, dans une période encore agitée.

Comme l'on chasse les démons des possédés, l'on a voulu libérer les lettres et la société de la poésie et de l'esprit « satyrique ». La victime en a été Théophile de Viau (p. 233-235), qui pouvait passer pour un libertin dangereux, et à qui l'on fit un procès retentissant en 1623. A partir de là, les auteurs « satyriques » se font plus discrets.

Destin de la satire

A la suite de Régnier, d'autres poètes se sont mis par ailleurs à illustrer la satire régulière, publiée dans les années 1620 : Théophile, qui y fait plus de place à l'exposé de ses idées sur la liberté, le destin... qu'à la satire des mœurs, Claude d'Esternod, aussi truculent que Sigogne, et ceux que l'on appelle les satiriques normands, Du Lorens, Sonnet de Courval, Angot de L'Eperonnière et Auvray, qui fustigent les vices de la société du haut de leur morale bourgeoise. Le procès de Théophile semble devoir vouer aussi la satire régulière à la disparition. Elle se maintient toutefois par les rééditions des œuvres de Régnier (1625, 1635...), par les traductions en vers des satires latines (Perse, Juvénal), qui, adaptées aux mœurs contemporaines, prennent l'allure de satires originales traitant des problèmes du temps, par le genre voisin de l'épître en vers, en attendant une renaissance avec Furetière (1655) et surtout Boileau à partir des années 1660 (p. 278-279). Ce sera alors un véritable engouement pour le genre que manifesteront de nombreux écrivains, revenus à la dénonciation des vices du temps, même si pour en atténuer l'âpreté, leurs satires prennent souvent le nom de *Réflexion* ou de *Discours*. La verve satirique n'a pas cessé parallèlement de se manifester dans d'autres formes poétiques, dans le roman, les lettres...

Au début du siècle, satire et libertinage ont un destin en commun. L'influence qu'on suppose à la veine licencieuse de la poésie peut satisfaire ou inquiéter. Destiné par ailleurs à dénoncer le scandale, l'esprit satirique a pu faire scandale, et l'ordre social a pu se sentir menacé. Les premières *Satires* de Boileau créeront de même plus tard des remous suffisamment amples pour émouvoir le monde littéraire et sa dernière satire (XII, *Sur l'Equivoque*) gênera même le pouvoir. Mais ne nous y trompons pas : c'est une poésie de récusation mais qui ne cherche pas à être directement subversive, qui déplore au contraire les manquements à l'ordre moral naturel. Face aux pouvoirs en place, elle n'a pas réellement une fonction d'opposition ou de réprobation qui en ferait l'envers de l'ode. La critique des puissants est évitée, ou soigneusement agencée, comme chez Juvénal, par exemple, qui s'attaquait aux princes et ministres des périodes précédentes, face à qui le pouvoir présent pouvait se sentir valorisé ou incité à être différent. Jetant un regard sans illusion sur le monde, si elle désespère sans doute de le changer, la satire apporte au moins cette défense qu'est la raillerie et pour le poète cette satisfaction d'avoir proposé une voie meilleure et d'avoir extrait ses lecteurs du lot commun. Elle offre ainsi un solide recours à l'individu contre l'égarement général. Par des voies différentes, elle est comme l'ode à la recherche d'un ordre.

Agrippa d'Aubigné 1552-1630

En revanche, la poésie d'Agrippa d'Aubigné, au rebours de toute modération et de tout conformisme, apporte dans ce paysage poétique une voix d'opposition, isolée, surprenante par ses accents d'un autre temps. Son œuvre majeure, *Les Tragiques,* révélant, dénonçant brutalement la réalité, est inspirée par la révolte et s'inscrit dans une démarche de combat, de défense d'une cause, de refus des compromis et de fidélité à des convictions religieuses et politiques.

Homme de culture, de plume et d'épée, d'Aubigné a vécu intensément les combats et les tragédies des guerres de religion. C'est un bouillant chef de guerre, compagnon d'Henri de Navarre (futur Henri IV), qu'il accompagne dans ses luttes. Mais ardent défenseur de la cause et de la foi protestante, il s'opposera à la logique qui mène Henri IV à abjurer (1593), se raidira dans la remontrance, sera l'âme et la conscience de son parti. Son opposition, religieuse, est aussi politique. Royaliste, il se défie de ce qui fait d'un roi un tyran : le pouvoir absolu. L'évolution politique du début du siècle, avec le raidissement du pouvoir royal, l'inquiète ; de même que le révoltent l'uniformisation des identités et l'assoupissement des convictions engagées par le nouvel idéal d'unité et de paix. Après la mort d'Henri IV, les protestants peuvent se sentir menacés, reprennent les armes, d'Aubigné en tête, s'évertuent à défendre l'équilibre de l'édit de Nantes. C'est dans ce contexte que d'Aubigné, qui écrit par ailleurs son *Histoire universelle* pour retracer les luttes protestantes, publie *Les Tragiques* (1616), superbe poème commencé quarante-trois ans plus tôt, appartenant à la période des guerres de religion, jamais publié depuis, et qui ravive la violence et l'âpreté des situations du passé.

« Les Tragiques »

C'est un vaste poème en sept livres, satirique, épique, tragique, didactique, philosophique, extatique..., qui projette en violentes représentations les spectacles, les hallucinations, les visions prophétiques, que la réalité révoltante et brutale fait surgir de l'esprit enflammé du poète. Se succèdent l'évocation tragique et pathétique des malheurs de la France déchirée, la dénonciation satirique des responsables, mauvais princes, mauvais juges, l'évocation tragique des martyrs protestants, la reconstitution épique des épisodes guerriers et sanglants de la lutte, l'énumération des châtiments s'abattant sur les persécuteurs et la représentation visionnaire du jugement dernier.

Partout l'image est frappante, impose sa force concrète et fait du monde un immense organisme déréglé ; les représentations sont mises en mouvement avec vivacité ; l'antithèse, l'hyperbole, l'accumulation foisonnante se déploient avec vigueur ; les sonorités éclatantes ou fracassantes surgissent sans cesse. Cette poésie issue de la violence, faite pour impressionner, agit sur la sensibilité qui est saisie, emportée par les débordements de l'imagination et de l'hallucination qui transfigurent le réel.

Réservée longtemps aux rares lecteurs du manuscrit, sans cesse retravaillée et augmentée, cette vaste fresque baroque fait déferler sur l'époque de Malherbe les emportements forcenés d'antan destinés à réveiller les cœurs endormis. Mais face à cette attitude de lutte ouverte, le temps a fait son œuvre, et d'Aubigné fait figure d'isolé. Les temps nouveaux sont à la douce musique d'un idéal de paix, même si la réalité montre le contraire. Le regard porté sur cette réalité dans *Les Tragiques* fait surgir sans doute des visions angoissantes que l'on veut évacuer du présent. L'œuvre de d'Aubigné, l'une des plus belles et des plus grandes de notre poésie, n'aura donc pas, au moment de sa publication, la répercussion attendue de son auteur, le rapport de force ayant changé entre catholiques et protestants, et n'enrayera pas dans la sensibilité poétique du temps l'évolution vers la mesure, et la maîtrise de la force par la douceur. Il n'y aura pas d'œuvre équivalente dans le siècle, qui relèverait de la même esthétique et d'une situation d'opposition politique comparable : les épopées qui s'écriront plus tard (p. 249) seront au contraire placées dans le contexte de la célébration de l'ordre officiel, et l'on a vu jusqu'où la satire pouvait se permettre d'aller. Cette façon de voir, de traduire et de juger la situation du pays appartient à un autre siècle.

14. Gravité et ferveur : méditation, évasion, célébration

Théophile de Viau 1590-1626

Théophile de Viau est le poète le plus marquant de la génération de 1620. Sans s'opposer à Malherbe comme a pu le faire Régnier, il engage la poésie dans d'autres voies, celles de la révélation de soi, de l'expression sincère des sentiments. Sa vie est celle d'un homme sensible et ardent à goûter les plaisirs, comme à révéler les inquiétudes intérieures et les souffrances. Il représente la jeunesse, l'aspiration à une liberté qui permettrait de vivre conformément à sa nature. Son talent poétique, qui lui apporte très vite le succès (ses *Œuvres* sont publiées en 1619 puis rééditées), le désigne, malgré lui, comme chef de file du courant libertin, cible toute prête pour ceux qui s'en prennent à la corruption des mœurs et à l'irréligion. Il a déjà connu l'exil pour avoir écrit des vers impies. Pour être tranquille, il s'est converti du protestantisme au catholicisme (1622), mais demeure à l'évidence libre dans l'âme. C'est sans doute ce qu'on ne lui pardonne pas. La publication d'un recueil de vers « satyriques » (v. p. 227), dans lequel on soupçonne sa participation, déclenche une persécution et un procès qui le brisera. Il rassemble pour sa défense ses nouvelles poésies (*Œuvres, seconde partie,* 1623), afin de se montrer tel qu'il est, ce qui, pas plus que la protection de personnages importants, n'empêchera sa condamnation à mort. Il connaîtra la fuite, l'arrestation, un emprisonnement prolongé. Pendant sa captivité, il confie à la poésie ses angoisses, appelle à l'aide, demande la liberté. Ses vers sont publiés clandestinement, puis édités en volume en 1625 après sa libération. Jugé à nouveau, il a été en effet condamné au bannissement, se cache à Paris et survit un an seulement aux effets de sa terrible épreuve.

Cette destinée est d'autant plus émouvante qu'elle touche un poète réagissant avec une grande sensibilité. Son œuvre en est toute pénétrée. Il considère en effet la poésie comme le lieu de l'expression sincère des sentiments. Il ne refuse pas les exigences de Malherbe, pour la clarté, la netteté et la précision, pour autant qu'elles n'empêchent pas d'écrire selon sa nature, et qu'elles peuvent encore laisser intervenir l'imagination créatrice. C'est à une écriture libérée qu'il aspire, dégagée des contraintes de l'imitation, et qui puisse concilier « la douceur de Malherbe et l'ardeur de Ronsard ».

La nature et l'amour, sensible et sensuel, sont les thèmes d'inspiration qui parcourent son œuvre, et il attirera toutes les formes qu'il utilise vers l'expression personnelle. Même la poésie officielle devient chez lui un discours familier, mêlé d'impressions et de réflexions comme l'*Ode au marquis de Buckingham* (1620), qui construit un éloge et un remerciement sur le thème de la richesse harmonieuse de la nature. C'est le tour que prendra aussi à l'autre bout de son œuvre *La Maison de Sylvie* (1623-1625), long poème en dix odes, écrit en partie en prison, qui fait l'éloge de la duchesse de Montmorency, par la description émerveillée de son parc de Chantilly, formule qui sera souvent reprise, et qui permet de joindre aux obligations sociales les accents du lyrisme personnel. L'autre destination de l'ode, qui en fait un chant plus léger destiné à l'amour et à d'autres sentiments, est chez lui largement mise en valeur. Les sensations que produisent les spectacles naturels surgissent dès les poèmes de jeunesse *(Le Matin, La Solitude)* comme autant d'enchantements, que la vie s'anime au lever du jour ou que la forêt aux charmes profonds et mystérieux offre aux amants une voluptueuse protection. Les strophes de ces odes sont les visions successives d'instants de bonheur éphémères que l'on voudrait fixer.

Théophile confie plus volontiers encore ses sentiments à l'élégie. C'est une forme plus libre (sans strophe, en vers de même mesure), qui lui permet de développer l'expression d'états intérieurs, de vagabonder d'une pensée à l'autre. Depuis l'origine, le genre est destiné à la déploration, dans le deuil, et à l'expression de l'amour et de ses souffrances. Théophile en diversifie l'emploi. Il donne à l'élégie (qui va devenir la forme dominante dans son second recueil) un rôle d'exploration du moi, d'analyse psychologique, où le poète se dédouble pour s'observer, s'écouter, exprimer ses inquiétudes. L'amour y apparaît comme bonheur intensément vécu ou comme harmonie menacée. La femme aimée, Cloris ou Caliste, n'est plus un être désincarné et inaccessible comme dans la tradition pétrarquiste, mais un partenaire vivant répondant à l'ardeur de la passion. L'expérience vécue est retracée avec les accents de la vérité. Ses élégies permettent aussi à Théophile de développer des idées, et sa morale épicurienne faite d'aspiration à la liberté, et d'une paisible volonté de se satisfaire de plaisirs simples et d'accepter la vie telle qu'elle vient.

L'épreuve terrible des dernières années donnera des accents pathétiques à la poésie de Théophile. De sa prison, les appels à la liberté prendront des intonations poignantes. La nature, l'amour seront d'autant plus des sujets d'évasion, de nostalgie du bonheur passé. Les *Plaintes à Tircis,* et plus encore la *Lettre à son frère,* poèmes émouvants qui tiennent de l'épître, de l'élégie, de l'ode et de la satire, évoquent les souffrances de la prison, en comparaison avec les moments heureux de l'enfance dans une nature bienveillante, résonnent de colère contre les accusateurs, réclament la liberté due à l'innocence, traduisent l'amertume face à l'abandon de ceux qui se disaient amis, et l'affection pour ceux qui restent les derniers soutiens.

La poésie de Théophile faite de vibrations intérieures et de sensations sera longtemps admirée, produira des échos chez d'autres poètes, et rayonnera sur toute la poésie personnelle du siècle.

L'élégie

Avec Théophile, l'élégie connaît donc un nouvel essor. Les poètes du XVIe siècle avaient adapté à la poésie française ce genre poétique venu de l'Antiquité. Les Grecs et les Romains désignaient par « élégie » ou poésie « élégiaque » des poèmes construits sur une succession de groupes de deux vers inégaux (distiques élégiaques). L'on traitait en vers élégiaques des thèmes très différents et avec des tonalités variées. Cependant, dans la période d'épanouissement de l'élégie romaine (Ier siècle), cette forme est employée très souvent pour l'expression des sentiments, avec une proportion importante de pièces tristes et mélancoliques. C'est ce qui donne probablement à l'élégie son sens moderne lorsqu'elle est transposée en France (Marot, la Pléiade) : la poésie élégiaque représente alors, dans le lyrisme personnel, la tonalité triste, la tendresse mélancolique, le pathétique, c'est-à-dire l'émotion que produit l'évocation de la souffrance. Et l'élégie, non sans débats sur ses attributions, sera utilisée pour exprimer les peines d'amour et la lamentation dans le deuil. « La plaintive élégie » (Boileau, *Art poétique,* chant II, v. 38-57) se doit cependant de fuir l'affectation et l'artifice, et de livrer les sentiments d'une façon directe et sincère (« Il faut que le cœur seul parle dans l'élégie », v. 58).

Dans sa forme, l'élégie française est une suite (sans strophes) de quelques dizaines à quelques centaines de vers identiques (le plus souvent des alexandrins) ; le genre est ainsi assez libre pour permettre l'épanchement des sentiments, le développement de narrations, l'exposé de pensées. L'élégie qui hérite de la tradition médiévale de la complainte, ressemble ainsi bien souvent à une conversation, à une lettre en vers, à un discours... Ronsard a assuré la promotion du genre, en élargissant son emploi (élégie d'amour, d'éloge officiel, d'idées) ; dès le premier recueil des *Amours,* la « plainte amoureuse » quitte parfois le sonnet pour se chanter dans une élégie. Plus tard, Ronsard réservera une section à l'élégie. Par ailleurs, la tonalité élégiaque résonne dans d'autres formes, le sonnet (par exemple dans *Les Regrets* de Du Bellay), l'ode légère, chantant l'amour, les stances.

Si Desportes fait une place importante à l'élégie dans sa poésie, le genre va connaître une éclipse au début du XVIIe siècle. La poésie de déploration, comme dans les odes de consolation, maintient cependant la tonalité élégiaque. Mais c'est d'une renaissance du genre qu'il s'agit avec Théophile (à partir de 1618). Celui-ci apprécie certainement, face aux contraintes malherbiennes, la liberté qu'autorise l'élégie. Nous venons de voir qu'il sait lui confier aussi bien ses sentiments que ses pensées, ses idées, sa morale.

L'influence de la poésie élégiaque de Théophile est aussitôt sensible. L'élégie est une des formes favorites qu'adopte un groupe poétique (« Les Illustres Bergers ») qui assemble quelque temps vers 1625 de jeunes poètes que nous retrouverons parmi les plus connus des années 1630-1650 : Godeau, Colletet, Malleville, Philippe Habert, Vion d'Alibray... Plus que les autres encore, l'animateur du groupe, Nicolas Frénicle, se fera une spécialité du genre. Ces poètes y expriment l'amour avec simplicité et tendresse. Colletet (v. p. 261) publiera quinze élégies dans ses *Divertissements* (1631). Claude Malleville (v. p. 261, 274) retrouve les accents des Latins et de Ronsard, installe une douce sensualité dans ses dix premières élégies consacrées à l'amour. Il en composera deux autres, empreintes d'émotion, exprimant son attachement à son protecteur (le maréchal de Bassompierre) enfermé à la Bastille en 1631. L'une, *A Richelieu,* véritable épître, sait allier la déploration de la captivité, l'éloge et la supplique. L'autre *(Armide à Daphnis)* est une longue plainte en forme d'adieu, dernier chant d'amour d'une femme mourante à son ami emprisonné, traduisant le chagrin de la séparation définitive. D'autres poésies de Malleville ont une résonance élégiaque, certaines de ses stances sont chargées de l'émotion de sentiments vécus. Sans qu'il ait précisément choisi la forme de l'élégie, le poète Racan, l'un des « élèves » de Malherbe, dont les vers sont publiés en recueils collectifs entre 1618 et 1638, situe une grande partie de ses poèmes dans cette tonalité, stances et odes d'amour, ou vers méditatifs appelant mélancoliquement à la retraite.

Boisrobert (v. p. 255-258), Saint-Amant, d'autres poètes encore, écriront des élégies, mais ni le genre, ni la tonalité de la plainte sincère ne seront sur le devant de la scène poétique entre 1630 et 1650. Guettée tout autant que les autres genres par le discours artificiel et conventionnel, l'élégie a pu entraîner en réaction l'emploi malicieux de l'ironie (chez Saint-Amant) et du badinage (chez Voiture, v. p. 269). Comme dans tous les autres genres poétiques, le sentiment a tendance à se livrer à distance, par la médiation ou la protection de l'humour.

C'est vers 1660-1670 que l'élégie retrouve un regain de ferveur grâce à la plume de femmes poètes, Mme de La Suze, Mme de Villedieu, Mme Deshoulières (p. 241). Celles-ci confient à la poésie l'expression de la passion, avec la force de la sincérité. Mme de La Suze, se posant en femme libre dans une société peu tolérante, retrouve les inflexions de la poésie de Théophile ou de Malleville pour exprimer les effusions de l'amour.

Plus enflammée, plus provocante aussi, Mme de Villedieu (Catherine Desjardins, 1640 ? - 1683) manifeste avec force les élans de la passion, sans craindre l'impudeur, se lamente des échecs de l'amour, de la perfidie des hommes. La « plaintive élégie » devient presque chez elle monologue de tragédie. Le sentiment n'a plus cette mélancolie tout intérieure qui accompagne souvent l'expression de l'amour dans la poésie élégiaque, mais s'élève, comme dans les élégies de deuil, en un cri de déploration.

Ce n'est pas le ton que La Fontaine choisit dans les quatre élégies qu'il publie en 1671 et qui font évoluer le genre avec originalité. Ces poèmes en effet constituent une suite, étapes d'une comédie ou d'un petit roman d'amour. La première élégie ressemble à un conte plaintif et humoristique, celui des déboires de l'amant éconduit. La seconde fait s'élever une supplique d'amour à la femme élue (Clymène), avec des intonations qui rappellent Théophile ; la troisième est une déploration amère exprimant les souffrances que cause le refus, et la dernière tourne et retourne ce mal d'amour qu'est la jalousie. L'élégie était sans doute destinée, par sa souplesse et sa relative liberté formelle, à accueillir la variété, à favoriser les tentatives de renouvellement. La Fontaine, comme il saura le faire dans d'autres lieux de son œuvre, assemble avec finesse des caractères d'écriture différents, l'art de conter, de mettre en scène et en dialogue, dans un jeu poétique avec le genre, qui n'exclut pas la profondeur du sentiment. La tonalité élégiaque se réfugiera bientôt plus volontiers cependant dans certaines de ses *Fables*.

François L'Hermite, dit Tristan 1600 ?-1655

La célébrité que Tristan a acquise dans le théâtre (p. 94) s'augmente du succès de ses poésies. Son œuvre lyrique est extrêmement variée. Attaché avec loyauté à la destinée de ses protecteurs (p. 244), il sait conjuguer sur tous les tons l'art d'écrire des poésies d'éloge et de circonstance. Mais il est sans illusions sur la vie, résigné face aux contraintes qu'elle impose, et à l'ingratitude des grands. L'époque de ses succès est celle du développement de la vie mondaine. Il a des liens avec des familiers de l'hôtel de Rambouillet, et sait écrire des vers galants qui sont dans le goût des salons. Mais c'est un solitaire dans l'âme, un être indépendant qui affectionne peu les joyeuses compagnies. C'est dans une autre poésie qu'il trouvera à s'évader et à créer une œuvre originale.

Son premier recueil, *Les Plaintes d'Acante* (1633), est construit autour d'un long poème pastoral, qui porte ce nom, où le discours d'amour et de séduction d'un amant maltraité s'exprime avec raffinement en une multitude d'évocations délicates de la nature, créant des tableaux subtilement tracés. L'imagination s'évade vers la moindre présence, qui produit une image ou un rapprochement. L'atmosphère rappelle celle de *L'Astrée,* avec un brillant et un goût de la pointe qui dénote l'influence de l'Italien Marino, dont Tristan appréciait particulièrement la poésie. Le recueil, qui sera largement augmenté, est réédité en 1638 (sous le titre : *Les Amours de Tristan),* contient d'autres poèmes pastoraux, et ouvre d'autres voies d'évasion, comme celle de l'expression idéalisée, abstraite, pétrarquisée de l'amour.

L'influence de Marino est encore plus sensible dans *La Lyre,* recueil publié en 1641, qui contient *L'Orphée,* long poème d'amour aux tonalités épiques relatant et mettant en scène avec une imagination exubérante et ingénieuse l'histoire pathétique d'Orphée et Eurydice. Avec une passion d'esthète, Tristan s'emploie à capter chez les poètes subtils comme Ovide, le Tasse, Marino, toute cette atmosphère délicate qui élève comme par magie au-dessus de la pâle réalité.

Mais il a aussi appris de Théophile la rêverie, la retraite dans la méditation, l'expression des inquiétudes de l'âme, la vérité des sentiments. Signe d'admiration, certains de ses poèmes reprennent en écho des œuvres de Théophile, comme *Le Promenoir des deux amants* (1633), qui réinstalle le climat et la situation de *La Solitude* (p. 234), ou *La Maison d'Astrée* (1626) qui reprend *La Maison de Sylvie...* Ailleurs c'est la gravité, la mélancolie, l'amertume qui s'extériorisent lorsque les enchantements cessent de faire leur effet, comme dans ce sonnet *Les Misères de l'homme du monde,* qui ferme le recueil des *Amours*. Comme son théâtre, la poésie de Tristan transporte une pathétique vision de la condition humaine.

La poésie pastorale : l'églogue, l'idylle

Le rêve pastoral qui s'épanouit dans le roman et le théâtre s'est aussi déposé dans la poésie. On y recrée une nature mythique, celle d'un âge d'or où les hommes étaient heureux dans la vie simple. Y prennent place des bergers et des bergères aimables et délicats. C'est d'un retour aux sources qu'il s'agit, vers l'époque où les mœurs, paraît-il, étaient douces, et vers ces temps très anciens où la poésie a commencé, puisqu'on dit qu'elle tire ses origines des chants des bergers dans les premiers âges.

Pour ceux qui veulent y retourner par la poésie, le maître inspirateur est surtout le poète latin Virgile. Ses *Bucoliques* donnent au genre de l'églogue ses principaux caractères. Ce sont des poèmes tantôt narratifs, tantôt dialogués, où des bergers s'expriment tendrement et avec élégance, pour chanter la tranquillité dans une nature souriante, et l'avènement d'un nouvel âge d'or. Et c'est là moins un rêve qu'un idéal, que la paix retrouvée peut rendre possible.

Avant d'être attirés par l'églogue (on dit aussi idylle, presque indistinctement), les poètes français ont placé l'idéal pastoral dans des romans en vers, publiés dans les tout débuts du siècle (*La Sireine,* d'Honoré d'Urfé, qu'imitent Maynard et Lingendes). Ce que l'églogue proposait en raccourci se développe dans deux directions, les narrations appelant le roman et les dialogues le théâtre. *L'Astrée* (v. p. 149) occupe alors la place dominante. Vers 1625, le groupe de poètes, que nous avons déjà rencontré, et qui prend le nom d' « Illustres Bergers », montre par là son intention de commencer en poésie par l'inspiration des origines, et compose quelques églogues. L'atmosphère pastorale se diffuse dans presque tous les genres et chez bien des poètes. Il faut attendre cependant les années 1640-1650 pour voir l'églogue s'acclimater véritablement. Un regain d'intérêt pour Virgile ramène le genre à l'actualité. Sarasin (v. p. 274), poète aux talents multiples, s'y essaie vers 1640, Gilles Ménage continue Virgile en donnant des églogues latines (1648). Segrais surtout (1625-1701) y consacre sa muse. Son recueil d'églogues, publié en 1648, fait s'épanouir le rêve d'évasion avec des accents émouvants. Dans cette tonalité paisible de la lyre, le genre se doit d'être « Aimable dans son air, mais humble dans son style » (Boileau, *Art poétique,* chant II), pour chasser les excès de toutes sortes, emphase ou vulgarité, qui pourraient troubler la quiétude du rêve.

Dans les décennies suivantes, Mme de La Suze, Mme de Villedieu et Mme Deshoulières (v. p. 237) poursuivent la veine bucolique. Avec Mme Deshoulières (1638-1694), une nouvelle motivation inspire l'églogue. La poésie idyllique est pour elle un moyen d'illustrer une philosophie de la vie. Ses poèmes *Les Moutons, Les Oiseaux, Le Ruisseau* sont restés célèbres (1687). On y découvre les beautés de la nature avec d'autant plus d'attachement que se révèle partout ailleurs la vanité de toute chose et de l'existence que mènent les hommes. La pensée philosophique et religieuse de Mme Deshoulières (le quiétisme), lui montre la raison comme la source de nos malheurs, apte seulement à nous rendre insatisfaits perpétuellement, tout comme l'amour, lorsqu'il est agité par les passions. Face à cela, l'insouciance, l'ignorance, la vie apaisée dans la nature, sans le tumulte des plaisirs et des luttes, sont les seules réponses. Le rêve de l'âge d'or n'est plus vécu comme l'évasion d'un instant, mais comme un lieu de repli permanent.

Avant qu'il n'accorde sa confiance à la science, Fontenelle, attiré par les visions de Mme Deshoulières, n'est pas loin de penser que la voie de la retraite volontaire vers des lieux de paix et de bonheur est celle de la vraie sagesse. Il évoluera vite, mais restent ses *Eglogues* (1688). Plus qu'un idéal à suivre réellement, elles représentent finalement une agréable évasion dans l'utopie. Le rêve amène cependant Fontenelle à réfléchir aux conditions du rêve. Il intervient ainsi dans un débat sur le genre pastoral (*Discours sur la nature de l'églogue,* 1688). Le ton de cette poésie doit pour lui se tenir dans un juste milieu entre le trop rustique et le trop subtil. Les bergers des idylles rompraient le charme en s'exprimant avec trop de rugosité ou trop de raffinements de langage et de pensée. Une subtilité exagérée, surtout en matière amoureuse, recrée une part du trouble que le rêve pastoral cherche à fuir. D'un autre côté, le discours des bergers appelle à la paix, à la rêverie, aux douces pensées d'amour : dans cette douceur, l'évocation des réalités concrètes de la vie campagnarde risque de rompre le charme. Animaux et paysages n'ont même pas à être décrits, ni évoqués, le rêve pouvant se satisfaire de la simple idée que les personnages se font de la nature. Déjà imaginaire, l'évasion pastorale tend à devenir cérébrale. L'un des champs poétiques les plus étendus du siècle se referme ainsi, évacuant jusqu'aux images sensibles du rêve.

La poésie officielle

Dynamisée par le lyrisme officiel de Malherbe, la poésie de circonstance, souvent destinée à célébrer des hauts faits, donc nommée aussi par les poètes poésie « héroïque », va faire résonner ses trompettes pendant tout le siècle, avec plus ou moins d'intensité, suivant les périodes et les événements. C'est un passage obligé pour les poètes, même pour ceux que leur sensibilité poétique attire ailleurs.

Mêlé à la vie de cour et à la politique par ses protecteurs dès 1615, Théophile de Viau consacre une bonne partie de son énergie poétique à composer des vers adressés à des grands personnages, éloges, remerciements... Mais ce type de poésie correspond mal à son désir d'indépendance. Il s'y exercera surtout dans le fil de ses difficultés personnelles et, comme il l'a fait de la satire, modifiera l'atmosphère de l'ode (v. p. 234).

François Maynard (1582-1646), en disciple de Malherbe, cultive aussi l'ode héroïque, et participe de cette manière aux événements de son temps. Ses odes au roi, à la reine, à Richelieu surtout, s'inscrivent volontairement dans le mouvement de défense de la politique du ministre. Dans ce type de poésie, Maynard cependant force son talent, n'atteint pas au relief et à la vigueur nécessaire pour éviter la lourdeur de l'éloge. Il réussit mieux dans les compositions courtes et denses, faisant d'un grand nombre de ses sonnets de « petits panégyriques consacrés à l'immortalité des premières personnes de ce temps », ainsi que dans les poèmes où son esprit caustique et plaisamment moqueur peut se manifester (v. p. 260).

Autre « écolier » fidèle de Malherbe, Racan (1589-1670) suit ses traces en composant des odes héroïques, des stances, des sonnets, des vers de ballet, comme autant de manifestations de la poésie officielle. Ce noble d'ancienne lignée, cousin du duc de Bellegarde (v. p. 214, Malherbe), chef de guerre et poète, pouvait sans mal participer à l'élan de la poésie encomiastique. Sa personnalité poétique le conduit cependant vers le lyrisme personnel, la poésie d'évasion, la poésie religieuse (p. 247) et la pastorale dramatique (p. 81).

D'autres malherbiens seront plus actifs pour promouvoir la poésie officielle. Boisrobert (1592-1662), épris de poésie légère, libertin, ami de Théophile, est devenu un familier de Richelieu, qui aime sa vivacité d'esprit. Pendant la période où il occupe le pouvoir (1624-1642), Richelieu cherche à s'assurer le concours des poètes, des auteurs de théâtre, de tout écrivain pouvant se faire non seulement l'écho de ses idées politiques, celles de la puissance de la monarchie et de la grandeur du pays, mais aussi pouvant contribuer par des œuvres à illustrer la vitalité créatrice du règne. Boisrobert est chargé de cette mission auprès des hommes de lettres. C'est par lui que passent les libéralités, qui permettent à beaucoup de vivre, et les injonctions du ministre, comme celle qui a mené à la création officielle de l'Académie française (1634-1635). Une autre personnalité du monde des lettres a un rôle important dans l'entreprise qui mène à constituer une sorte de littérature d'Etat ou tout au moins un style officiel, c'est Jean Chapelain (1595-1673). L'homme est étonnant par ses connaissances, ses capacités de travail et le réseau de relations qu'il a su tisser. Traducteur, poète, critique littéraire, l'un des théoriciens de la doctrine classique les plus pertinents, épistolier infatigable et talentueux, il est en contact avec une infinité de personnes, écrivains, savants, hommes de guerre, mondains... de Paris, de France et d'Europe, qu'il sait intéresser et qu'il fait dialoguer. Son *Ode à Richelieu* (1633), qui célèbre l'action du ministre, lui attire sa confiance, ce qui l'investit d'une autorité de fait sur les lettres. Dans le peu de temps que lui laissent ses activités, il écrira des odes héroïques pour les personnes qui pour lui comptent le plus (le roi, Richelieu, Longueville, Condé, Mazarin...), publiées séparément ou dans ces recueils qui, dans cette période, assemblent les poésies officielles. Il reprenait ainsi, mais avec sans doute un peu moins de rigueur, accompagné par d'autres poètes comme Antoine Godeau (*Ode au Roi*, 1633), la tradition malherbienne du grand lyrisme.

Mais le meilleur représentant de ce type de poésie pour cette période est Tristan L'Hermite, moins en vue cependant, puisque ses vers s'adressent plus à ses incertains protecteurs (Gaston d'Orléans, frère de Louis XIII, v. p. 269) qu'aux personnages qui mènent réellement la France. Admirateur de Malherbe, c'est son véritable successeur dans le grand lyrisme (*Vers héroïques*, 1648). Il y met cependant une sensibilité qui lui permet de rapprocher les pièces de circonstance de la poésie personnelle (v. p. 239).

Entre 1628 et 1648, de la mort de Malherbe à la Fronde, la poésie officielle est sans cesse prospère, et met en scène les acteurs de la vie politique, le roi, le ministre, la cour ou les autres mécènes qui se sont attaché des poètes. La poésie officielle, comme la peinture, qui fait des portraits majestueux ou fixe l'image des victoires, accompagne ainsi le prestige des hommes et des événements. La période de guerre extérieure que traverse la France (1635-1659) est d'ailleurs propice aux exaltations héroïques.

Le grand lyrisme ne vit réellement cependant que par l'intérêt que lui porte son premier public, le personnage qui en est le destinataire et qui le patronne. Après la mort de Richelieu (1642), Louis XIII rayera de ses comptes les pensions aux écrivains ; Mazarin (au pouvoir à partir de 1643) réintroduira un mécénat d'Etat, mais sera plus facilement contesté que Richelieu, et moins attentif peut-être à son image. Dans cette période, le burlesque parodie gaiement les formes du lyrisme officiel (v. p. 266). La guerre civile de la Fronde (1648-1653) verra fleurir les pamphlets violemment subversifs. C'en est fini pour un temps du faste sécurisant du grand lyrisme. Il renaîtra, comme dans le passé, avec le rétablissement de la paix et le raffermissement du pouvoir. Mazarin a repris la situation en main. La guerre civile se termine (1653), la paix est signée avec l'Espagne (1659), le mariage de Louis XIV avec l'infante d'Espagne (Marie-Thérèse) vient sceller la réconciliation. Une nouvelle période heureuse semble s'ouvrir. Les poètes vont se presser nombreux pour célébrer les événements et rétabliront la poésie dans ses fonctions officielles comme aux plus belles époques de sa splendeur. Cassagne, par exemple donne une idée de ce sentiment de la cohésion retrouvée dans son *Ode sur la paix des Pyrénées,* où Malherbe lui-même, en vers réellement dignes de lui, prend la parole pour comparer élogieusement Louis XIII, Anne d'Autriche (la reine) et Richelieu, à Louis XIV, Marie-Thérèse (la jeune reine) et Mazarin. Chapelain n'est pas en reste avec son *Ode pour la paix et le mariage du roi.* Colbert le charge bientôt d'organiser officiellement la célébration poétique du règne. Chapelain établit alors une *Liste de quelques gens de lettres vivant en 1662,* où il porte une appréciation sur les capacités de chacun au grand lyrisme. S'ensuit une série de pensions (les « gratifications ») qui mobilisent les écrivains et signifient que des commandes leur sont faites. Gratifiés ou non, les poètes sont entraînés dans le mouvement. Racine, âgé de vingt ans, compose un chant d'accueil à la nouvelle reine en faisant parler *La Nymphe de la Seine* (1660), La Fontaine, en 1678, célébrera la paix de Nimègue. Avec ces grands poètes, l'ode a pris un tour plus familier, et baigne dans une atmosphère idyllique. Cette évolution n'est pas contraire à celle qu'avait engagée Malherbe, et à l'expérience des poètes lyriques de la première moitié du siècle. Boileau, qui sacrifie aussi aux exigences officielles (*Epître IV,* v. p. 280), apportera une tonalité d'un autre temps dans ce concert, préférant les grandes fanfares aux sons modulés et contenus. L'ode trouve une place de choix dans son *Art poétique,* mais, étrangement, pour cet admirateur inconditionnel de Malherbe, elle reste le lieu privilégié de l'inspiration libérée. Il faut pour lui que dans l'ode le poète s'élève dans les hauteurs et parle la langue des dieux ; c'est une forme poétique faite pour le « dérèglement » (« Son style impétueux souvent marche au hasard / Chez elle un beau désordre est un effet de l'art », chant II, v. 58-72). C'était perpétuer la conception du lyrisme qu'avait Ronsard, et appeler à l'imitation du poète grec Pindare. Défendant cette position dans son *Discours sur l'Ode* (1693), et pour montrer la supériorité des Anciens sur les Modernes, Boileau composera dans le style grandiloquent de Pindare son *Ode sur la prise de Namur* (1693), qui ne convaincra personne. L'ode aussi s'était définitivement acclimatée à la régularité et à la mesure classiques.

La poésie chrétienne de célébration

La foi chrétienne trouve dans la poésie un moyen d'expression privilégié. Militante dans les grandes luttes entre catholiques et protestants au XVIe siècle, la poésie religieuse a conservé au XVIIe siècle cette dimension publique par laquelle lui est confié un rôle d'expression collective de la foi, de soutien au fidèle, de célébration liturgique, d'exhortation à se tourner vers Dieu. La démarche est comparable à celle de la poésie politique et héroïque que nous venons d'évoquer. De très nombreux poètes, du début à la fin du siècle, composent des poésies chrétiennes, la foi étant pour la majorité des hommes de ce temps une dimension indispensable à l'expérience humaine. Et comme pour le reste de la poésie, il existe là deux attitudes différentes du poète : il peut s'y retirer dans la prière et la méditation personnelle ou composer des chants pour la célébration publique de la foi commune. Pour beaucoup, la poésie religieuse n'est qu'une forme particulière, dans leur œuvre, de la poésie officielle. Mais souvent le passage à la poésie religieuse marque, dans le cours de la vie d'un poète, une conversion personnelle, une réorientation de ses efforts et de son art vers ce qui lui paraît désormais l'essentiel.

Pour nourrir la prière et le chant, il existe en latin des cantiques et des hymnes en très grand nombre. Dans les couvents et les églises, en commun ou en particulier, religieux et laïcs chantent ces hymnes latins, et particulièrement les *Psaumes,* 150 poèmes de louange, d'appel à l'aide de Dieu, d'exaltation et de prière, attribués au roi hébreu David (1000 av. J.-C.). Les poètes de la Réforme protestante en ont entrepris la traduction française au XVIe siècle, pour que ces chants puissent entrer dans le culte, qui se fait en français. Le psautier de Marot, puis plus tard celui de Théodore de Bèze, d'une poésie intense, en vers brefs facilement adaptables au chant, remplissent pleinement ce rôle. Les catholiques proposeront plus tard leur psautier complet (Baïf, Desportes).

Ces psaumes en français sont bien plus souvent des transpositions libres que des traductions exactes. On leur donne le nom de « paraphrase », ce qui n'est nullement péjoratif. Puisque le texte latin subsiste dans le culte catholique, et qu'il est présent à la mémoire, la paraphrase (littéralement « texte à côté ») a un rôle non seulement de traduction du thème contenu dans le psaume, mais aussi d'écho des préoccupations du présent et de reflet des méditations personnelles du poète. Du Perron, Bertaut, puis Malherbe (v. p. 220), qui donne le ton, illustrent le genre, comme une dimension de la poésie officielle. D'autres vont suivre, poètes libertins ou mondains que ne rebute pas l'inspiration chrétienne, Boisrobert, libre de mœurs, mais abbé de condition, Germain Habert, abbé de Cerisy, mais poète apprécié des salons, Claude Malleville, célèbre poète mondain des années 1630 (p. 274). Pour Antoine Godeau, qui s'est adonné longtemps à la poésie pastorale et galante, le passage à la poésie religieuse va correspondre à un changement de vie. Etabli évêque de Grasse en 1636, il se consacrera avec la plus grande conviction à sa mission épiscopale, et sans perdre ses amis abandonnera pour son diocèse ses activités mondaines. Il entreprend la composition d'un psautier complet. Ses *Paraphrases,* publiées en 1648, renouvelaient complètement le psautier catholique, et furent très appréciées, certainement parce qu'elles correspondaient au goût introduit par le raffinement mondain. Ses *Poésies chrétiennes* (1654) expriment cette conviction que la plus belle poésie est celle qui se consacre à Dieu, et que les grands genres poétiques introduits par l'Antiquité peuvent servir de forme pour la célébration de la foi chrétienne. Il sera imité largement, de nombreux psautiers étant en chantier entre 1650 et 1660. Le plus poétique est celui que donnera Racan, déjà traducteur, du temps de Malherbe, d'hymnes du Petit Office de la Vierge, contenu dans le Bréviaire, ce livre de prières et de méditations lu quotidiennement par les prêtres et les religieux. La piété sincère du poète s'allie dans ses psaumes à sa sensibilité élégiaque, et ses dons pour l'art du vers formés aux leçons de Malherbe, lui permettront de composer un ensemble très homogène pénétré de mesure et de douceur musicale. La tâche qui consiste à traduire tout le psautier l'occupe entièrement pendant de longues années. Trente-deux paraphrases sont publiées en 1651, sous le titre d'*Odes sacrées,* puis la totalité des psaumes en 1660. La Fontaine admirera ces poèmes sacrés et leur fera une large place dans le recueil qu'il publiera en 1671 (v. p. 283).

En dehors des psaumes, d'autres hymnes, d'autres œuvres appelant à la ferveur religieuse attirent les poètes, et les plus grands. Corneille entreprendra et mènera à bien la traduction poétique de *L'Imitation de Jésus-Christ,* célèbre œuvre latine composée dans le passé sur les réflexions spirituelles de plusieurs générations de moines, et qui propose par ses conseils et ses pensées une véritable direction de vie. Corneille, porté à ce travail « par des pères jésuites ses amis, par des sentiments de piété qu'il eut toute sa vie, et sans doute aussi par l'activité de son génie » (Fontenelle), publie les quatre livres de *L'Imitation* (plus de 13 000 vers), entre 1651 et 1656, où il puise lui-même bon nombre de réflexions qu'il place dans son théâtre, et qui ont dans le public une large audience, si l'on en juge par les nombreuses éditions que connaît l'ouvrage. Poursuivant son œuvre poétique religieuse, Corneille traduit des *Louanges de la Sainte Vierge* (1665), office attribué à saint Bonaventure, et compose à partir du *Bréviaire* latin un véritable manuel de prières en vers français à l'usage du fidèle, où se trouve réuni l'essentiel, psaumes (il en traduit cinquante), Office de la Vierge, hymnes pour chaque moment de la journée, et pour les fêtes de l'année liturgique (1670).

Racine avait traduit très tôt les *Hymnes* du *Bréviaire* (une vingtaine). Il les remanie, dans de très beaux vers empreints de délicatesse et de douceur, à l'époque où il quitte le théâtre, et les donne à publier dans le *Bréviaire* complet de Le Tourneur (1688), aussitôt condamné pour son esprit que l'on juge janséniste. Les vers de Racine continueront cependant longtemps d'inspirer l'art sacré, comme deux siècles plus tard dans cette très émouvante composition musicale de Gabriel Fauré, connue aujourd'hui sous le nom de *Cantique de Jean Racine.* Les deux pièces bibliques de Racine, *Esther* (1688-1689) et *Athalie* (1691), qui sont en partie des opéras, confient à des solistes et à un chœur des chants sacrés qui accompagnent l'action et rappellent l'atmosphère de célébration des psaumes. *Esther* est jouée à la cour et a de nombreuses représentations tant son succès est grand ; quelque temps plus tard, les *Cantiques spirituels,* que Racine a composés à partir de passages de l'Ancien Testament et de saint Paul, sont mis en musique par le même musicien qui avait travaillé aux chœurs d'*Esther* (Moreau) et chantés devant le roi (1694). Par l'alliance de la poésie, de la musique et de l'élévation spirituelle, la poésie religieuse, qui est d'Eglise, devient à la fin du siècle un art indispensable aux spectacles et activités de la cour.

La poésie épique

Il y a une autre manière de chanter, de glorifier des héros, de magnifier des hauts faits, c'est celle que propose l'épopée depuis la plus lointaine Antiquité.

L'épopée est un très vaste poème narratif. On y raconte en les célébrant les exploits de héros qui représentent les valeurs d'un peuple et d'une époque. Les grands poèmes de l'Antiquité gréco-latine, l'*Iliade* et l'*Odyssée* d'Homère, qui relatent la guerre de Troie et les errances d'Ulysse, l'*Enéide* de Virgile, qui exalte à travers Enée l'aventure du peuple romain, fascinent par leur force poétique. Pour ces admirateurs de l'Antiquité que sont les hommes du XVIe et du XVIIe siècle, l'épopée est certainement le genre le plus noble, le plus difficile, le plus prestigieux et celui qui peut apporter la consécration à un poète s'il y réussit. Il existe d'autres genres littéraires où la narration épique peut se développer (l'ode, la tragédie, dans ses récits, le roman en prose, l'histoire), mais son élément est avant tout l'épopée elle-même, d'où ce rêve qui hante les poètes : doter la France de la grande épopée qui lui manque, de l'œuvre de haute poésie qui concentrerait toutes les richesses d'une civilisation, ses héros, sa foi, ses victoires, ses grandeurs, sa maîtrise d'une langue et un art d'écrire à son apogée. Chacun pourrait ainsi se retrouver dans cet ouvrage, y trouver à rêver, à apprendre, à admirer.

Il y avait comme modèles ces grandes épopées antiques, dont nous avons parlé, et qui apportaient une forme (plusieurs milliers de vers amples — l'épopée moderne utilisera l'alexandrin —, mis en longues suites sans strophes, constituant de grandes sections appelées « Chant ») et une mine inépuisable de faits et gestes, de héros, de divinités, d'événements, tirés de l'histoire légendaire des vieilles époques grecques et latines et de leur mythologie, ce qu'au XVIIe siècle on appelait la « Fable ». L'autre grande source épique et qui innerve toute l'ère chrétienne, c'est la Bible. Mais la Bible, source de vérité pour le croyant, ne fait pas partie de la « Fable » et a une autre fonction que de mettre en œuvre le fabuleux pour libérer les imaginations. Peut-on donc remodeler, transformer, réinventer comme l'épopée le fait, ce qui se trouve dans un texte sacré ? Il y a enfin l'Histoire de France qui offre ses sujets, et qui arrive déjà transformée en mythe, avec ces héros quasi fabuleux que sont les premiers rois, comme Clovis, ou ces situations que les chansons de geste avaient déjà mises en épopée depuis le Xᵉ siècle : les combats entre chrétienté et islam, Charlemagne, Roland et plus tard les Croisades. Mais depuis le XVIᵉ siècle l'on s'est presque totalement coupé en France de la littérature du Moyen Age, et c'est par l'Italie que cette réserve historique et fabuleuse nous revient, essentiellement par le *Roland furieux* de l'Arioste (début du XVIᵉ siècle), plus roman qu'épopée, où l'on va jusqu'en Chine et même sur la lune, et surtout la *Jérusalem délivrée* du Tasse (1575), la seule grande réussite de l'épopée moderne. L'œuvre a pour thème la première croisade et pour héros principal Godefroi de Bouillon, qui en est le chef. Aux récits splendides des épisodes guerriers sont mêlées des aventures romanesques qui vont hanter les imaginations. La grandeur épique est installée dans une atmosphère de rêve et de mystère et partout règne une intense poésie. L'épopée du Tasse est un immense succès européen. Traduite en France, elle va inspirer de nombreux artistes. Il n'est pas étonnant que, fascinés par cette réussite, les poètes français aient tenté de l'égaler.

La difficulté de la tâche a impressionné pendant longtemps. Le génie de Ronsard n'avait pas suffi pour mener au succès sa *Franciade*. *Les Tragiques* d'Agrippa d'Aubigné montraient peut-être une autre voie pour l'épopée, qui n'était pas celle de la célébration (v. p. 230), mais il n'y eut pas de suite immédiate. L'entreprise épique revint à l'ordre du jour dans les années 1630. L'époque était sans doute propice (gouvernement de Richelieu, exaltation de l'héroïsme pendant la guerre de Trente ans). De nombreux chantiers épiques s'ouvrent en même temps. Mais le travail est de longue haleine et ce n'est que vingt à trente ans plus tard qu'il arrive à terme. Une véritable « explosion épique » se produit alors.

Saint-Amant arrive le premier après des années de travail (*Moïse sauvé*, 1653). Il a choisi un sujet biblique, l'histoire de

Moïse sauvé des eaux, lui-même sauveur du peuple hébreu qu'il mène à la Terre promise, contre Pharaon, la mer et le désert. Humblement, l'auteur intitule son poème « Idylle héroïque », pour montrer qu'il ne correspond pas exactement aux exigences de l'épopée : « Le luth y éclate plus que la trompette ; le lyrique en fait la meilleure partie. » Le lecteur d'aujourd'hui peut s'accorder avec ce jugement, et aimer le charme, la fantaisie, la vivacité qui émane de l'œuvre. Mais le public de 1653 fut déçu. On parla du « Moïse noyé ».

Paraissent alors successivement *Saint Louis, ou le héros chrétien* du P. Le Moyne (1653), *Saint Paul* de Godeau (1654), *Alaric, ou Rome vaincue* de Georges de Scudéry (1654). Ces épopées tentent d'imposer dans l'univers épique un nouveau modèle, celui du « héros chrétien ». Même Alaric, roi Wisigoth, qui fit le sac de Rome en 410, se trouve investi par Dieu d'une mission religieuse : renverser les idoles. Pour Scudéry, l'épopée doit éviter les sujets mythologiques qui sont invraisemblables ; il faut donc emprunter à l'Histoire, celle du christianisme, mais non pas à la Bible pour ne pas en « altérer la vérité », car dans l'épopée tout se transforme et l'invention est nécessaire à sa réussite. En restant dans l'Histoire et dans le cadre des prodiges admis par la religion, Scudéry espère satisfaire à la fois le merveilleux et le vraisemblable. Est-ce une raison de l'échec du poème ?

Scudéry voyait aussi l'entreprise épique comme un champ d'honneur où pouvaient s'affronter les poètes. Il s'était hâté d'achever pour pouvoir rivaliser avec Chapelain qui avait une épopée en chantier. On en parlait depuis près de trente ans et une curiosité non dénuée d'ironie avait accompagné le lent travail du poète. Chapelain fit enfin paraître les six premiers chants de *La Pucelle, ou la France délivrée* (1656), qui met en œuvre l'histoire de Jeanne d'Arc. L'auteur justifie l'originalité qui l'a mené à choisir un héros féminin : si une femme a pu donner matière à l'Histoire, combien plus à la Poésie, où tout est imaginable. Le poème montre comment la France s'est libérée de la « tyrannie des Anglais ». Le véritable héros est cependant Dunois, le Bâtard d'Orléans, qui défendait la ville lorsque Jeanne vint la secourir. Chapelain en écrivant son ouvrage s'acquittait en effet d'une commande de son protecteur, le duc de Longueville, qui se disait descendant de Dunois. C'est plus qu'un tableau que commandait et que payait Longueville, c'est une immense fresque. Doué d'une grande puissance de travail, l'auteur n'en redoutait pas moins de rester en chemin dans « ce genre de poésie, comme s'il était au-dessus des forces humaines, et qu'il ne fallût pas moins être héros, pour célébrer les grandes actions que pour les faire ». Il chercha néanmoins à s'en libérer dignement, en appliquant ce qui lui paraissait être les lois du genre : tout doit être hyperbolique dans l'épopée, qui n'est pas le lieu de la vraisemblance, son but étant « d'élever les cœurs » et de « porter les courages aux entreprises possibles, par l'image de celles qui sont même au-dessus de la possibilité ». C'est aussi le lieu du figuratif, de l'allégorie qui représente d'une façon imagée une idée abstraite. Ainsi, au-delà de l'éloge indirect d'une famille, d'un prince ou d'un roi que l'épopée peut faire, il y a un sens général, abstrait et moral, à découvrir. C'est un jeu auquel on se livrait depuis toujours en lisant Homère ; les poètes modernes qui écrivent des épopées pensent donc qu'il faut y déposer un sens à déchiffrer ; mais, pour éviter les dérives de l'interprétation, ils s'empressent d'en donner les clefs dans leur préface, comme pour mieux guider le lecteur. Celui-ci ne se laissa pas faire et jugea assez sévèrement les trente ans de travail de Chapelain, estimant que « la montagne avait accouché d'une souris ». Prudent, celui-ci conserva dans ses cartons les six derniers chants de *La Pucelle,* qui ne furent publiés qu'au XIXe siècle.

L'échec de ces œuvres et de quelques autres est imputable à la concurrence du roman et au fait que le goût évolue vers la légèreté et vers les genres brefs, qui savent attacher sans lasser. Après 1660, le débat qui semble le plus important, et qui existait depuis le début, tourne autour du choix du sujet, ancien ou moderne, mythologique ou chrétien, et donc de la nature et de l'usage que l'on peut faire du « merveilleux » (ce terme sert à désigner le prodigieux, le miraculeux, le surnaturel, le magique...). Les années 1670 vont voir ce débat tourner à la polémique. La querelle du « merveilleux chrétien et du merveilleux païen » oppose Desmarests et Boileau (1673). Le premier, poursuivant la « croisade » entamée par son épopée *Clovis* (1657), soutient que « les sujets chrétiens sont les seuls propres à la poésie héroïque », le second (dans *L'Art poétique,* chant III, v. 160 à 334) s'oppose à cette conception de l'épopée qui en fait une lourde représentation de la religion, estimant que ses mystères sont trop austères ou trop effrayants pour entrer dans une poésie destinée avant tout à enchanter. Et si pour égayer le poème l'on s'avise, en imitant le Tasse, d'insérer des épisodes romanesques, l'on aboutit à un mélange inapproprié à la dignité du sujet. Enfin, la poésie se nourrit de fictions (de « mensonges », disait-on) : peut-on sans distorsion mêler ce qui représente la vérité avec toutes les inventions nécessaires à la mise en œuvre d'une longue narration épique ?

Pour défendre la poésie, Boileau plaide ainsi pour le « merveilleux païen » (la mythologie des Anciens). Il a sans doute le tort de croire que ses contemporains sont encore transportés par les héros mythologiques. Mais c'est une définition de la poésie qui est en cause, et qui ressemble assez peu aux conceptions de Malherbe. L'épopée n'est pas pour Boileau une variante de la poésie officielle et de la poésie religieuse de célébration. Elle doit rester le moyen d'une évasion, apportant certes, par ses allégories, une signification morale, mais intemporelle, universelle. D'où une série de conseils sur la manière d'écrire un poème épique, dont le but n'est pas de convaincre par la raison, mais de surprendre par le sublime, de frapper, saisir, attacher, égayer...

Il y eut des ripostes à l'intervention de Boileau. La Querelle des Anciens et des Modernes commençait déjà. Plus généralement, c'est la poésie, son rôle et ses aspects, sa vie même, qui est en suspens dans la dernière partie du siècle, et le débat se fixe sur le genre symbole qu'est l'épopée. On en parlait beaucoup mais l'intérêt était désormais ailleurs. Pour le rêve, la féerie remplacera bientôt la mythologie ; pour la forme, la prose (p. 405) s'était installée de plus en plus sur les anciens domaines de la poésie.

15. Gaieté ou âpreté : rire, sourire, jeux

Saint-Amant 1594-1661

L'œuvre de Saint-Amant, qui a particulièrement compté dans les années 1620-1650, nous introduit mieux que toute autre aux manifestations de la poésie que nous allons à présent observer, celles qui prennent la vie avec assez de distance ou d'impertinence pour créer le rire, joyeux, ou acerbe, et se font un jeu, badin ou plus grave, de toutes choses.

Saint-Amant assemble en effet dans une originale synthèse des tonalités très variées, qui représentent ou préfigurent les tendances poétiques de son temps. D'un caractère de bon vivant, gai et sensible, il affectionne les mélanges. C'est ce qu'il pratiquera le plus souvent dans une œuvre colorée, multiple, où les effets d'une exubérante santé côtoient les fantaisies d'une fine imagination.

Il a voyagé (Afrique, Amérique), fait du commerce avant d'être poète ; il restera très actif, accompagnant ses protecteurs dans leurs expéditions et ambassades (Belle-Ile, la Méditerranée, Londres), commandant un vaisseau, visitant les pays du Nord. L'action, la diversité des situations, le mouvement dans lequel il vit animent toute son œuvre.

En son temps, il est très célèbre. Ses recueils se succèdent ; le premier, *Les Œuvres,* publié en 1629 est vite augmenté d'une *Suite* (1631). Viennent plus tard une *Seconde partie* (1643), une

Troisième (1649) et un *Dernier recueil* (1658), auxquels s'ajoutent des œuvres publiées séparément.

La variété, la bigarrure même, caractérisent ses recueils. Le poète sait regarder les spectacles qui l'entourent, ceux que produit la nature, les décrit avec fantaisie, comme en se promenant, laisse surgir ses impressions. *La Solitude* (1620), l'ode qui le fit connaître, introduit cette rêverie, comme *Le Contemplateur,* qui élève en méditation les effets du spectacle de la mer. Un autre cadre fait intervenir la nature, différemment, comme un décor transformé en œuvre d'art, c'est celui de l'évasion pastorale et idyllique (v. p. 239), à l'imitation d'Ovide, du Tasse ou de Marino ; de petites épopées délicates narrent le combat de Persée libérant *Andromède,* la métamorphose de *Lyrian et Sylvie,* le sauvetage d'*Arion* par un dauphin, dans un foisonnement d'images descriptives, et dans le raffinement des pointes. Ailleurs, des hallucinations, des visions fantastiques, surgissent d'un paysage nocturne ou des angoisses causées par la mort d'un ami *(La Nuit, Les Visions).*

Ces échos de l'intérieur, parfois sombres, laissent vite la place, et un peu partout, à une vitalité stupéfiante, nourrie de bonnes choses jusqu'à l'excès. Saint-Amant est un grand amateur de poésies bachiques (qui mettent en scène des buveurs, appellent à l'ivresse) ; aux litanies à Bacchus de *La Débauche* (ou *L'Ivrognerie*), succèdent des hymnes enthousiastes aux assemblées de cabaret *(La Crevaille),* à la vigne, au vin, au cidre, et autres chansons à boire, dans la meilleure tradition rabelaisienne. Les sens n'en sont pas pour autant émoussés, lorsqu'il faut apprécier ce qui se déguste : avec une convoitise de connaisseur, le poète, gourmand et fin gastronome, excite le goût, l'odorat, la vue et le toucher en explorant les qualités des bonnes choses *(Le Melon, Le Fromage).*

Cette poésie des sens est aussi celle d'une sensualité douce ou ardente, de l'évocation envoûtante du plaisir, mêlé aux échos du luth, aux enchantements de la nature *(La Jouissance).* La délicatesse n'est plus de mise en revanche dans les vigoureux poèmes qui perpétuent la veine « satyrique » du début du siècle (p. 227). Les évocations les plus libres sont relayées ailleurs par celles de la satire grotesque, anti-portraits ou éloges paradoxaux de vieilles femmes répugnantes *(La Berne, La Remontrance inutile),* voyage nauséabond dans *La Chambre du débauché,* évocation des conséquences sordides de la prodigalité *(Les Goinfres)...*

Ces thèmes sont de tradition. Saint-Amant les renouvelle avec brio, pour le plus grand plaisir du lecteur averti. Avec le sujet de la longue lettre-satire *Le Poète crotté* (c'est-à-dire pauvre et ridicule), nous sommes aussi dans la tradition, celle de la satire classique. Mais la forme, le ton et l'effet à produire sont différents : c'est une « satire joyeuse » qui cherche à égayer en jetant des invectives aux mauvais écrivains, en faisant défiler des tableaux parisiens, en plaçant quelques idées sur la poésie, en insérant toutes sortes de cocasseries. Nous entrons déjà dans ce qui fait une grande part de l'originalité de Saint-Amant : l'usage mesuré du burlesque (p. 264). Il choisit d'intituler « caprice », ces œuvres qui sont sous le signe de la fantaisie joyeuse. Le « caprice » ne répond pas à des règles précises (longueur, strophes, vers...) ; le poète s'en fixe à chaque fois qui sont différentes de telle sorte que le poème semble sortir spontanément de la fantaisie du moment. Il en est ainsi du long poème de 101 dizains, *La Rome ridicule* (1633-1643), qui s'en prend joyeusement à tout ce qu'il y a de plus vénérable dans la Rome antique et moderne.

Cependant, à être toujours égal, le comique peut s'affadir (« il faut savoir mettre le sel, le poivre et l'ail à propos en cette sauce »), et d'autre part, la civilité impose une certaine déférence envers les sujets graves, le rire pouvant être pris à contresens et considéré comme une insulte. Saint-Amant s'essaie donc au mélange adroit du burlesque et du sérieux dans un même poème : « ce genre d'écrire composé de deux génies si différents fait un effet merveilleux », estime-t-il en se reportant à des œuvres italiennes célèbres. Il intitule « héroï-comique » ce nouveau style, dont il donne un exemple avec *Le Passage de Gibraltar* (1637), « caprice héroï-comique » qui narre avec enthousiasme épique et gaieté burlesque l'expédition maritime de 1637 en Méditerranée. Il s'agit ici d'éloges destinés à un protecteur. Mais à l'inverse, l'héroï-comique pourra donner lieu à de la satire, comme dans *L'Albion* (1644, mais non publié), vaste fresque caricaturale du caractère anglais, pris au vif de la période révolutionnaire.

Le rire est cependant ici plus acéré, plus sérieux et annonce sans doute une évolution. Il y aura des « odes héroï-comiques », des « épîtres héroï-comiques » destinées à des grands, mais l'œuvre resserre progressivement la part du rire. Saint-Amant travaille à son poème épique (*Le Moïse sauvé*, 1653, p. 250), entretient le souvenir de sa protectrice du Nord, la reine de Pologne (*La Généreuse*, 1658), participe au concert officiel qui célèbre la paix des Pyrénées (*La Suspension d'armes*, 1660, voir p. 245) et cherche, sans y parvenir, une position à la cour (*La Lune parlante*, 1661). Déjà son *Dernier recueil* (1658) avait inversé la proportion des premiers en faisant passer le « sérieux devant et l'enjoué derrière ».

Le rire libéré et insouciant n'est semble-t-il plus de mise, l'âge avançant, et le siècle aussi, qui semble à Saint-Amant peu enclin à prendre le comique en bonne part et à ne pas voir malignité derrière les railleries. Reste une place pour l'épigramme, discrète ou indiscrète (le *Dernier recueil* en contient plus de soixante), où se logent encore, avec une habile mesure, les bouffées de santé railleuses d'un grand poète comique.

L'épigramme

A l'opposé de l'épopée se trouve l'épigramme. Il ne s'agit plus d'ampleur, de grossissement hyperbolique ni d'allégories, mais de brièveté, de subtiles évocations, de réalités. Epigramme veut dire « inscription », et c'était la destination première chez les Grecs et les Latins de cette forme poétique : une brève mention sur un tombeau (épitaphe), destinée à faire habilement l'éloge du défunt, puis sur des objets, statues, peintures... De là s'est créé un genre destiné à évoquer les petits faits de la vie, tout ce qui semblait devoir retenir l'attention, un événement, une parole, une action, un sentiment, l'attitude ou les travers d'un personnage..., parce qu'il y a de l'agrément à fixer en quelques mots évocateurs les instants passagers et plaisants de la vie et certaines situations surprenantes ou extraordinaires. L'épigramme (qui a pu prendre l'ampleur de quelques dizaines de vers) touchait donc tous les sujets, et pouvait adopter tous les tons. Le grand modèle que prendront les épigrammatistes du XVIIe siècle est le poète latin Martial, qui présente ses épigrammes en recueil, où se mêlent sans ordre précis, comme d'ailleurs dans la vie, toutes sortes de situations et de personnages de la Rome tumultueuse du Iᵉʳ siècle, et qui montre surtout les faits extraordinaires, les vices, les débordements et l'abjection. L'épigramme prend ainsi volontiers un tour satirique, et admet sans vergogne la verdeur, jusqu'à l'obscénité. L'autre modèle admiré des épigrammatistes est Clément Marot, qui fait passer dans l'épitaphe l'élégance du badinage et les thèmes satiriques du registre égrillard (maris, femmes, curés...). Au XVIIᵉ siècle, sans que se perde l'esprit du genre, deux transformations vont d'abord s'effectuer : l'assagissement de l'épigramme qui chassera en général l'obscénité pour rechercher plutôt la fine allusion, et la progressive spécialisation du genre dans le registre de la raillerie, de la dénonciation satirique des vices, de la considération à portée morale. Cette fonction déjà impartie à la satire se trouve mise en œuvre différemment dans la forme dense et brève de l'épigramme : beaucoup plus que l'étalage direct, c'est le sous-entendu, la naïveté feinte, l'ironie qui permettent de faire surgir la réalité et de lui appliquer une appréciation, d'autant plus efficace qu'elle est finement comique.

C'est donc un genre difficile où tout est mesuré et travaillé. Pour ceux qui ont pratiqué le genre, et qui en ont fait la théorie (comme Colletet dans son *Traité de l'épigramme,* 1658), l'épigramme doit être bien cadencée, fluide dans son discours, posséder un « je ne sais quoi » qui la rend élégante et agréable ; il lui faut être toute subtile, mais bien plus encore à la fin, qui doit ménager un effet que l'on appelle la pointe « le grand secret et le couronnement de l'épigramme ». La pointe est un rapprochement surprenant que l'on fait attendre le plus longtemps possible, et qui offre en guise de chute le moyen d'interpréter ce qui précède, de comprendre où portait l'ironie, de renverser plaisamment une situation.

Cette forme d'esprit qui conduit à produire des rapprochements ingénieux qu'on appelle des pointes se trouve dans de nombreux genres en France. L'influence de l'auteur latin Sénèque qui pratique un style bref, dense et brillant, se fait sentir jusque-là ; et nombre de modèles espagnols et surtout italiens (dont le Tasse) donneront des exemples d'œuvres chargées de pointes qui plairont. On fit l'étude et la théorie de cet art, qui pouvait passer pour l'expression d'une capacité géniale, d'une sorte de prouesse de l'esprit. L'Italien Marino (dit le Cavalier Marin), installé en France, avait donné en 1623 avec son vaste poème *L'Adone* un exemple de raffinement pointu et subtil qui produisit un véritable engouement. De là, et pour une ou deux décennies, une propension à faire de l'esprit, qui a pu d'un côté former le goût en privilégiant ce qui est fin et recherché, et d'un autre gâter bien des œuvres jusqu'à les rendre peu supportables par les abus qui s'y déployaient. Boileau dans *L'Art poétique* (Chant II, v. 103-138) présente, en une petite histoire ironique et imagée, l'invasion des jeux d'esprit dans toutes les formes de discours, finalement apaisée par la raison laissant l'épigramme comme dernier retranchement à la pointe (« Pourvu que sa finesse, éclatant à propos / Roulât sur la pensée, et non pas sur les mots »).

Boileau dénonçait surtout les « ridicules excès », et reconnaissait qu'un fin poète sachant manier subtilement l'humour pouvait arriver à des réussites. De fait, une bonne part de la littérature mondaine développera cette façon plaisante de s'exprimer, réinventant « l'élégant badinage » que Marot, au siècle précédent, avait agréablement pratiqué. Et l'on verra cet enjouement dans nombre de genres en prose et en vers, lettre, épître, madrigaux, rondeaux (p. 270-275) et dans l'art de la conversation.

Quant au genre même de l'épigramme, presque tous les poètes l'illustrent, certains abondamment. François Maynard, que nous avons déjà rencontré, oriente volontiers son talent poétique vers l'épigramme. On sait que d'autres tonalités nourrissent sa poésie, et si ce n'est par ses odes officielles, il est resté célèbre par deux poèmes lyriques, l'*Ode à Alcippe,* émouvante méditation sur la mort et la nécessité de tout quitter, et l'ode à la *Belle vieille,* touchant poème d'amour mêlé de nostalgie et de délicatesse. Pour Malherbe, c'était celui de ses disciples qui faisait le mieux les vers. Maynard travaille en effet particulièrement la cadence de ses vers et de ses strophes, cherche à maîtriser les coupes et les repos à l'intérieur de la strophe, et à ménager habilement les chutes. On dit que Malherbe se désolait de le voir délaisser la poésie sérieuse pour l'ironie et la raillerie caustique. On voit Maynard donner même ce tour à certaines de ses odes d'éloge, où chacune des strophes ressemble à des épigrammes. Il ira jusqu'à l'ode satirique, « en style burlesque mêlé de sérieux » (*Ode à Flotte,* 1638) où s'exprime la distance que le poète voudrait pouvoir prendre par rapport aux héros et aux événements. L'épigramme, qui permet de prendre cette distance, est sa spécialité. Malherbe jugeait qu'il lui manquait de la pointe, ce qui est gênant pour un épigrammatiste. Il sera pourtant admiré pour l'aisance et le naturel qu'il déploiera dans ces petites pièces d'ironie, où il n'est pas facile de faire de l'esprit avec légèreté. Certains trouvaient même qu'il « faisait des épigrammes qui semblaient avoir de la magie ». Il se considérait comme « l'épigrammatiste de France », le Martial moderne. Ses épigrammes sont effectivement de tonalité variée, ne refusent pas par moment une certaine grivoiserie (Maynard est par ailleurs l'auteur de poésies érotiques), font passer plaisamment sous nos yeux personnages, types éternels mais bien réels de son temps, l'avare, l'envieux, le mauvais rimeur, l'indigent invétéré, la vieille cherchant un mari..., et une quantité de situation, d'événements véritables, présentés sous l'allusion, où les contemporains pouvaient reconnaître leur époque (*Œuvres,* 1646).

Un peu plus jeune que Maynard, Guillaume Colletet (1598-1659) traverse les mêmes époques et au sein d'une œuvre variée fera une place de choix à l'épigramme. Il a commencé par la poésie licencieuse, dont c'est la mode au début du siècle. Ce qui lui vaut d'être condamné lors du procès de Théophile de Viau (1623). Tâchant de se faire oublier, non loin de Paris, il écrit des poésies et commence un travail d'historien de la littérature en entreprenant des études sur les genres (ses *Traités,* dont un déjà cité *De l'épigramme,* et un autre *Du sonnet*), et des *Vies* de poètes. Ses *Divertissements* (1631), poésies aux thèmes variés écrites pour son plaisir, témoignent d'un esprit de liberté et d'une conception de la poésie comme jouissance. Avec les *Epigrammes* (1653), ce poète apprécié des milieux mondains saura pratiquer agréablement le trait cinglant et faire ainsi la satire de son temps. Le fait d'actualité, la personnalité littéraire, mondaine, politique... sont la matière de ces pièces, qui prennent, à distance, un caractère de document sur l'époque. Ses *Quatrains* moraux (reprenant une tradition ancienne) passant de la satire à l'enseignement moral semblent l'aboutissement de sa poésie épigrammatique.

Claude Malleville (p. 274), considéré comme l'un des meilleurs dans le genre, écrit des épigrammes lestes et des pièces contre les grands personnages de son temps : prélude à la violence qui envahira l'épigramme lorsque la rue s'en emparera pendant la Fronde. Scarron (v. p. 265) utilisera le genre de la même manière avec une verve satirique acérée, parfois outrée. Sarasin (v. p. 274) est plus modéré dans la trentaine d'épigrammes qu'il laisse, poèmes d'amour, satire et épitaphes (*Œuvres*, 1656) ; Voiture, quant à lui, installe l'esprit épigrammatique dans l'ensemble de son œuvre (v. p. 269).

Cette poésie très liée aux circonstances circulait, se récitait dans un salon, passait de main en main, se recopiait, se transmettait sous le manteau si nécessaire. On ne saurait négliger l'importance du support manuscrit pour la poésie de ce temps. La publication de recueils collectifs, fréquente dans les trente premières années du siècle, se fait plus rare entre 1630 et 1650. Elle est remplacée en partie par la copie manuscrite (des amateurs éclairés des animateurs de salon en font des recueils volumineux), avant que ne se retrouve après 1650 la vogue des recueils collectifs de poésie et de prose (Recueils de Sercy, de Chamhoudry), mais sans que la transmission manuscrite ne s'interrompe. L'épigramme particulièrement était destinée à être écrite sur le coup et à circuler vite pour rester d'actualité. Les correspondances de l'époque contiennent souvent des épigrammes, en latin, en français, et qui participent à ce courant d'échange entre hommes de lettres sachant goûter un instant d'esprit et de poésie. L'épigramme apparaît ainsi comme un petit genre pétri de culture et d'art, mais recevant aussi cette gouaille et cet air caustique que prennent souvent aux XVIe et XVIIe siècles les gens les plus sérieux, occupant parfois des situations austères, comme Maynard, avocat puis président de tribunal.

Mais, fait pour circuler, ce genre pouvait aussi descendre du Palais (de justice), sortir des correspondances privées et de la conversation des salons pour investir la rue. Pendant la Fronde particulièrement, la plume est un moyen de combat politique. Il s'est écrit des quantités extraordinaires de pamphlets, de textes satiriques de tous ordres, rapidement imprimés et vendus au matin dans les rues, comme autant de moyens d'influence et de lutte contre la politique de Mazarin. Parmi ces textes innombrables appelés *mazarinades*, figurent des épigrammes, des sonnets conçus comme des épigrammes (thème d'actualité, esprit satirique, pointe finale) ; la rue empruntait ses qualités au genre : une forme facile à mémoriser, donc à transmettre, un côté brillant et spirituel rendant les traits efficaces. Cependant d'une satire impersonnelle, où les allusions se cachaient plaisamment derrière des pseudonymes, l'on passait à des attaques violentes, des invectives diffamatoires, des accusations chargées d'obscénité... Que restait-il de la subtilité poétique du genre ? Le pli était pris cependant ; le souvenir se conservera de la redoutable efficacité de l'esprit épigrammatique. Les scandales, les querelles auront souvent pour origine ou comme moyen de riposte une campagne d'épigrammes. La tonalité modérée du genre s'était maintenue cependant, de même que son rôle primitif d'épitaphe ou de commentaire des objets d'art. Sous Louis XIV le goût des inscriptions sera très vif et la finesse épigrammatique y sera souvent de mise. Boileau qui aimera l'épigramme l'utilisera dans toutes ses fonctions, inscription sous un tableau, élogieuse ou ironique, satire du temps, réponse aux détracteurs, attaques contre les mauvais poètes, combats littéraires et réconciliations..., avec un art consommé de la pointe qui fera la célébrité de certaines de ses formules. Appelée à recevoir les impulsions de l'instant, l'épigramme semble ainsi, et pendant tout le siècle, être chargée de livrer au public, comme pour la fixer définitivement, la réaction affective d'un esprit particulièrement sensible à l'harmonie des choses, et, d'autant plus, aux laideurs et aux ridicules.

La poésie burlesque

Le terme burlesque vient d'un mot ancien qui signifie « plaisanterie ». Les poètes du XVIIe siècle l'emploient pour désigner une manière d'écrire qui consiste à « traiter en ridicule les sujets sérieux » (Furetière), à utiliser donc un style familier, désinvolte, leste, trivial, grossier... pour traiter un sujet noble. Comme il existe en principe une répartition des styles (bas, moyen, sublime) suivant les domaines choisis, écrire dans un style volontairement inadapté, inversé par rapport au niveau du sujet, crée un contraste inattendu qui produit une série d'effets, dont le comique. Cette inadaptation du style est d'autant plus sensible qu'elle touche aussi le genre littéraire utilisé. Une épopée est à écrire en style élevé. C'est faire une parodie burlesque que de lui imposer des vers familiers ou triviaux. Le burlesque est ainsi un jeu savant qui est susceptible de démonter la dignité qu'on accorde aux styles, aux formes et aux genres dans la famille littéraire, ou de changer leur mode d'action sur la réalité extérieure. Si, par exemple, dans une ode destinée à faire l'éloge d'un prince les vers héroïques sont remplacés par des vers comiques, l'effet de gravité sera effacé et la noblesse du sujet tournée en dérision. Cela n'entraîne pas obligatoirement une inversion de l'éloge en injure, mais crée le plus souvent une impertinence qu'il faut prendre comme un jeu, plus agréable et aussi efficace sinon plus que le compliment direct. Le burlesque répond d'abord à un désir de se divertir, de déconcerter la gravité contraignante des comportements habituels. De là, il est facile de l'utiliser à des fins satiriques, et l'on ne s'en privera pas. Enfin, l'inversion burlesque permet de proposer ironiquement une vision sérieuse des choses, la débâcle amusante des formes établies devenant le nouveau code d'accès à un public qui fuit la sévérité.

Le décalage entre le style et le sujet, qui est la clef du fonctionnement du burlesque, peut être plus ou moins important. Ainsi, il y aura plusieurs tonalités du burlesque, du plus léger au plus appuyé. Il y a en arrière-tableau aussi bien le badinage de Marot que le burlesque débridé de Rabelais. Saint-Amant, quant à lui, annonce par « burlesque », une verve joviale, une vivacité comique de bon vivant appliquée aux sujets habituellement graves. Ce burlesque, qu'il mélange dans un même poème au style sérieux et héroïque, produit un assemblage plaisant qu'il nomme « héroïcomique » (voir p. 257). Mais, pour lui, dans le burlesque même tout n'est pas acceptable, et si la truculence, le réalisme, la verdeur sont admis (Saint-Amant en donnera de nombreux exemples dans ses poésies), il y a lieu d'exclure « les bouffonneries plates et ridicules ». Il faut nourrir le burlesque d'intelligence. A côté de Saint-Amant, les admirateurs de Marot que seront les poètes mondains, et Voiture le tout premier (voir p. 271), utiliseront un burlesque léger, cherchant des effets dans le raffinement des pointes et la gaieté subtile. Le décalage entre le style et le sujet est alors moindre, et les *vers burlesques* peuvent égayer les salons sans trop effaroucher. On donnera ainsi cette appellation à toute une part de l'œuvre poétique de Voiture où se pratique un badinage gai et enjoué. Les *Vers burlesques* même de Scarron, d'une verte gaieté, maintiennent l'indécence dans les limites des bonnes mœurs. Autour de 1640-1645, ce sont ces tonalités atténuées qui dominent. Certaines pièces resteront célèbres, comme la *Requête des dictionnaires* (1639) de Gilles Ménage, qui raille l'Académie, ou la *Galanterie à une dame...* de Sarasin, *La Requête... au Cardinal* de Scarron, le plus actif représentant du burlesque. Sous son influence, une vogue du burlesque, étendue à de nombreux genres en prose ou en vers, allait alors s'intensifier.

Paul Scarron 1610-1660

L'auteur du *Roman comique* (p. 179) est aussi le maître de la poésie burlesque, dont il illustre les différents niveaux. Pour nous, Scarron est l'une des figures les plus émouvantes du paysage littéraire du XVIIe siècle. Cet homme vit un drame physique. Actif, élégant, le voilà atteint d'un mal qui le paralyse, lui déforme progressivement les membres dès l'âge de vingt-huit ans et le condamne à souffrir perpétuellement, immobilisé sur une chaise d'infirme. Sa réaction contre la maladie est d'un courage admirable, son esprit et sa gaieté cherchant sans cesse à compenser les progrès du mal qui inexorablement le désarticule. Il a eu le bonheur d'épouser en 1652 la jeune Françoise d'Aubigné (nièce d'Agrippa d'Aubigné — qui deviendra plus tard Mme de Maintenon, l'épouse de Louis XIV), qui le soutient et avec qui il anime un salon où il attire et réjouit la société parisienne. Sa poésie est pour l'essentiel le reflet de cette situation.

Son *Recueil de quelques vers burlesques,* publié en 1643, connaît un grand succès, et entraîne plusieurs *Suites* (1644, 1648, 1650). Scarron y assemble les pièces dictées par les événements quotidiens, qu'il relate et transforme facétieusement, avec piquant et ironie, comme un humoriste qui traite par le rire tout ce qui passe à sa portée. Ne pouvant se déplacer il écrit des lettres. Ses recueils contiennent nombre de ces épîtres en vers, où il fait une revue des habitants d'un quartier ou d'une ville d'eau à la mode, raconte un accident où les élégants ont versé dans la boue, fait la satire d'un parasite, félicite le duc d'Enghien d'une victoire en imaginant avec une drôlerie digne de Rabelais la déconfiture des ennemis, remercie pour un pâté qu'on lui a offert en reconstituant goulûment et plaisamment le repas fastueux qui a régalé ses amis, s'amuse à inventer des bons mots...

La même distance désinvolte et railleuse est appliquée à soi-même ; la quasi-totalité des poèmes évoque ce qui le touche le plus, la maladie, la crainte de la pauvreté et de la solitude (il inventera le titre d'*Epître chagrine* pour certaines de ses lettres en vers). L'art de se plaindre avec gaieté est conjugué sous toutes ses formes « Revenez, mes fesses perdues / Revenez me donner un cu / En vous perdant j'ai tout perdu... »). Pour demander de l'aide aux Grands, faire leur éloge et les remercier, un ton jovial permet de faire passer toutes sortes d'impertinences destinées à égayer le destinataire. Voici, pour demander le retour en grâce de son père à Richelieu, la *Requête du petit Scarron au grand Cardinal* (1642) ; il s'invente plus tard une charge de « malade de la Reine », ce qui lui permet de lui demander régulièrement des subsides, puisque avec les progrès du mal il remplit pleinement ses fonctions, etc.

A l'évidence, la poésie est pour Scarron une activité qui lui permet de se remettre sans cesse dans la vie. Voilà, par rapport à l'ode et à la satire, une autre manière de voir le monde et de s'y engager : avec détachement, ce qui ne veut pas dire avec désintéressement. Au contraire, dans le discours adressé aux autres ou porté sur eux, ce personnage de « bouffon rimeur », de fou du roi, qu'adopte Scarron, lui permet d'atténuer les éloges, gênants pour qui les donne, et souvent pour qui les reçoit, et de dire bien des vérités, de révéler bien des ridicules, avec une force d'autant plus grande que l'on affecte de ne pas y attacher d'importance.

La désinvolture face aux événements et aux personnes que permet le burlesque s'étend aussi aux formes utilisées, à l'écriture poétique, qui sont détournées de leur sérieux habituel (odes, stances, épîtres, sonnets...). Scarron s'amuse avec sa plume et avec son lecteur ; il s'adresse à ses vers, qu'il appelle ses « vermisseaux », plaisante avec les rimes (« Abbé » rime avec « qui ne sait ni A ni Bé »), introduit un jeu sur les mots qui rappelle certaines acrobaties verbales des poètes des siècles précédents.

Se déplaçant des usages du monde vers ceux des lettrés, Scarron pour se divertir écrit alors une parodie burlesque de récit mythologique (*Le Typhon*, 1644) et une parodie d'épopée

(*Le Virgile travesti,* 1648-1650), mettant de la trivialité et de la truculence là où s'épanouit en général la noblesse poétique, et à l'époque même où nombre de poètes peinent sur le chantier de leurs grands poèmes épiques (p. 249). Cette mystification de la vénérable Antiquité et des genres les plus relevés a instantanément un grand succès et crée une mode des parodies burlesques où tous les imitateurs ne seront pas aussi talentueux que Scarron. Erigé en système et poussé à l'excès le procédé ne pouvait que lasser. Un trop grand décalage entre le style et le sujet, une trop brutale inversion sont en effet vite perçus comme des recettes faciles, imitables à l'envi, jusqu'au ridicule. Scarron s'en aperçut, se fatigua du gros burlesque de la parodie et revint au burlesque plus léger de ses premiers vers, avant de pratiquer le mélange des styles dans le roman (p. 179). Le mouvement dont il avait été l'initiateur l'avait dépassé.

Boileau retraça vingt-cinq ans plus tard dans l'*Art poétique* cette flambée du burlesque (Chant I, v. 81-97), pour la condamner, comme l'avaient fait Scarron lui-même et d'autres critiques avisés (Guez de Balzac, Pellisson), et conclut à la nécessité de la modération (« Imitons de Marot l'élégant badinage, / Et laissons le burlesque aux plaisants du Pont Neuf »). Le mot burlesque évoque alors une excessive trivialité. Les outrances n'avaient cependant guère régné après 1650.

Restait la voie du pastiche (Sarasin, *La Défaite des bouts-rimés*). Boileau s'y engagea gaiement vingt ans plus tard en donnant *Le Lutrin* (1674). En même temps qu'il écrit *L'Art poétique,* où sont dénoncés les excès du burlesque, il s'essaie à ce « burlesque nouveau » qui consiste à inverser le procédé habituel. La trivialité du style, qui le gêne, n'existe plus en effet dès lors qu'au lieu d'utiliser un langage vulgaire pour parler de sujets nobles, l'on use d'un style élevé pour parler d'une affaire dérisoire. C'est ce qu'il met en œuvre dans *Le Lutrin,* poème dit « héroï-comique » (de l'héroïque sur un sujet comique, et non plus comme chez Saint-Amant un mélange des tons). Ici, la tonalité est entièrement épique, le style se situe sur les niveaux sublimes, pour un sujet des plus insignifiants. Une dispute ridicule donne la matière de l'œuvre : un chantre et un trésorier d'église ont un différend sur la place d'un grand pupitre (le lutrin) qui cache le chantre à l'assistance pendant qu'il chante. Cette surenchère que produit l'héroï-comique sur la vie réelle est un moyen efficace de satire, mais reste avant tout un divertissement, un régal pour les initiés, ceux du cercle pour lequel il a été écrit, ceux qui dans le public savent déchiffrer d'une part les usages et coutumes très codés d'un milieu ecclésiastique fermé, plaisamment livrés au jour, et d'autre part les réécritures de scènes, de tableaux, de situations, de descriptions imitées des épopées d'Homère, de Virgile, des tragédies de Corneille même, dans un savant jeu de parodie. La réalité sur laquelle s'appuie l'œuvre n'est ainsi qu'une occasion permettant d'offrir à un public cultivé une plaisante échappée poétique, une dense récréation de l'esprit.

La poésie mondaine

Les salons au XVIIe siècle ont très largement contribué à faire évoluer les mentalités et à former le goût. Après Malherbe, se succèdent et se rencontrent, à l'Hôtel de Rambouillet, Godeau, Voiture, Colletet, Malleville, Chapelain, Scudéry, Sarasin et bien d'autres. Ces poètes occupent des places différentes dans la société et leur œuvre est variée. Un lien s'établit entre eux cependant, c'est la conscience qu'ils se font d'un public de choix qui peu à peu donne le ton. Entre 1620 et 1650, l'Hôtel de Rambouillet est dans son plein rayonnement. La maîtresse des lieux, Catherine de Vivonne (marquise de Rambouillet, « Arthénice » pour les poètes, p. 214), femme d'esprit et de goût, a recréé autour d'elle une petite cour à l'italienne (elle est originaire de Rome), où régnent un air de galanterie et une volonté affirmée d'organiser les loisirs des gens d'esprit. Soucieuse d'éviter les fâcheux, la marquise reçoit des personnes de qualité, par la naissance et par l'esprit, mais quiconque est admis entre dans une véritable famille où chacun a son importance, riche ou pauvre, inspire l'admiration dans ses réussites, la solidarité dans les difficultés, l'inquiétude et la peine dans la maladie et la mort. En dehors de ses qualités mondaines et intellectuelles, qui séduisaient, Mme de Rambouillet a fait l'unanimité par ses qualités humaines, et l'on peut comprendre que sa maison ait pu si longtemps assembler tant de personnalités aussi diverses. Car, loin d'être le cercle d'une caste, ce salon est un véritable creuset social et culturel. Le fils d'un marchand de vin (Voiture) peut s'y lier d'amitié avec un prince du sang (Condé), les catholiques y fréquentent les protestants. Des lettrés savent mitiger leurs connaissances et ont appris à converser aimablement. La plupart des jeunes nobles mondains sont aussi des militaires qui, au printemps, gagnent les lieux des opérations. L'hiver, en revanche, le retour à Paris est possible, et la vie mondaine reprend ses droits. Entre-temps, la correspondance, la poésie qui sert à échanger ont permis que le fil ne se rompe pas. Ces hommes rudes à la guerre, dont plusieurs resteront sur les champs de bataille, sont autant de chevaliers aux manières polies, qui savent adresser un compliment galant, tenir une conversation animée et solide, manier la plume aussi bien que l'épée. Les femmes, et particulièrement la fille de Mme de Rambouillet, Julie d'Angennes, qui deviendra vite l'animatrice du salon, veulent créer un climat où hommes et femmes partagent le plaisir de séduire, dans l'esprit des romans et de la poésie galante. Sortis en effet des contraintes du siècle, et avant d'y retourner, ceux qui s'assemblent là vivent des moments de plaisir et d'évasion collective, étant acteurs et spectateurs d'un jeu sans cesse renouvelé de reconstruction de la réalité. L'univers romanesque, chevaleresque ou pastoral est en fond de tableau. Un comportement enjoué est partout de mise, qui permet de ne jamais se prendre réellement au sérieux. La poésie accompagne sans cesse cet art de vivre.

Vincent Voiture 1597-1648

Voiture est l'instigateur principal de ce climat. C'est un homme apprécié par sa fantaisie inventive : on trouvera plus loin (p. 365) l'étude de ses *Lettres*. En 1625, il a l'impression de naître une seconde fois en entrant à l'Hôtel de Rambouillet, où il s'attache aux enfants de la maison : chevalier servant de la fille, Julie, et compère en facétie du fils Pisani.

Attaché à la personne de Gaston d'Orléans, il doit le suivre dans ses déplacements, et ses fuites. Ces voyages qui l'éloignent plusieurs années de Paris, l'Espagne (p. 367), Bruxelles (puis plus tard l'Italie) lui font écrire lettres et poèmes pour maintenir sa présence et sa « royauté » sur le pays mondain. Son retour en 1635 n'en est que plus apprécié. Voiture est un amateur des romans espagnols et des romans de chevalerie du Moyen Age français. Il va s'ingénier à en recréer les situations dans la vie quotidienne et à y installer les personnages qui l'entourent. De la même manière, les genres poétiques du Moyen Age, le « vieux langage », vont revivre avec lui et susciter des modes poétiques. Il retrouve les secrets de Marot, son naturel, son goût du badinage, son art facétieux d'atténuer les grivoiseries, son élégance, sa gaieté dans toutes sortes de situations, et donnera ce tour à son style. A cette culture « moderne » il mêle avec légèreté les emprunts à la mythologie, autre réserve de rêve. Tout cela crée un climat où se confondent l'imaginaire et le réel. Sa poésie contribue à entretenir ce climat, et, en même temps qu'elle produit des événements qui alimentent la vie en divertissements, elle est le reflet des circonstances, le lieu où les acteurs du cercle se retrouvent sous les allusions, où ils découvrent, transformés à leur usage, les événements et personnages de l'actualité qui les intéressent.

Rondeaux, chansons, épîtres, sonnets...

Le milieu est donc propice à la création. On peut y essayer des genres poétiques nouveaux ou originaux, traiter librement telle ou telle forme, en faire renaître une autre. En 1635, Voiture réintroduit le rondeau oublié depuis le XVIe siècle. C'est un petit poème de quelques strophes où les premiers termes sont repris comme refrain, avec un nouveau contexte qui en modifie le sens. L'aspect ingénieux du genre le rend pour Voiture tout à fait propice à la raillerie, non pas cette raillerie sérieuse qui aurait une fonction satirique et morale, mais cette fine plaisanterie sur soi et les autres, destinée à aiguillonner sans faire mal, à badiner sur les caractères et les travers, à faire de la galanterie avec familiarité, et même souvent avec une grivoiserie contenue, qui donne du piquant au propos. Les rondeaux auront beaucoup de succès. Tout le monde s'y essaie. On publiera en 1639 un *Recueil de divers rondeaux,* puis un *Nouveau recueil* en 1650, contenant 397 rondeaux, dont 38 de Voiture. Les autres genres médiévaux que Voiture réadapte, comme la ballade, plairont mais n'auront pas la même fortune. Il écrit aussi quelques pièces en ancien français, dont une lettre en vers, où renaissent à la fois l'atmosphère et la langue des « vieux romans », sur un thème d'actualité. La chanson (il en écrira une vingtaine), héritée aussi du Moyen Age, n'avait pas disparu de l'écriture poétique. Voiture récrit des paroles sur des airs à la mode, et donne à ses chansons un tour railleur, et une liberté où se lit la gaieté du cercle auquel il les destinait. Presque exclusivement dans le registre galant, il écrira des stances, où les thèmes et les images de la tradition pétrarquiste sont repris pour être traités avec la distance plaisante d'un léger burlesque.

Classées lors de l'édition de ses *Œuvres* dans la rubrique des *vers burlesques,* ses épîtres en vers occupent une place importante. Le vieux genre de la lettre en vers est renouvelé par l'usage mondain. Il s'agit de lettres réellement envoyées où l'on place des nouvelles, des opinions, des sentiments, des conseils, des compliments, tout ce qu'une lettre familière en prose peut contenir, mais avec cette forme versifiée qui lui donne un peu de solennité et en fait comme une lettre ouverte, destinée aussi à un public de lecteurs amis. Avec son épître *A Monsieur le Prince sur son retour d'Allemagne* (1645), Voiture saura écrire une lettre affectueuse, qui tient par moment du grand lyrisme, et où se place sans en avoir l'air une méditation sur la vie et la mort, mais qui ne fait pas oublier que l'auteur est un faiseur de chansons. Car la plupart des épîtres en vers de cette époque accompagnent la vie quotidienne avec gaieté et détachement, égayent les moments difficiles et transforment le commentaire des événements en une partie d'humour. Sous l'ironie et la raillerie aimable se retrouvent les caractères véritables des interlocuteurs, les circonstances de leur vie, qu'ils soient retenus à gouverner pendant la guerre une province lointaine, ou qu'ils aient enlevé pour l'épouser secrètement une jeune femme défendue. L'épître maintient un lien entre le groupe et l'individu, et donne à la réalité anecdotique une saveur particulière, en la reconstruisant poétiquement. Mais, la vogue en étant très forte entre 1640 et 1650, Sarasin, autre poète mondain brillant, en écrira seize, conservées dans ses œuvres, qui continueront l'esprit de Voiture. Nous avons vu avec Scarron (p. 265) le tour que l'on pouvait donner au genre avec un burlesque plus affirmé, avec un style plus proche de celui de Marot. Boisrobert sera célèbre aussi pour ses *Epîtres en vers* (1646 et 1659), qu'il écrit d'un ton enjoué, mais avec plus de solennité.

Voiture intervient aussi dans l'histoire du sonnet. Ce petit genre strophique (deux quatrains et un sizain, lui-même divisé en deux tercets) vient d'Italie et a été introduit en France par Marot, mais surtout mis en valeur par la Pléiade. Le grand modèle italien est Pétrarque qui en fait la forme choisie de l'itinéraire amoureux de son *Canzoniere* (*Le Chansonnier,* 1330-1347). Le sonnet est, dès le départ, le genre privilégié de l'expression de l'amour. Il apparaîtra vite comme l'une des formes poétiques les plus difficiles à pratiquer. On lui demande en effet la perfection, pour faire apparaître dans sa brièveté une pensée complète, et comme un petit monde bien réglé. Les quatrains sont chargés d'installer un cadre général, un décor, les propositions initiales d'une idée, d'un raisonnement..., les tercets placent dans ce cadre un fait particulier, une situation individuelle, apportent une résolution... Quatrains et tercets peuvent dialoguer en opposition. Il faut cependant que l'on s'achemine par étape vers une pointe finale qui permette de clore ingénieusement. Utilisé pour d'autres domaines que l'amour, la satire, l'éloge..., le sonnet se maintient en bonne place au XVIIe siècle parmi les formes poétiques, malgré l'ascèse qu'il réclame (« Un sonnet sans défaut vaut seul un long poème / Mais en vain mille auteurs y pensent arriver », Boileau, *Art poétique,* II, v. 94-95). Tous nos poètes (Colletet, Malleville, etc.) le pratiquent, dans une part de leur œuvre qui est moins régie par l'éphémère et l'actualité quotidienne. En ce sens, le sonnet n'est pas une forme spécifique de la poésie mondaine. Cependant, parce qu'il est école de perfection, il peut donner lieu à des joutes qui ont comme public les gens de la Cour et de la Ville. Voiture n'a laissé que six sonnets. Mais deux d'entre eux créeront une vive animation. Le premier adapte de l'Italie le thème de la « Belle matineuse » (une femme dont la beauté éclipse l'éclat du soleil levant) ; le beau sonnet de Voiture, écrit en 1633, entraîne une compétition : Malleville compose trois sonnets sur le même thème, Tristan proposera le sien, et tant d'autres... L'autre sonnet de Voiture qui amènera une période d'effervescence est l'une de ces pièces très travaillées qui s'inscrivent dans la tradition pétrarquiste de l'expression de l'amour (« Il faut finir mes jours en l'amour d'Uranie... »). Voiture avait écrit ce poème dans sa jeunesse. C'est après la mort du poète, survenue en 1648, comme s'il continuait d'être au centre de la vie mondaine, que son sonnet éveillera les passions. On voulut lui comparer (en 1649) un sonnet de Benserade (1612 ?-1697), plus vif, plus spontané, où la patience de Job, personnage biblique, est mise en relation avec la souffrance d'amour. La « querelle des sonnets » (ou querelle de Job et Uranie ») alluma comme une guerre mondaine : on demanda à chacun son avis. Corneille répondit sous forme de sonnet et d'épigramme. Balzac fit une longue dissertation.

Ainsi se présentaient déjà les débats qui allaient suivre sur l'influence de Voiture. Celui-ci avait très peu publié de son vivant, ne se souciant pas d'assembler ses œuvres. Son neveu (p. 365) le fit pour lui : on se plaisait à ce qui paraissait naturel, à cette ironie plaisante, à cette fantaisie « douce et ingénieuse de celles qui cherchent sans cesse à s'égayer » (Pellisson) que l'on trouve dans ses œuvres. Le paysage littéraire s'en trouvait modifié.

Le madrigal

Voiture fit des émules et ne fut pas le seul à animer les salons. Le madrigal, poésie mondaine par excellence, fut lancé par une autre initiative. Ce genre italien n'avait pas pris racine en France. *La Guirlande de Julie* (1632-1641) allait lui donner l'impulsion qui lui manquait. Il s'agit d'une œuvre collective, sur l'idée du marquis de Montausier qui, courtisant Julie d'Angennes, voulut lui faire un cadeau de choix. Une vingtaine de poètes se mit au travail pour écrire des madrigaux où des fleurs de toute espèce prennent la parole, et tressent finalement une guirlande à la femme aimée. L'œuvre, issue de sentiments véritables, donne une forme délicate au message d'amour en le faisant passer par plusieurs médiations. Elle révèle ce raffinement des mœurs auquel on aspirait et qui ne peut se confondre avec un simple goût de l'artifice. Le madrigal s'imposa vite pour l'expression galante. Le sonnet était un idéal difficile, l'épigramme se tournait vers la satire et la morale. Le nouveau genre séduisait par sa souplesse. Il s'agit en effet d'un poème en vers libres, sans strophe, et de longueur variable. La rigueur formelle en est exclue. Le madrigal est ainsi le plus spontané des genres mondains, et s'il cultive la pointe, comme c'est la mode, il s'insère facilement dans cet art aimable et léger de la nuance pour le compliment et l'expression des sentiments, que l'époque appréciait. Les recueils collectifs qui en contiennent un grand nombre donnent une idée de sa fortune. Lié aux circonstances de la vie sentimentale, il apparaît bientôt partout. Il y eut une « Journée de madrigaux » (1653) dans le salon de Mlle de Scudéry, où chacun devait en improviser le plus possible ; savoir tourner agréablement un madrigal fit bientôt partie du bagage de l'homme du monde. La poésie retrouvait avec le madrigal un genre exclusivement réservé à l'expression du sentiment. Et s'il est vrai qu'il « Respire la douceur, la tendresse et l'amour » (Boileau, *Art poétique,* II, v. 144), c'est dans l'accord entre la négligence volontaire qui lui donne une apparence de spontanéité, et la prévenance, qui met le sentiment à distance et le transmet à travers un voile de bienséances.

Malleville (1596 ?-1647) composa 12 madrigaux pour la *Guirlande de Julie.* Admis vers 1628 à l'Hôtel de Rambouillet, il y est le premier rival de Voiture. Il participe à toutes les modes et se fait apprécier. Ses nombreux sonnets galants, ses stances amoureuses cultivent souvent la pointe à l'imitation de Marino, mais reçoivent aussi des échos de cette inquiétude que l'amitié pour son protecteur Bassompierre (emprisonné par Richelieu) lui inspire, et de ces états d'âme que créent les épisodes d'une liaison amoureuse compliquée. Ses élégies révèlent un poète personnel attachant. Son œuvre fut publiée après sa mort par l'un de ses amis (1649) et reçue comme celle de l'un des meilleurs poètes de son temps.

Plusieurs autres poètes laissèrent leur marque à l'Hôtel de Rambouillet, notamment l'abbé Cotin, qui introduisit le poème-énigme et en fit une théorie, proche de celle qui justifiait l'art de la pointe. Jean-François Sarasin (1614-1654), mort trop jeune pour donner toute sa mesure, était quant à lui en passe de devenir un grand poète. Il prenait avec brio la suite de Voiture dans cette poésie spirituelle et légère faite de rondeaux, stances, ballades, chansons, épîtres en vers, qui nourrissait la vie des salons, et il fut, brièvement, dans celui de Madeleine de Scudéry, ce qu'avait été Voiture à l'Hôtel de Rambouillet. Ses amis, Pellisson, Conrart,

Chapelain, reconnaissaient sa facilité à écrire et la diversité de son talent. Il railla cependant, après les avoir pratiqués, certains jeux poétiques trop formels (il s'en prit par exemple à la trop grande mode des « bout-rimés », sonnets dont les mots à la rime sont donnés à l'avance et doivent rester sans cesse les mêmes). Il chercha à innover, comme dans ces compositions en prose et en vers (*La Pompe funèbre de Voiture*), qui allaient entraîner, chez La Fontaine, par exemple, un goût nouveau pour le mélange des formes (p. 287). En même temps qu'il sacrifiait aux exigences de la poésie mondaine, et comme le faisaient nombre d'autres poètes, Sarasin développait une œuvre en prose et en vers très variée, dialogue, narration historique, ode héroïque, épopée, poésie personnelle, restée inachevée. Ses amis rassemblèrent ses *Œuvres* (1656) après sa mort. Pellisson, en préfaçant (p. 365) le livre, proposait une fine analyse de son style et de l'évolution poétique du temps, soumise à la complète transformation du public, et nécessitant désormais un art qui sache concilier « le génie pour les lettres et le génie du monde », qui puisse accorder « les choses sérieuses et les galantes », et qui allie deux qualités indispensables à la vraie poésie : « l'invention » qui « fait de rien quelque chose, comme par une espèce de création qui semble dépasser la puissance humaine », et « la facilité », celle « que les lecteurs trouvent dans les compositions déjà faites, qui a été souvent pour l'auteur une des plus difficiles choses du monde, de sorte qu'on la pourrait comparer à ces jardins en terrasse, dont la dépense est cachée et qui, après avoir coûté des millions, semblent n'être que le pur ouvrage du hasard et de la nature ».

C'était en effet une leçon d'équilibre que donnaient les bons poètes qui s'étaient fait admirer dans le monde. A les imiter sans ce « génie », l'on pouvait aboutir à un appauvrissement, à un nouveau conformisme, qui guinde le comportement en un code imposé. C'est le danger qui guette d'ailleurs toute originalité que l'on s'applique à prolonger et à imiter. On put se plaindre alors de la futilité et de l'absence de poésie de compositions versifiées, devenues nécessaires, comme des obligations mondaines. L'activité des salons eut d'ailleurs tendance à se déplacer vers des assemblées plus diverses, plus diffuses, celle que réunissait autour de lui le surintendant Fouquet, vers 1657, et, à partir de 1661, celles qui évoluaient à la cour de Louis XIV. Faite au départ pour un cercle restreint, la poésie aimable et vive qui a fait le meilleur de la production des salons avait rayonné à l'extérieur un peu malgré elle. Elle nécessitait sans doute l'intimité d'un cercle où les liens étaient réels pour subsister et se renouveler. Son passage de la Ville à la Cour ne lui facilitait pas une survie aisée. Les caractères que la vie mondaine des années 1630-1655 avait fait prendre à la poésie, et qui la rapprochaient du naturel de la conversation, pouvaient continuer cependant à exercer leur influence. La Fontaine, grand admirateur de Voiture, y sera particulièrement sensible.

16. Equilibres, aboutissements

Nicolas Boileau 1636-1711

Conscient des pouvoirs de la littérature, Boileau est un poète qui charge ses vers de porter dans son époque une parole active. Chaque mot sortant de sa plume interpelle son lecteur et il est peu d'écrivains de son temps dont les œuvres aient été aussi attendues, applaudies ou contestées. C'est le prix de la liberté de parole, et de la vérité, qu'il voulait servir.

Il a choisi les lettres plutôt qu'une carrière d'avocat à laquelle le poussait son milieu familial, mais il garde du Palais une formation et des relations. Il y a appris la force des mots, l'ardeur de la polémique. Il admire les Anciens et les meilleurs poètes, Malherbe, Régnier, Théophile... Ses revenus lui permettent de vivre et d'être indépendant. Il se met ainsi à écrire des satires (dès 1657), renouant avec la tradition et trouvant dans le genre un cadre qui convient à son tempérament. Il y laisse aller ses humeurs et ses indignations, et récite ses vers avec éloquence dans des assemblées d'amis, au cabaret bien souvent, sans précautions, pour le plus grand plaisir de son auditoire, et sans se soucier de publier. Mais une édition pirate de ses œuvres le projette brusquement devant le public et le contraint à proposer lui-même une édition exacte (et quelque peu atténuée) de ses sept *Premières Satires* (1666). Il s'en prenait aux mœurs de son temps, comme dans toute satire, mais nommait ses victimes pour les railler, et en premier lieu des hommes de lettres. Le succès fut aussi grand que la réaction fut vive. Face à l'orage qu'il avait déchaîné, il prit du champ, écrivit deux nouvelles satires (VIII et IX : 1668), habile justification non moins insolente que les poèmes précédents, et, voulant s'assagir, se tourna vers le genre plus paisible de l'épître. Il y place ses réflexions morales, y exerce parfois sa veine satirique, y fait entrer l'éloge des grands, amorçant ainsi une conversion difficile. Il n'est pas pour autant en dehors des polémiques, que l'on attaque ses œuvres ou qu'il soutienne ses amis (Racine). Jusque vers 1678 neuf *Epîtres* vont se succéder, alors que d'autres ouvrages l'occupent, inspirés par les réflexions qui viennent du cercle du Président Lamoignon, auquel il appartient depuis 1667. En 1674 paraît *L'Art poétique*, la traduction du *Traité du sublime* (voir p. 394) et *Le Lutrin* (voir p. 267). Cette période de pleine maturité littéraire, et de grand succès, est par contrecoup celle qui prépare son silence ; Louis XIV le « retire » de la poésie pour lui confier, avec Racine, la charge d'historiographe du roi (1677). Sa tâche officielle, qui consiste à suivre de près les événements pour écrire l'histoire du règne, le tient éloigné quinze ans de la poésie. Rappelé à la lutte littéraire, il mènera la défense de l'art des Anciens, contre les Modernes, dans une Querelle restée célèbre (1687-1694) et composera à la fin de sa vie, retiré à Auteuil, trois *Epîtres nouvelles* (1698) et trois autres *Satires,* œuvres à succès et donc à contestation. La dernière, qui visait les jésuites, sera même empêchée d'édition jusqu'après sa mort (1711).

Les « Satires »

Le mordant de Juvénal anime Boileau lorsqu'il entre par la satire dans l'arène littéraire ; les satiriques qui l'ont précédé lui donnent des thèmes qu'il renouvelle. Le monde étant fait de sottise et de fausseté, il faut dévoiler les erreurs, révéler les ridicules, mettre en scène les situations insupportables, pour qu'elles montrent par là même la folie universelle. Cette démarche habituelle aux satiriques, prend chez Boileau l'aspect d'un engagement dans la marche du monde. Les événements de son temps, son état d'esprit et sa vision des choses à un moment donné motivent chez lui une réaction, que ses lecteurs replacent aussitôt dans le présent, entraînant souvent un grand tumulte. Il sera ainsi question de la noblesse, de l'honneur, de la fausseté (« l'équivoque »), de la richesse insolente des fats, de la légèreté des femmes, de la condition et du rôle du poète, des exigences du travail de l'écriture, des problèmes que pose la poésie officielle, de la justification de l'entreprise satirique, de la désignation des mauvais auteurs, tous sujets d'actualité, de débat, de polémique qui poussent le poète à s'exprimer. Souvent des liens s'établissent aussi avec d'autres œuvres, celles de ses amis, Molière, La Fontaine, Racine, avec qui il semble dialoguer. Mais ces aspects de la réalité contemporaine se recomposent, se transforment et s'universalisent. L'espace des satires tend à devenir un grand théâtre, celui d'une comédie humaine, où se succède une multitude de personnages, images du vrai ou du faux, qui se dévoilent, dès qu'ils apparaissent et se mettent à parler. Le satirique organise cette parole, met en œuvre des dialogues qui créent une vie intense. Il intervient en personne, s'entretient avec son destinataire, avec son lecteur, avec lui-même, se donne le rôle d'une conscience permanente destinée à nommer chacun ou chaque chose par son nom, à démasquer gaiement ce qui se cache. Et cette révélation se fait le plus souvent par un grossissement subjectif, le poète se livrant à une recomposition comique du monde. Ainsi, la poésie, par l'intermédiaire d'un homme identifiable, le poète, qui se transpose sur ses visions et qui peut attirer l'admiration ou la haine, s'installe, agit efficacement dans la réalité, comme un réactif.

Les « Epîtres »

L'homme se révélera aussi, mais plus posément, dans les épîtres, qui s'adressent d'abord intimement à un destinataire. Laissant de côté l'usage que les mondains ont fait du genre (v. p. 271), Boileau prend Horace pour modèle et adopte le plus souvent le ton de la conversation familière, pour offrir ses observations, ses réflexions, ses inquiétudes. Les douze épîtres qu'il compose, de tonalité variée, poursuivent la démarche des satires, en la pacifiant. Au moment où Boileau révise ses positions sur la poésie officielle, le problème de la justification des éloges, et de la forme qu'ils peuvent prendre, l'inquiète. Ce qui allait de soi pour Malherbe, reste sans cesse une difficulté morale et esthétique pour Boileau. Résigné à louer avec zèle, sinon avec esprit, le voici qui s'élève sur le haut style pour célébrer en vers épiques le passage du Rhin, et constate finalement qu'il ne peut y avoir de louanges que spontanées et sincères. En réponse aux détracteurs, l'épître permet aussi de convaincre un ami qu'il faut se rire des sots, et de se persuader que malgré eux, et malgré la difficulté du métier de poète, cela vaut la peine d'écrire, ne serait-ce que pour railler les mauvais auteurs. La veine comique des satires se poursuit en effet dans les épîtres, qui tempèrent par l'humour la gravité des inquiétudes. Celles-ci s'atténuent dans l'évocation d'une vie champêtre, éloignée des « chagrins » de Paris, mais se déposent dans la réflexion morale sur les sources de fausseté, la honte mal placée, le formalisme religieux qui fait négliger l'amour de Dieu.

Dans les *Satires,* comme dans les *Epîtres,* qu'il s'agisse de tableaux de mœurs, de réflexion morale, ou de critique littéraire, la perspective de Boileau reste la même : démasquer le factice, retrouver le vrai, le sincère (« La libre vérité fut mon unique étude »), et cela par l'efficacité de la poésie, d'où son attachement à en définir les fonctions, à en expliquer les secrets.

« L'Art poétique » 1674

La réflexion sur l'art d'écrire, on l'a vu, se diffuse dans toute l'œuvre de Boileau. Le problème est d'importance en un temps où la littérature prend parfois la dimension d'une affaire d'Etat. Au milieu de sa carrière, avec *L'Art poétique,* Boileau condense habilement les principes d'écriture communément admis, livre sa propre expérience d'écrivain et les réflexions critiques de ses amis, en un petit traité en vers, lui-même œuvre de poésie. Il y montre les exigences du métier de poète, qui suppose au départ un don, puis beaucoup d'humilité, de vertu, de sincérité et de travail. Les principes de Malherbe sont réaffirmés (voir p. 214), netteté de la langue, justesse rythmique..., comme de fécondes disciplines, avec une orientation qui tend à faire la part des exigences du goût, cette perception des choses régies par le bon sens. Au centre de cette réflexion, une présentation des genres de poésie (y compris le théâtre en vers que l'on mettait au XVIIe siècle dans cette catégorie), leur histoire, leur fonction, leurs règles, et la place qui leur revient dans la famille poétique. Ce qu'en dit Boileau, nous l'avons vu à plusieurs reprises, montre une perception active des évolutions littéraires et affirme une position. La doctrine développée n'est pas partout cohérente, mais elle exprime avec sincérité une expérience et comme un acte de foi dans la poésie, capable pour lui, selon les genres, d'accueillir des contraires, aussi bien la rigueur et la mesure que les dérèglements de l'inspiration.

Loin d'être un code qui aurait dicté une loi aux écrivains (comme on l'a cru longtemps), *L'Art poétique* est une œuvre qui continue le combat littéraire que Boileau a engagé et qui lui permet de prendre ses positions dans la mêlée des polémiques. Car pour lui, c'est la poésie qui est en cause, menacée d'un côté par la futilité que les mauvaises productions de salon répandent, et de l'autre par l'assèchement des sources poétiques qu'une vision trop rationnelle laisse craindre. Si ses efforts ne parviennent pas finalement à enrayer l'évolution qui se dessine vers la perte du sens poétique, ou tout au moins la perte de confiance dans les genres, les formes, et la magie du vers pour traduire la vie, *L'Art poétique* est un exemple frappant du pouvoir de la poésie. C'est en effet le seul traité théorique de son temps à avoir pu faire durer longuement ses échos sur le public. Les sons et les rythmes qui lui permettent d'enserrer ses formules et ses théories y sont pour beaucoup, comme l'animation que créent les figures, la variété des tons, du familier au sublime, suivant les sujets et les genres, et l'expressivité partout présente qui parvient à faire sentir avant de faire comprendre.

Malherbe avait placé la poésie dans le siècle en la rendant stable, cadencée et douce pour que sa musique pénètre d'elle-même la vie. La poésie de Boileau entre différemment dans le concert public, et, comme si celui qui avait le don de réciter ses vers avec enthousiasme était toujours là pour les dire, elle s'impose au lecteur par les résonances d'une voix qui porte et par une présence plus chaleureuse que raisonnée. Par là, la poésie pouvait encore vivre, mais Boileau est sans doute le dernier de son temps à lui porter toute sa confiance.

Jean de La Fontaine 1621-1695

Ni ses études ni ses débuts ne destinaient La Fontaine aux lettres. Son caractère indolent lui a fait aborder les moments de sa jeunesse sans excessive énergie. Il aime les romans et la poésie et surtout les aventures galantes à mener soi-même. Pour l'assagir et le rendre plus sérieux, on s'ingénie à lui tracer un avenir. Le voilà à vingt ans à l'Oratoire de Paris, où l'on forme des prêtres. Mais ce n'est manifestement pas sa voie. Il sera sans doute plus heureux dans la charge, que son père occupe, de maître des Eaux et Forêts et dans laquelle il lui succédera. Il aura fait pour cela du droit, partageant nonchalamment son temps entre la province et Paris, où il se lie d'amitié avec de jeunes poètes. Marié sans conviction (1647), il sera un époux et un père peu attentif. Volage et insouciant, il l'est sans doute, mais ce personnage, qu'il adopte et qui lui permet de se sentir libre, lui est sans doute utile pour masquer des inquiétudes, celles qui tiennent par exemple à la progressive disparition de ses revenus. La nécessité le pousse ainsi sans doute à la carrière d'écrivain. Il s'est découvert une passion pour la poésie et s'est cultivé pour le plaisir. Il s'essaie d'abord au théâtre (*L'Eunuque,* 1654), puis se trouve attiré dans l'entourage du surintendant Fouquet (le ministre des finances), mécène richissime qui se fait construire à Vaux un somptueux château et attire autour de lui artistes et poètes. Fouquet, à qui il a dédié un poème héroïque, l'*Adonis* (1658), le retient en échange d'une « pension » poétique, c'est-à-dire d'un lot de vers à remettre régulièrement. Le poète s'acquitte de cette obligation pendant trois ans, fournissant son mécène en vers de circonstance et forgeant ainsi sa plume au contact d'un public exigeant. Mais cette période des débuts poétiques est interrompue brutalement par la chute de Fouquet, trop riche de l'argent public, trop voyant, et que Colbert réussit à faire emprisonner et juger (1661). La Fontaine restera fidèle à ce premier protecteur, tentant d'adoucir le roi par des poésies. Il lui faudra cependant s'éloigner un temps (1663).

Sa carrière littéraire commence réellement à son retour : son talent de poète conteur s'est affirmé (comme en témoigne la *Relation du voyage en Limousin,* écrite d'exil) et il se lance face au public avec ses premiers *Contes* (1664). Le succès est immédiat et engage l'auteur à poursuivre dans ce genre leste et malicieux. Mais vient bientôt l'aventure littéraire des *Fables* (premier recueil, livres I à VI, 1668), qui affirme son talent et lui assure le plus grand succès. *Contes* et *Fables* vont alors alterner dans sa carrière, comme deux aspects, l'un plus léger, l'autre plus sérieux, du même don de conteur. Ayant trouvé un toit chez la duchesse d'Orléans (1664-1672), La Fontaine est ainsi libre de se consacrer entièrement à l'écriture. Son œuvre se diversifie. Voici en 1669 *Les Amours de Psyché,* petit roman en prose mêlé de vers. Il collabore, dans le même temps, à l'édition du *Recueil de poésies chrétiennes et diverses* (1671), qui, à la demande des jansénistes de Port-Royal, devait fournir un choix de la poésie la plus édifiante et la plus belle parue dans le siècle. La petite comédie de *Clymène,* peut-être écrite plus tôt, mais publiée en 1671, permet à La Fontaine de proposer une réflexion sur la poésie, illustrée par l'exemple. L'inspiration chrétienne s'exprime ensuite à nouveau dans le *Poème de la captivité de saint Malc* (1673), mais sans gêner pour autant l'écriture d'autre *Contes* (1674), aussi plaisamment grivois que les précédents. Ceux-ci valent à La Fontaine les faveurs du public, mais aussi des ennuis avec la censure. Les *Nouveaux Contes* sont saisis en 1675 par la police. On n'aura de cesse par la suite de lui faire quitter ce genre, de lui faire renier ces œuvres, où lui et le public ne voient pas malice.

Parallèlement, les *Fables,* qui constituent, à leur façon, le versant moral de son œuvre, témoignent de la diversité de son talent. En 1672 La Fontaine est accueilli par Mme de La Sablière, femme de goût et d'esprit, qui tient un salon où elle reçoit les personnalités les plus distinguées de Paris et les plus ouvertes à la connaissance, savants, explorateurs, médecins... C'est dans ce milieu raffiné et intelligent, où la conversation est aimable et sait allier l'esprit et le savoir, que La Fontaine trouve l'atmosphère favorable à l'éclosion de son second grand ensemble de *Fables,* qui élargit sensiblement les possibilités du genre. Publiés en 1678-1679, les livres VII à XI, que nous nommons habituellement le « second recueil », a sans doute étonné le public par ses nouveautés et cette chaleureuse diversité qui séduit le lecteur moderne. D'autres œuvres occupent dans le même temps cet esprit toujours en quête de variété, pièces de théâtre, livrets d'opéra, un poème scientifique (*Le*

Poème du Quinquina, 1682), ou la publication d'un recueil d'œuvres diverses (*Les Ouvrages de prose et de poésie des sieurs de Maucroix et de La Fontaine,* 1685). Auparavant, dans la polémique littéraire élevée entre Boileau et Desmarests (p. 252), La Fontaine était intervenu (1674) avec modération pour faire sentir que l'originalité et la nouveauté s'enrichissaient nécessairement de l'admiration des Anciens (*Epître* à Huet). Il publie cette lettre en vers en 1687, participant ainsi, mais dans le sens d'un apaisement, à la Querelle des Anciens et des Modernes.

La vieillesse est alors venue et elle n'est pas totalement sereine. L'affaire des *Contes* poursuit La Fontaine dans des moments importants, comme celui de son élection à l'Académie française (1683-1684), ou comme ceux, dangereux, de la maladie. En 1693, l'Eglise obtient sa « conversion », qui passe par une rétractation des *Contes.* Sincèrement tourné vers Dieu, surtout à l'approche de la mort, La Fontaine n'a cependant sans doute jamais été convaincu d'avoir fait une mauvaise action en divertissant son lecteur. De nouveaux *Contes* avaient été publiés en 1685, d'autres, inédits, suivront après sa mort. L' « âme inquiète » a su garder suffisamment de jeunesse pour narrer encore avec enjouement et pour continuer l'entreprise des *Fables.* Les dernières constituent, lors de l'édition de 1693, l'actuel livre XII, ensemble composite qui accentue encore l'évolution du genre vers la diversité. A la mort de La Fontaine, en 1695, les éloges seront unanimes pour célébrer l'art raffiné du fabuliste, dont ses imitateurs avouent ne pas savoir retrouver le secret.

Formes de l'épique

L'œuvre de La Fontaine fait vibrer toutes les cordes de la lyre poétique. Pour parvenir à une harmonie toute nouvelle et personnelle, il cherche sa voie dans les genres et les formes qui existent, en tentant, et dès le début, de les renouveler. Les Anciens, comme à un grand nombre des poètes que nous avons rencontrés, lui offrent de vastes champs à cultiver, comme les Modernes qui l'ont précédé. Lorsqu'il commence à écrire, vers 1655, la poésie traverse le grand rêve de renouveau épique dont nous avons parlé (p. 249). La Fontaine s'était exercé au genre héroïque, le trouvant « le plus beau de tous, le plus fleuri, le plus susceptible d'ornements et de ces figures nobles et hardies qui font une langue à part, une langue assez charmante pour mériter qu'on l'appelle la langue des dieux ». Ce goût pour la poésie qui chante et qui résonne, les poètes ont de plus en plus de mal à le faire partager au public, dont les préférences vont de plus en plus au naturel, à la simplicité, à la légèreté. Avec l'*Adonis,* La Fontaine risque l'alliance de la force et de la douceur, de l'épopée et de la pastorale. Cette « Idylle héroïque », offerte à Fouquet en 1658, narre l'histoire touchante et tragique du bel Adonis, aimé de Vénus, et tué dans une chasse. Une partie amoureuse cherche surtout à faire « éclater le luth », ou la lyre, comme Saint-Amant avait voulu le faire dans son *Moïse sauvé,* ou Tristan dans son *Orphée.* L'atmosphère des églogues et des élégies s'insinue, sous le discours un peu guindé de Vénus. Les cors retentissent cependant dans la grande chasse qui suit. Le mouvement, les couleurs, les cris, l'ardeur des bêtes et des hommes se mêlent dans un superbe tableau animé, où le talent de la description égale celui de la narration. La musique du vers, sa fluidité donnent à cet élan épique une spontanéité qui avive les moments émouvants de la fin, où s'élève une plainte pathétique. Poème d'apprentissage, *Adonis* recèle certains des secrets que les *Fables* mettront en valeur, alliance de tonalités, naturel d'une versification qui semble s'écouler sans obstacle, usage mesuré de l'épique, art du dialogue, des narrations, des descriptions, expression des émotions.

Avec le *Poème de la captivité de saint Malc* (1673), La Fontaine se place aussi sur les niveaux élevés de l'héroïsme. Il s'agit d'une petite épopée qui retrace, comme en un roman d'initiation et d'épreuves, la vie d'un jeune ermite du désert quittant sa retraite pour le monde, capturé par des Arabes, vivant sa captivité comme berger, dans la compagnie d'une belle captive arrachée à son mari et décidée à lui rester fidèle. Un mariage forcé éprouve encore plus la valeur des deux héros, les engage à feindre, puis les décide à l'évasion ; la Providence les sauve des poursuivants qui sont dévorés par les lions, et les ramène enfin dans des lieux de retraite et de prière où ils passent le restant de leurs jours. L'héroïsme est ici intérieur, et fait de constance et de résistance aux tentations : tentation de l'adultère, du suicide, du mensonge. Alternativement les deux partenaires de cette histoire édifiante s'entraident pour résister et pour se sauver. Comme dans *Adonis,* les sentiments se trouvent mêlés à l'héroïsme, mais dans une perspective inverse, celle de la sublimation de l'amour dans la chasteté et l'ascèse. Le cadre mythologique païen a fait place à une atmosphère biblique qui fait se succéder des tableaux très différents : le désert des anachorètes, les razzias, la douceur pastorale, le carnage des lions... Comme le fera plus tard Victor Hugo dans *La Légende des siècles,* La Fontaine assemble plusieurs univers pour créer un espace à la fois identifiable et inconnu, permettant d'installer la narration dans un ailleurs poétique dépaysant. Des tonalités, des niveaux de style différents se succèdent, donnant à cette œuvre une diversité agréable. Cette manière mesurée et mêlée de traiter l'épique se retrouve dans les *Fables,* tout autant que l'univers des *Fables* se reflète ici par la présence d'animaux (une fourmilière finement observée, les mœurs carnassiers d'une lionne et de ses lionceaux...), par la teneur morale de la narration, et un art de raconter qui laisse le narrateur s'insinuer discrètement.

Le *Poème du Quinquina* (1682) nous entraîne dans une autre transformation que La Fontaine fait subir à l'épopée. Le héros est ici un médicament nouveau tiré de l'écorce du quinquina et qui guérit de la fièvre. Le poème s'inscrit dans cette conception ancienne de la poésie qui lui confiait un rôle de réunion et de transmission des connaissances. Un exposé scientifique invite en effet à découvrir ce que l'époque sait de la fièvre (les théories, les médecines, la circulation du sang...), décrit le nouveau médicament et expose ses avantages. Mais la science ainsi présentée s'insère dans une réflexion philosophique et morale (l'éloge de la vie simple et naturelle face aux méfaits de la vie civilisée, la constatation qu'à chaque mal correspond un remède, la foi tempérée dans les découvertes...). Surtout, le poème, balancé en deux chants (le mal, le remède), joint à l'exposé des descriptions des tableaux pathétiques, des légendes, des portraits, des allégories... Le discours scientifique est lui-même pénétré d'images, la poésie s'imposant souvent bien plus que la netteté de la connaissance. L'emploi de vers irréguliers (c'est-à-dire l'assemblage de vers différents) permet d'avancer avec légèreté et de créer des instants de grande expressivité, comme La Fontaine s'entend déjà à les ménager dans les *Contes* et les *Fables*. Les tons utilisés sont d'une grande variété, de l'épique à la gaieté d'un burlesque léger ; et la science s'égaye ici en faisant rêver d'un ailleurs mythologique, exotique, imaginaire.

De la prose et des vers

C'est à un autre genre d'évasion poétique qu'introduisent les œuvres descriptives et narratives en prose mêlée de vers. *Le Songe de Vaux* est une œuvre de commande destinée à chanter les merveilles du château de Vaux que Fouquet a fait construire. Commencé en 1658, l'œuvre n'est pas achevée à la chute de Fouquet, et restera sous forme de fragments. La fiction du songe est utilisée pour faire surgir les splendeurs du lieu. Des personnages allégoriques interviennent, « les savantes fées » des arts, le sommeil, les Muses ; des épisodes galants succèdent aux parties « sérieuses » dites héroïques ; des descriptions interrompent les discours ; et déjà, comme dans les fables, les animaux parlent, saumons et esturgeons des bassins, cygnes racontant leurs aventures. La profusion poétique est augmentée par cette diversité de formes, et l'effet recherché est celui d'un pur enchantement. Cette capacité à s'enchanter des lieux et des paysages et des événements, qui en appelle aussitôt à la poésie, se retrouve dans la *Relation d'un voyage de Paris en Limousin,* lettres en prose mêlée de vers, que La Fontaine écrit à sa femme pendant son éloignement de Paris (1663). Ce journal de voyage révèle des dons de conteur alliés à une fine sensibilité de poète toujours enclin à s'émerveiller. Bien plus encore, avec *Les Amours de Psyché et Cupidon* (1669), le conteur et le poète sont associés. Pour narrer « ce conte plein de merveilleux », La Fontaine imagine une promenade de quatre amis dans les jardins de Versailles. Les enchantements du lieu sont évoqués en vers et en prose, assemblage qui crée un genre second où la réalité glisse sans cesse vers la poésie. L'un des promeneurs a apporté pour le lire à ses amis un ouvrage qu'il vient d'écrire. C'est le conte mythologique de *Psyché,* tiré des *Métamorphoses* d'Apulée (IIe siècle), développé en prose, comme une nouvelle expérience artistique par rapport aux récits en vers des *Contes* et des *Fables*. Le conteur cherche dans la prose, qui lui a coûté ici « autant que les vers », « quelque point de perfection » en mettant en œuvre un style nouveau alliant le galant, le merveilleux, et « quelque chose d'héroïque et de relevé ». Le récit se veut enjoué mais allie agréablement la gaieté à des tonalités plus mélancoliques. Des pauses interviennent où s'échangent avec les amis qui écoutent des appréciations sur le style, prenant exemple sur ce qui vient d'être lu. Le récit qui reprend est par moment serti de poèmes en vers. L'ensemble allie la magie du merveilleux à celle d'une prose poétique délicate, qui fait surgir l'enchantement d'une histoire très connue, rendue ici émouvante, troublante, exquise. Dans l'évolution poétique de La Fontaine, *Psyché* représente une étape qui renouvelle sa sensibilité et annonce les épanchements et les émotions, les miroitements exotiques et les renouvellements d'écriture que livreront les *Fables* du second recueil.

Les « Contes »

Ce sont les *Contes* qui font connaître La Fontaine du grand public. Ces *Nouvelles en vers tirées de Boccace et de l'Arioste*, publiées en 1664, présentaient un nouvel art de conter que Boileau expliquera et défendra dans sa *Dissertation sur Joconde* (« Joconde » étant l'un des contes de la première édition). Le succès poussa La Fontaine à continuer dans le genre et à proposer au public rapidement des rééditions augmentées des *Contes* et de nouvelles parties à ses recueils. L'entreprise est perçue comme une nouveauté. Il s'agissait de transposer en vers des contes de la tradition licencieuse et de trouver une forme et une manière de raconter qui en fît passer les grivoiseries avec finesse, pour le plus grand plaisir du lecteur.

Les thèmes de ces contes sont éternellement les mêmes, c'est la loi du genre : la femme en est sans cesse le sujet ou l'objet principal. Les situations sont agréables ou désagréables, mais sans autre conséquence que la gaieté que l'on peut faire surgir des surprises et des stratagèmes. La population qui s'y presse est aussi de tradition ; maris inquiets, jaloux ou cocus, aveugles ou consentants, amants industrieux, astucieux, heureux ou malheureux, princes déguisés profitant de leur liberté, diable dévoyé ou naïf, ermite saisi par le désir, filles simples, épouses insupportables, femmes pétillantes de malice... Les lieux de l'action sont des plus divers, mais se situent beaucoup moins dans un pays identifiable que dans un ailleurs indifférent et intemporel, l'espace et le temps ne devant pas restituer la réalité, mais servant d'ingrédient au conte. Les histoires racontées sont en elles-mêmes parfaitement invraisemblables, et les situations mises en place ont de quoi attiser la curiosité du lecteur. En effet, le caractère licencieux de l'anecdote fait partie de la nature du genre, et il ne peut être question de s'en dispenser. Face aux remontrances morales, La Fontaine défendra les droits de la gaieté que produit un divertissement qui est pour lui sans conséquence.

La saveur du conte n'existe cependant que dans la mesure où l'on sait trouver la manière de raconter avec finesse. La Fontaine cherchera ainsi quel est le meilleur « caractère pour rimer les contes ». Qu'il emprunte ses sujets à l'Arioste, Boccace, Rabelais, Machiavel, Marguerite de Navarre..., il retiendra deux manières d'écrire : le style souple et naturel que peuvent apporter les vers irréguliers, qui ont « un air qui tient beaucoup de la prose », et l'usage du vieux langage, avec des vers réguliers (en général des décasyllabes) rappelant les tonalités du conte médiéval. Dans l'une ou l'autre manière (avec une majorité de contes en vieux langage), il y a encore moyen d'introduire de la diversité, dans les longueurs par exemple, un conte pouvant aller de la brièveté d'une épigramme à l'allongement d'une ample nouvelle. Dans ce genre où il s'agit avant tout « de conter pour conter », l'agrément de la réécriture vient souvent de l'invention de « quelque nouvel embellissement », d'un développement ajouté. Cependant le conteur sait fort bien que l'effet de surprise ne pourra surgir que si l'histoire est parfaitement claire, et donc ni trop compliquée, ni trop longue, ni trop différente de son original. Un équilibre est à trouver qui a pour seul but le plaisir du lecteur.

La clarté ne suffit pas cependant : « Il faut du piquant et de l'agréable si l'on veut toucher. » La Fontaine se propose d'y pourvoir par un style qui ne soit pas trop apprêté, car « on plaît souvent mieux avec une certaine négligence qu'avec une trop grande régularité ». Les aspects de la « négligence », c'est-à-dire ces petites irrégularités de versification et de syntaxe, ces trouvailles de langue ou d'idées qui paraissent spontanées et peu contrôlées, sont ici volontaires et créent une impression agréable de naturel. Pour cet art véritable, La Fontaine pouvait emprunter à ses prédécesseurs en prose et en vers, et particulièrement à Marot et Voiture, dont il se réclame, et dont il admire la gaieté. Dans le conte elle sera partout présente et l'on ne cherchera pas à mélanger les tonalités : il n'y a pas lieu d'attrister, et, quelle que soit l'histoire, il lui faut de l'enjouement et une fin heureuse.

C'est dans ce cadre que s'installe avec finesse un art de la suggestion, qui est le vrai secret du plaisir des contes. Les épisodes lestes, les situations libres sont à peine effleurés, suggérés seulement, rendus ainsi plus piquants par l'effort de découverte à accomplir. Virtuose de l'allusion, La Fontaine pense pouvoir tout dire, derrière un voile. Les *Nouveaux Contes* (1674) sont plus osés encore que les précédents, et conjuguent sur bien des modes l'art d'aimer ou de tromper. Atténuée, mais fournissant à l'imagination, la situation n'en est que plus plaisante. Derrière elle, se devine sans cesse la présence amusée du narrateur qui se plaît à dissimuler pour mieux montrer.

Cette atmosphère raffinée et élégante, pour des réalités bien charnelles, crée un univers spécial, placé dans un ailleurs indéfinissable et poétique. L'invraisemblance, l'intemporalité des situations, l'usage du vieux langage qui « pour les choses de cette nature a des grâces que celui de notre siècle n'a pas » contribuent à établir cet effet poétique. De plus en plus aussi se révèle, et bien nettement dans les *Nouveaux Contes,* une voix personnelle, non plus celle du narrateur caché, mais celle d'un auteur qui livre ses sentiments et ses pensées, valorisant dans sa vision poétique des choses la légèreté d'une évasion divertissante.

Les « Fables »

Avec les *Fables,* La Fontaine choisit le plus humble des genres, qui n'a pas spécialement une vocation poétique, qui n'est pas le lieu du grand style, qui n'a pratiquement pas droit de cité dans la littérature. En renouvelant ses fonctions, ses formes et ses tonalités, il en fait le lieu d'une subtile poésie, et compose l'œuvre la plus fine du siècle.

La fable (on dit aussi l'apologue), vient de très loin et un fonds antique s'est constitué, attribué à Esope (VIe siècle av. J.-C.). Dès cette époque la structure du genre est établie : un court récit, souvent agrémenté d'un dialogue, et qui sert à illustrer une morale. Les personnages sont la plupart du temps des animaux ; dans l'humilité de ces « frères inférieurs » les Anciens savaient retrouver des ressemblances avec les caractères humains, et une sagesse véritable. Le récit est sobre et le fabuliste, en observateur des mœurs, en tire une morale pratique fondée sur le bon sens. Le fonds ésopique des fables augmente au cours des siècles et sa forme se modifie. Avec Phèdre, auteur latin du Ier siècle, la fable devient poésie : il s'agit de séduire pour convaincre. Mais le vers utilisé permet de conserver une proximité avec la prose, d'établir le ton de la conversation, de maintenir la simplicité et le naturel. Le récit est plus soigné et l'élégance est recherchée dans la brièveté. La Fontaine admire Phèdre, dont l'œuvre a été redécouverte peu auparavant, et trouve dans ses fables une grande part de ce qui l'amènera à sa propre conception du genre. D'autres auteurs grecs, latins (Babrias, Avienus), français (au Moyen Age), italiens de la Renaissance (Abstémius), pratiquent la fable, et de grands recueils assemblent et font connaître tout ce que l'on a pu recueillir des fonds les plus anciens. La fable pouvait ainsi acquérir, par l'érudition, une place dans les belles-lettres. Mais elle compte surtout au XVIIe siècle dans l'usage scolaire : on s'en sert dans les collèges comme exercice de traduction et comme leçon de morale. Existent à ses côtés, plus chatoyants, les livres d'emblèmes qui contiennent des images, accompagnées d'une maxime explicative et d'un commentaire moral. Le succès des emblèmes rend la fable encore plus modeste. Vers 1650 un certain nombre de traductions, de rééditions de recueils, d'imitations latines supposent un regain d'intérêt pour la fable chez les connaisseurs. C'est ce genre, qui appartient à la tradition érudite, scolaire et morale que La Fontaine a choisi de transformer pour le mettre au goût du public des gens du monde, amateur de naturel, de spontanéité, de vivacité piquante, de finesse et d'élégante simplicité.

Avec modestie, le premier recueil annonce des *Fables choisies mises en vers* (1668), comme si l'auteur n'apportait à son public qu'une simple traduction versifiée de fables anciennes. Mais c'est d'un effort bien plus ample qu'il s'agit. Sur la trame d'une fable connue, le talent du conteur et sa sensibilité poétique s'appliquent pour un renouvellement complet.

Comment La Fontaine procède-t-il pour rendre « nouvelles » des fables « sues de tout le monde », pour « égayer » la sécheresse de l'apologue d'origine ? Il y a eu débat sur l'opportunité ou non d'écrire des fables en vers. La Fontaine choisit néanmoins la forme versifiée, pour lui indispensable à l'agrément de la narration, l'assemblage de vers irréguliers lui permettant des effets expressifs multiples et l'allure souple d'un parler naturel. Une attention toute particulière s'applique alors au récit, qui devient le centre d'intérêt de la fable. La source sert de référence, de point de connivence avec le lecteur qui ressent avec plaisir les effets de la transformation. La Fontaine travaille en effet en artiste pour délecter son lecteur. Pour cela il recompose, choisit, assemble ce qu'une histoire peut avoir de plus marquant, et l'enrichit par amplification. Le récit s'agrémente alors de développements, de détours, de digressions. Cette amplification, qui est un art de narrer, est faite de ce que La Fontaine nomme les « traits familiers », c'est-à-dire toutes ces trouvailles qui permettent de faire vivre les personnages, de camper leurs attitudes, de montrer leurs mœurs, et de ce qu'il appelle les « circonstances », c'est-à-dire tout ce qui accompagne l'action, évocation de la situation, du lieu, du temps, des événements, paroles prononcées, etc. Amplifié, le récit se déploie cependant en suivant un fil continu, l'agrément venant tout autant de la variété des circonstances et des traits, qui éveille l'intérêt, que de la continuité, qui évite la dispersion et maintient cet intérêt, comme dans une conversation bien menée. Dans le corps même du récit, des sentences, des considérations à portée générale interviennent souvent, sans pour autant distraire du récit, mais au contraire en lien étroit avec lui, comme un appui qu'apporte le bon sens et comme une caution permettant de rendre les faits concrets plus plausibles ou plus attrayants. Un art de la transition s'installe qui permet d'allier des passages de nature différente, un récit, une description, une réflexion, une méditation. Récit et morale sont de même étroitement liés, l'un figurant déjà l'autre, et contenant l'essentiel de la « sagesse » à apporter, dispensant parfois d'une formulation plus abstraite. L'art de la continuité, dans un apparent vagabondage et dans l'agrément des « ornements », crée ici la poésie d'une subtile harmonie.

Dans l'espace restreint d'une fable, le lecteur est de plus convié à un voyage dans un passé de culture qui ressurgit par le jeu de la réécriture et de l'allusion. La fable d'origine transposée apporte avec elle une part de sa couleur initiale, et fait ressurgir un lointain passé fabuleux où les arbres, les animaux et les hommes parlaient et semblaient posséder la même âme, partager la même nature. Avec le second recueil (livres VII à XI, 1678-1679), les sources se sont encore diversifiées, La Fontaine empruntant aussi des apologues au fonds indien et arabe (désigné commodément par le nom du poète ancien Pilpay), apportant la saveur poétique d'autres civilisations, celles des vizirs, des derviches et des sultans. Plusieurs sources servent d'ailleurs souvent pour une même fable, et chaque instant du texte est de plus susceptible, par l'allusion, la parodie, et les autres moyens de la réécriture, de faire surgir une multitude d'échos avec d'autres œuvres de toutes les époques, jusqu'aux plus récentes. Se délectant à ce jeu de résonance et de transformation, La Fontaine offre ce plaisir au lecteur qui sait reconnaître l'emprunt, traduire l'allusion et apprécier les nouveaux effets créés par le réemploi d'une matière préexistante. Plus encore, d'un livre à l'autre, d'un recueil à l'autre des *Fables*, le même plaisir de la réécriture, les mêmes échos s'établissent parfois. Des situations reviennent, des personnages réapparaissent, plusieurs fables ayant leur double, à proximité ou à quelques livres de là, comme en reflet. Non seulement le fabuliste entretient donc un dialogue intime avec ceux qui l'ont précédé, et contribue ainsi à faire du monde littéraire un vaste espace vivant, mais encore les *Fables*, si diverses, finissent par créer, par leurs ressemblances, par les multiples échos entretenus d'un lieu à l'autre du livre, un monde reconnaissable, pays imaginaire et poétique, vivant de sa vie propre.

Là les animaux pensent, agissent et parlent comme des êtres humains, prodige qui situe le pays des fables hors du réel. Les hommes et les femmes qui s'y trouvent, et qui cohabitent avec ces animaux parlants, ne sont eux-mêmes pas tout à fait réels. De ce monde second surgit cette poésie qui vient de la création d'un ailleurs imaginaire.

Cependant le monde des *Fables* n'est pas un monde de seule féerie. Le réel s'y reflète. Les animaux y prennent corps, par l'évocation de leurs caractères physiques. La Fontaine les observe, non pas exactement à la manière d'un naturaliste soucieux d'exactitude, mais comme un homme de culture, qui sait se souvenir des descriptions des livres, et un peintre, qui sait retenir un trait physique marquant, une attitude, une ligne qui révèle toute une silhouette et exprime un comportement.

Et ce comportement est à l'image de celui des humains de la vie réelle, dont les mœurs sont observées, habitudes, défauts, attitudes qui existent de tout temps, comme les moralistes savent les peindre et les stigmatiser, mais aussi situations et comportements appartenant à la réalité contemporaine. Ainsi défilent sous des livrées animales ou sous leurs vrais habits les gens de pouvoir et de cour, les seigneurs de village, le clergé, les médecins, les juges, les maîtres d'école, les savetiers, cuisiniers, artisans, laboureurs, soldats..., tous mis sur la même scène d'une « ample comédie à cent actes divers ». Des sujets d'actualité inspirent le fabuliste, des allusions aux événements se placent çà et là. La ressemblance permet à la leçon morale que la fable transporte de toucher aisément son but, et d'autant plus que le détour du conte et de l'allégorie animale a séduit le lecteur.

Tous ces personnages défilent dans des postures très diverses, et animent des textes de nature très différente. Les *Fables* assemblent en effet de nombreuses formes, le récit pouvant prendre l'allure d'un conte, d'une petite épopée, d'une petite œuvre dramatique... Une évolution est sensible d'un recueil à l'autre. Le premier recueil est plus proche de la forme ésopique de la fable, le second introduit une plus grande variété, doublant parfois le récit d'une longue méditation, donnant à certaines fables le ton d'une élégie, les transformant si besoin est en épître ou en discours. Le livre XII, enfin, met à la suite de fables aux contours habituels des contes plus longs, différents par leur climat.

Les tonalités employées ont aussi leurs inflexions de l'une à l'autre forme et au sein d'une même fable. La Fontaine sait retrouver les avantages de la manière enjouée d'écrire qu'il admire chez Voiture, de cette distance gaie que le badinage installe vis-à-vis de toute chose. Cependant, un art raffiné de la nuance et de l'atténuation permet de se placer à différents degrés de l'échelle des effets, de la gaieté à l'amertume, du comique que produit l'emploi d'un burlesque subtil jusqu'au pathétique et au tragique. Comme les situations, les personnages, les thèmes et les motifs, les intonations répondent ainsi à cette devise de diversité que La Fontaine a délibérément adoptée.

Cependant cet univers si varié est un tout qui impose une impression d'ensemble, rendant plus dense l'effet poétique. L'art de l'atténuation qui enveloppe toute chose le renforce. En effet, les tableaux vifs, animés, colorés, le monde des fables, à bien des égards rude, la jungle sans pitié des animaux-hommes pourraient créer des situations d'un réalisme frappant ; la langue concrète, familière, gouailleuse des gens simples, livrée par des expressions populaires, par des paroles rapportées dans leur naïveté, pourrait de même surgir vertement. Le style choisi cherche au contraire à contenir les représentations brutales derrière un voile filtrant, à effacer les rugosités, les aspérités du langage, à atténuer en faisant appel à la suggestion, à l'allusion, à l'euphémisme, à la litote, art qui permet de tout dire, à tous les publics, et qui, semblant retenir la force des évocations, conduit aux effets les plus durables. Le même art que dans les *Contes* est ici exploité, mais qui ne se limite pas à un seul motif ou à une seule tonalité. De la même manière se fait sentir aussi la présence d'un narrateur attentif à son public, maîtrisant le récit, intervenant constamment. Et, plus encore que dans les *Contes,* l'aisance, la légèreté avec lesquelles les narrations sont menées, la spontanéité avec laquelle le fabuliste intervient, dépose partout une impression de naturel.

Cette facilité, cette souplesse rendent la fable apte à exprimer élégamment des idées, sur des problèmes philosophiques contemporains, comme par exemple celui de l'âme des bêtes, sur des points de critique littéraire, touchant par exemple à l'art des fables, leur fonction et leur pouvoir. Une certaine vision du monde peut de même s'exprimer, informant l'observation des êtres et des choses et l'évaluation qui en est faite : la Providence semble régir les destinées, et une morale se dessine, inspirée par le bon sens, teintée d'épicurisme. Placée en filigrane un peu partout, et évoluant dans le temps et d'un recueil à l'autre, la philosophie de La Fontaine s'exprime de plus en plus ouvertement, l'auteur prenant la parole, plaçant des réflexions au sein des récits, les doublant de méditations, transformant les moralités traditionnelles en poèmes où s'épanchent les sentiments. Le second recueil des *Fables* surtout marque une évolution vers le lyrisme personnel, poursuivie dans le livre XII. Sur le ton de la confidence se révèle l'amour des plaisirs paisibles, de la retraite et de la solitude, dans l'harmonie des jardins mais aussi, opposée à la discorde qui règne dans le monde et qui appelle au pessimisme, la foi dans l'amour et plus encore dans l'amitié.

Ainsi, la fable avec La Fontaine se charge d'une tout autre densité que celle que le genre apportait de ses origines. Sa fonction didactique n'est plus au premier plan. Certes, le premier recueil est dédié au dauphin et le livre XII, vingt-cinq ans plus tard, à son fils le duc de Bourgogne, enfants princiers encore entre les mains de précepteurs. Mais l'on perçoit aisément que bien plus qu'à des enfants, qui peuvent néanmoins y trouver leur compte, les *Fables* s'adressent au public des adultes qui y comprennent le poids de la vie et de la culture, la finesse des manières de présenter et de dire, l'émotion de la confidence sincère et ce rayonnement poétique qui émane d'un reflet du monde et de l'âme.

Très sensible, comme Boileau, au destin de la poésie, La Fontaine, qui se plaint que son temps fournisse des rimeurs mais point de poètes, rassemble dans son œuvre les meilleures conquêtes du siècle. Les genres s'y transforment, la maîtrise de la langue et du vers s'allie à la grâce nouvelle que fait naître l'art naturel. Malherbe et Voiture se répondent ici. Toujours enclin à se renouveler, La Fontaine cherche sans cesse le meilleur style, celui qui permet des alliances subtiles. Son goût de la liberté ne s'oppose pas aux soins attentifs dont il entoure son public, mais lui permet au contraire de découvrir ce qui convient aux nouvelles attentes. C'était sans doute y répondre que de trouver une harmonie, un équilibre entre la gravité et le détachement, le sérieux et l'enjoué, la considération pour son temps et l'écoute des échos intérieurs.

QUATRIÈME PARTIE
La prose d'art

17. De Du Vair à Balzac : la difficile émergence d'une prose classique

La prose d'art française est en crise au début du XVIIe siècle ; alors que l'énergie poétique insufflée par la Pléiade brille encore de tous ses feux avant la décisive inflexion apportée par Malherbe, l'éloquence française est regardée par tous comme affaiblie et sans vigueur. La réflexion critique apparaît donc essentiellement comme une recherche de moyens pour revigorer l'art de la parole, avec tous les problèmes que posent les diverses modalités de son activité, tribune ou cabinet particulier, oral ou écrit, conversation ou lettre, genres élevés ou bas. Il conviendra ici de rappeler d'abord l'état de la question au début du siècle, puis d'examiner les différents « lieux » où se pose la question de la prose, et enfin d'évoquer les principaux facteurs qui ont présidé à l'élaboration de la prose classique.

La question des styles et le modèle latin

Au seuil du XVIIe siècle tout écrivain se pose la question de la rhétorique. Ce n'est pas qu'elle fasse problème pour l'élève qu'il a forcément été : les exercices préparatoires du collège, la lecture des bons auteurs l'ont rompu aux trois principaux genres oratoires, le délibératif (qui débat de questions politiques), le judiciaire (qui plaide les causes en justice) et le démonstratif (c'est-à-dire l'éloquence d'apparat). Le problème qui se pose à lui est en fait d'ordre linguistique : il ne va pas de soi en effet, dans ces premières années du siècle, d'écrire en français lorsqu'on veut faire preuve d'éloquence. Le néo-latin, encore vigoureux grâce aux riches leçons de l'humanisme traditionnel, domine largement la « république des lettres » ; on est initié au fait littéraire dans la langue latine, et le passage au français tient quasiment de l'exercice de thème ! D'autre part, les querelles de la Renaissance à propos du meilleur style *(optimus stylus)* sont loin d'être éteintes ; en effet, les dernières décennies du XVIe siècle avaient débattu longuement et savamment sur le modèle qu'il convient de choisir pour apprendre à maîtriser le discours, et ce modèle était évidemment issu de la littérature latine, dont la prééminence comme langue de culture n'avait pas cessé depuis le haut Moyen Age. Le débat peut alors se résumer en une opposition entre le style périodique, incarné par Cicéron, et le style « coupé », incarné par Sénèque. Le premier était surtout prisé pour son ampleur, son abondance (ce que le latin appelle *copia*) et la souplesse d'un style varié capable de rendre toutes les nuances d'une pensée et d'atteindre parfois des sommets dignes de la poésie ; le second, plus tard venu dans le goût de la Renaissance européenne, avait été développé surtout par réaction au « cicéronianisme » des premiers humanistes, jugé trop servile et peu fécond ; il goûte surtout la brièveté des sentences, un style concis, qui va directement au sens, qui est économe de mots, qui veut exprimer le plus avec le moins, et faire entendre beaucoup plus qu'il ne dit. L'écriture du philosophe stoïcien Sénèque (4 av. - 65 apr. J.-C.), resserrée et pleine de formules sentencieuses, passait pour le modèle du genre, notamment dans ses fameuses *Lettres à Lucilius* ; de surcroît, l'influence de la pensée stoïcienne à la même époque (p. 109) explique sans doute l'attachement qu'on pouvait avoir pour cet ouvrage, chef-d'œuvre du stoïcisme latin. Montaigne, à l'automne de la Renaissance, peut passer pour le juste précurseur de cet effort esthétique, autant que moral, qui cherche à maîtriser l'art du discours ; face à la Pléiade, qui domine les chatoiements de la parole versifiée, il incarne le refus des grâces fleuries de l'éloquence cicéronienne, il défend l'écriture dense et pleine de pensées (*sententiæ* en latin) à la manière de Sénèque. Sa leçon courra à travers tout le XVIIe siècle, notamment pour la recherche d'un style qui soit la fidèle expression du *moi* de l'écrivain, en deçà des conventions de la rhétorique traditionnelle. Cicéron (106-43 av. J.-C.), modèle du genre périodique, n'avait pas pour autant perdu ses adeptes : la grande éloquence oratoire était encore requise dans de nombreux domaines. A l'échelle européenne, la Contre-Réforme, organisée par le Concile de Trente (1545-1563), pour réagir contre l'extension du protestantisme, avait notamment besoin d'orateurs brillants ; en France, la fin des guerres civiles avait ramené l'espoir d'une éloquence civile qui pût être un pendant légitime face à la parole royale. De façon générale, on ne pouvait envisager la promotion d'une littérature nationale sans passer par l'assimilation en profondeur de l'un ou l'autre des modèles. La conviction que la maturité de la langue et de la littérature ne pouvait s'acquérir que par l'imitation était admise au moins depuis la *Défense et illustration de la langue française* de Du Bellay (1549), qui expose une théorie de l' « innutrition » à partir des modèles antiques. De plus, la défense de la prose française dans les premières décennies du siècle repose sur le constat qu'il faut ravir la palme de l'éloquence non seulement à la langue mère, c'est-à-dire le latin, mais aussi aux langues sœurs que sont l'italien et l'espagnol, porteuses des deux grandes cultures rivales dans la « chrétienté ».

Pour bien comprendre l'état de la question au seuil du siècle, il faut examiner l'apport d'écrivains dont l'histoire littéraire a moins souvent retenu le nom, mais qui ont, chacun à leur manière, apporté une réponse aux problèmes de la prose d'art française. Nous retiendrons ici les apports successifs de trois auteurs, Blaise de Vigenère, Antoine de Nervèze et Guillaume Du Vair.

Les partisans d'une prose ornée et qui ne refuse pas les prestiges de la poésie avaient pour modèle l'écriture d'un Blaise de Vigenère (1523-1596), traducteur fécond de nombreux auteurs de l'Antiquité, qui s'était surtout illustré par une fameuse traduction des *Images* du sophiste grec Philostrate ; cette traduction connut un succès constant de sa première édition (1578) à la somptueuse réédition illustrée de 1614 ; elle sera rééditée jusqu'en 1657. Le style du sophiste, qui s'applique à dépeindre des tableaux avec toutes les ressources de la rhétorique, ne pouvait que séduire le traducteur à la recherche d'un style élégant et poétique ; le goût des figures, l'ampleur des descriptions et la variété de l'élocution correspondent bien à l'idéal de prose poétique que Vigenère défend dans sa préface, et le traducteur ne manque pas d'amplifier ces caractères dans la réécriture qu'il en propose. Les orateurs sacrés, notamment les jésuites, poursuivront cette tradition pendant tout le siècle, même lorsque la référence explicite à Philostrate ou à Vigenère tendra à s'estomper.

L'œuvre abondante d'Antoine de Nervèze (v. 1570 - apr. 1622) a justifié très vite et pendant longtemps l'assimilation du nom de son auteur à un style, qui devint rapidement synonyme de mauvais goût. Romancier, orateur, épistolier, Nervèze est aussi auteur d'*Œuvres morales* dont un traité de civilité, *La Guide du courtisan* (1605), mérite d'être retenu. Il y insiste en effet sur le rôle éducateur des Belles-Lettres, et sur la nécessité de se perfectionner dans l'éloquence pour être un gentilhomme accompli. Nervèze est partisan d'un style « fleuri », c'est-à-dire orné et développé grâce à tout le registre des figures de rhétorique. Cette volonté de mettre en œuvre toute la variété des procédés et des degrés de style lui vaudra d'être attaqué pour la surabondance des « fleurs de bien dire », pour le « fard » et le « galimatias » trop présents dans ses ouvrages ; dans les querelles littéraires qui jalonneront le siècle, le « style Nervèze » va devenir peu à peu une référence négative, un modèle-repoussoir pour définir le bon style.

Les prestiges d'une éloquence puissante et efficace ont eu enfin pour défenseur Guillaume Du Vair (1556-1621), orateur de grande Robe qui s'est rendu célèbre pendant les troubles de la Ligue comme partisan du pouvoir royal. Dans le débat sur le meilleur style, il incarne la position qui défend le sublime et la tension sévère, qu'il définit dans son ouvrage intitulé *De l'éloquence française et des raisons pourquoy elle est demeurée si basse,* paru en 1595. Après avoir brossé un rapide tableau de l'art oratoire en France dans les dernières années du XVIe siècle, Du Vair analyse les raisons des faiblesses qu'il y a constatées ; une des causes essentielles est que l'éloquence ne mène plus aux plus hautes charges, et que les princes et la noblesse français l'ont toujours méprisée :

> Ils s'estoient persuadez qu'il valoit mieux bien faire que bien dire, et, contents du rang que leur donnoit leur naissance ou vaillance, ils ne cherchoient point d'autre honneur que celuy des armes à la guerre et du ménage en la paix.

Armé de références implicites à Cicéron, Tacite et Quintilien, Du Vair définit les principales exigences pour parvenir à la véritable éloquence, qui repose sur une innutrition profonde des modèles et l'accord fondamental entre les passions que l'on veut provoquer et la parole qui les exprime :

> Toute la force et l'excellence de l'eloquence consiste de vray au mouvement des passions : par cet instrument, comme par une forte milice, elle exerce son souverain empire, tourne et fléchit les volontez des hommes, et les fait servir à ses desseins. Car la passion, s'étant conçue en notre cœur, se forme incontinent en notre parolle, et par notre parolle sortant de nous entre en autruy, et y donne semblable impression que nous avons nous mêmes, par une subtile et vive contagion.

L'intérêt que, par ailleurs, le magistrat a toujours témoigné pour la doctrine stoïcienne (Du Vair publie la même année un livre intitulé *La Constance et la consolation ès calamités publiques* : p. 109) explique sans doute l'accent qu'il met sur cette notion, centrale dans le stoïcisme, et ce faisant, il renoue avec la tradition antique. Pour illustrer son propos, Du Vair préfère au « long chemin » des « préceptes » « l'exemple et l'imitation » des grands modèles : à cette fin, il traduit des discours d'Eschine *(Contre Ctésiphon)* et de Démosthène *(Sur la couronne)*, ainsi que le *Pro Milone* de Cicéron, y ajoutant ensuite une imitation de son cru, un *Contre Milon* qui fait pendant au discours de Cicéron. Ce glissement quasiment naturel de la traduction à l'imitation demeurera, nous le verrons, un processus essentiel de l'invention d'une prose d'art française moderne.

Une des principales leçons de Du Vair consiste en la condamnation des citations, qui sont à son avis trop nombreuses chez ses prédécesseurs, et dont le principal défaut est de « faire perdre le fil de l'oraison » ; il ne faut pas vouloir paraître plus savant qu'éloquent, et il est maladroit et ennuyeux de vouloir dire tout ce qu'on sait sur un sujet. La notion d'*honnêteté,* fondée sur le refus du pédantisme et qui prise l'art de se faire comprendre « à demi-mot », sera, plus tard dans le siècle, l'héritière directe de tels préceptes dont l'origine est rhétorique. Une autre leçon de Du Vair repose sur le refus du style trop figuré, qui ressemble selon lui à un corps « tout semé d'yeux » et qui lasse par l'excès de brillant. On voit déjà poindre l'effort de synthèse qui cherchera un juste milieu entre la densité parfois obscure de Sénèque et l'abondance parfois trop fleurie de Cicéron, pour aboutir à la perfection d'un style « classique » que s'efforceront de définir les générations suivantes.

Les lieux de la prose

Les auteurs allégués jusqu'ici témoignent de l'ampleur du domaine concerné ; sans insister sur le roman, le théâtre ou la poésie, qui ne sont pas notre objet ici, il faut d'ailleurs préciser que toute création littéraire repose à cette époque sur les débats qui concernent la rhétorique. Notre perception moderne du champ littéraire risque, par anachronisme, de négliger des genres ou des pratiques que nous ne considérons plus comme appartenant à la littérature. Or, faut-il préciser que les « Belles-Lettres » (ou *res literaria*) ne sont pas constituées alors selon nos paradigmes, et que, bien au contraire, notre conception de la littérature est née, en dernière analyse, d'une spécialisation progressive de ce champ très vaste des savoirs humains ? La littérature comme fait autonome s'est en effet détachée peu à peu du territoire général de la rhétorique, dont elle constitue à l'origine une province ; il faudra donc insister ici sur des genres que la théorie du temps plaçait dans le domaine de la *res literaria* : discours, lettres ou histoire.

L'art oratoire est constamment présent dans les pratiques du XVIIe siècle : on se presse pour écouter les grands prédicateurs, une bonne part de l'information officielle se diffuse selon des rites où domine l'éloquence d'apparat, en un mot, l'oral est loin d'avoir perdu pied devant l'écrit. L'art épistolaire a été le lieu de débats critiques importants pour la prose d'art ; en effet, non seulement tout l'humanisme néo-latin avait déjà développé une réflexion à son sujet, mais il est aussi le point nodal où se posent les problèmes du naturel et de la sincérité, limites et pierres angulaires de tout bon style pour notre littérature « classique ». Enfin, et cela est primordial pour l'évolution des genres narratifs en général pendant tout le siècle, le style des historiens est au cœur du problème de la *narration*, qui se pose en termes de rapport entre la vérité et les ornements en prose.

L'art oratoire est illustré en ce premier tiers du siècle par la grande éloquence d'apparat. Le rêve de Du Vair concernant le retour à une éloquence politique digne des Anciens n'était pas viable dans une France où va se confirmer, au fil du siècle, l'émergence d'un absolutisme sans contrepartie. Mais l'éloge du monarque, qui est à la fois un acte de confiance en l'autorité royale et une mise en garde détournée contre le mauvais usage qu'on pourrait en faire, demeure le lieu d'une éloquence de très haute tenue, brillamment illustrée par un Jacques Davy Du Perron (1556-1618), ou un Malherbe (p. 217-218) autre brillant théoricien et praticien du panégyrique royal en vers, mais qui corrigea aussi une harangue en prose du jeune orateur Scipion Du Périer, en y faisant preuve d'un art tout cicéronien de la clausule. Le mécénat dynamique de Richelieu, véritable orchestrateur du discours encomiastique adressé à la personne royale, poursuivra cette tradition d'une rhétorique d'apparat sous le règne de Louis XIII. L'Académie française, fondée en 1634, va dans ce sens global d'une mise en œuvre des Belles-Lettres en vue d'une magistrature spirituelle qui complétât et soutînt le pouvoir politique. L'éloquence d'apparat y régna surtout dans la pratique, conservée jusqu'à nos jours, du discours de réception ; Olivier Patru (1604-1681), avocat dont la carrière se fera surtout à l'Académie et dans les salons, inaugura le genre en 1640.

La lettre appartient à un registre apparemment plus familier, mais qui demeure toutefois très codé, en raison de l'occasion, du destinataire, de la mise en scène de la parole authentique qu'elle est censée transmettre. Une des premières grandes querelles littéraires du siècle a eu précisément pour objet un recueil de lettres : les premières *Lettres* de Jean-Louis Guez de Balzac (1597-1654), qui donnèrent à leur auteur son rang de pionnier et d'initiateur dans le domaine de la prose française, à l'égal de celui que Malherbe avait acquis dans le domaine de la poésie. Malherbe lui-même s'est illustré par de nombreuses lettres, et il contribua à la réflexion sur le genre épistolaire en traduisant les *Lettres à Lucilius* de Sénèque (publiées après sa mort en 1637). Les recueils que l'on constituait alors, qui se situaient dans la lignée humaniste des « *Secrétaires* », avaient accueilli des lettres de Malherbe, considérées comme de véritables modèles (Faret, *Recueil de lettres nouvelles*, Paris, 1627) ; Malherbe lui-même, au vu de la réussite de Balzac, avait envisagé de publier ses lettres en recueil, ce que la mort l'empêcha de mener à bien. Mieux que les lettres de pure information, ce sont ses lettres de condoléances qu'il faut évoquer ici. De fait, ce sont de véritables pièces d'éloquence ; Malherbe s'inspire naturellement de Sénèque et du genre stoïcien de la *consolatio,* qu'il connaissait bien pour l'avoir traduit. Les états successifs de la lettre adressée à M. de Bellegarde, pour le consoler de la perte de son frère, M. de Termes, témoignent de l'énorme travail de composition et de réécriture (à partir de citations de Sénèque) qu'avait entrepris Malherbe. L'inachèvement de l'ouvrage, qui était sans doute destiné à être édité à part, prouve en tout cas la haute idée que le poète se faisait d'une telle pièce, puisqu'il ne semble jamais l'avoir jugée assez bonne pour la publier.

Guez de Balzac travailla dans le même sens : il voulait effectivement faire œuvre d'éloquence, et il publia de son propre chef ses *Lettres* comme un ouvrage à part entière (1624). Au service du duc d'Epernon (1554-1652), puis de son fils le cardinal de La Valette (1593-1639), Balzac séjourne à Rome en 1621-1622, sur ordre de ce dernier ; l'influence du goût italien pour l'art épistolaire, liée au succès durable (p. 111) des *Centuries* de lettres de Juste Lipse (publiées à partir de 1586) ont sans doute incité le jeune écrivain à pratiquer le genre. Depuis Erasme (*De conscribendis epistolis,* 1522), la réflexion sur le genre de la lettre, essentiellement pratiqué en latin, tournait autour de la question du juste style qu'il faut employer pour dévoiler la personne privée, ce style « comique » que Montaigne avait pratiqué dans les *Essais,* si proches de la lettre. Lipse avait théorisé cet art de la spontanéité dans sa préface de 1586 et dans son *Institutio epistolica* (1591), transformant le style humble qui la caractérise en une véritable prose d'art destinée à un lecteur averti et attentif : l'art de l'allusion, lié au souci constant de brièveté, le goût de l'urbanité, c'est-à-dire de l'élégante raillerie et de l'enjouement spirituel, y sont toujours placés sous la lumière de l'échange, de l'adaptation au destinataire. L'apport décisif de Balzac est d'avoir voulu adopter ce style et généraliser cette pratique dans sa langue natale, le français. La leçon de l'Italie, déjà riche de nombreux chefs-d'œuvre vernaculaires en la matière, est sans doute à déceler derrière cette nouveauté du projet balzacien. Au dévoilement du *moi* qu'avait entrepris Montaigne, mais avec toutes les réserves de son fameux avertissement *Au lecteur*, Balzac apporte la caution du destinataire réel, protecteur ou amical, et il replace la question de la sincérité dans le contexte d'un échange effectif — même si, en définitive, plus d'une lettre a été écrite avec l'espoir d'une plus large divulgation.

La querelle qui suivit, ouverte par l'ouvrage du moine feuillant Frère André de Saint-Denis (*Conformité de l'Eloquence de M. de Balzac avec celle des plus grands personnages du temps présent et passé*, 1625), s'attaqua à l'usage que l'épistolier avait fait de ses sources ; on l'accusait tout bonnement de plagiat. Dans l'*Apologie* qu'il adresse à ses détracteurs en 1627 et qu'il a rédigée en collaboration avec son ami François Ogier, Balzac défend la véritable et légitime « innutrition » dans des termes identiques à ceux qu'employait Du Vair quelque trente ans plus tôt. Il y ajoute l'idée d'*émulation*, ce qui le place bien dans une situation de rivalité, et non plus de simple dépendance, à l'égard de ses modèles :

> Il est vrai qu'il n'y a que deux voies pour les esprits médiocres, par lesquelles ils puissent parvenir à quelque gloire de l'éloquence, le larcin, et l'imitation. Mais il reste aux esprits héroïques et relevés un troisième moyen, qui n'est pas seulement connu du commun des rhétoriciens, qui est l'émulation, au moyen de laquelle évitant le blâme du vol, et la servitude de l'imitation, un rare esprit s'élève au-dessus des autres, et surmonte quelquefois son propre exemple. Ainsi Virgile abandonnant son Homère, et son Apollonius, et se laissant guider simplement à son Génie, a été bien plus loin qu'eux, et a paru incontinent à la tête de ceux qu'il suivait au commencement.

La revendication orgueilleuse de l'originalité montre combien Balzac se pose consciemment en pionnier de la création littéraire ; un autre intérêt majeur de cette polémique est de faire glisser le débat dans le domaine vernaculaire, de poser les problèmes dans leur rapport au français, alors qu'ils étaient cantonnés jusque-là dans le domaine savant et spécialisé du néo-latin.

Le choix de la lettre pour affirmer cette autonomie littéraire prend d'autant plus de sens que le genre a une longue histoire critique : c'est un débat de première importance qui est ainsi transposé dans le domaine français, posé d'emblée comme apte à devenir le champ de telles querelles. C'est, d'autre part, la revendication d'une parole originale et individuelle qui va nécessairement de pair avec l'enjeu central de la littérature épistolaire : le *moi* de l'écrivain.

La supériorité de Balzac sera toutefois contestée dans les dernières années de sa vie ; un autre grand rival s'était affirmé dans le domaine épistolaire, Vincent Voiture (1597-1648). Exact contemporain de Balzac, mais autorisé dans d'autres milieux, plus mondains, particulièrement dans le fameux salon (p. 268-9) de la marquise de Rambouillet (Catherine de Vivonne, 1588-1665), Voiture (p. 365) apparaît en fait comme un digne héritier des apports du maître ; il va porter à son plus haut point l'enjouement, le refus du pédantisme, la galanterie que visait Balzac. Il va réussir à greffer définitivement sur l'arbre français les leçons de « naturel » et d'élégance que son rival avait traduites du latin. L'appartenance réelle à un milieu où il brillait autant par sa conversation que par sa poésie, le prolongement écrit de la complicité journalière que sont les lettres expliquent sans doute la préférence qu'on lui accorda rapidement, alors que Balzac, qui lui survécut pourtant quelques années, était peu à peu délaissé. Cela peut aussi s'expliquer parce que le « magistère » de Voiture ne fut jamais celui d'un pédant, alors que la retraite imposée à l'ermite de Charente figea plus tôt son autorité dans ses écrits.

Le dernier grand genre en prose qui fit l'objet d'une intense réflexion théorique aussi bien que de tentatives ambitieuses de réalisation est l'histoire. La tradition rhétorique la considérait comme « la plus grande œuvre oratoire » (Cicéron), et ce point de vue demeure partagé par le XVIIe siècle. La Mothe Le Vayer (1588-1672) écrit, par exemple, dans son *Discours de l'Histoire* (1638) :

> Tous les maîtres ont convenu que l'histoire était une des principales parties de l'art oratoire, *opus oratorium maxime* [...]. Quintilien dit pour cela que l'histoire est si voisine de la poésie qu'elle est comme un poème libre et sans contrainte [...]. En effet, l'histoire nous présente les choses avenues et véritables, de même à peu près que la poésie nous dépeint les possibles et les vraisemblables.

La vérité est donc l'enjeu majeur de la prose historique et ce, dans le domaine délicat de l'événement singulier, qui ne permet pas un discours général de type philosophique. La narration ne doit pas outrepasser la vérité, sous le spécieux prétexte d'une plus grande énergie stylistique ou d'un tour plus séduisant. Certes, la tradition antique réservait une place à la prouesse éloquente, puisqu'il était admis que fussent rapportés les discours des protagonistes, princes ou généraux, devant leur peuple ou leur armée. Mais la bonne narration demeure celle qui expose avec clarté et précision le déroulement des événements. L'autre point délicat est celui du jugement que l'on porte sur sa matière ; car l'histoire n'est pas envisagée comme objective, et comme l'affirme Jean Chapelain (1595-1674) à propos d'un ouvrage historique récent qu'il commente, « l'histoire nue et le plus vil des romans est tout un » (*Lettre* à M. de Boisrobert sur l'*Histoire de Flandres* du cardinal italien Bentivoglio, 1633). Et le critique insiste sur le devoir qu'a l'historien de porter un jugement sur ce qu'il raconte :

> Or il est certain que l'histoire prise pour la simple narration, sans qu'elle appuye sur les endroits remarquables, touche les fautes, pénètre les causes vraisemblables, explique les conséquences, fortifie le droit et déteste l'injustice, passera toujours dans l'esprit du lecteur pour un rapport et une représentation passagère des événements et ne sera jamais suivie de l'utilité qu'elle se propose pour objet.

La question n'est pas de peu d'importance quand on sait à qui incombe alors l'écriture de l'histoire récente ou immédiate : la charge très officielle d' « historiographe du roi », qu'occuperont plus tard dans le siècle un Boileau ou un Racine, a en effet pour rôle de chanter la louange de la dynastie, du monarque et de ses actions. A ce titre, l'histoire risque de devenir un genre « démonstratif », celui à qui appartient le double rôle de louer ou de blâmer. Pierre Matthieu (1563-1621), auteur d'une *Histoire de France* (1605) et d'une *Histoire de Louis XI* (1610), Scipion Dupleix (1569-1661), auteur d'une *Histoire générale de France* en trois volumes (1621-1628), François Eudes de Mézeray (1610-1683) qui a écrit aussi une *Histoire de France depuis Faramond* (3 vol. in-folio, 1643-1651) sont les trois grands représentants du genre dans la première moitié du siècle. L'esthétique sentencieuse et tacitiste de Matthieu reflète la quête d'une prose qui illustre, en français, les mêmes exigences que celles dont témoignait par exemple un Juste Lipse, qui constituait lui-même des recueils de sentences où Tacite était omniprésent (*Politica*, 1605) ; la visée morale de l'historien, qui aime à établir constamment des parallèles avec l'Antiquité, va dans le même sens, et annonce la conception que Chapelain défendra quelques années plus tard. Dupleix, dont l'œuvre peut passer pour le modèle même de toute historiographie officielle, met en avant la figure royale et les grands serviteurs de la monarchie ; son histoire tient beaucoup du panégyrique, et les considérations sur le roi régnant et l'actualité ou l'histoire récente en amplifient considérablement la matière. Avec Mézeray, qui remonte aux origines de la royauté, c'est-à-dire au légendaire roi Faramond, l'histoire, illustrée de « portraits » des rois et des reines, se fait plus que jamais rhétorique ; les développements s'articulent selon des lieux moraux qui renvoient aux listes de vertus et de vices de la tradition encomiastique. Il goûte lui aussi les sentences et se livre aux délices des discours rapportés. Son goût pour l'analyse psychologique en fera une source précieuse pour les romanciers de la seconde moitié du siècle qui pratiqueront le genre de la nouvelle historique, comme Mme de Villedieu.

Le laboratoire expérimental de la prose française

La première moitié du XVIIe siècle a vu l'émergence d'une prose d'art qui allait devenir un puissant instrument, tant pour la pensée que pour l'expression des sentiments. Aux *Lettres* de Guez de Balzac, qui constituent une œuvre pionnière, il faut ajouter tout le magistère qu'a exercé l'*unico eloquente*, comme il se plaisait à se nommer lui-même, sur la république des Lettres. Le rôle qu'il s'était donné pourrait se résumer en cette formule : « civiliser la doctrine ». Son souci fut en effet de parler aux mondains, et de leur transmettre le fécond message de l'humanisme savant ; nous avons vu le coup de force que constitue le choix de la langue française pour ses *Lettres*. Ses *Discours* et ses *Entretiens* ont poursuivi l'entreprise, bâtissant peu à peu un idéal de civilité et d'éloquence ; cet idéal, diffusé par diverses voies, est au fondement de la fameuse « honnêteté », dont la valeur à la fois morale et esthétique sous-tend toute la représentation de l'homme « classique ».

Le paradoxe de Balzac est que cet homme féru d' « urbanité » (mot qu'il tenta d'introduire en français, à partir du latin *urbanitas*) fut assez tôt débouté de ses prétentions à servir le pouvoir et à rayonner à la cour. L'échec de ses ambitions auprès de

Richelieu le conduisit à se retirer en Charente, dans son domaine de Balzac, à partir de 1631. Son ouvrage politique majeur, *Le Prince,* paru en 1631, avait en effet déplu au cardinal-ministre, malgré l'éloge qu'il faisait de Louis XIII ; désormais, Balzac entretiendra un commerce épistolaire avec tout ce qui compte dans la république des Lettres, traitant de divers sujets au fil de ses *Discours* (*Œuvres diverses,* 1644) ou de ses *Entretiens* (publication posthume, 1657). L'esthétique qu'il vise se trouve exposée dans une autre œuvre majeure : *Le Socrate chrétien* (1652), dont l'avant-propos fait un remarquable éloge du plaisir littéraire et du vrai style sincère :

> Cette adresse, avec laquelle on entre finement dans l'âme, sans y donner l'alarme par des arguments en forme, n'est pas, comme vous savez, une invention de ce siècle. Elle a été pratiquée par nos chers Amis de l'Antiquité. Ils n'épouvantaient pas ceux qu'ils voulaient prendre. Ils savaient rire utilement. Ils savaient apprivoiser la plus farouche philosophie : celle-là même qui outrage la Nature dans le Portique de Zénon, chatouille l'esprit dans les livres de Sénèque. En semblables lieux l'éclatant et l'agréable ne sont pas incompatibles avec le solide et le salutaire. Dans une même viande le plaisir du goût se peut trouver avec la bonté de la nourriture.

On trouve dans ce même texte l'éloge fameux de l' « atticisme », concept clé de l'esthétique balzacienne qui, à bien des égards, recouvre mieux l'idéal de style classique que les notions élaborées après coup par la critique (dont la notion même de « classicisme » d'ailleurs) :

> Que si notre zèle ne peut s'arrêter dans notre cœur, qu'il en sorte à la bonne heure ; mais qu'il se retranche dans le style de Lacédémone, pour le moins dans l'atticisme, au pis aller qu'il ne se déborde pas, par ces harangues asiatiques, où il faut prendre trois fois haleine, pour arriver à la fin d'une période [...]. Nos amis de Grèce et d'Italie l'entendaient bien mieux. Comme la gaillardise de leur style n'en diminuait point la dignité, l'étendue de leurs discours n'énervait pas la vigueur de leurs pensées : ces corps n'étaient pas lâches pour être longs. Les redites, s'il y en avait dans leurs discours, étaient concluantes et nécessaires, couronnaient la beauté de la chose, ajoutaient à la perfection de la fin. Leurs paroles étaient des actions, mais des actions animées de force et de courage.

Entre les deux excès du laconisme (Lacédémone) et de l'asianisme — opposition héritée des débats de la rhétorique antique — l'atticisme apparaît clairement comme un juste milieu fait de clarté et de force, où les mots ne l'emportent jamais sur les choses.

La forme de l'*entretien,* à mi-chemin de l'essai et de la lettre, permettra à Balzac de mettre en œuvre cet idéal de style ; le recueil des *Entretiens,* paru en 1657, c'est-à-dire trois ans après sa mort, traite des sujets les plus divers, de critique, d'histoire ou de morale. Même sous forme monologique, l'entretien est conçu dans l'esprit de l'échange et du dialogue, poursuivi dans une atmosphère d'amitié savante. Le goût du XVIIe siècle pour les miscellanées érudites y apparaît pleinement ; le refus de l'exposé méthodique est la marque la plus « mondaine » de ce type de propos, même si ces textes peuvent paraître trop savants pour le lecteur actuel. On perçoit encore l'immense mémoire de l'humanisme néo-latin à l'arrière-plan, et, de ce point de vue, l'œuvre de Guez de Balzac, comme toute grande œuvre, est bien une œuvre de transition.

Pour comprendre l'influence qu'un Guez de Balzac a pu exercer, il faut évoquer le milieu intellectuel qui lui faisait écho, et plus particulièrement cette nouvelle instance dont Richelieu avait favorisé la création : l'Académie française. Instrument d'une politique concertée, l'Académie est cependant issue de réunions plus informelles qui avaient lieu à l'origine chez Valentin Conrart (1603-1675), ami de Jean Chapelain et arbitre en matière de pureté linguistique ; une de ses particularités était de ne pas savoir le latin, et par conséquent de ne se préoccuper que de la beauté de l'élocution française. A ce titre, il protégea volontiers les traducteurs, qui supprimaient par leur travail l'obstacle linguistique que tout mondain féru de Belles-Lettres rencontrait : les grands anciens parlaient désormais français. Conrart savait combien l'exercice de traduction contribuerait à assouplir et à enrichir la prose française en la greffant sur les grands textes latins et grecs. Nicolas Perrot d'Ablancourt (1606-1664), le plus illustre représentant du genre, était son protégé ; il lui dédia sa première traduction (l'*Octavius* de Minucius Félix, 1637) et son fameux *Lucien* de 1654, dont l'appellation de « belle infidèle » que lui donna l'érudit Ménage (1613-1692) devait rester pour qualifier la production remarquable des traducteurs libres. De surcroît, Conrart était écouté des savants, comme son cousin Antoine Godeau (1605-1672), le futur évêque de Vence, et Vaugelas (1585-1650), le théoricien du « bon usage », lui demandait conseil ; Conrart fut d'ailleurs, avec Chapelain, le censeur rigoureux de la traduction de Quinte-Curce qu'avait entreprise Vaugelas, et il demeurera le responsable de sa publication posthume (1653).

Au fait de l'érudition, mais résolument tourné vers les mondains et la cour, Valentin Conrart incarnait parfaitement les exigences d'une esthétique moderne de la langue française. Il parut donc normal à Richelieu de constituer l'Académie autour de ces ferments préexistants, plutôt que de construire de toutes pièces un édifice qui visât les mêmes buts ; fondée en 1634, elle eut une existence officielle et reconnue à partir de 1635. Elle intervint dès 1637 dans la fameuse querelle du *Cid* ; son activité visait aussi à la constitution d'un dictionnaire, d'une grammaire, d'une poétique et d'une rhétorique françaises. Il faudra sans doute attendre jusqu'en 1694 pour que le *Dictionnaire* voie le jour, mais les apports des académiciens eux-mêmes ou d'auteurs proches de l'Académie diffusèrent l'idéal de beau langage et de pureté : *Remarques sur la langue française* de Vaugelas (1647), *Rhétorique* d'Aristote traduite en français par François Cassandre (1654), encouragé, semble-t-il, par Conrart, *Rhétorique française* de René Bary (1653) ou *Poétique* de La Ménardière (1639), sans parler du travail systématique des traducteurs, Pierre Du Ryer (1600-1658), Olivier Patru, Perrot d'Ablancourt ou Louis Giry (1596-1666). Ces quatre traducteurs avaient publié en 1638 un ouvrage intitulé *Huit oraisons de Cicéron,* que l'on peut considérer comme un véritable manifeste pour la prose d'art française. Giry avait déjà traduit en 1630 *Les Causes de la corruption de l'éloquence,* titre donné alors au *Dialogue des orateurs* de Tacite ; Antoine Godeau avait préfacé cet ouvrage, mettant en lumière tout ce que l'éloquence française avait à gagner de l'apport des traducteurs :

Ce sont les raisons qui m'avaient obligé de croire jusques ici, que la plupart de ceux qui se mêlent de traduire font une entreprise plus téméraire que judicieuse, et qu'il n'appartient qu'aux excellents hommes de s'adonner à ce travail. Car je n'ai jamais pu être de l'opinion de beaucoup de personnes qui le croient indigne d'un esprit courageux, et capable de produire quelque chose de lui-même, après avoir lu les excellentes versions d'Amyot et de Vigenère, pour ne point parler des plus fameux auteurs de l'Antiquité, qui n'ont pas dédaigné de s'adonner à ce travail, soit pour enrichir leur pays des richesses étrangères, soit pour former leur style, et acquérir la facilité d'écrire, à quoi cet exercice aide extrêmement.

Comme le pressentait Godeau en 1630, ce « laboratoire » de la traduction, placé sous l'invocation du grand traducteur Amyot (1513-1593), allait bâtir une prose française enrichie et renforcée par la pratique constante de tous les styles illustrés par les Anciens : faire parler en français Cicéron, Quintilien, Tacite, César, puis plus tard Lucien, Thucydide, Polybe ou Sénèque, c'était plier la langue à tous les degrés de difficulté, à tous les registres de la rhétorique traditionnelle, l'enrichir de tous les lieux de l'invention que les Belles-Lettres avaient jusqu'à ce jour réservés à la langue latine.

A la source des textes antiques, Conrart et les siens savaient joindre les apports d'une autre source vive : celle du bon usage et de la langue parlée. C'est à cette aune que l'on jugeait de la qualité des traductions, comme en témoignent les nombreuses *Remarques* dont d'Ablancourt, par exemple, a émaillé ses travaux. Le témoin le plus fidèle de cet effort est Claude Favre de Vaugelas qui a consigné les exigences du bon usage dans ses *Remarques sur la langue française* (1647). Loin d'être une grammaire méthodique, ce livre regroupe sans classement des articles de tous ordres (stylistique, phonétique, lexical, syntaxique). En définissant clairement l'élite où règne le « bon usage », Vaugelas a contribué, d'une part, à écarter les savants du domaine où règne la langue française, et, d'autre part, à instituer le public idéal que viseront désormais ceux qui se mêlent d'écrire en français. A cette élite, c'est-à-dire « les personnes de la cour » ou « celles qui la hantent », qui sont la norme du bon usage, reviendra tout naturellement par la suite le droit de juger les œuvres composées selon cette norme : c'est bien une sphère autonome qui est en train de se construire, où la littérature devient une véritable institution, régie par ses propres règles, comme le bon goût ou le plaisir.

Les efforts de toute cette génération d'écrivains pour amener la langue française à maturité a pu faire parler, mieux que de « préclassicisme », d'une « école de 1650 », dont le parangon serait Balzac. Les « querelles » qui animèrent les milieux lettrés autour des œuvres de cet écrivain, comme celles que suscita

Corneille au théâtre, témoignent bien de la conception profondément rhétorique que l'on se fait alors du fait littéraire. Les doctrines se définissent autant comme une série de règles *a priori* que comme des prises de position dans un champ littéraire où l'éristique, c'est-à-dire l'art de la controverse, domine. Le phénomène des cabales, les réseaux d'amitiés littéraires, les lieux où l'on débat de ces questions (cabinets d'érudits ou salons plus mondains) sont autant de lignes de force qui délimitent le territoire de la *res literaria,* que l'on n'appelle pas encore « littérature ». Les premiers discours prononcés devant l'Académie appartiennent à ce genre rhétorique où l'on expose le pour et le contre, à partir d'une question posée : sur l'amour (Chapelain), sur la traduction et l'imitation des Anciens (Colletet), etc.

Mais les prestiges qui s'attachent peu à peu à la situation de l'écrivain héritent surtout d'une tradition qui place très haut l'idéal antique du *vir bonus dicendi peritus,* l'homme de bien qui maîtrise la parole. Nicolas Faret (1600-1646), dans son *Honnête homme ou Art de plaire à la cour* (1630), définissait la parole comme la « seconde partie de la vie ». L'idéal d'honnêteté repose en effet sur un art du langage, il est, en lui-même, une rhétorique pour vivre en société. L'écrivain se constitue alors comme le dépositaire de cet art, celui qui enseigne à bien vivre, comme à bien parler ; cette magistrature souhaitée pour l'homme de lettres a trouvé sa juste définition sous la plume de Balzac, qui rêvait d'une cour lettrée, où de nouveaux Augustes auraient eu leurs nouveaux Mécènes, conseillers lettrés et avisés du Prince en toutes circonstances ; il évoque ainsi, dans un *Discours* adressé à Mme de Rambouillet, le rôle que Mécène sut jouer pour obtenir la clémence du Prince :

Après une Conjuration découverte, et lorsqu'il a jugé la clémence meilleure que la justice, il lui a figuré la gloire encore plus belle et plus attrayante qu'elle n'est, pour le piquer davantage de son amour ; pour l'obliger à changer des méchants en gens de bien, en changeant des arrêts de mort en abolition [...]

Il me semble, Madame, que pour obtenir de pareilles grâces d'une âme irritée il ne fallait pas manquer d'éloquence ; je dis de la bonne et de la sage éloquence ; de l'éloquence d'affaires et d'actions, nourrie au soleil et à la lumière du grand monde, plus forte sans comparaison que la rhétorique des sophistes, quoiqu'elle sache mieux cacher et dissimuler sa force.

Œuvres diverses, 1644.

L'effort vers une maîtrise du langage qui reflète une réelle maîtrise des choses, pour un homme qui vécut très tôt à l'écart de la vie publique, pourrait paraître un simple rêve ; mais ce rêve fut partagé par toute une génération d'écrivains, pour qui le « grand Romain » demeurait autant un modèle de vie qu'un modèle esthétique (v. p. 109). Qu'on songe à la puissance des figures cornéliennes, dans ce cadre théâtral où les grandes actions sont avant tout des actions oratoires, et l'on retrouvera les mêmes mythes qui nourrissent un idéal moral fondé sur l'héroïsme et un idéal esthétique qui trouve sa source dans le sublime. L'atticisme du vieil Horace (« Qu'il mourût ») ou les tirades d'un Auguste évoquent parfaitement la vigueur de style et de pensée dont l'ermite de Charente s'était fait l'infatigable défenseur. Mais la prose, contrairement aux vers du dramaturge, n'avait plus désormais de tribune pour faire retentir de tels accents ; à cet égard, la génération de Balzac témoigne d'une mutation profonde et définitive, qui marque le passage de l'éloquence orale à l'éloquence écrite. La prose d'art, hors de l'éloquence sacrée, sera désormais transmise et goûtée au fil de l'écrit, ce qui induit d'autres enjeux esthétiques et moraux dans l'usage qu'on en fera.

18. La prose comme instrument de pensée

La rhétorique a toujours été le complément fondamental de la philosophie. Comment persuader la vérité si on ne possède pas un art capable de la transmettre ? Le XVIIe siècle a d'autant mieux connu le problème qu'il fut à la fois un grand siècle pour la religion (ne l'a-t-on pas baptisé le « siècle des saints » ?) et un siècle innovateur pour la philosophie. De Pierre Charron (1541-1603), disciple de Montaigne et auteur *De la sagesse* (1601-1604), à Fontenelle (1657-1757), le premier grand vulgarisateur de la pensée scientifique, le siècle a été traversé par les courants philosophiques les plus féconds ; de Bérulle (1575-1629) à Fénelon (1651-1715), la prose française a su trouver les accents les plus profonds pour illustrer les lumières de la foi. Nous retiendrons ici quelques grands jalons de cette riche pensée, réservant au chapitre 20 le soin de traiter les auteurs les plus tardifs.

La philosophie du premier XVIIe siècle est incarnée par l'inventeur du rationalisme, René Descartes (1596-1650), qui fut aussi un pionnier de la langue française car il eut le souci d'y implanter le langage philosophique ; aux confins des sciences et de la mystique, le grand spirituel que fut Blaise Pascal (1623-1662) retient ensuite l'attention pour la portée inégalable de son œuvre, puissamment diffusée par une rhétorique hors du commun ; enfin, l'homme de la parole, prédicateur et polémiste fulgurant, Jacques-Bénigne Bossuet (1627-1704) domine de sa stature toute la seconde moitié du siècle, classique tant par la génération à laquelle il appartient que par sa pensée et son style, lecteur savant de la tradition qui sut mettre toute son érudition et son art au service des batailles qu'il engagea au fil de l'actualité.

Le siècle commençait pourtant avec les doutes d'une pensée qui se cherche. Pierre Charron reprit l'essentiel de l'héritage montaignien dans son livre *De la sagesse,* qui connut pendant tout le siècle un succès aussi durable que les *Essais.* Développant une morale teintée de scepticisme, mais au fil d'un ouvrage méthodique, tenant moins au stoïcisme que Guillaume du Vair ou Juste Lipse, Charron reprend les doctrines médicales de l'espagnol Huarte sur les tempéraments, mêlées de longues réflexions sur les climats, ce qui aboutit à une mise à l'écart de la religion et fonde une sagesse ancrée dans la nature humaine, avant tout morale et très prudente, comme il se devait à un homme qui conservait le souvenir des excès récents des guerres de religion.

La spiritualité française, bien qu'influencée par la Contre-Réforme, développait un courant propre, plus gallican, malgré des attaches profondes avec Rome ou l'introduction du carmel espagnol en France dans les premières décennies du siècle. Pierre de Bérulle est un représentant remarquable de ce courant, qui remet en question les acquis de l'humanisme, plaçant l'homme dans la position d'anéantissement que demande sa doctrine christocentrique, faite exclusivement de l'amour de Dieu (*Discours de l'Etat et des Grandeurs de Jésus,* 1623). Situé à l'opposé de l'optimisme humaniste prôné par la Compagnie de Jésus, l'Oratoire, fondé par Bérulle, conservera une influence prédominante dans toute la spiritualité française du XVIIe siècle.

Une synthèse plus souriante, et à usage mondain, est proposée par François de Sales, dont l'*Introduction à la vie dévote* (1609) est un des plus remarquables ouvrages issus de la Réforme catholique en France. Ecrivain aisé, qui s'adresse dans un style simple, mais imagé, à une dévote, Philothée, pour tenter de définir une vie chrétienne qui ne refuse pas la vie dans le monde, François de Sales développe une doctrine de la simplicité, au sens étymologique du terme (contraire de la duplicité), qui allie la vraie dévotion et la vie « mondaine ». Cet effort de conciliation a pu faire qualifier cette doctrine d' « humanisme chrétien ». Toutefois, la critique systématique que François de Sales adresse à l'amour-propre annonce la position de moralistes plus sévères à l'égard du monde, tels Pascal ou La Rochefoucauld.

Montaigne, Charron, Bérulle ou saint François de Sales ont pour point commun d'avoir choisi la langue française pour débattre de philosophie, de spiritualité ou de théologie ; celui qui va faire franchir le pas décisif à la langue française dans le domaine de la pensée demeure toutefois Descartes, qui rompt sciemment et, pourrait-on dire, « polémiquement » avec le discours traditionnel qui utilisait la langue latine.

Descartes et le « Discours de la méthode » : clarté et distinction

Le choix fait par Descartes est en effet polémique ; c'est parce qu'il refuse les « autorités », parce qu'il prône l'autonomie de la raison individuelle que le philosophe se tourne pour ainsi dire naturellement vers sa langue maternelle. Certes les débats qui suivront l'exposé de sa philosophie le contraindront à revenir à l'usage académique du latin, mais le pas fondamental avait été franchi avec le *Discours de la méthode* (1637). Les *Meditationes metaphysicæ* (1641) ainsi que les *Principia philosophiæ* (1644), qui transposent le débat à l'échelle de toute l'Europe, sont composés, pour cette raison, en latin. En revanche, son ultime ouvrage, le *Traité des passions* (1649), sera écrit en français.

L' « aventurier » Descartes, né en 1596, soldat avant de se consacrer aux travaux scientifiques, allait décidément demeurer un aventurier dans le domaine de la pensée et de la littérature. Refusant l'érudition traditionnelle, qui procède par accumulation ou par recours aux autorités, il choisit l'écart absolu. Ce choix explique en grande part que, malgré une notoriété immédiate et des polémiques suscitées dès la parution de ses ouvrages, Descartes n'obtint la reconnaissance que dans le courant des années 1660. La clarté et la raison qu'il proclamait avaient désormais droit de cité, sans qu'il fût pour autant le seul à l'origine de ce succès. Les exigences d'un goût et d'une esthétique se retrouvaient dans la démarche exigeante et audacieuse du premier grand philosophe de langue française.

A une philosophie qui se fonde sur les « lumières naturelles » propres à chaque homme, seule la langue natale peut convenir.

Le choix quasiment autobiographique du *Discours*, qui fait naître le système d'une expérience individuelle et singulière, va dans le même sens. Pourtant, le doute qui caractérise ses premières démarches peut sembler, à première vue, issu du scepticisme que l'on trouve déjà chez Montaigne. Mais ce doute n'est pas exposé par une écriture sceptique, qui confronte les citations et fait se choquer les autorités. A une rhétorique appuyée sur la mémoire, même pervertie, Descartes oppose une rhétorique de l'amnésie volontaire et de la méthode qui redécouvre tout, pas à pas ; au dialogue entre les Anciens que Montaigne plaçait sous le regard ironique et la suspension d'esprit d'un « moi », il substitue la parole monologique d'un *je* qui puise les certitudes dans son propre fonds. Là est une véritable révolution, qui marque l'aboutissement de toute la démarche dialogique instaurée par les premiers humanistes. La vérité ne se cherche plus dans la dialectique de deux esprits, elle n'est pas non plus un donné issu d'une autorité que l'on traite de manière scolastique, elle réside dans l'émergence même de la conscience et, pourrait-on dire, de la parole du philosophe. Il serait presque séduisant de déceler dans le « je pense, donc je suis » la première parole « poétique » moderne, dont l'acte performatif paraît être le caractère le plus frappant. La maîtrise dont Descartes fera montre dans l'écriture de ses traités est d'ailleurs perceptible dans la conscience précise qu'il a des pouvoirs du langage. Cet art n'est pas ignoré par le philosophe, comme on le voit dans les *Considérations* qui font la première partie du *Discours* :

> J'estimais fort l'éloquence, et j'étais amoureux de la poésie ; mais je pensais que l'une et l'autre étaient des dons de l'esprit, plutôt que des fruits de l'étude. Ceux qui ont le raisonnement le plus fort, et qui digèrent le mieux leurs pensées, afin de les rendre claires et intelligibles, peuvent toujours le mieux persuader ce qu'ils proposent, encore qu'ils ne parlassent que bas breton, et qu'ils n'eussent jamais appris de rhétorique. Et ceux qui ont les inventions les plus agréables, et qui les savent exprimer avec plus d'ornement et de douceur, ne laisseraient d'être les meilleurs poètes, encore que l'art poétique leur fût inconnu.

Descartes est donc résolument moderne ; pour lui, la pensée prime sur les mots. Cette conviction implique une rhétorique, qui se moque de la rhétorique, mais qui en connaît les pouvoirs. De même, il estime à leur juste valeur les livres des Anciens, dont la lecture est, dit-il, « comme une conversation avec les plus honnêtes gens des siècles passés » ; mais il conserve une saine prudence à leur égard, et juge qu'ils ne sauraient être les seuls bons guides pour la vie moderne. Il dénonce ainsi le « quichottisme » qui menace ceux qui ne se fondent que sur la lecture des livres :

> Lorsqu'on est trop curieux des choses qui se pratiquaient aux siècles passés, on demeure ordinairement fort ignorant de celles qui se pratiquent en celui-ci. Outre que les fables font imaginer plusieurs événements comme possibles qui ne le sont point ; et que même les histoires les plus fidèles, si elles ne changent ni n'augmentent la valeur des choses, pour les rendre plus dignes d'être lues, au moins en omettent-elles presque toujours les plus basses et moins illustres circonstances ; d'où vient que le reste ne paraît pas tel qu'il est, et que ceux qui règlent leurs mœurs par les exemples qu'ils en tirent sont sujets à tomber dans les extravagances des paladins de nos romans, et à concevoir des desseins qui passent leurs forces.

La lecture sera donc nuancée et prolongée par le voyage, qui est comme la lecture du « grand livre du monde ». Même s'il fait le constat que la diversité des mœurs est identique à la diversité des opinions philosophiques, le passage de l'expérience livresque au monde réel lui apprend à se délivrer des « erreurs » qui « peuvent offusquer notre lumière naturelle ». Descartes fait donc table rase, mais en toute connaissance de cause. L'intérêt de la première partie du *Discours* est de bien mettre en lumière cet aspect de sa démarche. Il fait franchir un pas de plus au scepticisme d'un Montaigne ou d'un Charron, au sens propre du terme, vu que la métaphore dominante de sa « méthode » est celle du chemin. Au prudent arrêt de la sceptique traditionnelle, Descartes préfère la marche :

> Mais, comme un homme qui marche seul et dans les ténèbres, je me résolus d'aller si lentement et d'user de tant de circonspection en toutes choses, que si je n'avançais que fort peu, je me garderais bien au moins de tomber.

Cette métaphore va de pair avec celle du bâtiment qu'il s'agit de reconstruire sur de nouvelles fondations ; l'abri de fortune qu'il faut se ménager en attendant la fin des travaux sera la fameuse « morale par provision ». Grâce à elle, le doute initial n'est plus un obstacle, et le mouvement n'est pas arrêté. La « résolution » et la « fermeté » prescrites dans la seconde maxime de cette morale conduisent une nouvelle fois à la comparaison avec le voyageur :

> Imitant en ceci les voyageurs qui, se trouvant égarés en quelque forêt, ne doivent pas errer en tournoyant tantôt d'un côté, tantôt d'un autre, ni encore moins s'arrêter en une place, mais marcher toujours le plus droit qu'ils peuvent vers un même côté, et ne le changer point pour de faibles raisons, encore que ce n'ait peut-être été au commencement que le hasard seul qui les ait déterminés à le choisir ; car, par ce moyen, s'ils ne vont justement où ils désirent, ils arriveront au moins à la fin quelque part où vraisemblablement ils seront mieux que dans le milieu d'une forêt.

Le choix de métaphores simples et claires, l'art d'en appeler à l'expérience commune pour illustrer son propos fait de la rhétorique cartésienne une parfaite image de sa pensée : il mène à l'évidence du constat par l'évidence de la parole. Sa mémoire lettrée demeure pourtant en éveil, lorsqu'il évoque le « secret » des philosophes qui « ont pu autrefois se soustraire à l'empire de la fortune » ; la rapide et allusive évocation du sage stoïcien, qui sait ne s'en tenir qu'à ce qui dépend de lui, fonde en dignité la méditation de Descartes. Le philosophe retrouve moins alors une autorité — démarche qu'il s'est interdite d'emblée — qu'une confirmation, dans la nature des grandes âmes, pour son entreprise.

Mais la contemplation du philosophe ne doit pas conduire à un enfermement ; là est une autre nouveauté de sa démarche, qui refuse la « librairie » d'un Montaigne ou le jardin d'Epicure. Redevenu ensuite le « spectateur » de toutes les « comédies » qui se jouent dans le monde, Descartes continue, grâce à l'expérience vécue, à détruire son « vieux logis », à chercher « le roc ou l'argile » sous « la terre mouvante et le sable ». Le loisir lettré qu'il choisit n'est qu'en apparence celui des autres philosophes qui

> ... n'ayant aucun emploi qu'à passer une vie douce et innocente, s'étudient à séparer les plaisirs des vices, et qui, pour jouir de leur loisir sans s'ennuyer, usent de tous les divertissements qui sont honnêtes,

en réalité il poursuit l'exercice et la méditation qui le font progresser vers la vérité, mieux que s'il n'eût fait « que lire des livres ou fréquenter des gens de lettres ».

La pratique de l'écriture chez ce philosophe qui déclare

ouvertement et constamment sa méfiance à l'égard des livres peut sembler paradoxale. En réalité, comme en témoigne sa correspondance, Descartes entretient un commerce constant avec tous les bons esprits de son temps, notamment avec Guez de Balzac. Son livre, publié à Leyde en 1637, sans nom d'auteur, visait moins sans doute à consacrer un talent qu'il ne se reconnaissait pas qu'à diffuser une pensée dont il percevait toute la nouveauté et toute l'ampleur. Cette tension entre son activité intellectuelle et le moment inévitable où il faut la divulguer auprès d'un public choisi est nette, dès 1631, dans une lettre qu'il adresse à Balzac :

> Ne me demandez point, s'il vous plaît, quelle peut être cette occupation que j'estime si importante, car j'aurais honte de vous la dire ; je suis devenu si philosophe, que je méprise la plupart des choses qui sont ordinairement estimées, et en estime quelques autres dont on n'a point accoutumé de faire cas. Toutefois, parce que vos sentiments sont fort éloignés de ceux du peuple, et que vous m'avez souvent témoigné que vous jugiez plus favorablement de moi que je ne méritais, je ne laisserai pas de vous en entretenir plus ouvertement quelque jour, si vous ne l'avez point désagréable. Pour cette heure, je me contenterai de vous dire que je ne suis plus en humeur de rien mettre par écrit, ainsi que vous m'y avez autrefois vu disposé. Ce n'est pas que je ne fasse grand état de la réputation, lorsqu'on est certain de l'acquérir bonne et grande, comme vous l'avez fait ; mais pour une médiocre et incertaine, telle que je la pourrais espérer, je l'estime beaucoup moins que le repos et la tranquillité d'esprit que je possède. (*Lettre,* du 15 avril 1631.)

L'humeur du philosophe n'empêche pas qu'il goûte le commerce intellectuel avec Mersenne, Huygens ou Balzac. Il ne se refuse pas même le jeu littéraire d'une réponse à l'éloge célèbre que Balzac faisait de sa retraite en Charente ; il lui oppose, non sans ironie, l'éloge d'Amsterdam et de son activité débordante, où il peut se promener « avec autant de liberté et de repos » que Balzac ne saurait le faire dans ses allées, parmi les arbres et les animaux. Il s'amuse même à caricaturer la douceur italienne dont Balzac avait brossé le tableau dans ses premières *Lettres*. En 1631, les allusions de Descartes à des textes célèbres depuis 1624 montrent bien que l'échange repose autant sur la complicité littéraire que sur le réel objet de la lettre, qui invite Balzac à venir se retirer en Hollande.

Le *Discours* est donc à replacer dans la perspective de ce paysage intellectuel et littéraire : le public que vise Descartes, ce sont des gens comme Balzac. Le soin constant que Descartes apporta à sa correspondance prouve à quel point il tenait à faire entendre sa voix dans la république des lettres. Comme pour l'épistolier, le choix du français est une revendication de « civilité » entre honnêtes gens ; non content de « débrouiller la masse » en philosophie, comme Balzac tentait de le faire pour la rhétorique, Descartes veut atteindre le même public. Une lettre à Mersenne, datée de mars 1636, alors que le *Discours* est sous presse, témoigne des soucis les plus concrets que lui causent la réalisation et la diffusion de son livre :

> Je serais bien aise que le tout fût imprimé en fort beau caractère, et de fort beau papier, et que le libraire me donnât du moins deux cents exemplaires, à cause que j'ai envie d'en distribuer à quantité de personnes.

La correspondance de l'année 1637 est très instructive aussi pour la réception de l'ouvrage. Descartes demande constamment à Mersenne de le tenir informé des réactions que provoque son livre à Paris ; il se justifie aussi de certaines obscurités qu'on a pu y relever, qu'il explique notamment par la langue dans laquelle il a écrit :

> Ce que j'ai omis tout à dessein, et par considération, et principalement à cause que j'ai écrit en langue vulgaire, de peur que les esprits faibles venant à embrasser d'abord avidement les doutes et scrupules qu'il m'eût fallu proposer, ne pussent après comprendre en même façon les raisons par lesquelles j'eusse tâché de les ôter, et ainsi que je les eusse engagés dans un mauvais pas, sans peut-être les en tirer.

Une lettre de mars 1637, qui est peut-être adressée à Jean Silhon, reprend des arguments identiques concernant la prudence dont il faut faire preuve en « langue vulgaire » (c'est-à-dire française), et ajoute un éloge du bon public averti, qui prendra la peine « non seulement de lire mais aussi de méditer par ordre les mêmes choses [...] en s'arrêtant assez longtemps sur chaque point ». Attention au public, choix, vite contrarié par ses amis, de l'anonymat, volonté d'adopter la langue française malgré la nouveauté et les risques que cela représentait, tous ces traits sont déjà remarquables pour faire de Descartes un philosophe hors du commun. La pensée elle-même, qui pose les bases d'une science universelle qui n'est pas un encyclopédisme, qui met en avant l'autonomie et la toute-puissance de la raison humaine, au risque de menacer les convictions religieuses, ouvre la voie aux systèmes les plus ambitieux de la modernité philosophique et de la rationalité. La force de Descartes, qui le situe bien parmi les grands pionniers du XVIIe siècle, est d'avoir choisi la voie de l'honnêteté pour exposer sa « doctrine » ; en cela, il rejoint l'effort de toute sa génération, et l'on comprend d'autant mieux l'amitié qui a pu le lier à Guez de Balzac.

Son impact auprès du grand public mondain n'a pas été aussi rapide que l'on a cru pendant longtemps, mais il faut rappeler que les *Méditations sur la philosophie première,* écrites en latin, et publiées à Paris en 1641, furent traduites dès 1647 par le duc de Luynes, c'est-à-dire par un représentant de cette même élite mondaine et lettrée que visaient Balzac, Chapelain ou Voiture. Les *Principes de la philosophie* (Amsterdam, 1644), qui offrent l'exposé le plus systématique de la doctrine cartésienne, a été dédié à la princesse Elisabeth de Bohême, et la traduction française de l'abbé Picot, qui est publiée à Paris en 1647, a été revue et amplement corrigée et augmentée par Descartes. Ce public hors du commun, mais à qui il fallait offrir une doctrine claire et débarrassée de toute l'érudition des « pédants », s'élargira d'année en année, pour aboutir au réel succès du cartésianisme dans les dernières décennies du siècle. Le goût de la vulgarisation scientifique qu'illustrera si brillamment Fontenelle (p. 395), trouvait en germe ses principes mêmes dans la démarche initiale et pionnière de Descartes.

Dans le *Traité des passions de l'âme* (1649), l'analyse de la gloire et la définition de la générosité allaient confirmer cette aptitude de la pensée cartésienne à rejoindre les aspirations du grand public mondain, qui se délectait alors de la mise en scène de ces mêmes passions dans le théâtre de Corneille et à qui la Fronde (1648-1652) donnera pendant un temps l'illusion de pouvoir vivre selon cette morale héroïque. La mort brutale du philosophe, le 11 février 1650, due au rude climat de Stockholm où la reine Christine l'avait invité, peut passer pour l'ultime et paradoxal signe avant-coureur du succès que sa pensée allait rencontrer une vingtaine d'années plus tard auprès du grand public.

Le discours cartésien n'a pourtant pas occulté d'emblée les

autres discours philosophiques. Il fut au contraire d'abord rejeté par les « doctes », qui refusent de faire table rase du passé et de ses acquis. Les adversaires déclarés de Descartes, comme le philosophe Pierre Gassendi (1592-1655), persistent à écrire en latin ; le gassendisme nécessitait sans doute cette prudence, tant il aurait paru scandaleux aux esprits du temps s'il avait été diffusé en français. De fait, ce matérialisme épicurien ne sera divulgué que progressivement par des auteurs écrivant en français, mais sous le voile de la fiction, comme Cyrano de Bergerac (1619-1655), auteur des *Etats et empires de la Lune* (1657), pour ne pas parler du savant codage des *Fables* de La Fontaine. En revanche, la leçon sceptique de Montaigne, que Descartes avait méthodiquement dépassée, conserve des adeptes de talent qui écrivent en français. L'un des plus remarquables d'entre eux est le philosophe François de La Mothe Le Vayer (1588-1672). Représentant de l'humanisme traditionnel (plus haut, v. p. 308), et de son encyclopédisme, il est aussi un savant qui refuse les prestiges de la mondanité. Il incarne, aux côtés de Gabriel Naudé (1600-1653), de Gassendi et de Gui Patin (1601-1672), entre autres, ce courant de pensée que la critique moderne a appelé le « libertinage érudit ». Il avait peu de sympathie pour Vaugelas, et son relativisme ethnologique, curieux des textes antiques, mais aussi des récits de voyageurs modernes, ruinait, de fait, toute notion de « bon usage ». Ce scepticisme méthodique, défendu par une érudition impressionnante, avait été brillamment utilisé dans les *Dialogues d'Orasius Tubero* (1630), où chaque interlocuteur prête une voix aux diverses opinions que le philosophe aime à faire dialoguer, selon sa disposition naturelle qui l'incline « aux sentiments paradoxiques ». Persuadé que la vérité est hors de notre portée, Le Vayer défend la rhétorique comme lieu utile et nécessaire de la vraisemblance, notamment dans la pratique du dialogue ; à ce titre, il apparaît bien aux antipodes des positions cartésiennes. Contre les critiques de Du Vair et de ceux qui l'ont suivi, Le Vayer pratique et défend l'art des citations. Ses *Considérations sur l'éloquence française de ce temps* (1637) sont une défense des Belles-Lettres traditionnelles, contre les prétentions du purisme alors à la mode, ce qui n'empêchera pas son élection à l'Académie en 1639. Il faut dire que Le Vayer était protégé par Richelieu, à qui il prêtait sa plume pour écrire des pamphlets justifiant sa politique étrangère. Son dernier ouvrage pour le cardinal est consacré à *La Vertu des païens* (1642), qui attaque en fait la doctrine janséniste naissante en France. La faveur du pouvoir ne le quitta pas après la mort du cardinal (1642), ce qui prouve qu'une telle pensée n'était pas aussi anachronique qu'on pourrait le croire : la reine le choisira, en effet, comme précepteur de ses enfants. Il le sera de 1652 à 1659, publiant alors une série d'ouvrages pédagogiques (*Géographie...*, *Physique...*, *Morale... Rhétorique du Prince*, etc.), qui constituent sa seule œuvre méthodique et systématique, mais sans trahir sa pensée profonde qui le rattache, politiquement, au machiavélisme d'un Naudé, le secrétaire de Mazarin.

De la polémique à l'apologétique : Pascal

La prose française avait donc acquis ses lettres de noblesse dès avant la Fronde. Le magistère esthétique d'un Guez de Balzac, l'écho philosophique rencontré par l'œuvre de Descartes, la virtuosité des traducteurs et la vigueur des querelles littéraires lui avaient ouvert les divers champs du savoir et de l'éloquence, souvent réservés jusque-là au latin. Un nouveau domaine allait être conquis au cours des années cinquante de ce siècle, qui complète parfaitement le *cursus* de ce développement : la polémique théologique. Elle se déroula autour du jansénisme, et elle donna lieu à l'un des premiers chefs-d'œuvre de la prose française classique, les *Provinciales* de Blaise Pascal.

Les noms de Bérulle ou de saint François de Sales suffisent à rappeler que la spiritualité n'était pas une nouveauté en langue vernaculaire ; mais ces auteurs s'efforçaient de concilier leur discours avec les exigences « mondaines » d'un public, qui, lorsqu'il était féminin, n'avait de toute façon pas accès aux textes latins. Avec les *Provinciales*, le public allait assister au déploiement d'arguments jusque-là réservés aux théologiens « spécialisés ». Pascal procède à un véritable dévoilement de la subtilité théologique de ses adversaires, il les contraint de révéler au grand public ce qui, aux yeux des jansénistes, constitue le scandale de leurs positions théologiques et spirituelles.

Comment le jeune savant Blaise Pascal (il est né en 1623) en est-il venu à consacrer sa plume à la polémique religieuse ? Connu jusque-là pour ses travaux mathématiques et physiques, où il s'est illustré dès le plus jeune âge (*Essai pour les coniques*, 1640, machine arithmétique, 1645, *Traité de l'équilibre des liqueurs*, 1654, publié en 1663), Pascal était en relation avec Port-Royal depuis 1646, date à laquelle la famille Pascal s'était convertie à la doctrine de Jean Duvergier de Hauranne, abbé de Saint-Cyran (1581-1643), à la suite d'un accident survenu à Etienne Pascal, le père de Blaise. Il avait, d'autre part, goûté à la polémique dès 1647 en s'en prenant aux thèses rationalistes de Jacques Forton, sieur de Saint-Ange. A la fin de cette même année, il était aussi entré en conflit avec le père jésuite Noël, partisan du plein contre sa théorie du vide.

En 1654, l'expérience religieuse intense de la nuit du 23 novembre fut décisive, comme en témoigne le fameux *Mémorial*, texte manuscrit qu'il garda sur lui jusqu'à sa mort. Il consacrera désormais presque toute son activité à la défense de la vérité chrétienne. Sa fréquentation de l'abbaye de Port-Royal-des-Champs l'amène à débattre de questions théologiques, notamment avec Isaac Le Maistre de Sacy (1613-1684). De ces conversations résultera l'*Entretien sur Epictète et Montaigne* qui sera publié pour la première fois en 1728. Sans devenir un des « solitaires », Pascal se trouve bel et bien engagé dans le camp des jansénistes qui, depuis 1643, sont en butte aux attaques de la Sorbonne, la faculté de théologie de Paris. C'est en effet à cette date que le théologien Antoine Arnauld avait publié son ouvrage sur *De la fréquente communion*, qui était une prise de position en faveur de la spiritualité de Saint-Cyran. Mais le débat portait en fait sur l'évêque Jansénius (1585-1638), auteur d'un ouvrage fondamental sur la doctrine de saint Augustin, l'*Augustinus* (paru après sa mort, en 1640). La querelle, si elle s'était cantonnée aux milieux des spécialistes et des théologiens, aurait sans doute vu la victoire de la Sorbonne et de ses alliés, les jésuites. Ceux-ci prenaient en effet parti dans la mesure où leur doctrine de la grâce, fixée notamment par le jésuite Molina en 1588, était en contradiction avec la doctrine de la prédestination exposée par saint Augustin : pour Molina, la liberté de l'homme (le « libre arbitre ») décidait de l'efficacité de la grâce de Dieu. Le débat provoqué par l'audace des « molinistes » avait animé les facultés de théologie européennes jusqu'en 1611 avant d'être clos autoritairement par un décret du Saint-Office. Jansénius, qui avait entrepris d'exposer la doctrine de saint Augustin, en venait à assimiler la position moliniste à l'hérésie pélagienne qu'avait combattue le Père de l'Eglise. Saint-Cyran, le directeur des Messieurs de Port-Royal, avait d'emblée pris la défense de Jansénius, tant par amitié pour le prélat que par sympathie pour les thèses augustiniennes qu'il défendait. Son plus brillant disciple, Antoine Arnauld, l'avait suivi dans cette lutte. La Sorbonne, en 1649, avait attaqué ce livre, sous prétexte qu'il contenait cinq propositions contraires à l'orthodoxie et Rome avait confirmé cela en condamnant les cinq propositions en 1652. Mis en fâcheuse posture par ses adversaires en 1655, Arnauld demanda au jeune Pascal de prendre la plume, en français, pour porter le débat devant le public des honnêtes gens. Armé de citations et de documents préparés par ses amis Arnauld et Nicole, Pascal va donc se lancer dans une brillante polémique : il publie, de façon anonyme et clandestine, les *Lettres écrites à un provincial,* dont le succès fut immédiat et éclatant. La première est parue le 23 janvier 1656, la dix-huitième et dernière est datée du 24 mars 1657 ; on connaît l'ébauche d'une dix-neuvième lettre, qui date sans doute de mai 1657.

Les *Provinciales* sont donc au nombre de dix-huit lettres, sans compter l'ébauche de la dix-neuvième qui ne sera publiée qu'en 1779. Les *Lettres* I à IV (23 janvier - 25 février 1656) traitent de la question de la grâce : il s'agit de savoir si la grâce donnée par Dieu est « efficace » ou simplement « suffisante » ; le débat est d'ordre théologique, il met en cause la toute-puissance divine et la liberté de l'homme. Pascal montre que les arguments des jésuites ne sont que des mots, que leurs distinctions sont fausses, et que cela ne sert qu'à masquer leur ambition politique. Ces lettres jouent savoureusement sur la mise en scène quasiment théâtrale de divers théologiens, avant d'en venir au dialogue avec un jésuite naïf qui expose en toute bonne foi les pires conséquences de la doctrine moliniste (*Lettre* IV). Les *Lettres* V à X (30 mars - 2 août 1656) s'attaquent à la casuistique des jésuites : la casuistique est la science qui traite des « cas de conscience », c'est-à-dire de l'art d'adapter les lois morales aux cas particuliers et délicats. La notion de « probabilisme » qui permet aux opinions les plus divergentes d'être défendues est ridiculisée par Pascal. Il s'en prend ensuite à ce qu'on appelle la « direction d'intention » que les jésuites, par leur fonction de directeurs de conscience, étaient amenés à pratiquer, mais en abusant souvent des libertés qu'elle laissait. Le débat se place alors sur le plan moral : Pascal a beau jeu de ridiculiser les faiblesses et les excès de la morale des jésuites ; c'est pourquoi il y consacre six lettres, pour prouver que la « dévotion aisée » n'existe pas, que la « direction d'intention » favorise l'équivoque et l'hypocrisie, que les jésuites détournent les sacrements afin de conquérir le pouvoir sur les cœurs. Les *Lettres* XI à XVI (18 août - 4 décembre 1656) répondent aux attaques que les premières *Provinciales* ont provoquées : Pascal y défend le droit de se servir du rire, même dans les questions religieuses (XI), il prouve que les citations qu'il a faites des livres jésuites ne sont pas fausses (XII-XIV), et il démontre enfin que ce sont les jésuites qui se servent de la calomnie contre Port-Royal (XV-XVI), et non l'inverse. Les *Lettres* XVII et XVIII (23 janvier et 24 mars 1657) reviennent à la question de la grâce : Pascal, s'adressant cette fois au père jésuite Annat, montre que les jansénistes ne sont pas des hérétiques : il reconnaît, sur le plan du droit, la condamnation des cinq propositions que les jésuites dénoncent, mais il insiste sur le fait qu'elles ne figurent pas dans l'*Augustinus*.

On pourrait difficilement expliquer le succès des *Provinciales* par la seule teneur de leur propos. Tout imprégné de religion que fût le public du XVIIe siècle, le risque était grand de le voir s'ennuyer à l'exposé des subtilités théologiques et morales dont débattait « Louis de Montalte » (pseudonyme de l'auteur des *Lettres*) avec ses adversaires jésuites. La force de Pascal fut de choisir la forme épistolaire. Il avait en effet conscience que le goût de son temps pour les lettres serait un canal sûr pour le pamphlet. Mme de Sévigné admirera encore en 1689 l'enjouement et le naturel des *Provinciales* qui deviendront, de fait, un véritable modèle de prose d'art et de lettres.

Pour Pascal, le principal souci est de ne pas ennuyer. La clarté est donc le premier impératif qu'il doit suivre, comme il le souligne dans la douzième lettre :

> Voilà, mes Pères, comment il faut traiter les questions pour les démêler, au lieu de les embrouiller, ou par des termes d'Ecole, ou en changeant l'état de la question...

Cet effort de distinction, qui était déjà le souci de Balzac et qui dominait chez Descartes, est donc pleinement à l'œuvre dans les *Provinciales*. Il va de pair avec l'idée de naturel, qui refuse le langage des pédants (les « termes d'Ecole ») et qui semble spontané. Face aux jésuites qui arrivent bardés de références et de citations, les bras chargés de livres (ce qui est noté ironiquement dans la *Lettre* IV), Pascal construit la figure d'un honnête homme chargé de son seul bon sens et de sa logique claire. Loin de refuser toute rhétorique, l'auteur des *Lettres* joue sur une rhétorique de la sincérité et du naturel, ce qu'il appellera dans les *Pensées* une « éloquence qui se moque de l'éloquence ». Ce naturel est surtout constitué comme refus : refus de l'artifice oratoire, refus des citations — et pourtant quelle habileté dans le montage de citations qu'il fait faire à son jésuite ! —, refus de la spécialisation du discours. Faisant écho à la fois à la discrétion propre à l'honnête homme, telle que la défendaient Faret ou le chevalier de Méré, et à l'humilité du vrai chrétien, ce naturel pascalien ne pouvait qu'emporter l'adhésion de son public, constitué de mondains et de jansénistes. Dans la dix-huitième *Lettre,* il définit sa méthode en dénonçant les procédés excessifs et spécieux des jésuites :

> Enfin vous remuez toutes choses pour faire croire que ce point de fait est véritable, et jamais on ne fut plus disposé à en douter. Et la raison en est facile : c'est, mon Père, que vous ne prenez pas les voies naturelles pour faire croire un point de fait, qui sont de convaincre les sens, et de montrer dans un livre les mots que l'on dit y être. Mais vous allez chercher des moyens si éloignés de cette simplicité, que cela frappe nécessairement les plus stupides. Que ne preniez-vous la même voie que j'ai tenue dans mes lettres pour découvrir tant de mauvaises maximes de vos auteurs, qui est de citer fidèlement les lieux d'où elles sont tirées ?

La vérité est crue d'elle-même, sa vraie voie est celle de la simplicité.

Au naturel, Pascal a su joindre une irrésistible force comique, la « raillerie fine » et l' « enjouement » que louera Mme de Sévigné. Cela est particulièrement sensible dans les dix premières lettres, où domine le dialogue et où apparaît un véritable jésuite de comédie. Pascal savait que, pour plaire à son public, il fallait provoquer sa complicité en le faisant rire de l'adversaire. Comme il l'écrira dans la *Lettre* XII :

> Vos maximes ont je ne sais quoi de divertissant qui réjouit toujours le monde.

Pascal omet volontairement, en disant cela, tout ce que son art de la mise en scène a su rendre risible, particulièrement lorsqu'il s'amuse à dialoguer ironiquement avec le père jésuite aveuglé par son enthousiasme :

> Voyez-vous, me dit le Père, comment il parle des péchés d'omission, et de ceux de commission ? Car il n'oublie rien. Qu'en dites-vous ? — O que cela me plaît ! lui répondis-je ; que j'en vois de belles conséquences ! Je perce déjà dans les suites : que de mystères s'offrent à moi ! Je vois, sans comparaison, plus de gens justifiés par cette ignorance et cet oubli de Dieu que par la grâce et les sacrements. Mais, mon Père, ne me donnez-vous point une fausse joie ? N'est-ce point ici quelque chose de semblable à cette *suffisance* qui ne suffit pas ? J'appréhende furieusement le *distinguo* : j'y ai déjà été attrapé. Parlez-vous sincèrement ? — Comment ! dit le Père en s'échauffant, il n'en faut pas railler. Il n'y a point ici d'équivoque. — Je n'en raille pas, lui dis-je ; mais c'est que je crains à force de désirer. (*Lettre* IV.)

L'esprit et l'ironie, essentiels dans le cadre de la complicité et de l'échange, s'insèrent tout naturellement dans le genre épistolaire. Le danger était, pour Pascal, de conserver un bon usage de la « raillerie » (c'est le mot du temps pour désigner ce que nous appelons aujourd'hui humour), même sur des sujets aussi graves que ceux de la grâce et du salut. Ce reproche ne manquera pas de lui être fait par ses adversaires, et il s'en défend longuement dans la onzième *Lettre* ; il y développe une véritable poétique de la bonne raillerie, avec l'appui de Tertullien et de saint Augustin, et, inversement, il reproche aux jésuites de parler légèrement des choses saintes, ce qui donne lieu à une attaque fameuse des *Peintures morales* du père jésuite Le Moyne. Comme il l'écrit au début de la lettre :

> En vérité, mes Pères, il y a bien de la différence entre rire de la religion, et rire de ceux qui la profanent par leurs opinions extravagantes. Ce serait une impiété de manquer de respect pour les vérités que l'esprit de Dieu a révélées : mais ce serait une autre impiété de manquer de mépris pour les faussetés que l'esprit de l'homme leur oppose.

Deux pages plus loin, dans une éblouissante application d'une citation de Tertullien à son propre ouvrage, Pascal insiste sur le fait que le ridicule, s'il existe, se trouve dans les textes qu'il a pris dans les livres des jésuites eux-mêmes (les italiques sont une paraphrase du texte de Tertullien) :

> Ne trouvez-vous pas, mes Pères, que ce passage est bien juste à notre sujet ? [*Les lettres*] *que j'ai faites jusqu'ici ne sont qu'un jeu avant un véritable combat.* Je n'ai fait encore que me jouer, *et vous montrer plutôt les blessures qu'on vous peut faire que je ne vous en ai fait.* J'ai exposé simplement vos passages sans y faire presque de réflexion. *Que si on y a été excité à rire, c'est parce que les sujets y portaient d'eux-mêmes.* Car, qu'y a-t-il de plus propre à exciter le rire que de voir une chose aussi grave que la morale chrétienne remplie d'imaginations aussi grotesques que les vôtres ?

Comme l'indique Pascal, le ton des *Lettres* s'infléchira vers l'indignation au fil des six dernières. Il est toutefois remarquable, lorsqu'on contemple le massif qu'elles constituent en recueil, de songer à leur publication au jour le jour, suivie avidement par le public, comme on attend un feuilleton périodique. De ce point de vue, la force des lettres est leur constante évolution, en réponse aux adversaires, mais aussi en fonction des échos favorables du grand public, qui fait qu'elles vont exploiter tous les registres de la polémique. Mais cette force tient aussi à la réitération constante d'une seule et même conviction, ce qui leur donne en définitive une profonde unité : la vérité chrétienne est une, face à la variété paradoxale des opinions « probables » que les jésuites ont fait miroiter. Œuvre d'actualité placée sous la lumière éternelle du Verbe Divin, les *Provinciales* annoncent, par plus d'un aspect, l'ample projet apologétique que nous connaissons, fragmentairement, sous le nom de *Pensées.*

Avant de revenir, au chapitre suivant, sur cet ouvrage majeur, il est bon de prêter attention à un bref opuscule, rédigé par Pascal peu de temps après les *Provinciales,* connu sous le titre *De l'esprit géométrique,* mais qui ne sera pas publié avant 1728. La seconde section de ce texte s'intitule *De l'Art de persuader.* On y trouve la formulation puissante de quelques principes d'une « rhétorique » de Pascal, qui est à la fois utile pour éclairer les *Provinciales* et annonciatrice des nombreuses *Pensées* consacrées à l'esprit et au style (v. p. 357-368). En le replaçant dans son contexte, il convient de se rappeler que l'art de persuader est le pendant de « la méthode des démonstrations géométriques » (1re section de l'ouvrage). L'art de persuader concerne plus généralement tout ce qu'on veut proposer aux hommes pour obtenir leur consentement. Pascal insiste sur l'importance de l'agrément pour y parvenir :

> Personne n'ignore qu'il y a deux entrées par où les opinions sont reçues dans l'âme, qui sont ses deux principales puissances, l'entendement et la volonté. La plus naturelle est celle de l'entendement, car on ne devrait jamais consentir qu'aux vérités démontrées ; mais la plus ordinaire, quoique contre la nature, est celle de la volonté ; car tout ce qu'il y a d'hommes sont presque toujours emportés à croire non pas par la preuve, mais par l'agrément.

Après avoir rappelé que Dieu met les vérités divines dans les âmes « par la manière qu'il lui plaît », Pascal insiste sur la douceur de ces vérités qui séduit les cœurs avant d'entrer dans l'esprit, « pour humilier cette superbe puissance du raisonnement ». Mais ce qui est normal pour la Vérité révélée ne l'est pas pour les « vérités à notre portée » :

> C'est alors qu'il se fait un balancement douteux entre la vérité et la volupté, et que la connaissance de l'une et le sentiment de l'autre font un combat dont le succès est bien incertain, puisqu'il faudrait, pour en juger, connaître tout ce qui passe dans le plus intérieur de l'homme, que l'homme même ne connaît presque jamais.
>
> Il paraît de là que, quoi que ce soit qu'on veuille persuader, il faut avoir égard à la personne à qui on en veut, dont il faut connaître l'esprit et le cœur, quels principes il accorde, quelles choses il aime ; et ensuite remarquer, dans la chose dont il s'agit, quels rapports elle a avec les principes avoués, ou avec les objets délicieux par les charmes qu'on lui donne.
>
> De sorte que l'art de persuader consiste autant en celui d'agréer qu'en celui de convaincre, tant les hommes se gouvernent plus par caprice que par raison.

Pascal renonce d'ailleurs à définir cette « manière d'agréer », car s'il croit qu'il y a « des règles aussi sûres pour plaire que pour démontrer », il doute qu'il soit possible de les connaître, puisque « les principes du plaisir ne sont pas fermes et stables » :

> Ils sont divers en tous les hommes, et variables dans chaque particulier avec une telle diversité, qu'il n'y a point d'homme plus différent d'un autre que de soi-même dans les divers temps.

Ce que Pascal va donc proposer est l'art de « faire voir la liaison des vérités avec leurs principes soit de vrai, soit de plaisir », ce qui repose sur l'usage de définitions claires, d'axiomes évidents et de démonstrations sans équivoque. La clarté et l'universalité de la démarche évoquent les exigences cartésiennes, dont il reconnaît d'ailleurs la force. Suit une brillante réflexion sur le rapport entre un énoncé et celui qui l'énonce, illustré par la métaphore de la fertilité :

> Les mêmes pensées poussent quelquefois tout autrement dans un autre que dans leur auteur : infertiles dans leur champ naturel, abondantes étant transplantées.

Le tout est une question de discernement, car nous avons déjà tout ce qui est bon sous les yeux. Cela aboutit à ces formules fondamentales sur la nature, qui sous-tendent l'idéal de style et de pensée que défend Pascal :

> Rien n'est plus commun que les bonnes choses : il n'est question que de les discerner ; et il est certain qu'elles sont toutes naturelles et à notre portée, et même connues de tout le monde. Mais on ne sait pas les distinguer. Ceci est universel. Ce n'est pas dans les choses extraordinaires et bizarres que se trouve l'excellence de quelque genre que ce soit. On s'élève pour y arriver, et on s'en éloigne : il faut le plus souvent s'abaisser. Les meilleurs livres sont ceux que ceux qui les lisent croient qu'ils auraient pu faire. La nature, qui seule est bonne, est toute familière et commune.
>
> Je ne fais donc pas de doute que ces règles, étant les véritables, ne doivent être simples, naïves, naturelles, comme elles le sont. [...] Il ne faut pas guinder l'esprit ; les manières tendues et pénibles le remplissent d'une sotte présomption par une élévation étrangère et par une enflure vaine et ridicule au lieu d'une nourriture solide et vigoureuse.
>
> Et l'une des raisons principales qui éloignent autant ceux qui entrent dans ces connaissances du véritable chemin qu'ils doivent suivre est l'imagination qu'on prend d'abord que les bonnes choses sont inaccessibles, en leur donnant le nom de grandes, hautes, élevées, sublimes. Cela perd tout. Je voudrais les nommer basses, communes, familières : ces noms-là leur conviennent mieux ; je hais ces mots d'enflure...

Toute une esthétique du naturel, de la juste mesure et de l'accord entre la pensée et la parole est à l'œuvre ici ; c'est de cet équilibre délicat, mais puissant, qu'allait désormais se réclamer la prose française classique.

De l'apologétique à la prédication : Bossuet et l'éloquence de la chaire

L'éloquence traditionnelle, dont nous avons vu jusqu'ici les avatars écrits, a conservé une tribune incomparable pendant tout le siècle : celle des prédicateurs. L'audition du sermon était le plus souvent le seul contact d'un public nombreux avec une parole et un style qui eussent des visées esthétiques et littéraires. La prédication était le complément, en langue française, de l'office religieux qui était dit en latin. C'est pourquoi nombre des idées religieuses n'ont pu être diffusées que grâce à elle, parallèlement à une production constante de livres et opuscules divers qui demeura pendant tout le siècle la plus importante de toute l'activité éditoriale.

Loin d'être née avec Bossuet, la grande prédication avait été illustrée au début du siècle par Nicolas Coëffeteau (1574-1623), prédicateur du roi, ou par Jean-Pierre Camus (1584-1652), évêque de Belley ; saint Vincent de Paul (1576-1660), qui n'a pas laissé de sermons écrits, mais qui a formé de nombreux prêtres, a défendu une éloquence simple et humble ; Lancelot a conservé un souvenir ébloui de l'éloquence de Saint-Cyran à Port-Royal, qui défendait le « naturel chrétien » dont Pascal s'est fait l'écho. Au milieu du siècle, Claude de Lingendes (1591-1660), Antoine Godeau, évêque de Vence (1605-1672), ou l'oratorien Jean-François Senault (1599-1672) élaborent une éloquence chrétienne qui soit forte, dépouillée de toute afféterie, qui, comme l'écrit Godeau, « ne songe point à plaire, mais à profiter ». A la pratique des prédicateurs se joint une intense réflexion théorique, qui culmine, dans les années 1660, avec les complexes ouvrages de Richesource (*L'Eloquence de la chaire ou la rhétorique des prédicateurs,* 1662) ou d'Hauteville (*L'Art de bien discourir,* 1666). Il faudrait enfin ajouter l'activité des traducteurs, qui se consacrent à faire parler français les Pères de l'Eglise, notamment à Port-Royal (saint Augustin, par Arnauld d'Andilly, saint Jean Chrysostome, par Antoine Le Maistre).

C'est dans ce contexte que Bossuet va apparaître : il est né en 1627, et il commence à prêcher au milieu des années 1650. De solides études lui avaient donné le bonnet de théologien en Sorbonne (1652), et il était devenu prêtre sous la direction de saint Vincent de Paul. Après avoir exercé le canonicat à Metz jusqu'en 1659, il arrive à Paris, où il s'impose très vite comme un prédicateur hors pair. Sa carrière dans ce domaine prend fin en 1670, lorsqu'il est nommé précepteur du dauphin. Ses sermons, très appréciés par le public du temps, ne seront pourtant recueillis et publiés qu'à partir du XVIIIe siècle. Il reviendra à la grande éloquence, pour prononcer les *Oraisons funèbres* de la reine Marie-Thérèse (1683), de la princesse Palatine (1685) ou du Grand Condé (1687).

L'influence de saint Vincent de Paul a été cruciale pour le jeune Bossuet ; dans son *Panégyrique de l'apôtre saint Paul* (prononcé sans doute en 1657), il définit une éloquence qui est dans le droit fil de ce que Monsieur Vincent enseignait aux conférences de Saint-Lazare : refus des grâces élaborées de la rhétorique, simplicité évangélique, humilité profonde digne du sacrifice de la croix. Le modèle en est justement la rhétorique que saint Paul lui-même pratiquait :

> Son discours, bien loin de couler avec cette douceur agréable, avec cette égalité tempérée que nous admirons dans les orateurs, paraît inégal et sans suite à ceux qui ne l'ont pas assez pénétré ; et les délicats de la terre, qui ont, disent-ils, les oreilles fines, sont offensés de la dureté de son style irrégulier. Mais, mes Frères, n'en rougissons pas. Le discours de l'Apôtre est simple, mais ses pensées sont toutes divines. S'il ignore la rhétorique, s'il méprise la philosophie, Jésus-Christ lui tient lieu de tout ; et son nom qu'il a toujours à la bouche, ses mystères qu'il traite si divinement rendront sa simplicité toute-puissante. Il ira, cet ignorant dans l'art de bien dire, avec cette locution rude, avec cette phrase qui sent l'étranger, il ira en cette Grèce polie, la mère des philosophes et des orateurs ; et malgré la résistance du monde, il y établira plus d'églises que Platon n'y a gagné de disciples par cette éloquence qu'on a crue divine.

Il est important de voir combien l'éloge de la simplicité et du naturel, valeurs « classiques » par excellence, s'accorde avec l'idéal évangélique ; plus que jamais, le rapport indissociable entre l'esthétique et la morale est au cœur de la réflexion littéraire. A la lecture de Bossuet, après celle de Pascal, on saisit mieux les rapports intimes qui unissent le « siècle des saints » et le « classicisme ».

Cette éloquence sera celle que Bossuet s'efforce d'appliquer dans ses *Sermons*. Bien que doué d'une vaste culture humaniste aussi bien profane que chrétienne, il s'appuie essentiellement sur la Bible pour nourrir son inspiration et sa rhétorique. La rigueur de sa démonstration s'appuie sur un art remarquable d'évocation, appuyé sur l'allusion ou la citation biblique, qui donne parfois lieu à de fulgurants tableaux :

> Contemplez cette face, autrefois les délices, maintenant l'horreur des yeux ; regardez cet homme que Pilate vous présente. Le voilà, cet homme ; le voilà, cet homme de douleurs : *Ecce homo, ecce homo ! Voilà l'homme.* Hé quoi ! Est-ce un homme ou un ver de terre ? est-ce un homme vivant ou bien une victime écorchée ? On vous le dit ; c'est un homme : *Ecce homo ! Voilà l'homme.* Le voilà l'homme de douleurs ; le voilà dans le triste état où l'a mis la Synagogue sa mère ; ou plutôt le voilà dans le triste état où l'ont mis nos péchés, nos propres péchés, qui ont fait fondre sur cet innocent tout ce déluge de maux [...] Voilà l'homme ! voilà l'homme qu'il nous fallait pour expier nos iniquités : il nous fallait un homme défiguré, pour réformer en nous l'image de Dieu que nos crimes avaient effacée : il nous fallait cet homme tout couvert de plaies, afin de guérir les nôtres.
>
> *Sermon sur la Passion,* 1660.

Le leitmotiv de la citation, l'amplification à laquelle elle donne lieu, avec le glissement progressif de l'image au sens qu'elle figure, tous ces procédés, qu'il faut imaginer dans l' « action » qu'en donne l'orateur, illustrent une rhétorique réelle, mais où l'indignation semble constamment l'emporter sur le souci formel, où le désordre même devient un principe de composition.

Il convient de rappeler que de tels développements sont exposés au fil d'une structure clairement et solidement articulée : un exorde, qui suit le « texte » (citation des Ecritures, qui donne le thème du sermon) prépare d'abord l'assistance à la prédication, puis, après l'*Ave* que prononce le public, expose le sujet et annonce le plan. L'orateur enchaîne ensuite sur les deux ou trois « points » qui composent son développement, avant de conclure dans la péroraison, où sont tirés les fruits du discours et où les fidèles sont exhortés une dernière fois à méditer la leçon à la lumière des Evangiles. Le *Sermon sur la parole de Dieu* (1661), tempérant la fougue et les dépouillements initiaux, insiste d'ailleurs sur la rigueur dont il faut faire preuve dans l'éloquence sacrée, qui doit « venir comme d'elle-même, attirée par la grandeur des choses et pour servir d'interprète à la sagesse qui parle ».

Il ne nous reste guère de justes témoignages de cet idéal, car les nombreux sermons de Bossuet (235 ont été conservés), même les plus célèbres, ne sont en fait que les notes et les brouillons que l'orateur n'avait nullement l'intention de publier. Seule l'éloquence d'apparat, c'est-à-dire les *Oraisons funèbres*, donnèrent lieu pour la plupart à une publication, quasiment immédiate, après leur prononciation. Lui-même en regroupa six dans un recueil publié en 1689. Une première édition collective des sermons fut publiée entre 1772 et 1788 par des bénédictins. La part de l'improvisation nous échappe nécessairement, et quelques sermons pris en note par des « tachygraphes » — comme cela se faisait souvent au XVIIe siècle — permettent la comparaison avec les manuscrits préparatoires, montrant d'importantes variations qui sont sans doute dues à la faculté qu'avait l'orateur de réagir, en situation, face à son public, et d'improviser certains développements qui n'étaient qu'esquissés à l'origine.

L'entreprise consciemment littéraire, où un grand soin est apporté au style écrit, demeure plus sensible dans les oraisons funèbres. Le genre est plus « mondain », et tient beaucoup plus du panégyrique que du sermon, même si l'habileté du prédicateur consiste dans le constant retour à une méditation chrétienne sur le grand personnage dont on déplore la mort après en avoir célébré la vie. Une des originalités de Bossuet est d'avoir articulé chacune de ses grandes oraisons à un thème qui aurait pu prendre place au cœur d'un sermon ; c'est ainsi qu'il introduit d'emblée, dans l'*Oraison funèbre de Henriette d'Angleterre* (1670), le mot de l'*Ecclésiaste* :

> *Vanité des vanités, et tout est vanité.* C'est la seule parole qui me reste ; c'est la seule réflexion que me permet, dans un accident si étrange, une si juste et si sensible douleur. Aussi n'ai-je point parcouru les livres sacrés pour y trouver quelque texte que je pusse appliquer à cette princesse. J'ai pris sans étude et sans choix les premières paroles que me présente l'Ecclésiaste, où quoique la vanité ait été si souvent nommée, elle ne l'est pas encore assez à mon gré pour le dessein que je me propose. Je veux dans un seul malheur déplorer toutes les calamités du genre humain, et dans une seule mort faire voir la mort et le néant de toutes les grandeurs humaines. Ce texte, qui convient à tous les états et à tous les événements de notre vie, par une raison particulière devient propre à mon lamentable sujet, puisque jamais les vanités de la terre n'ont été si clairement découvertes, ni si hautement confondues.

De même, Bossuet insistera dans l'*Oraison funèbre de la princesse Palatine* (1685) sur le caractère exemplaire du destin exceptionnel de la princesse :

> Quand Dieu joint à ces avantages une égale réputation, et qu'il choisit une personne d'un si grand éclat pour être l'objet de son éternelle miséricorde, il ne se propose rien moins que d'instruire tout l'univers. Vous donc qu'il assemble en ce saint lieu, et vous principalement, pécheurs, dont il attend la conversion avec une si longue patience, n'endurcissez pas vos cœurs, ne croyez pas qu'il vous soit permis d'apporter seulement à ce discours des oreilles curieuses. Toutes les vaines excuses dont vous couvrez votre impénitence vous vont être ôtées. Ou la princesse Palatine portera la lumière dans vos yeux, ou elle fera tomber, comme un déluge de feu, la vengeance de Dieu sur vos têtes.

L'allusion à l'attente du public, qui s'apprête à goûter seulement une pièce d'art, et l'inflexion vers le ton du sermon montrent comment Bossuet, à partir d'une attitude critique à l'égard de l'oraison funèbre, sait réinventer le genre pour en faire une « leçon » plutôt qu'un « panégyrique », comme le disait déjà Godeau en 1657. Il ne veut plus seulement flatter le sens esthétique, c'est-à-dire l'amour-propre, d'un public cultivé ; en le flattant par le miroir que constitue la louange d'un des siens, il vise aussi à édifier :

> Quand l'Eglise ouvre la bouche des prédicateurs dans les funérailles de ses enfants, ce n'est pas pour accroître la pompe du deuil par des plaintes étudiées, ni pour satisfaire l'ambition des vivants par de vains éloges des morts.

Cette citation ouvre l'*Oraison de Yolande de Monterby*, qui fut la première que prononça Bossuet, à Metz, en 1655. On constate que, très tôt, sa doctrine en la matière était fixée. Elle transparaîtra moins nettement dans les oraisons qu'il écrira plus tard ; il n'aurait d'ailleurs pas pu être question de faire l'économie de la louange, lorsqu'on traite de la mort d'un grand. Or la tradition rhétorique de l'éloge, que Bossuet, mieux que tout autre, connaissait fort bien, mettait en avant la description des vices et des vertus, le rappel des hauts faits ou de la généalogie du personnage, l'éloge de ses proches ou de sa cité : tous les cas de figure étaient envisagés, dans des listes constituées depuis l'Antiquité, et que les Pères de l'Eglise avaient eux-mêmes reprises au profit de l'éloquence chrétienne. L'oraison peut prendre une allure biographique, comme dans l'*Oraison funèbre de Henriette de France* (1669), elle peut associer l'éloge de la défunte à celui de son époux, surtout lorsqu'il s'agit du roi (*Oraison de la reine Marie-Thérèse,* 1683), elle est remplie de hauts faits et d'histoire lorsque le héros loué est le prince de Condé (1687). Les allusions à l'actualité politique ne manqueront pas dans l'éloge de Michel Le Tellier, père du ministre Louvois (1686), à la famille duquel Bossuet était lié depuis longtemps. Une grande variété ressort donc de l'ensemble des *Oraisons funèbres,* où l'élévation de style et le travail de la prose ne peuvent que contraster avec l'art impétueux des sermons. Bossuet faisait là une œuvre de haute tenue, destinée à fixer, dans l'écrit, toute la pompe des deuils princiers. La péroraison de l'*Oraison du prince de Condé* illustre bien cette grandeur ; elle fera l'admiration de Chateaubriand, qui ne pouvait en effet qu'être sensible à cette prose puissante qui confine à la poésie :

> Venez, peuples, venez maintenant ; mais venez plutôt, princes et seigneurs, et vous qui jugez la terre, et vous qui ouvrez aux hommes les portes du ciel, et vous plus que tous les autres, princes et princesses, nobles rejetons de tant de rois, lumières de la France, mais aujourd'hui obscurcies et couvertes de votre douleur comme d'un nuage : venez voir le peu qui nous reste d'une si auguste naissance, de tant de grandeur, de tant de gloire. Jetez les yeux de toutes parts : voilà tout ce qu'a pu faire la magnificence et la piété pour honorer un héros : des titres, des inscriptions, vaines marques de ce qui n'est plus ; des figures qui semblent pleurer autour d'un tombeau, et des fragiles images d'une douleur que le temps emporte avec tout le reste ; des colonnes qui semblent vouloir porter jusqu'au ciel le magnifique témoignage de notre néant ; et rien enfin ne manque dans tous ces honneurs, que celui à qui on les rend. Pleurez donc sur ces faibles restes de la vie humaine, pleurez sur cette triste immortalité que nous donnons aux héros.

Le remarquable miroir que tend l'orateur à la pompe qui l'entoure, cette reprise, dans un langage qui a duré, du décor éphémère d'une grandiose cérémonie de deuil font le paradoxe même de l'oraison funèbre : le constat éloquent d'un monde transitoire a su, par les seuls prestiges de la parole maîtrisée, donner une belle « immortalité » au héros défunt.

Cette grandeur de Bossuet, qui l'a placé si haut par la suite dans notre panthéon littéraire, ne fut pourtant pas perçue de son temps. De fait, ses sermons n'étaient plus que des souvenirs dès 1670, alors que brillait l'éloquence d'un Louis Bourdaloue (1632-1704), le plus célèbre orateur de son temps. Ce jésuite, qui avait enseigné les Belles-Lettres et la rhétorique dans les collèges provinciaux de son ordre, vint à Paris en 1669, où il prêcha l'Avent avec succès. Mme de Sévigné témoigne des premiers enthousiasmes du public de la cour à l'écoute de ses sermons :

> Au reste, le P. Bourdaloue prêche divinement bien aux Tuileries. Nous nous trompions dans la pensée qu'il ne jouerait bien que dans son tripot [un lieu où il a l'avantage, c'est-à-dire son église] ; il passe infiniment tout ce que nous avons ouï. (*Lettre* 118.)

Une lettre de mars 1680 évoque la violence avec laquelle il prêchait, ce qui semblait d'ailleurs plaire à son auditoire :

> Nous entendîmes, après dîner, le sermon du Bourdaloue, qui frappe toujours comme un sourd, disant des vérités à bride abattue, parlant contre l'adultère à tort et à travers. Sauve qui peut ; il va toujours son chemin.

On peut lire ailleurs sous la même plume cette description de son efficacité oratoire :

> C'est par ces sortes d'endroits tout pleins de zèle et d'éloquence qu'il enlève et qu'il transporte. Il m'a souvent ôté la respiration par l'extrême attention avec laquelle on est pendu à la force et à la justesse de ses discours, et je ne respirais que quand il lui plaisait de les finir, pour en recommencer un autre de la même beauté. (*Lettre* 934.)

Que nous reste-t-il de l'éloquence de celui que l'épistolière appelait le « Grand Pan » (28 mars 1689) ? Les médiocres éditions dont nous disposons, peu fidèles à l'action orale, laissent l'image de sermons très didactiques, tout en subdivisions et en subtilités. Mais cette précision dans l'analyse, liée à une doctrine très sévère, pouvait séduire le public de son temps, qui était sensible à l'exploration des cœurs et s'orientait vers une spiritualité austère et approfondie ; cette nécessité de l'intériorité transparaît par exemple dans le sermon sur le « respect humain » :

> Qu'y a-t-il de plus servile que d'être réduit, ou plutôt que de se réduire soi-même à la nécessité de régler sa religion sur le caprice d'autrui ? de la pratiquer, non pas selon ses vues et ses lumières, ni même selon les mouvements de sa conscience, mais au gré d'autrui ?

de n'en donner des marques et de n'en accomplir les devoirs, que dépendamment des discours et des jugements d'autrui ? en un mot, de n'être chrétien, ou du moins de ne le paraître qu'autant qu'il plaît ou qu'il déplaît à autrui ? Est-il un esclavage comparable à celui-là ? Vous savez néanmoins, et peut-être le savez-vous à votre confusion, combien cet esclavage, tout honteux qu'il est, est devenu commun dans le monde, et le devient encore tous les jours.

Le jésuite Bourdaloue, dont la doctrine est imprégnée de saint Augustin, rejoint ici les préoccupations du janséniste Nicole, qui s'efforçait alors de définir une « civilité chrétienne », qui fût fondée sur la charité plutôt que sur l'amour-propre (*Essais de morale,* 1671).

Cette grande éloquence de la chaire allait encore être illustrée par Esprit Fléchier (1632-1710) et Jules Mascaron (1634-1734) ; le second n'a laissé aucun sermon écrit, alors que le premier, qui commença à se faire connaître comme poète et fréquenta la société mondaine (hôte des Montausier, il écrivit plus tard une belle oraison funèbre pour Julie d'Angennes, duchesse de Montausier), commence sa carrière de prédicateur à la même époque que Bossuet, et édite ses *Oraisons funèbres* dès 1680, ses *Sermons* étant publiés à Cologne en 1695, puis à Paris en 1696. Sa fréquentation des milieux littéraires (Conrart, Pellisson, Huet, le salon des Rambouillet) a justifié l'intérêt que la critique a toujours porté à son œuvre ; la publication, en 1844, de ses *Mémoires sur les Grands Jours d'Auvergne,* précieux document sur une assemblée provinciale des années 1665-1666, l'a remis en honneur chez les historiens. Pourtant, ses *Oraisons funèbres* méritent mieux qu'une simple approbation d'estime, justifiée par le goût que le public du temps lui porta. Le souci du style, la finesse de ses analyses psychologiques, héritées de l'effort scrupuleux et précis de définition que la préciosité avait inventé, expliquent sans doute le succès qu'il a rencontré auprès d'un public qui se délectait de *La Princesse de Clèves* ou des pièces de Racine. Un bon exemple de ce goût figure dans l'oraison funèbre de Julie d'Angennes (janvier 1672), l'illustre fille de la marquise de Rambouillet (p. 269), lorsque Fléchier veut donner une idée de ce qu'est l' « esprit » :

En effet, qu'est-ce que l'esprit, dont les hommes paraissent si vains ? Si nous le considérons selon la nature, c'est un feu qu'une maladie et qu'un accident amortissent sensiblement ; c'est un tempérament délicat qui se dérègle, une heureuse conformation d'organes qui s'usent, un assemblage et un certain mouvement d'esprits qui s'épuisent et qui se dissipent ; c'est la partie la plus vive et la plus subtile de l'âme qui s'appesantit, et qui semble vieillir avec le corps : c'est une finesse de raison qui s'évapore, et qui est d'autant plus faible et plus sujette à s'évanouir, qu'elle est plus délicate et plus épurée. Si nous le considérons selon Dieu, c'est une partie de nous-même, plus curieuse que savante, qui s'égare dans ses pensées ; c'est une puissance orgueilleuse qui est souvent contraire à l'humilité et à la simplicité chrétienne, et qui, laissant souvent la vérité pour le mensonge, n'ignore que ce qu'il faudrait savoir, et ne sait que ce qu'il faudrait ignorer.

Le goût de la formule, qui ne manque d'ailleurs pas d'« esprit », l'amplitude de la période et la précision d'un vocabulaire qui hante autant les pages des moralistes que celles des romans du temps, expliquent pourquoi une telle éloquence a plu aux esprits des années 1670-1680.

Ce plaisir sera d'ailleurs sévèrement critiqué par Fénelon ou par La Bruyère, qui déploreront avec justesse que le discours chrétien soit « devenu un spectacle » :

Cette tristesse évangélique qui en est l'âme ne s'y remarque plus : elle est suppléée par les avantages de la mine, par les inflexions de la voix, par la régularité du geste, par le choix des mots, et par les longues énumérations. On n'écoute plus sérieusement la parole sainte : c'est une sorte d'amusement entre mille autres ; c'est un jeu où il y a de l'émulation et des parieurs.

Les Caractères, « De la Chaire », § 1.

L'afféterie et les fleurs de rhétorique que les générations successives des Lingendes, Godeau, Bossuet ou Bourdaloue avaient tenté de chasser hors de l'éloquence sacrée auront donc survécu, malgré tous leurs efforts ; ceux-ci ont pourtant contribué au difficile et temporaire équilibre d'un « classicisme » qui ne saurait donc excéder la durée de quelques chefs-d'œuvre.

Un aperçu, même rapide, de la prose d'idées ne doit pas négliger les autres aspects par lesquels Bossuet s'est illustré lors de sa longue carrière. Le souci esthétique ou oratoire y est moins cultivé, mais la place centrale qu'occupe la double œuvre du pédagogue et du théologien justifie l'évocation des ouvrages qui en sont nés. Avant d'en venir aux débats qu'il anima contre les protestants ou contre le quiétisme, entre 1685 et la fin du siècle, il faut insister sur les années 1670-1679, où Bossuet se consacra entièrement à sa fonction de précepteur du dauphin.

L'ouvrage majeur qui est issu du préceptorat est d'ordre historique : il s'agit du *Discours sur l'Histoire universelle,* publié en 1681, qui brosse un vaste panorama de l'histoire — on pourrait dire *des* histoires — du monde à la lumière de la Providence divine, qu'il définit ainsi dans sa conclusion (troisième partie, chap. VIII) :

> C'est ainsi que Dieu règne sur tous les peuples. Ne parlons plus de hasard ni de fortune, ou parlons-en seulement comme d'un nom dont nous couvrons notre ignorance. Ce qui est hasard à l'égard de nos conseils incertains est un dessein concerté dans un conseil plus haut, c'est-à-dire dans ce conseil éternel qui renferme toutes les causes et tous les effets dans un même ordre. De cette sorte tout concourt à la même fin ; et c'est faute d'entendre le tout, que nous trouvons du hasard ou de l'irrégularité dans les rencontres particulières.

Théologien avant d'être historien, Bossuet offre encore au lecteur moderne une véritable réflexion sur la philosophie de l'histoire plus qu'une simple narration historique et érudite ; il faut donc le relire à la lumière du dialogue implicite qui est instauré avec un Pierre-Daniel Huet (1630-1721), théologien féru de l'histoire des origines, ou dans le fil qui mène droit à la réflexion d'un Giambattista Vico (1668-1744), le fondateur de la philosophie de l'histoire.

Paradoxalement, on trouvera plus facilement un peintre et un narrateur dans un ouvrage polémique comme l'*Histoire des variations des Eglises protestantes* (1681) ; le pamphlet a sans doute inspiré Bossuet, qui évoque avec verve les principales figures du protestantisme. Le didactisme sera en revanche le maître mot des écrits contre le quiétisme (*Instruction sur les états d'oraison,* 1697 ; *Relation sur le quiétisme,* 1699), qui l'opposèrent à Fénelon : la *Relation* est divisée méthodiquement par sections, et les alinéas sont numérotés, avec la citation méthodique des pièces du procès, notamment les lettres de Fénelon. Dans ces textes, la simplification l'emporte sur l'éloquence.

Les auteurs évoqués dans ce chapitre sont, comme on a pu le constater, des pionniers et des chercheurs. Ces « artisans de la prose classique » ne gagnent pas à être figés dans la posture d'auteurs classiques que leur a souvent conférée l'histoire littéraire. Non que cette reconnaissance ne leur soit pas due, mais parce qu'ils sont encore des bâtisseurs, à la recherche de leurs moyens, qu'ils trouvent le plus souvent dans l'urgence d'une polémique ou dans l'actualité d'une controverse. Héritiers de la réflexion rhétorique de l'humanisme, contemporains ou successeurs proches de la génération critique du premier XVIIe siècle, ces « penseurs » ont initié la prose française au maniement des idées, fussent-elles littéraires, philosophiques ou théologiques. Rendue vigoureuse par la gravité et l'ampleur des débats, après les mutations opérées par les écrivains du premier XVIIe siècle, il lui restait à conquérir les territoires moins facilement perceptibles et plus insaisissables de l'intériorité et de la psychologie.

19. La prose comme expression du moi

Avant d'en venir aux œuvres qui caractérisent la recherche d'une expression sincère de la personnalité, et qui ont donné lieu à une grande diversité de styles et de genres, il convient de situer cet effort dans le cadre général de la sociabilité classique, qui est un idéal de vie aussi bien moral qu'esthétique. Le terme qui définissait cet idéal au XVIIe siècle est celui d' « honnêteté » (voir l'index). Les inflexions proprement françaises que prit la notion sont dues aux synthèses qui avaient déjà été faites entre l'idéal aristocratique et la tradition antique, dans l'œuvre de Montaigne par exemple. La dimension héroïque de l'honnêteté que Corneille ou Mlle de Scudéry donnent à leurs personnages en est directement issue. La spiritualité, d'autre part, que ce soit celle d'un Bérulle ou celle d'un François de Sales, a contribué à ancrer toute réflexion sur l'honnêteté dans le cadre de la vie chrétienne. La notion centrale est cette fois la simplicité, qui rejoint par bien des traits la franchise héroïque prônée par Montaigne. Enfin le caractère commun à tous ses aspects est que le langage y conserve une place centrale. La *sprezzatura* selon Castiglione, qui est un air de négligence élégante, de ne point forcer l'attitude ou le ton, vaut aussi bien pour le comportement que pour la parole. Faret insiste d'ailleurs sur la place centrale que la parole occupe dans la vie de l'honnête homme, et il lui consacre la moitié de son ouvrage. Etendue à toute la sphère sociale, c'est une véritable rhétorique des comportements que définit l'honnêteté, et réciproquement, c'est dans le langage que vont se cristalliser et se styliser ces valeurs hautement sociales.

Les genres spécifiques dont il sera question ici vont se développer dans le cadre de cette parole, qui est avant tout lieu d'échange et de complicité. L'art du fragment, tout d'abord, qui donne à la brièveté une valeur suprême, a suscité des réalisations diverses, de l'art de la maxime d'un La Rochefoucauld à la « remarque » plus souple des *Caractères* de La Bruyère. Pascal prend naturellement place dans ce panorama, même si l'aspect fragmentaire de son œuvre est dû aux hasards de l'inachèvement et de la publication posthume : de fait, la première édition des *Pensées* (1670) prend sens dans le goût du temps pour ce type d'ouvrage. Autre lieu d'échange par excellence, la lettre, et l'ombre constante de la conversation orale dont elle serait un prolongement ont le privilège de revendiquer hautement cette expression du « moi », dont maximes et pensées paraissaient bannir la présence. Enfin, plus que jamais centrés sur la prise de parole individuelle et le destin d'une vie, mais riches de tous les registres de la prose, les mémoires apparaissent comme un aboutissement majeur de la recherche d'un style sincère.

Maximes, pensées et caractères

Il pourrait sembler illégitime de traiter de ces genres dans le cadre de ce chapitre ; en effet, la tradition morale de la sentence y voit plus volontiers l'expression des vérités reconnues, ou la formulation d'une généralité à valeur universelle. D'autre part l'augustinisme d'un Pascal et d'un La Rochefoucauld met l'accent sur la haine du moi, dont les tromperies et les faux-semblants sont dénoncés à chaque page. Mais la tradition rhétorique de l'idéal de concision et de clarté qui vise un énoncé plein de sens, où l'on ne dise rien de plus qu'il ne convient, replace en revanche la forme brève sous la lumière du moi, dont elle serait le parfait reflet, notamment dans l'usage mondain du bon mot ou de la pensée « ingénieuse » ; c'est ce que dira le Père Bouhours, grand théoricien de l'esprit et du goût classiques. La pédagogie apprenait par exemple à lire les grandes œuvres la plume à la main, pour en recueillir les pensées et les formules heureuses, et s'en constituer une anthologie personnelle. La sentence est donc le premier lieu du dialogue qu'on entretient avec les grands auteurs. Lorsqu'on écrit, elle devient naturellement le lieu où l'on s'efforce de concentrer et de mettre sous son meilleur jour l'idée importante que l'on veut exprimer. La sentence est donc avant tout du domaine de l'expression, avec les divers soucis qu'elle implique : justesse du mot et de la pensée, profondeur de tout ce qu'elle évoque sans le dire (par allusion), originalité de la formule par rapport à la vérité qu'elle exprime. L'esthétique de la surprise, de la pointe, du bon mot et de la raillerie, bref, tout ce qui fait le « sel » et l'esprit d'un auteur se focalise sur la forme brève, maxime ou sentence, ne fût-elle que le point culminant d'un discours suivi et ample.

On ne manquera pas toutefois d'être surpris du goût que le XVIIe siècle a montré pour les recueils de maximes. Le terreau mondain sur lequel ont poussé ces « fleurs » peut apporter un élément d'explication. Véritable jeu de société goûté par les salons, la maxime, lorsqu'elle est fixée par écrit, et à plus forte raison, lorsqu'elle est publiée sous forme de livre, devient le reflet concentré des brillants d'une conversation suivie, de l'esprit d'un salon. Une part de la création des *Maximes* de La Rochefoucauld vient de cet échange, même si l'examen de leur genèse montre nettement à quel point il s'agit d'une œuvre hautement personnelle. Ancien Frondeur, le duc François de La Rochefoucauld (1613-1680) est devenu moraliste à la suite d'une carrière mouvementée : comme il le raconte dans ses *Mémoires,* il se livra avec délices à l'amour et à l'ambition, intrigua contre Richelieu et voulut enlever Mlle de Hautefort qui était aimée de Louis XIII. Il s'engage dans la Fronde pour les beaux yeux de Mme de Longueville, la sœur de Condé. L'écrasement du parti des Princes lui vaut la ruine et l'exil de Paris jusqu'en 1656. Cela marque aussi la fin de toute ambition politique. La méditation et l'écriture vont désormais remplacer l'action. Ses *Mémoires,* écrits pour justifier sa conduite auprès de ses proches, et qu'il n'aurait jamais songé à publier, circulent en manuscrit et il en paraît une édition subreptice en 1662 qui fait scandale. En réalité le véritable examen de conscience s'effectuera par le biais du genre le plus impersonnel en apparence : la maxime.

A partir de 1658, La Rochefoucauld entreprend la rédaction des *Maximes*. Le milieu qu'il fréquente alors est favorable à cet exercice d'écriture qui est aussi un véritable exercice spirituel : le duc est un proche de la marquise de Sablé, qui avait fait construire son hôtel parisien à côté de Port-Royal ; il avait été accueilli lors de son retour à Paris par le duc de Liancourt, fameux converti au jansénisme, et enfin, il eut pour intendant l'oratorien Jacques Esprit (1611-1678), académicien depuis 1639 et janséniste notoire. L'homme selon les *Maximes* sera donc un homme jugé à la lumière de saint Augustin, tel qu'il a été lu et compris par ce milieu lettré et profondément chrétien des grands mondains qui gravitaient dans l'orbe de Port-Royal. L'écriture « collective » des *Maximes* a surtout consisté en un échange constant de lettres et de billets entre La Rochefoucauld, l'auteur, et ses deux conseillers, Mme de Sablé et Jacques Esprit. On propose, reprend, commente l'écriture et le choix de telle ou telle maxime : le souci de la forme, on peut le croire, demeure subordonné à la visée morale et spirituelle de l'ouvrage.

Le frontispice du livre en annonce la teneur : un angelot narquois, appelé « l'Amour de la vérité », tient en main le masque souriant qu'il vient d'arracher du visage de Sénèque ; l'illustre philosophe, qui incarnait tout un courant de la pensée morale des XVIe et XVIIe siècles, apparaît ainsi dans toute sa vérité, chagrin et triste, et non plus impassible et serein. La leçon des *Maximes* sera en effet de démasquer les vertus apparentes, telles qu'elles sont enseignées par les « fausses » sagesses de l'Antiquité. Le débat était aussi vieux que l'humanisme, qui voulait légitimer la « vertu des païens » et permettre d'en tirer les fruits pour une pensée chrétienne ; l'augustinisme sévère des jansénistes remettait en cause cet apport essentiel de la Renaissance, et on comprend qu'il ait été combattu d'emblée par les tenants de la tradition humaniste (comme Le Vayer, dans son livre sur *La Vertu des païens*).

La raison centrale de cette fausseté des « vertus » humaines est à chercher dans l'amour-propre, que l' « Avis au lecteur » de la première édition dénonce comme « corrupteur de la raison ». Et la seconde maxime proclame aussitôt :

> L'amour-propre est le plus grand de tous les flatteurs.

Cet amour de soi, selon saint Augustin, est la cause de l'oubli de Dieu et de la charité, c'est le tyran qui règne sur la nature humaine corrompue. Une longue « maxime », supprimée après la première édition, ouvrait le recueil avec une longue réflexion sur l'amour-propre :

> L'amour-propre est l'amour de soi-même, et de toutes choses pour soi ; il rend les hommes idolâtres d'eux-mêmes, et les rendrait les tyrans des autres si la fortune leur en donnait les moyens ; il ne se repose jamais hors de soi, et ne s'arrête dans les sujets étrangers que comme les abeilles sur les fleurs, pour en tirer ce qui lui est propre. Rien n'est si impétueux que ses désirs, rien de si caché que ses desseins, rien de si habile que ses conduites ; ses souplesses ne se peuvent représenter, ses transformations passent celles des métamorphoses, et ses raffinements ceux de la chimie. On ne peut sonder la profondeur, ni percer les ténèbres de ses abîmes...

Pour saisir et décrire ce monstre protéiforme, La Rochefoucauld et ses amis ont donc choisi l'écriture métamorphique et antithétique de la maxime. Son mécanisme, fait de symétries, d'oppositions ou d'équivalences, souvent soulignées par une tournure restrictive, est idéal pour retourner les apparences :

> La passion fait souvent un fou du plus habile homme, et rend souvent les plus sots habiles. (*Maxime* 7)
>
> La clémence des princes n'est souvent qu'une politique pour gagner l'affection des peuples. (*Maxime* 15)
>
> L'amour de la justice n'est en la plupart des hommes que la crainte de souffrir l'injustice. (*Maxime* 78)

Le trait piquant peut se faire parfois franchement spirituel ou rieur :

> Nous avons tous assez de force pour supporter les maux d'autrui. (*Maxime* 19)

La nature même de l'amour-propre a, semble-t-il, imposé le genre d'écrire qu'il faut lui opposer. A la pensée sentencieuse et paradoxale des stoïciens (le style coupé n'est-il pas, par excellence, le style de Sénèque ?) le moraliste va répondre par une pensée structurée de la même façon, comme en miroir. Mais les sentences seront cette fois à lire à la lumière de la morale chrétienne. Le remarquable effort de style qui décrit avec précision et en profondeur le mal, dans toutes les facettes qu'il offre en société (amitié, amour, honneur, mérite, louange, etc.), pourrait conduire en définitive à un pessimisme radical ; la vérité des notations psychologiques, accentuée par la perfection formelle des symétries et des antithèses, mais aussi l'accent mis sur l'irrémédiable contrariété qui sous-tend la nature humaine n'auraient-ils pour but que de désespérer le lecteur ? La Rochefoucauld s'en expliquait dès 1664 au père Thomas Esprit (frère de Jacques), alors que les *Maximes* avaient été publiées sans son aveu en Hollande, ce qui le poussait à les éditer lui-même :

> Il peut y avoir même quelques expressions trop générales que l'on aurait adoucies si on avait cru que ce qui devait demeurer secret entre un de vos parents et un de vos amis eût été rendu public. Mais comme le dessein de l'un et de l'autre a été de prouver que la vertu des anciens philosophes païens, dont ils ont fait tant de bruit, a été établie sur de faux fondements, et que l'homme, tout persuadé qu'il est de son mérite, n'a en soi que des apparences trompeuses de vertu dont il éblouit les autres et dont souvent il se trompe lui-même lorsque la foi ne s'en mêle point, il me semble, dis-je, que l'on n'a pu trop exagérer les misères et les contrariétés du cœur humain pour humilier l'orgueil ridicule dont il est rempli, et lui faire voir le besoin qu'il a en toutes choses d'être soutenu et redressé par le christianisme.

L' « exagération » entre donc bien dans le projet d'écriture de La Rochefoucauld ; l'apparente précision d'entomologiste qui frappe dans le style des *Maximes* ne doit pas masquer qu'il s'agit en fait d'une remarquable variation du genre rhétorique que l'on appelle « démonstratif » (ou épidictique), c'est-à-dire le genre de la louange et du blâme. Tout projet moral passe bien par le tableau des mœurs, mais dans une perspective bi-polaire qui oppose systématiquement les vices (que l'on blâme) et les vertus (que l'on loue). Comme le fera plus tard La Bruyère en choisissant les traits de la satire, La Rochefoucauld sait qu'il n'est de description éloquente que rehaussée (louange) ou rabaissée (satire). Le « réalisme » de son constat moral passe donc par l'accentuation du trait, mais cette accentuation est habilement restreinte et masquée par l'économie du style et le brio des balancements et des antithèses. Lautréamont s'en souviendra en « retournant » certaines maximes sans leur faire perdre pour autant l'effet de vérité qui les caractérise. A cet égard, il ne faudrait pas être abusé par l'évidence de certaines maximes concernant le style, comme celle-ci :

> La véritable éloquence consiste à dire tout ce qu'il faut, et à ne dire que ce qu'il faut. (*Maxime* 250)

La tournure restrictive exprime moins une simple équivalence idéale entre la pensée et les mots qu'une prudence rhétorique, « tout ce qu'il faut » étant avant tout, pour le moraliste, d'emporter la conviction de son lecteur, même par une systématisation abusive. Or, il ne faudrait pas trahir l'excès de système par un style caricatural. En tant que dévaluation méthodique des valeurs humaines, les *Maximes* acquièrent leur plus grande force grâce à un style qui, en dissimulant les positions extrêmes du moraliste, les fait passer pour un constat de réalité.

Une telle stratégie explique sans doute les précautions dont s'est entouré l'auteur : il consulte ses proches, en 1663, pour savoir s'il convient de publier les *Maximes*. La divulgation d'une telle pensée pose en effet le problème de sa compréhension par le public du temps. La question même de la légitimité d'une étude de la nature humaine qui fût fondée sur des termes appartenant à la théologie, c'est-à-dire au domaine de la Parole divine, risquait de faire condamner l'entreprise. Le plaisir que l'écrivain et le public pouvaient éprouver à parler « littérairement » de l'amour-propre a été dénoncé alors, par Bossuet, ou par Le Maistre de Sacy. Ce dernier jugeait que le livre de La Rochefoucauld serait utile à condition qu'on en fasse « un bon usage ». On retrouve la lancinante question, qui a préoccupé tout le XVIIe siècle, des rapports entre littérature et morale. Arnauld d'Andilly, La Fontaine, Bouhours ou Fénelon témoigneront d'une plus grande sympathie pour l'œuvre dont le succès mondain fut incontestable. Cinq éditions paraissent du vivant de l'auteur, avec des remaniements constants (retraits ou ajouts) de 1665 à 1678. Le scrupule que le duc a mis à revoir son texte est d'autant plus remarquable qu'il mettait un point d'honneur à ne pas passer pour écrivain, faisant publier son ouvrage sans nom d'auteur. La Fontaine, lorsqu'il dédiera une fable à l' « auteur des *Maximes* » ne placera que les initiales en tête de son poème (« L'Homme et son image »). Grand mondain et laïc, La Rochefoucauld n'a pas voulu, en dernière analyse, faire œuvre de théologien ou de prédicateur. Sans aucun doute profondément chrétien, il a pris plaisir à faire œuvre littéraire en réfractant les convictions morales et religieuses du milieu auquel il appartenait. La forme littéraire qu'il a choisie, traditionnellement porteuse de vérité, a su revêtir les charmes d'une éloquence mondaine qui, comme l'honnête homme, « ne se pique de rien ».

Le projet des *Maximes,* et leur succès, explique peut-être que quelques années plus tard, en 1670, les Messieurs de Port-Royal font paraître les *Pensées* de Pascal. L'œuvre, laissée inachevée par la mort de son auteur, subsistait sous forme de manuscrits, classés par liasses. Le projet est peut-être né pendant l'année 1656, lorsque la guérison miraculeuse de la nièce de Pascal, grâce à la Sainte-Epine, l'amena à réfléchir sur la nature des miracles. D'autres passages des *Pensées,* nettement adressés à un public de libertins, sont peut-être inspirés par les relations que Pascal entretenait avec certains libres-penseurs, comme Méré ou Mitton, ou avec le milieu scientifique, qu'il n'avait pas perdu de vue. Toujours est-il qu'il avait exposé, en 1658, à ses amis de Port-Royal une méthode pour démontrer le christianisme. On peut supposer que le travail était déjà commencé depuis au moins 1657. Il sera interrompu par sa mort, en 1662. Il ne nous reste en fait que les dossiers préparatoires, avant même que l'auteur eût décidé la forme qu'il donnerait à l'ouvrage définitif. L'édition de Port-Royal présente un texte revu et souvent corrigé ; elle est intéressante en ce qu'elle donne une juste idée de la façon dont on a perçu l'œuvre de Pascal de son temps. Le titre qu'on lui a donné alors, les *Pensées,* indique bien qu'on situait l'ouvrage dans le goût du temps, dans la lignée des « sentences » et des « réflexions morales ».

Les dossiers regroupent vingt-sept « liasses », que Pascal avait classé en vue de la rédaction de ses chapitres. Le manuscrit regroupe un millier de fragments, qui sont tantôt de simples pensées, tantôt des pages entières qui développent de longs arguments. Les éditeurs ont vite perçu un plan d'ensemble dans le manuscrit, dont les têtes de chapitre sont indiquées par les titres des liasses. Le classement thématique en avait été tenté par l'érudit Léon Brunschvicg en 1897 ; s'il a le mérite de la clarté, il rompt tout à fait avec le mouvement d'ensemble du manuscrit. On peut distinguer trois grandes parties dans cet ensemble : le constat de la misère et de la grandeur de l'homme (liasses II à IX) qui développe une anthropologie augustinienne, telle qu'on la retrouvera chez La Rochefoucauld. Suit l'examen de la nécessité de se tourner vers le christianisme pour trouver le bonheur (X à XV), enfin est affirmée la vérité de la seule religion chrétienne et fausseté des autres religions (XVI à XXVI). La première liasse (« Ordre ») présente la méthode qu'il faut suivre pour convaincre l'homme de ces vérités : un plan paraît indiqué (fragment 40, qui correspond à la *pensée* 60, selon le classement de Brunschvicg, Br. 60) :

> *Première partie :* Misère de l'homme sans Dieu.
> *Seconde partie :* Félicité de l'homme avec Dieu.
> Autrement :
> *Première partie :* Que la nature est corrompue. (Par la nature même.)
> *Seconde partie :* Qu'il y a un réparateur. (Par l'Ecriture.)

Dans la première partie, Pascal insiste sur l'orgueil de l'homme, trompé par ses sens et son imagination (II) ; la justice n'est pas de ce monde, et la société n'est que violence (III-V) ; la grandeur de l'homme est d'avoir conscience de sa misère (VI), mais l'homme qui ne sait pas où chercher son bonheur se livre au « divertissement » (VIII) ; les philosophes prétendent faussement accéder à ce bonheur (IX) : on retrouve la critique qui fondait l'entreprise des *Maximes.* De même, pour Pascal, l'homme est le jouet de son amour-propre, qui est né de la chute originelle. Lecteur de saint Augustin, il considère que la nature humaine est déchue et en proie à la concupiscence, aussi bien physique qu'intellectuelle. Il explique ainsi la disparition de la justice sur cette terre, qui implique parfois une attitude résolument machiavélienne pour sauvegarder la paix civile à tout prix entre les hommes :

> Sans doute, l'égalité des biens est juste , mais, ne pouvant faire qu'il soit force d'obéir à la justice, on a fait qu'il soit juste d'obéir à la force ; ne pouvant fortifier la justice, on a justifié la force, afin que le juste et le fort fussent ensemble, et que la paix fût, qui est le souverain bien. (Br. 299)

La seconde partie s'ouvre sur un long fragment qui explique que c'est la recherche du bonheur qui anime tous les hommes (Br. 425). Or, le souverain bien ne se trouve qu'en Dieu, mais Dieu est caché, il faut savoir le chercher (X-XI) ; il faut soumettre sa raison à Dieu pour le trouver, et le seul médiateur est Jésus-Christ, preuve de Dieu (XII-XIV) ; pour connaître Dieu, il faut se tourner vers la seule vraie religion (XV-XVIII) ; il faut comprendre les « figures » de la Loi (XIX), leur antiquité (XX) et leur perpétuité (XXI) ; Pascal insiste ensuite sur les preuves de Moïse et de Jésus-Christ (XXII et XXIII), ce qui donne lieu au splendide développement mystique sur les « trois ordres » (Br. 793) ; enfin il en vient à la vérité des prophéties (XXIV-XXV), et à la « morale chrétienne » (XXVI), avant de conclure, dans la vingt-septième et dernière liasse, sur la nécessité d'aimer Dieu : « il y a loin de la connaissance de Dieu à l'aimer » (Br. 280).

Pour Pascal la raison est corrompue, et, de ce fait, elle ne peut pas avoir accès à toute la vérité, contrairement à ce que pensent les libertins. Toute sa grandeur consiste en ce qu'elle sait s'humilier devant la Révélation :

> La dernière démarche de la raison est de reconnaître qu'il y a une infinité de choses qui la surpassent ; elle n'est que faible si elle ne va jusqu'à connaître cela. Que si les choses naturelles la surpassent que dira-t-on des surnaturelles ? (Br. 267)
>
> Soumission et usage de la raison, en quoi consiste le vrai christianisme. (Br. 269)

Elle demeure cependant un garde-fou contre l'aveuglement :

> Si on soumet tout à la raison, notre religion n'aura rien de mystérieux et de surnaturel. Si on choque les principes de la raison, notre religion sera absurde et ridicule. (Br. 273)

Mais cette raison idéale est soumise à la nature corrompue de l'homme et à ses chimères, ainsi l'imagination, « maîtresse d'erreur et de fausseté », est une seconde nature qui règne dans l'homme ; même les plus sages n'en sont pas exempts. Le dialogue avec Montaigne, « philosophe » par excellence, la reprise d'arguments familiers aux sceptiques montrent sur quel plan se situe Pascal : il parle en homme, à d'autres hommes, et non en théologien. La leçon de mondains comme Méré opère sans doute ici, et l'apologiste ne veut surtout pas parler en spécialiste ; il ne s'en arrogerait de toute façon pas le droit, car il est laïc, et ne prétend nullement se substituer aux clercs. Toutefois, il demeure profondément fidèle à la théologie augustinienne de la grâce : elle seule peut sauver l'homme de son état de corruption, mais elle est du seul ressort de Dieu et ne saurait s'accomplir selon la volonté humaine. Or Dieu, qui est le seul détenteur de notre salut, est un « Dieu caché », qui ne se dévoile qu'à ceux qui ont la volonté profonde, celle du cœur, d'aller à sa rencontre. La dévotion n'est pas « aisée » pour Pascal.

Du point de vue esthétique, il y a moins évolution que continuité des *Provinciales* aux *Pensées* : Pascal demeure partisan d'une rhétorique qui parle au cœur et qui emporte la conviction à la façon de la Bible ou de saint Augustin, plutôt qu'à la manière de Cicéron : il s'appuie sur la simplicité et la justesse des comparaisons, l'évocation de la vérité humaine dans sa réalité quotidienne qui peut toucher le plus grand nombre, et il fait preuve d'une haine profonde des conventions et de l'ornement rhétorique qui sonnent faux. Un passage remarquable définit cet art de bien dire :

L'éloquence est un art de dire les choses de telle façon : 1° que ceux à qui l'on parle puissent les entendre sans peine et avec plaisir ; 2° qu'ils s'y sentent intéressés, en sorte que l'amour-propre les porte plus volontiers à y faire réflexion.

Elle consiste donc dans une correspondance qu'on tâche d'établir entre l'esprit et le cœur de ceux à qui l'on parle d'un côté, et de l'autre les pensées et les expressions dont on se sert ; ce qui suppose qu'on aura bien étudié le cœur de l'homme pour en savoir tous les ressorts, et pour trouver ensuite les justes proportions du discours qu'on veut y assortir. Il faut se mettre à la place de ceux qui doivent nous entendre, et faire essai sur son propre cœur du tour qu'on donne à son discours, pour voir si l'un est fait pour l'autre, et si l'on peut s'assurer que l'auditeur sera comme forcé de se rendre. Il faut se renfermer, le plus qu'il est possible, dans le simple naturel ; ne pas faire grand ce qui est petit, ni petit ce qui est grand. Ce n'est pas assez qu'une chose soit belle, il faut qu'elle soit propre au sujet, qu'il n'y ait rien de trop ni rien ne manque.(Br. 16)

Dans la lignée de Montaigne, et à la lumière des théories de l'honnêteté, Pascal se fait le défenseur d'une rhétorique de la sincérité ; on retrouve la simplicité salésienne, mais aussi la recherche des années 1640 d'une prose qui fût naturelle. L'idée même de sincérité est exprimée par la conviction qu'il faut trouver l' « homme » derrière l' « auteur » :

Quand on voit le style naturel on est tout étonné et ravi, car on s'attendait de voir un auteur, et on trouve un homme. Au lieu que ceux qui ont le goût bon, et qui en voyant un livre croient trouver un homme, sont tout surpris de trouver un auteur : *Plus poetice quam humane locutus es*. Ceux-là honorent la nature, qui lui apprennent qu'elle peut parler de tout, et même de théologie. (Br. 29)

La dernière formule fait irrésistiblement penser à la gageure qu'ont représentée les *Provinciales* ! Cet art de la négligence aisée refuse l'affectation, c'est-à-dire tous les « galimatias », précieux ou savants : les « fausses beautés » de Cicéron, qui ont, le déplore Pascal, des admirateurs « en grand nombre » (Br. 31), mais aussi le « jargon » qu'on appelle « beauté poétique » (Br. 33). Une formule concise et abrupte résume sa pensée : « Poète et non honnête homme » (Br. 38). Au naturel se joint l'idée fondamentale de justesse qu'il définit ainsi par défaut :

> Ceux qui font les antithèses en forçant les mots sont comme ceux qui font de fausses fenêtres pour la symétrie : leur règle n'est pas de parler juste, mais de faire des figures justes. (Br. 27)

La rhétorique n'est pas condamnée pour elle-même, mais pour les mauvais usages qu'on en peut faire. Elle doit être avant tout un « art de persuader » pour Pascal (v. p. 333-335), qui affirme que la « vraie éloquence se moque de l'éloquence » (Br. 4), c'est-à-dire qu'il ne faut pas s'en tenir aux ornements traditionnels et aux strictes règles de l'école :

> Quand dans un discours se trouvent des mots répétés, et qu'essayant de les corriger, on les trouve si propres qu'on gâterait le discours, il les faut laisser, c'en est la marque ; et c'est là la part de l'envie, qui est aveugle, et qui ne sait pas que cette répétition n'est pas faute en cet endroit, car il n'y a point de règle générale. (Br. 48)

Le recours à tous les registres stylistiques (contre la hiérarchie traditionnelle des styles), l'usage de comparaisons nouvelles (puisées dans le domaine scientifique par exemple), le goût du sublime, lorsqu'il s'agit d'exprimer l'élan mystique, ou de la brièveté cinglante, lorsqu'il est question des faiblesses de l'homme, tous ces éléments, qui ne paraissent pas obéir à l'ordre de la rhétorique classique, sont agencés dans le seul but de l'efficacité profonde du discours. Il faut sauter les idées intermédiaires, surprendre et emporter l'adhésion du lecteur presque malgré lui.

Cette œuvre qui ne nous reste qu'inachevée, comme le matériau brut d'une argumentation plus ample, nous rapproche de façon vertigineuse du moment où jaillit l'écriture : par la cohérence de ses principes esthétiques et la vigueur des convictions qui la portent, elle demeure un des chefs-d'œuvre les plus troublants de la littérature française du XVIIe siècle.

La place que tient l'œuvre de Jean de La Bruyère (1645-1696) dans ce panorama aurait pu sembler paradoxale à l'auteur lui-même : conscient du parallèle que l'on pouvait faire entre ses « remarques » et les ouvrages de ses deux prédécesseurs, il insiste en effet sur l'originalité de sa démarche, après avoir évoqué les *Pensées* et les *Maximes* :

> L'on ne suit aucune de ces routes dans [mon] ouvrage [...] ; il est tout différent des deux autres que je viens de toucher : moins sublime que le premier et moins délicat que le second, il ne tend qu'à rendre l'homme raisonnable, mais par des voies simples et communes, et en l'examinant indifféremment, sans beaucoup de méthode, et selon que les divers chapitres y conduisent, par les âges, les sexes et les conditions, et par les vices, les faibles et les ridicules qui y sont attachés.
>
> *Discours sur Théophraste.*

Comment ce bon bourgeois, qui fut un temps trésorier général en Normandie (sans y résider), avant de devenir sous-précepteur du duc Louis de Bourbon, petit-fils du Grand Condé, en est-il venu à composer un tel ouvrage ? Le temps que lui laissa sa charge, lorsque le jeune duc cessa d'étudier (à la mort de son grand-père, en 1686), lui permit sans doute de revenir au loisir lettré qui lui tenait tant à cœur. De fait, une anecdote, qui daterait de l'automne 1687, le montre en train de proposer un manuscrit au libraire Michallet, à qui il propose de doter sa fille avec ce que son livre rapportera..., s'il a du succès. A quarante-deux ans, La Bruyère demeure très prudent pour ses premiers pas en littérature : il ne signe pas son livre, et le place sous le patronage éminent et docte du philosophe grec Théophraste, disciple d'Aristote, dont il traduit l'ouvrage intitulé *Les Caractères.* Son propre livre n'est présenté que comme une modeste suite, imprimée en plus petit, sous le titre de *« Les Caractères ou les mœurs de ce siècle ».* Cet ordre demeurera constamment, même si, au fil des éditions, le texte original allant croissant, la traduction du grec se fera de plus en plus petite. Car le succès est immédiat et encourage l'auteur à enrichir ses « caractères » de façon continue : les neuf éditions qu'il a pu revoir de son vivant, de 1688 à 1696, font passer le nombre des remarques de 420 à 1120 ! Il s'enhardit jusqu'à mentionner incidemment son nom, au fil d'une réflexion, dans la sixième édition (1691). La rapidité de cette croissance peut faire supposer que La Bruyère, en réalité, disposait déjà d'un bel ensemble de textes en réserve et qu'il livre progressivement ce qu'il a déjà écrit, corrigeant, infléchissant son propos, sans doute à l'écoute des réactions du public, auxquelles il paraît très sensible. Il faut lire « couche par couche » le texte pour voir toute la richesse que lui apporte peu à peu le moraliste, glissant là un portrait qui illustre des maximes déjà présentes, ou ajoutant une réflexion qui ouvre une perspective nouvelle sur une suite de croquis.

La critique a volontiers relevé les évolutions, notant le glissement vers une amertume plus marquée, mais aussi l'affermissement des traits polémiques à l'encontre des « Esprits forts », les athées dont La Bruyère affirme qu'ils sont la cible ultime et préparée par tout l'ouvrage, comme il le dit à ses détracteurs dans la préface au *Discours de réception à l'Académie française* (1693) :

> N'ont-ils pas observé que de seize chapitres qui le composent, il y en a quinze qui, s'attachant à découvrir le faux et le ridicule qui se rencontrent dans les objets des passions et des attachements humains, ne tendent qu'à ruiner tous les obstacles qui affaiblissent d'abord, et qui éteignent ensuite dans tous les hommes la connaissance de Dieu ; qu'ainsi ils ne sont que des préparations au seizième et dernier chapitre, où l'athéisme est attaqué, et peut-être confondu ; où les preuves de Dieu, une partie du moins de celles que les faibles hommes sont capables de recevoir dans leur esprit, sont apportées ; où la providence de Dieu est défendue contre l'insulte et les plaintes des libertins ?

Ce plan a parfois été jugé comme saisi « après coup » par La Bruyère, qui y aurait cherché une justification contre les attaques dont il avait pu faire l'objet, notamment de la part des « Modernes », comme Fontenelle. Il n'y a guère de raisons de ne pas voir les intentions réelles de l'auteur dans ce qu'il déclare. Le projet de La Bruyère est bien un projet de moraliste, et il appelle constamment son livre « un livre de *Mœurs* ». Un premier chapitre, centré sur la réflexion littéraire (p. 123), peut apparaître comme une préface à son entreprise, dont la difficulté se résume en deux remarques, qui encadrent l'ensemble :

> (1) Tout est dit, et l'on vient trop tard depuis plus de sept mille ans qu'il y a des hommes et qui pensent. Sur ce qui concerne les mœurs, le plus beau et le meilleur est enlevé ; l'on ne fait que glaner après les anciens et les habiles d'entre les modernes.
>
> (69) — HORACE ou DESPRÉAUX l'a dit avant vous. — Je le crois sur parole ; mais je l'ai dit comme mien. Ne puis-je pas penser après eux une chose vraie, et que d'autres encore penseront après moi ?

La position d'un « Ancien », qui s'appuie sur la tradition, n'empêche nullement, on le voit, la revendication de l'originalité : le ton de voix est, plus que jamais, essentiel.

Le second chapitre, « Du mérite personnel » donne la position de principe que l'auteur tient à l'égard de la société : il s'en prend à tous les préjugés sociaux du temps (fortune, réputation, vanité, fausse grandeur des richesses), appuyant la leçon des préceptes avec des portraits ajoutés au fil des éditions (le fameux portrait d'Emile-Condé apparaîtra en 1692, ainsi que celui de Ménippe). Le mérite spirituel, s'il est prééminent, n'est pas toujours reconnu. Le tableau des « femmes » (chap. III) est essentiel pour le moraliste, qui a conscience d'avoir affaire ici à une bonne part de son public, dans un siècle où on a plus que jamais réfléchi sur « l'école des femmes » et sur leur statut dans le domaine de la culture et des idées. La psychologie est rapidement esquissée dans le chapitre « Du cœur », où les réflexions brèves dominent nettement. Enfin, « De la société et de la conversation » replace tout ce qui précède (femmes, cœur, mérite) dans son milieu naturel, celui qui est l'objet central de La Bruyère, qui perçoit l'homme avant tout comme animal social. La réflexion sur la sociabilité fait un clair bilan de tous les thèmes qu'avaient développés les théoriciens de l'honnêteté depuis Faret ; l'insistance satirique sur les moins honnêtes gens n'empêche pas l'esquisse d'un idéal en creux, ou par antiphrase. Le constat final demeure toutefois celui du renoncement, qui correspond à la position de retrait que La Bruyère (par nécessité autant que par goût) semble avoir définitivement adoptée :

(83) Le sage quelquefois évite le monde, de peur d'être ennuyé.

Les chapitres VI à X marquent une montée progressive dans la hiérarchie sociale, après des considérations sur la richesse, qui semble bien être le moteur de toute ambition (*Des Biens de Fortune,* VI) ; on passe de la « Ville » (VII) à la « Cour » (VIII), pour fixer ensuite le regard sur les « Grands » (IX), avant d'en venir à l'instance qui couronne le tout : le souverain (X) ; le titre de ce chapitre a été nuancé au fil des éditions, il s'intitule « Du Souverain ou de la République » à partir de 1689. Mais la personne royale demeure bien le cœur du sujet : La Bruyère met l'accent sur les devoirs du monarque (§ 28), reprenant toute une représentation idéale du pouvoir (le roi berger, § 29) avant de lui adresser un éloge, qui est aussi une leçon (§ 35). Les thèmes politiques et sociaux que La Bruyère esquisse alors étaient familiers au « Petit Concile » qui réunissait, autour de Bossuet, Fénelon, l'abbé Claude Fleury (1640-1723) et La Bruyère : le *Télémaque* en sera un brillant écho à la fin de la décennie (1699).

Les chapitres XI à XIV en reviennent à l'homme (XI), dont sont modulés une nouvelle fois les travers et les manies, concernant les « Jugements » (XII), la « Mode » (XIII) et les « Usages » (XIV). La question de l'homme est centrale, comme on l'a déjà vu chez Pascal ou La Rochefoucauld. La Bruyère, à sa façon, reformule toute la question de la *dignitas hominis* qui est au cœur de l'humanisme ; il s'en prend, comme ses prédécesseurs, aux fausses sagesses (le stoïcisme est attaqué dès le § 3) ; mais c'est par la mise en scène des vices qu'il veut enseigner, et non par des préceptes de vertu :

> (156) ... L'étude de la sagesse a moins d'étendue que celle que l'on ferait des sots et des impertinents. Celui qui n'a vu que des hommes polis et raisonnables, ou ne connaît pas l'homme, ou ne le connaît qu'à demi...

Le statut épidictique de son style, qui se situe dans le vaste champ qui oppose vices et vertus, est donc tout à fait net. L'art de la description, qui est moins réaliste que satirique, est d'une telle puissance dans ce domaine que La Bruyère amplifiera constamment son texte à l'aide de portraits, qui valent toutes les démonstrations.

Les ultimes chapitres, « De la Chaire » (XV) et « Des Esprits forts » (XVI) sont centrés sur la religion, ou plus exactement sur l'irreligion ou le mauvais usage de l'éloquence sacrée : une nouvelle fois, c'est par la description des défauts que La Bruyère fait pressentir les vertus idéales.

La pensée de La Bruyère a souvent posé problème à la critique : on a préféré célébrer le maître de style plutôt que de s'interroger sur la portée de son ouvrage. De fait, l'anthropologie qui sous-tend son discours est résolument fixiste ; pour lui, l'homme n'a guère changé depuis les origines, et le seul sens de l'histoire est celui de la corruption. La rêverie sur l'origine, lieu d'une cité idéale, avait été à l'honneur dans le livre de Claude Fleury sur *Les mœurs des Israélites* (1681) ; l'Athènes idéale dessinée par La Bruyère dans son discours sur Théophraste en reprend bien des thèmes. De fait, La Bruyère, qui était un protégé de Bossuet, connaissait bien l'entourage du prélat et ce qu'on a appelé « le Petit Concile », qui réunissait des savants ecclésiastiques et laïcs, à la fois pour entreprendre une apologétique chrétienne et pour tenter de penser le christianisme dans le cadre de la société et de l'Etat modernes, dont on sentait la nouveauté depuis une ou deux générations. C'est à la lumière de cette pensée, qui a énormément réfléchi sur l'histoire (Huet, Fleury, Bossuet lui-même), que l'on peut comprendre le relativisme dont fait preuve La Bruyère :

> Ayons donc pour les livres des anciens cette même indulgence que nous espérons nous-mêmes de la postérité, persuadés que les hommes n'ont point d'usages ni de coutumes qui soient de tous les siècles, qu'elles changent avec le temps, que nous sommes trop éloignés de celles qui ont passé, et trop proches de celles qui règnent encore, pour être dans la distance qu'il faut pour faire des unes et des autres un juste discernement.
>
> *Discours sur Théophraste.*

Ce « discernement » prend place dans toute la lignée des remarques où La Bruyère parle de son art comme d'une optique, qui apprend à regarder les choses sous la bonne perspective et à la juste distance (I, 34, 68, II, 2, 17, 34, etc.). A cela s'ajoute le souci de clarté et de distinction : l'héritage cartésien, que ne rejetait pas le Petit Concile, est cette fois mis à contribution (VI, 56 offre même un éloge du philosophe). L'universalité proclamée de la raison (XII, 22) place déjà La Bruyère du côté des Lumières :

> ... La prévention du pays, jointe à l'orgueil de la nation, nous fait oublier que la raison est de tous les climats, et que l'on pense juste partout où il y a des hommes...

Sans en faire un « philosophe » avant la lettre, il faut reconnaître que La Bruyère, par l'image même qu'il donne du philosophe (ce qu'il prétend être), par sa réflexion d'ensemble sur l'homme dans la société, perçue elle-même comme réalité historique, est un penseur de transition. La « modernité » du monde qui l'entoure, la difficulté à trouver une réponse chrétienne pour y vivre l'ont sans doute durci dans des positions anti-progressistes, mais il n'est pas conservateur pour autant : penseur catholique, il est réformateur et très critique à l'égard de la société où ne règnent plus les valeurs qu'il défend. Son souci constant de la société est en soi une modernité, comme elle l'est chez Fénelon ou Fleury ; de ce point de vue, il annonce plus Montesquieu et Voltaire qu'il ne reprend les positions d'un Pascal ou d'un La Rochefoucauld.

Le style même se démarque de la prose de ses prédécesseurs ; outre le sourire qu'il cherche systématiquement à provoquer, et qui a pu faire rapprocher certains de ces petits tableaux de la comédie de Molière, l'esthétique du fragment est assouplie par son extension à d'autres genres propres, comme le « portrait » qui, par le goût mondain auquel il répondait, a fait énormément pour le succès des *Caractères*. Les « clefs » qui ont circulé aussitôt encourageaient d'ailleurs à rechercher l'identité des personnages brossés par le moraliste. La variété est explicitement défendue dans la préface :

> Ce ne sont point au reste des maximes que j'ai voulu écrire : elles sont comme des lois dans la morale, et j'avoue que je n'ai ni assez d'autorité ni assez de génie pour faire le législateur ; je sais même que j'aurais péché contre l'usage des maximes, qui veut qu'à la manière des oracles elles soient courtes et concises. Quelques-unes de ces remarques le sont, quelques autres sont plus étendues : on pense les choses d'une manière différente, et on les explique par un tour aussi tout différent, par une sentence, par un raisonnement, par une métaphore ou quelque autre figure, par un parallèle, par une simple comparaison, par un fait tout entier, par un seul trait, par une description, par une peinture : de là procède la longueur ou la brièveté de mes réflexions.

Cette liberté de la *copia* (« étendues », « longueur »), qui ouvre tout le registre rhétorique pour mieux capter l'intérêt du lecteur, et surtout pour ne jamais l'ennuyer, va dans le même sens que le grossissement constant du livre opéré par La Bruyère : l'œuvre est ouverte, à lire selon le goût, l'humeur et le moment. Toutes les formes que La Bruyère évoque ici sont autant de parties d'un vaste discours oratoire qu'il a renoncé à composer ; sans doute, parce que écrivain laïc et mondain, il ne s'est pas donné le rôle de l'orateur sacré auquel ses amis et protecteurs pouvaient prétendre. L' « apologie » proposée par La Bruyère, à l'opposé des *Pensées* de Pascal, a été volontairement laissée en l'état où tous les « lieux » de l'invention restent à composer, mais c'est au lecteur de s'en charger. Rarement l'idéal de conversation n'aura sans doute été poussé si loin, en s'inscrivant dans la manière même dont l'auteur propose de lire son œuvre.

Art épistolaire et conversation

On aura été frappé par le contraste entre la finesse psychologique des moralistes, qui dénote une profonde connaissance de l'âme humaine, et la haine du moi qu'ils déclarent, malgré un léger penchant pour la confidence individuelle chez le troisième. Depuis Guez de Balzac, et avec les raffinements linguistiques de la préciosité, la psychologie et son expression avaient fait des progrès constants. L'esthétique galante peut même passer, sous certains aspects, pour une véritable « casuistique » amoureuse. L'amour-propre conservait donc un empire certain sur les cœurs, et le jeu mondain n'aurait pu que très difficilement en faire l'économie, comme en témoigne l'ambiguïté même du plaisir littéraire des *Maximes*. Le domaine où un délicat équilibre demeurait à trouver entre l'expression sincère du moi et la pudeur nécessaire à l'égard d'autrui est celui de la lettre.

Il a déjà été question de l'apport de Vincent Voiture en prose ; l'écrivain, renommé aussi pour son entregent et pour sa poésie (p. 269), avait éclipsé Balzac en tant qu'épistolier dans le goût mondain lorsque ses *Œuvres* furent publiées par son neveu Pinchesne en 1650. Paul Pellisson, dans un *Discours* fameux (p. 275) sur les *Œuvres* de Jean-François Sarasin, autre grand auteur galant, compare les deux écrivains et insiste sur la supériorité du premier dans le domaine épistolaire :

> M. de Voiture a écrit un très grand nombre de *Lettres* admirables, et, s'il en faut juger par le plaisir qu'elles nous donnent, c'étaient de tous ses ouvrages ceux qu'il aimait et qu'il estimait le plus.

Ses lettres passaient en effet pour le modèle du « naturel », valeur essentielle de la communication aisée, qu'elle fût orale ou écrite. Il incarnait en fait l'idéal d'une littérature de cour, d'où le pédantisme, que l'on commençait à reprocher à Balzac, devait être exclu. L'éloge écrit par son neveu en tête des *Œuvres* témoigne de l'idée qu'on se faisait alors de cette haute culture :

> Encore qu'il ait passé la meilleure partie de sa vie dans les divertissements de la cour, il ne laissait pas d'avoir beaucoup d'étude et de connaissance des bons auteurs. Il possédait bien ce qu'on appelle les belles lettres : et ce qui l'a fait valoir davantage est qu'il en savait autant que personne le droit usage, et avait adresse à s'en servir. Quand il traitait de quelque point de science, ou qu'il donnait son jugement de quelque opinion, il le faisait avec beaucoup de plaisir de ceux qui l'écoutaient, d'autant plus qu'il s'y prenait toujours d'une façon galante, enjouée, et qui ne sentait point le chagrin et la contention de l'école. Il entendait la belle raillerie, et tournait agréablement en jeu les entretiens les plus sérieux. Cette merveilleuse adresse d'esprit l'a fait bien accueillir des premiers seigneurs de la cour et des princes mêmes.

On constate que l'éloge de l'écrivain se fonde sur le souvenir de sa conversation, qui est conservée et prolongée grâce aux lettres ; cet enjouement, qui est goûté par les plus grands, par le monde de la cour, définit véritablement un « gai savoir » qui s'échange dans la sociabilité lettrée. Même si le sérieux de l'intention est requis, il ne doit jamais altérer la forme et l'expression, dont le sourire et l'élégance font ce qu'on appelle alors le « galant homme ». L'approbation qu'il a reçue de la part des femmes, notamment de Mme de Rambouillet ou de sa fille Julie d'Angennes, est la véritable pierre de touche de sa réussite ; car les femmes, mieux que tout autre, incarnent le goût mondain :

> Il a très bien pratiqué cet oracle d'un ancien, que c'est bien souvent un tour d'adresse que d'éviter de plaire aux docteurs : aussi voulait-il plaire à d'autres, je veux dire la cour, dont les dames sont la plus belle partie.

Pinchesne poursuit son éloge en insistant sur la variété du style des *Lettres*, sur sa facilité et sa netteté qui leur donnent « un air et un agrément tout particulier ». La lettre a aussi pour mérite de savoir conserver une juste familiarité, même à l'égard des grands. Cette notion est centrale, dans la mesure où elle distingue nettement la lettre mondaine de la lettre

« éloquente » — comme certaines lettres officielles de Malherbe ou de Balzac — ou de la lettre critique et polémique — comme la lettre de Chapelain à Godeau « sur les vingt-quatre heures ». La lettre familière suppose à la fois un arrière-plan humain fait de confiance et de complicité, et la liberté totale du sujet : on y parle de choses et d'autres à bâtons rompus, ce n'est pas une dissertation méthodique. A cela s'ajoute un sous-entendu stylistique, qui est celui de la négligence : ce terme définit un style sans cérémonie, comme lorsqu'on parle de « négligé » dans la toilette. L'absence d'apprêt révèle le moi de l'écrivain tel qu'il apparaît en privé. On entretient des rapports simples avec les amis, on se dévoile soi-même sans arrière-pensées. Cela ne signifie pas qu'il faille bannir tout travail du style : ce travail subsiste, mais il doit passer inaperçu, de même que dans la conversation l'enjouement évite la « contention » d'esprit des pédants et de l'école, sans négliger pour autant les sujets sérieux. L'essentiel, dans la lettre familière, est de montrer le plaisir d'écrire pour écrire, pour continuer le dialogue ou garder le contact avec un ami. Nous sommes à l'opposé de la lettre utile, qui demande, recommande ou informe ; ici, le contenu demeure secondaire.

De fait, les *Lettres* de Voiture semblent n'avoir pour sujet que le plaisir d'écrire des lettres. Son activité culmine dans les années 1630 : « Ame du rond », c'est-à-dire du salon de l'hôtel de Rambouillet, Voiture est au centre de tous les débats littéraires du temps. On y débat de vocabulaire, de phonétique, des bons et des mauvais usages (ce dont Vaugelas se fera l'écho) : c'est dans ce contexte que Voiture écrit une lettre qui défend la conjonction « car » (1636). La séparation due au voyage forcé (p. 269) donne aussi une fonction importante à ses lettres : il y trouve une compensation à la dureté d'un exil qu'il n'a pas voulu, puisque entraîné par la disgrâce de son maître. Il en profite aussi pour rendre compte de ses impressions d'Espagne à sa correspondante parisienne Angélique Paulet, et joue ainsi sur la mémoire et les goûts littéraires de ses amis, à une époque où l'Espagne est à la mode, dans les nouvelles, le roman ou le théâtre. Le sérieux de la situation politique ne lui échappe pas pour autant (la guerre avec l'Espagne éclatera deux ans plus tard, en 1635). Ailleurs, il retrouve le pittoresque des relations de voyage, mais en conservant toujours le souci d'ancrer les constats de réalité dans l'imaginaire littéraire qu'il partage avec son correspondant, pour s'en démarquer avec ironie ou y adhérer pleinement :

Il y a trois jours que je vis dans la Sierra Morena le lieu où Cardenio et Don Quichotte se rencontrèrent, et le même jour je soupai dans la *venta* [= auberge] où s'achevèrent les aventures de Dorothée. Ce matin, j'ai vu l'Alhambra, la place de Vivarambla et le Zacatin, et la rue où je suis se nomme *la cale de Abenamar* :

Abenamar, Abenamar,
Moro de la Moreria.

J'ai beaucoup de plaisir à voir les choses que j'avais autrefois imaginées. Mais j'en ai bien davantage à imaginer celles que j'ai autrefois vues. (A Mlle Paulet, juillet 1633)

Les allusions au *Don Quichotte* de Cervantes, très apprécié en France depuis sa parution (1605-1615), la citation (non traduite, par respect pour le lecteur) de deux vers d'un célèbre « romance » espagnol de Perez de Hita sont les marques de ce plaisir lettré pour lequel on louait Voiture. Il sait pourtant se faire plus érudit avec d'autres correspondants, notamment avec son ami Pierre Costar (1603-1660), qui défendra plus tard les ouvrages de l'écrivain contre ses détracteurs (1653). Costar sera de ceux qui déposséderont Balzac de son prestige de grand épistolier, au profit de Voiture. Il éditera leur correspondance en 1654, sous le titre d'*Entretiens de M. de Voiture et de M. Costar,* où l'on demeure frappé par le contraste entre la longueur et la lourdeur pédante de l'érudit face à l'ingéniosité souple et rapide du mondain. Voiture ne craint pas d'inventer des citations latines, il mime avec désinvolture, mais en toute connaissance de cause, la parole érudite :

Monsieur, j'aurai pour ce coup cette *imperatoriam brevitatem* dont vous me parlez : car il faut que je parte présentement pour aller à Saint-Germain, et cela sera cause que je ne vous dirai qu'un mot. Je ne serai pas pour cela αφρονοσ, selon votre Théophraste. Dans les festins que nous faisons ensemble, ou plutôt que vous me faites, je ne dois parler que pour dire grâces :

Tantum laudare paratus.

De vous dire au vrai quels peuples ont introduit la polygamie, je vous jure, ma foi, que je n'en sais rien, et je ne m'en mets pas en peine :

Tros, Rutulusve fiat, nullo discrimine habebo.

En tout cas, je vous croirai bien plutôt qu'Hérodote, qui dit qu' « aux Indes il y a des fourmis moindres certes que des chiens, mais plus grandes que des renards » car voilà le texte, au moins du mien. Mais je ne sais si l'Hérodote que j'ai est semblable au vôtre.

Tous les registres sont donc utilisés par Voiture, mais toujours avec ce sourire particulier ; lorsqu'il loue Condé pour le victorieux passage du Rhin (novembre 1643), c'est sous la forme d'une lettre de la carpe au brochet. Il imagine le prince en plat cuisiné, ce qui relève nettement du registre burlesque :

... Il faut avouer que la sauce d'Allemagne vous donne un grand goût et que les lauriers qui y entrent vous relèvent merveilleusement...

Le récit historique n'est pas non plus absent des lettres, lorsqu'il évoque, par exemple, la prise de Corbie, et passe insensiblement à l'éloge de Richelieu (novembre 1636). Il n'est pas jusqu'à sa propre personne qu'il ne sache mettre en scène avec esprit, comme dans la fameuse « berne de Voiture » (1630).

Le naturel, la plaisanterie, l'air galant de la prose de Voiture feront école dans les décennies suivantes. La publication de ses *Œuvres* élargira son audience, à l'origine limitée aux proches de l'Hôtel de Rambouillet et aux lettrés informés. On le lira à la cour et à la ville. Il est donc presque légitime que sa tradition ait été brillamment reprise et illustrée par une femme, puisque c'est à ce public qu'il avait voulu plaire avant tout. La marquise de Sévigné (1626-1696), née Marie de Rabutin-Chantal (mariée en 1644 à Henri de Sévigné), a une place à part dans la littérature du temps. Sa ferme culture, acquise grâce aux conseils de Chapelain et de Ménage, lui a tôt donné le goût de la lecture ; elle connaît l'espagnol et l'italien. Son passage dans les milieux mondains à Paris, où elle brilla et prit sans doute du goût pour l'écriture épistolaire, a pour témoignage les premières lettres échangées avec son cousin Roger de Rabutin, comte de Bussy (1618-1693). Mais cet aspect ne dure qu'un temps : l'originalité de sa correspondance est de n'avoir plus pour seul objectif le milieu mondain, qui a goûté Balzac, puis Voiture. C'est la rudesse d'une séparation, lorsque sa fille Mme de Grignan part rejoindre son mari en Provence en 1671, qui est à l'origine de cet acte d'écrire ininterrompu jusqu'à sa mort, au rythme presque constant de trois lettres par semaine. L'autre trait original est que cette « œuvre » n'a pas été diffusée ni connue au

XVIIe siècle ; Mme de Sévigné, même si elle adorait écrire, n'a pas eu la visée sciemment « littéraire » d'un Balzac ou d'un Voiture. Ses proches connaissaient ses lettres et les goûtaient à leur juste valeur ; une partie sera publiée en 1697, dans l'édition des *Lettres* de Bussy, qui intègre les divers volets conservés de sa correspondance. Bussy lui-même avait contribué à faire connaître le talent de sa cousine en adressant au roi un manuscrit de leurs lettres :

> Celui donc que je lui vais envoyer à ce jour de l'an prochain, est depuis 1673 jusqu'à la fin de 1675 qui sont les trois ans de votre vie où vous m'avez le plus et le mieux écrit. Comme il a bien de l'esprit il sera charmé de vos lettres.

Mais si l'échange avec Bussy pouvait encore trouver légitimement un écho mondain aux yeux de l'épistolière, qui estimait le goût de Bussy et celui du roi, jamais elle n'aurait envisagé, ni même permis, la divulgation des lettres écrites à sa fille. Pourtant, rarement la lettre ne fut plus proche de l'idéal de naturel et de conversation dont avaient rêvé les critiques des générations précédentes que dans cette correspondance réelle et vécue passionnément.

La marquise elle-même a caractérisé son style en ces termes : « Mon style est si négligé qu'il faut avoir un esprit naturel et du monde pour s'en pouvoir accommoder. » Et elle sait mettre en scène ce naturel, mêlant familièrement les tons, comme lorsqu'elle décrit à sa fille une conversation à bâtons rompus avec son ami d'Hacqueville :

> Si vous nous aviez défendu de parler de vous ensemble, et que cela vous fût fort désagréable, nous serions extrêmement embarrassés, car c'est une conversation qui nous est si naturelle que nous y tombons insensiblement :
>
> *C'est un penchant si doux qu'on y tombe sans peine.*
>
> Et quand, par hasard, après en avoir bien parlé, nous nous détournons un moment, je reprends la parole d'un bon ton, et je lui dis : « Mais disons donc un pauvre mot de ma fille ! Quoi ! nous ne dirons pas une unique parole de cette pauvre femme ? Vraiment, nous sommes bien ingrats. » Et là-dessus, nous recommençons sur nouveaux frais. (Lettre du 17 avril 1671)

Elle tresse ainsi tout son propos autour du sentiment presque élégiaque de l'absence, conviant sa fille lointaine au plaisir de la conversation vive et immédiate, cultivée selon le goût mondain et galant (qui s'autorise des citations, comme ici celle d'*Héraclius*, car c'est Corneille qu'elle préfère, p. 123) ; mais l'enjouement chasse aussitôt toute la tristesse de l'élégie. Dans cette même lettre, la marquise se moque des nouvelles sans intérêt que d'Hacqueville lui transmet, et qu'elle appelle des *lanternes*. Ce terme lui sert à mettre à distance sa propre écriture épistolaire : elle sait ce qu'est « écrire sur la pointe d'une aiguille », c'est-à-dire écrire pour écrire, sans transmettre de réelle information, ni attendre de réponse particulière. L'échange est cultivé pour lui-même.

Le mélange des tons est de rigueur : outre le goût pour l'allusion et la citation, Mme de Sévigné cultive aussi celui du proverbe, qui ajoute à la spontanéité et au naturel. Cette version populaire et joviale de la « sentence », qui est souvent proche du bon mot, permet de ne pas forcer la note, évitant à la fois la tension extrême de la pointe et la facilité comique du jeu de mots. On retrouve ici l'idéal d'une raillerie de bon ton, ce « badinage galant » dont Voiture passait pour le parfait représentant. La citation même devient proverbiale sous sa plume, notamment lorsqu'elle fait allusion aux bons mots d'un ami, comme La Rochefoucauld, ou d'un auteur à la mode, comme Molière :

> Ils étaient d'accord en bien des choses. Il y en avait de dures, sur quoi ils mâchonnaient. M. de La Rochefoucauld appelle cela *manger des pois chauds* ; ils en mangèrent donc, car dans cette forêt on conclut juste. (25 octobre 1679)
>
> ... c'est un jésuite bridé entre les menaces de la Société et l'inclination naturelle qui lui fait admirer la mémoire de son oncle, de sorte que ce pauvre père *mange toujours des pois chauds* ; il n'oserait prononcer une parole distincte. (14 août 1680)
>
> ... Quoiqu'il m'explique fort nettement la relation qu'il y a de l'une à l'autre, j'ai été tentée, au bout de son raisonnement, de dire comme à la farce de Molière, après un discours à peu près de la même force : *Et c'est cela qui fait que votre fille est muette.* (13 septembre 1671)

Parler de soi exige toutes ces précautions du langage indirect et de l'enjouement, de peur de trop peser au destinataire, constamment présent et évoqué dans la lettre elle-même. L'introspection est légèrement esquissée, mais toujours en rapport avec le sentiment suscité par l'échange épistolaire :

Hélas ! comme je suis pour vous, et la plaisante chose que d'observer les mouvements naturels d'une tendresse naturelle, et fortifiée par ce que l'inclination sait faire ! (17 avril 1671)

Percevoir comme une « plaisante chose » la mise en scène de ses sentiments met clairement l'accent sur ce que l'épistolière trouve elle-même dans ses lettres, avec l'espoir que le destinataire le trouvera aussi : le plaisir, qui est autant celui du sentiment éprouvé que celui de sa transcription littéraire. Chez Mme de Sévigné, le bonheur d'expression semble être la meilleure forme du bonheur.

Les réflexions sur le style qui abondent dans les lettres prouvent la conscience aiguë de l'écrivain, qu'elle juge son propre travail ou qu'elle admire les lettres d'autrui :

Voilà une infinité de lettres que je vous conjure de distribuer. Je souhaite que les deux qui sont ouvertes vous plaisent. Elles sont écrites d'un trait ; vous savez que je ne reprends guère que pour faire plus mal. Si nous étions plus près, je pourrais les raccommoder à votre fantaisie, dont je fais grand cas, mais de si loin, que faire ? (3 avril 1671)

Je commence à recevoir vos lettres le dimanche ; c'est signe que le temps est beau. Mon Dieu, ma bonne, que vos lettres sont aimables ! Il y a des endroits dignes de l'impression ; un de ces jours vous trouverez qu'un de vos amis vous aura trahie. (8 avril 1671)

Je suis ravie que vous ayez approuvé mes lettres. Vos approbations et vos louanges sincères me font un plaisir qui surpasse tout ce qui me vient d'ailleurs ; et pourquoi les filles comme vous n'oseraient-elles louer une mère comme moi ? Quelle sorte de respect ! Vous savez si j'estime votre goût. (22 avril 1671)

Le plaisir de la lecture, le goût des louanges, l'éventualité même d'une « impression », tout cela dénote l'intime conviction d'une réelle dignité littéraire de la lettre. Mme de Sévigné prend plaisir à faire lire les lettres de sa fille et elle écrit elle-même pour un cercle d'amis qu'elle vise, au-delà du destinataire reconnu. Elle sait qu'une lettre privée, si elle est bien écrite, a une dignité reconnue dans la république des lettres et qu'elle a sa juste place dans le loisir lettré.

Un autre aspect de cette correspondance qu'il serait injuste de négliger est celui de l'information qu'elle apporte. Un des plaisirs de la marquise est de faire la chronique mondaine de son cercle, ou de la cour, lorsqu'elle est à Paris, d'autant plus que sa fille est avide de nouvelles. Aux impressions se mêlent alors une foule d'anecdotes, les traits familiers d'une vie au jour le jour, mêlés aux échos que peuvent rencontrer des événements historiques (la mort de Turenne en juillet-août 1675 ; les campagnes de Condé, sa mort et les oraisons funèbres qui ont suivi, en 1686). On voit aussi une marquise soucieuse de ses biens et de l'intendance de sa maison, faisant ses comptes avec rigueur, demandant des nouvelles d'une ferme ou d'un bail. L'évocation de grandes cérémonies donne lieu à d'amples et chatoyantes descriptions, lorsqu'elle fait, par exemple, le récit de la pompe funèbre du chancelier Séguier, en 1672 :

> C'était la plus belle décoration qu'on puisse imaginer ; Le Brun avait fait le dessin. Le mausolée touchait à la voûte, orné de mille lumières et de plusieurs figures convenables à celui qu'on voulait louer. Quatre squelettes en bas étaient chargés des marques de sa dignité, comme lui ayant ôté les honneurs avec la vie. L'un portait son mortier, l'autre sa couronne de duc, l'autre son ordre, l'autre les masses de chancelier. Les quatre Arts étaient éplorés et désolés d'avoir perdu leur protecteur : la Peinture, la Musique, l'Eloquence et la Sculpture. Quatre Vertus soutenaient la première représentation : la Force, la Justice, la Tempérance et la Religion. Quatre anges ou quatre génies recevaient au-dessus cette belle âme. Le mausolée était encore orné de plusieurs anges qui soutenaient une chapelle ardente, qui tenait à la voûte. Jamais il ne s'est rien vu de si magnifique, ni de si bien imaginé ; c'est le chef-d'œuvre de Le Brun. (6 mai 1672)

Cette diversité des sujets et des tons offre pourtant un sentiment d'unité, qui est celle de la passion profonde de l'épistolière pour sa fille ; peu d'écrivains ont su, avant elle, mettre si bien en avant leurs sensations et les états physiologiques qu'elles provoquent. Les rhumatismes dont elle souffre constamment peuvent faire l'objet de paragraphes entiers : c'est l'être entier qui se donne à voir dans ses lettres, pour attirer sympathie et compassion, pour séduire même. La lettre devient parfois un besoin physique, et elle écrit « de provision », pour meubler sa solitude et son ennui, pour saisir une impression ou fixer un souvenir, dans l'attente d'une lettre à venir :

> Je suis aujourd'hui toute seule dans ma chambre, par l'excès de ma mauvaise humeur. Je suis lasse de tout ; je me suis fait un plaisir de dîner ici, et je m'en fais un de vous écrire hors de propos. (4 mars 1672)

Les écrivains de notre « modernité » qui ont vu dans l' « écriture » une véritable expérience existentielle trouvent là un de leurs plus légitimes ancêtres — et Proust s'en souviendra, qui accorde une place si importante à Mme de Sévigné dans son œuvre.

L'art de plaire cher aux classiques n'aura pas eu de plus farouche défenseur que la marquise de Sévigné, et peu d'écrivains auront su maîtriser si bien la parole privée au point de la faire passer presque insensiblement au rang d'œuvre littéraire. Elle incarne parfaitement cette écriture d' « humeur » que La Bruyère défendra dans ses *Caractères,* et qui est la juste et talentueuse expression d'un « tempérament » (d'un *ingenium,* aurait dit Erasme). A ce titre, elle représente l'aboutissement d'une longue réflexion sur la lettre, qui a été centrale dans l'invention d'une prose moderne ; le genre épistolaire, lieu légitime de la prise de parole pour le moi de l'écrivain, a conquis avec elle les lettres de noblesse qui lui permettent d'être un genre mondain à part entière, débarrassé de tout ce qui sent l'école et la pédanterie ; sa force est de n'avoir pas pour autant perdu la mémoire de ce qui fait la plus haute culture, en montrant au contraire que le bon usage des Belles-Lettres était sans doute le plus sûr et le plus beau moyen de dire « je ».

Au « carrefour des genres en prose » : les mémoires

Le « je » a connu d'autres canaux pour s'exprimer à l'époque classique. Le plus remarquable d'entre eux est sans aucun doute le genre des mémoires, dont le statut plus délicat parmi les divers genres en prose a souvent été le gage d'une plus grande variété.

Le mot mémoire désigne à l'origine un document brut, un ensemble de notes prises pour garder la mémoire d'un fait ou pour préparer la rédaction d'un ouvrage historique ; Louis XIV préparait ainsi ses *Mémoires* qu'il destinait à ses historiographes (Pellisson, puis Racine et Boileau). Ce sont les pièces d'un dossier que l'Histoire se chargera de juger plus tard. Certains aristocrates se préoccupent d'ailleurs eux-mêmes de préparer ce dossier pour la postérité, en faisant l'apologie de leur conduite : c'est le cas des *Mémoires* de La Rochefoucauld, déjà évoqués ici, mais on pourrait ajouter Bassompierre ou Bussy-Rabutin. Les premiers ont été connus comme mémorialistes dès le XVIIe siècle, La Rochefoucauld malgré lui, et Bassompierre à l'étranger (Cologne, 1665) ; mais il faut le plus souvent attendre pour que ces œuvres voient le jour : trois ans après sa mort pour Bussy (1696), presque quarante ans plus tard pour Retz (1717, alors qu'il meurt en 1679). Nombre de mémoires du XVIIe siècle ne seront publiés qu'au XIXe siècle, comme ceux de Nicolas Goulas (1603-1683), gentilhomme ordinaire de Gaston d'Orléans, en 1879, ou (en 1833) les *Historiettes* de Tallemant des Réaux.

La principale difficulté que présente le genre, du point de vue de la littérature, est sa proximité avec d'autres genres majeurs : le roman, l'histoire et l'autobiographie. De surcroît, il pose le problème de l'apologie de soi, car on écrit pour se défendre (ou pour défendre le souvenir qu'on laissera) ; la question du destinataire se pose aussi, et a des conséquences sur le ton qu'il convient d'adopter, celui de la confidence, de la complicité et de l'allusion. L'écrivain, dans un tel cadre, doit se montrer soucieux de plaire et de ne pas ennuyer (ce qui suppose un art de conter vif et naturel). Faut-il enfin parler de « point de vue » ? En effet l'écrivain de mémoires n'est pas tenu de se faire l'historien complet de ce qu'il raconte, il puise dans ses propres archives et il est bon qu'il s'en tienne là. Le style lui-même devra demeurer familier et simple, contrairement à ce que l'écriture démonstrative de la grande Histoire pratique d'ordinaire : les mémoires sont censés se situer en deçà des genres oratoires et de la mise en forme rhétorique. De plus, l'exigence stylistique propre à l'homme d'action est plus volontiers du côté de la rudesse et de la nature : dans la tradition aristocratique, il ne sied pas de vouloir faire l'écrivain.

Si le genre rejoint les préoccupations de la lettre privée, il est aussi contaminé par la proximité du romanesque ; récrire les épisodes d'une vie peut entraîner l'auteur à les romancer. Dans la recherche esthétique d'un grand genre en prose, le souvenir de l'épopée, convertie un temps en roman héroïque, s'était peu à peu atténué en quittant le vraisemblable épique pour rechercher un effet de vrai « historique » (p. 184). Les mémoires semblent répondre alors à cette recherche d'une vérité « particulière », qui conduisait le roman à refuser la « fable » et l'invraisemblance ; si dans sa quête d'authenticité, le roman a sans doute été influencé par l'écriture des *Mémoires* (comme lorsque Mme de Villedieu écrit les *Mémoires de la vie de Henriette-Sylvie de Molière,* 1671-1674), on peut croire qu'à l'inverse l'idéal romanesque nouveau a pu jouer un rôle dans l'élaboration des mémoires.

L'autobiographie enfin pose le problème de la sincérité. Bussy-Rabutin définit ainsi son entreprise :

> Une histoire de moi si véritable et si particularisée que je la pourrais appeler confession générale.

Le mot est important ; depuis 1650, date à laquelle est parue la traduction des *Confessions* de saint Augustin, par Arnauld d'Andilly, on se pose la question de la légitimité d'exposer l'histoire de son moi privé. L'itinéraire spirituel doit-il correspondre à l'histoire du moi « social » ? Une juste mesure est à tenir pour ne pas être soupçonné de trop se livrer à l'amour-propre. Paradoxale situation qui fait du maître spirituel des jansénistes l'initiateur du récit à la première personne !

C'est à ce faisceau de problèmes que se trouve confronté le cardinal de Retz (1613-1679) lorsqu'il entreprend d'écrire ses *Mémoires,* à la fin de sa vie (vers 1675). L'homme s'était trouvé au cœur des intrigues politiques du milieu du siècle ; la Fronde, comme la Ligue à la fin du siècle précédent, avait favorisé les destinées hors du commun. Le parallèle sera conscient et constant tout au long du texte, d'autant plus que les mémoires et écrits concernant la Ligue étaient fort à la mode dans les années 1660-1670. Jean-François-Paul de Gondi, coadjuteur de son oncle l'archevêque de Paris en 1643, avait la tête politique : la traduction, dès 1631, d'un texte italien de Mascardi, *La Conjuration du comte de Fiesque,* révèle à la fois son goût pour l'écriture historique et pour les intrigues qui font l'histoire. Loin de vouloir demeurer un témoin, il veut en être un grand acteur. Ce désir aurait pu être réalisé lors de la Fronde (1648-1652), car le pouvoir qu'il a alors sur les esprits (et sur les paroisses de Paris) lui donne un poids réel sur les événements. Son rêve politique d'un équilibre des pouvoirs, face à la montée en puissance de l'absolutisme, ne verra pas le jour. Le triomphe de Mazarin signifie sa défaite, définitive et sans appel. Nommé cardinal le 19 février 1652, il sera arrêté le 19 décembre ; il s'évade de prison en août 1654, et mène une vie errante à travers l'Europe jusqu'en décembre 1661, où il se soumet au pouvoir royal ; retiré à Commercy, il interviendra encore dans les affaires de l'Eglise (notamment pour soutenir les jansénistes), avant de se consacrer à la rédaction de ses *Mémoires* (1675-1677) à l'instigation de ses amis, particulièrement Mme de Sévigné, qui est sans doute (mais le point est discuté) la destinataire de l'ouvrage.

La mise en avant de son moi est placée sous le signe de l'apologie et de la sincérité, et Retz présente d'emblée son projet comme la réponse à une demande instante de son amie :

> MADAME, quelque répugnance que je puisse avoir à vous donner l'histoire de ma vie, qui a été agitée de tant d'aventures différentes, néanmoins, comme vous me l'avez commandé, je vous obéis, même aux dépens de ma réputation. Le caprice de la fortune m'a fait honneur de beaucoup de fautes ; et je doute qu'il soit judicieux de lever le voile qui en cache une partie. Je vas cependant vous instruire nuement et sans détour des plus petites particularités, depuis le moment que j'ai commencé à connaître mon état ; et je ne vous cèlerai aucunes des démarches que j'ai faites en tous les temps de ma vie.
>
> Je vous supplie très humblement de ne pas être surprise de trouver si peu d'art et au contraire tant de désordre en toute ma narration, et de considérer que [...] je ne vous dirai rien qu'avec toute la sincérité que demande l'estime que je sens pour vous. Je mets mon nom à la tête de cet ouvrage, pour m'obliger davantage moi-même à ne diminuer et à ne grossir en rien la vérité.

Tout en voulant éviter les deux écueils que sont la « fausse gloire » et la « fausse modestie », Retz se place sous le patronage éminent du président de Thou (1553-1617), acteur important des guerres de religion et auteur d'une autobiographie *(de Vita sua)*, et de Jules César, dont la *Guerre des Gaules* et la *Guerre civile* sont des journaux et des mémoires de son action militaire et politique. Pourtant c'est bien du seul point de vue de son histoire « particulière » qu'il prétend écrire, malgré certaines incursions vers la réflexion historique plus générale, comme lorsqu'il réfléchit sur les lois fondamentales du royaume, ce qui le fait remonter jusqu'aux mérovingiens. L'autre tentation à laquelle il succombera parfois sera celle du moraliste : la présence même de genres à vocation moralistique, comme les maximes ou les portraits, en est la marque la plus évidente. Il est sensible que Retz a voulu illustrer une réflexion très proche de celle des plus exigeants moralistes. Non seulement il parvient à greffer de nombreuses « maximes » au sein de son texte, mais il réussit, en outre, à insérer l'histoire d'un *je* (dont les moralistes classiques disent volontiers qu'il est haïssable) dans une thématique profondément imprégnée de thèmes moraux.

Si l'on considère par exemple l'évocation de Richelieu, ou de Mazarin, on constate que leurs portraits, qui demeurent à juste titre célèbres, sont de véritables « caractères ». Le portrait même de la reine Anne offre une remarquable analyse de tempérament ; Retz y joue habilement sur la gradation des qualités :

> Elle avait plus d'aigreur que de hauteur, plus de hauteur que de grandeur, plus de manières que de fond, plus d'inapplication à l'argent que de libéralité, plus de libéralité que d'intérêt, plus d'intérêt que de désintéressement, plus d'attachement que de passion, plus de dureté que de fierté, plus de mémoire des injures que des bienfaits, plus d'intention de piété que de piété, plus d'opiniâtreté que de fermeté, et plus d'incapacité que de tout ce que dessus.

Quitte à risquer l'anachronisme, on comparerait volontiers ce style à celui d'un La Bruyère : l'enchaînement presque mécanique du langage, qui trahit pourtant une réalité et crée un effet de réel, rejoint la technique du grand portraitiste. La logique du langage parvient à formuler l'équation fragile et temporaire d'une attitude.

D'une façon identique, le réel est constamment présenté comme la pierre de touche des vérités dont les maximes offrent l'expression générale. Le fragment sentencieux est mis à l'épreuve au sein de la narration continue, de même que la vérité est « éprouvée » au sein d'une expérience singulière :

> Je remarquai dans un même instant, et par la disposition de la Reine, qui était la personne du monde la plus hardie, et par celle de La Rivière, qui était le poltron le plus signalé de son siècle, que l'aveugle témérité et la peur outrée produisent les mêmes effets lorsque le péril n'est pas connu.

La Rochefoucauld vient irrésistiblement à l'esprit lorsqu'on lit ce constat :

> J'éprouvai, en cette occasion, que l'une des plus grandes incommodités des guerres civiles est qu'il faut encore plus d'application à ce que l'on ne doit pas dire à ses amis qu'à ce que l'on doit faire contre ses ennemis.

On voit, dans ces deux passages, le « je », qui, mis au contact d'une « occasion » ou rendu brutalement conscient par un « instant » privilégié, formule, sur le ton de l'évidence propre à toute maxime, une vérité brutalement perçue par le biais d'un événement singulier. C'est l'émergence même de la parole morale qui nous est alors donnée à voir et à saisir.

Mais le *je* peut se présenter sous une forme moins impersonnelle ; l'autobiographie se rapproche parfois du ton de la confession, surtout lorsque Retz témoigne de la claire conscience qu'il a de ses fautes, et du plaisir qu'il a à les avouer :

> Je ne pourrais pas vous dire encore, à l'heure qu'il est, les raisons, ou plutôt les déraisons, qui me purent obliger à une aussi méchante conduite. Je cherche dans les replis de mon cœur le principe qui fait que je trouve une satisfaction plus sensible à vous faire une confession de mes fautes, que je n'en trouverais assurément dans le plus juste panégyrique.

Car, puisqu'il s'agit bien de l' « histoire d'une vie », les *Mémoires* placent le destin de leur auteur sous la lumière de l'expérience. A ce titre, ils constituent véritablement un traité de morale pratique, où la prudence règne en maître, et où domine l'idée d'un théâtre où chacun a son rôle à jouer :

> Il me semble que je n'ai été jusques ici que dans le parterre, ou tout au plus dans l'orchestre, à jouer et à badiner avec les violons ; je vas monter sur le théâtre, où vous verrez des scènes, non pas dignes de vous, mais un peu moins indignes de votre attention.

Dans le même registre, Retz décrira les intrigues du Palais comme une « comédie », allant jusqu'à parler de comédie jouée par certains personnages : M. d'Elbeuf est, par exemple, comparé à un « grand saltimbanque », et Retz lui reproche ses « pantalonnades » (février 1649). On retrouve le thème du *theatrum mundi* cher aux moralistes, mais, une nouvelle fois, il gagne en profondeur grâce à cet ancrage dans une narration qui renvoie à des faits réels, et non plus à la généralité d'une maxime ou d'une opinion. Il faut aussi retenir de ce « traité de morale » en action l'insistance constante du mémorialiste sur une vertu majeure de tout bon politique : la prudence. Tout le monde craint d'être dupe, et tente de duper autrui ; on se livre alors une véritable guerre des apparences ; mais la nécessité s'impose parfois de savoir décider au bon moment, de saisir l'occasion :

> Il n'y a rien dans le monde qui n'ait son moment décisif, et le chef-d'œuvre de la bonne conduite est de connaître et de prendre ce moment. Si l'on le manque dans la révolution des Etats, l'on court fortune ou de ne le pas retrouver, ou de ne le pas apercevoir.

Il va de soi que toutes ces lois visent moins la généralité chère au moraliste que l'apologie propre au conspirateur qui a échoué : il cherche à déterminer, après coup, les principales raisons de son échec, mais tout en bâtissant pour son ou ses lecteurs la « vie d'un homme illustre ». Son échec dans le réel le conduit à forger une réussite au moyen de la plume : la lucidité ne saurait, ainsi, lui être ôtée, même si elle ne semble lui être venue qu'après coup.

Le charme des *Mémoires* repose d'ailleurs en grande partie sur la maîtrise littéraire de l'auteur ; outre le ton épistolaire de la confidence, qui, après avoir peut-être visé une destinataire réelle, entraîne aisément tout lecteur, Retz offre d'autres agréments propres à la littérature mondaine. Les portraits notamment, qui donnent lieu à une véritable « galerie », sont sciemment présentés dans la perspective d'un plaisir esthétique :

> Je sais que vous aimez les portraits, et j'ai été fâché, par cette raison, de n'avoir pu vous en faire voir jusques ici presque aucun qui n'ait été de profil et qui n'ait été par conséquent fort imparfait. [...] Voici la galerie où les figures vous paraîtront dans leur étendue, et où je vous présenterai les tableaux des personnages que vous verrez plus avant dans l'action. Vous jugerez, par les traits particuliers que vous pourrez remarquer dans la suite, si j'en ai bien pris l'idée.

On constate, avec la dernière phrase, que, si ces portraits marquent une pause et, pour ainsi dire, une « récréation » dans le récit, ils ne sont pas une digression gratuite : tout y est conçu pour annoncer ou confirmer ce que présente la narration : les personnages du drame sont campés une fois pour toutes, mais dans le but de s'animer dans les pages qui suivent.

Autobiographie qui regarde vers la grande histoire, celle d'un César ou d'un de Thou, sans jamais perdre de vue une certaine tentation romanesque et héroïque, les *Mémoires* de Retz ont le mérite de trouver leur inspiration dans un épisode de l'histoire qui a été traversé par ces idéaux issus de la littérature :

une Mme de Longueville, un Condé ont été inspirés par le rêve héroïque, et ils ont, en retour, inspiré quelques images héroïques dans la fiction. L'exaltation d'un temps où les rêves d'action semblaient devoir se réaliser traverse l'écriture des *Mémoires*, qui est constamment tendue entre le pragmatisme politique à la Tacite ou à la Machiavel et l'exemplarité d'un Plutarque ou d'un Corneille. Loin du pessimisme de La Rochefoucauld, Retz offre à son lecteur l'énergie et le dynamisme d'une vie bigarrée et aventureuse : si les historiens ont pu souvent le prendre en défaut du point de vue de la stricte vérité, le lecteur « honnête homme » y trouve avant tout l'authenticité d'un tempérament et le ton inimitable d'une voix.

20. Polyphonie de la prose

Traducteurs, orateurs, moralistes ou prédicateurs, les utilisateurs de cette prose française désormais parvenue à maturité avaient encore de vastes champs à parcourir pour illustrer leur art. De surcroît, il ne faut jamais perdre de vue que cet instrument, depuis Guez de Balzac au moins (et il faudrait garder à l'esprit les leçons de Montaigne), n'est pas envisagé sous le seul angle du plaisir littéraire. Certes, on a vu que les prestiges de l'épopée ou de l'histoire avaient été conviés par les écrivains dans le genre romanesque ; mais la divulgation des savoirs en langue française, entreprise par les premières générations du siècle, étendue à la philosophie par Descartes et à la théologie par Pascal, enrichie des « Belles-Lettres » du passé grâce aux traducteurs, n'avait pas perdu ses adeptes dans cette génération communément appelée « classique », et elle se poursuit brillamment dans les dernières années du siècle. Port-Royal, lieu d'une double école littéraire et théologique, l'Oratoire, où l'on invente une pédagogie moderne et où la réflexion s'enrichit de plus spéculations métaphysiques et scientifiques, ont été très tôt les pôles d'une intense activité intellectuelle qui a besoin de la prose française pour se diffuser et s'épanouir. L'entreprise même de la formation du prince, au sommet de l'édifice social et politique, donne lieu à l'œuvre commune d'un Bossuet, d'un La Fontaine et d'un Fénelon. Tous nos grands auteurs « classiques » ont été, de près ou de loin, des pédagogues, quand ils n'ont pas eu une fonction précise de précepteur. La prétention qu'aura le philosophe des Lumières à être l'instituteur du genre humain prend racine dans cet édifice hautement réservé d'une pédagogie princière, peu à peu diffusée, grâce au miroir de la cour, dans les avatars d'une pédagogie mondaine ; cette audience s'élargira au point d'atteindre un statut quasiment universel pour certaines des œuvres qui en sont issues (que l'on songe aux *Contes* de Perrault ou aux *Fables* de La Fontaine).

D'autre part, la réussite formelle n'est pas à exclure de cet épanouissement général : des genres nombreux sont cultivés avec bonheur. L'entretien, la dissertation, le dialogue, la lettre sont autant de lieux qui permettent d'exposer avec vigueur et souplesse les débats d'idées, les nouveautés intellectuelles ou les controverses philosophiques et esthétiques. La querelle des Anciens et des Modernes, qui marque le tournant du siècle, est, autant que l'avait été la querelle des « premières lettres » de Balzac, un laboratoire extraordinairement riche pour cette prose française dont on ajuste une dernière fois la précision et les traits avant de la « léguer » à ses brillants utilisateurs du siècle suivant, Montesquieu, Voltaire ou Diderot. Rompu à tous les usages, cet instrument polyphonique est désormais parvenu à cette maturité dont rêvaient les premiers théoriciens du siècle.

La prose comme instrument pédagogique

Il est évident que le milieu qui sut le premier mettre à profit la langue française pour former les esprits est à rechercher du côté de la pédagogie moderne. Il faut concentrer l'attention sur l'un des premiers lieux où la langue française fut mise systématiquement à contribution dans l'enseignement : Port-Royal-des-Champs, dont les « Petites Ecoles » ont inauguré l'enseignement du français pour lui-même. C'est dans un mouvement parallèle qu'il faut situer l'entreprise scolaire de l'Oratoire qui, après avoir été fondé par Bérulle en 1611 dans un souci de réformer l'état et la formation des prêtres, étendit peu à peu ses compétences dans le domaine de l'éducation par le biais des collèges où, sur le modèle des jésuites, se forment les laïcs à une vie chrétienne, mais active.

Les Provinciales ont déjà témoigné de cette divulgation de la spiritualité en langue française recherchée par Port-Royal. Il faut aussi rappeler que Port-Royal abrita une école importante de traducteurs, qui s'intéressa aux lettres profanes et, surtout, qui diffusa l'Ecriture sainte et les Pères de l'Eglise en français. Un des hommes qui symbolise le mieux cette activité est Isaac-Louis Le Maistre de Sacy (1613-1684), neveu du grand Arnauld, et traducteur du fabuliste latin Phèdre (1646), de Térence (1647), mais aussi d'un poème de saint Prosper sur la grâce (1647) et surtout maître d'œuvre des traductions de la Bible que Port-Royal a données au public cultivé de son temps (Nouveau Testament, 1667, publié à Amsterdam sous une fausse adresse ; « Bible de Royaumont », 1669, destinée au public le plus large). Le choix de Phèdre ou de Térence s'explique bien sûr par le souci pédagogique : ces deux auteurs incarnent parfaitement l'inspiration morale de la littérature antique. Tout l'humanisme avait placé très haut Térence comme maître de goût (dans la tradition grecque de la comédie de mœurs, celle de Ménandre héritier des *Caractères* de Théophraste) ; Phèdre avait été redécouvert tardivement, par Pierre Pithou, érudit français de la fin du XVIe siècle. Les fables sont le genre scolaire par excellence, et La Fontaine se placera quelques années plus tard dans la droite ligne de cette tradition pédagogique. Les écrits d'inspiration chrétienne, qui reflètent les préoccupations augustiniennes de Port-Royal, ont aussi le mérite d'ouvrir une voie nouvelle dans la diffusion des savoirs spécialisés auprès du grand public laïque : c'était, dans un ordre plus discret et moins polémique, mais avec une portée sans doute plus profonde et plus durable, la leçon de Pascal étendue à toute la spiritualité. La réussite est patente, lorsqu'on sait que la « Bible de Sacy » demeurera la Bible française des catholiques pour plus de deux siècles.

L'Oratoire pouvait prétendre aux mêmes ambitions que Port-Royal ; l'installation de nombreux collèges dans toute la France fait de cette congrégation un haut lieu de la vie intellectuelle au XVIIe siècle. En sont issus des esprits aussi divers et puissants que le philosophe Nicolas Malebranche (dont il sera question plus bas), le bibliste Richard Simon (1638-1712) ou le théologien Louis Thomassin (1619-1695), ainsi que le célèbre prédicateur Jean-Baptiste Massillon (1662-1742). Nous évoquerons ici une figure remarquable de cette institution, qui en incarne parfaitement les visées pédagogiques : Bernard Lamy (1640-1715). Il fut lui-même régent de philosophie au collège oratorien de Saumur (de 1671 à 1673). Ami de Malebranche, dont il partage l'admiration pour la nouvelle philosophie cartésienne, Lamy a laissé différents types d'ouvrages, relevant tantôt de la théologie ou de l'histoire religieuse (*Traité historique de l'Ancienne Pâque des Juifs,* 1692), tantôt de la morale (*Démonstration de la vérité de la morale chrétienne,* 1688), voire de la pédagogie des sciences. L'art littéraire a surtout retenu de lui un *Art de parler* (1670) qui est une rhétorique s'appuyant sur la phonétique et la philologie modernes, ainsi que des *Nouvelles réflexions sur la poétique* (1678). La clarté et la méthode de l'*Art de parler* lui vaudront un long succès (quatre éditions jusqu'en 1701), et même une traduction anglaise dès 1676 ; de fait, loin de se contenter de préceptes techniques, Lamy nous entraîne dans une réflexion approfondie sur le langage, ses origines et son fonctionnement ; cette méthode « grammatico-philosophique » qu'Antoine Arnauld avait illustrée en 1659 avec sa *Grammaire générale et raisonnée* (dite « de Port-Royal »), place nettement Lamy dans la meilleure tradition rhétorique, celle d'un Aristote ou d'un Scaliger. Les *Nouvelles réflexions* sont en quelque sorte la continuation de cet ouvrage ; d'inspiration augustinienne, elles mettent surtout en garde contre le plaisir poétique, qui est occasionné « par la corruption et la vanité de notre esprit ».

Son ouvrage majeur demeure cependant la synthèse qu'il fit de ses différentes démarches, spirituelle, scientifique et pédagogique : il s'agit des *Entretiens sur les sciences,* parus à Grenoble en 1683, mais sans doute préparés depuis le milieu des années 1660, nourris d'emblée par l'expérience du pédagogue, lorsqu'il enseignait les humanités à Juilly. Méfiant à l'égard de l'érudition cultivée pour elle-même, Lamy s'y montre à la fois un lecteur scrupuleux de saint Augustin (qui condamne le désir excessif de savoir, *libido sciendi*) et un adepte de la méthode cartésienne, dont il reprend même des images fameuses (p. 321) :

Plusieurs néanmoins gémissent dans les ténèbres dont nous naissons enveloppés. Ils soupirent après la vérité : le travail ne les étonne point, et il n'y a rien qu'ils ne fissent pour la recouvrer, mais personne ne leur en montre le chemin ; et comme ces voyageurs qui se sont égarés, après avoir couru tout le jour reviennent le soir dans le lieu d'où ils étaient partis le matin ; on voit qu'après plusieurs années d'étude ils n'en savent plus guère que lorsqu'ils ont commencé.

De même, on se souvient des premières étapes de la *méthode* lorsqu'on lit :

> Cette grande diversité de choses qu'un homme docte ramasse dans sa tête le rend distrait. Il ne peut se donner tout entier à la vue d'une vérité : mille choses se présentent en foule, qui le confondent.

Il faut en effet faire « table rase » de tous les savoirs inutiles, qui ne contribuent pas à la formation de l'esprit. « L'art d'apprendre, écrit-il, ne consiste qu'à faire une attention particulière à ces premières vérités [celles que Dieu a mises en l'âme de l'homme] et à remarquer ensuite les conséquences que l'on peut en tirer. » S'appuyant sur l'*Art de penser* d'Arnauld et de Nicole et, bien sûr, sur la *Recherche de la vérité* de son ami Malebranche, Lamy est sans doute moins un novateur qu'un homme de synthèse, mais la force de celle-ci vient de ce qu'elle s'enracine dans une expérience réelle de pédagogue. L'admiration dont Rousseau témoignera pour cette œuvre indique en tout cas que la portée n'en est pas négligeable.

Cependant la voix majeure qui s'élève à la même époque, et dont les échos se prolongeront, eux aussi, au moins jusqu'au seuil de la Révolution française est à chercher du côté de la pédagogie du Prince : c'est celle de Fénelon, précepteur du futur dauphin, le duc de Bourgogne (1682-1712). La charge lui avait été confiée en août 1689 sous l'impulsion de l'entourage dévot de Mme de Maintenon, où l'on appréciait l'abbé de Fénelon pour sa direction spirituelle depuis plusieurs années. Né en 1651, François-Armand de Salignac de La Mothe-Fénelon fut assez tôt influencé par la spiritualité de Saint-Sulpice, et il appartiendra à cette communauté pour se préparer à la prêtrise en 1676 ; il participe aussi à la propagation de la foi, notamment pour convertir les réformés, lors de missions en Saintonge (en 1685 et en 1687, au lendemain de la Révocation). Ses diverses charges ne l'empêchent pas de fréquenter le « Petit Concile » qui se réunit autour de Bossuet, et où il retrouve son ami Claude Fleury (1640-1723), avec qui il partage le même goût pour l'Antiquité et les réflexions sociales et politiques.

On confie donc le jeune duc à un homme à la solide formation humaniste et rompu à l'art du prédicateur, dont il a traité savamment dans ses *Dialogues sur l'éloquence* ; de surcroît, il avait déjà réfléchi aux questions pédagogiques, en publiant en 1687 un traité *De l'éducation des filles,* à la demande d'une des filles de Colbert, la duchesse de Beauvillier, chez qui il fut présenté à Mme de Maintenon. Ce brillant versant de sa carrière devait se poursuivre jusqu'en 1695 : à cette date, Fénelon est nommé archevêque de Cambrai ; en fait, c'est un véritable exil pour celui qui, depuis 1694, avait défendu en vain, lors des « entretiens d'Issy », la doctrine quiétiste de son amie Mme Guyon, arrêtée et emprisonnée en décembre 1695. Le débat avec Bossuet se poursuivra jusqu'en 1699 (la *Relation sur le quiétisme* de l'évêque de Meaux paraît en 1698). Le *Télémaque,* publié en 1699, demeure pourtant une œuvre majeure de la période où Fénelon était encore honoré de la confiance royale ; il affirme l'avoir écrit en 1694-1695. Une telle œuvre représente à merveille les derniers feux de l'humanisme : comment ne pas être surpris, et séduit à la fois, par ce voyage mythologique composé par un prélat qui débattait alors des plus graves questions de la mystique chrétienne ?

Cette inspiration mythologique était pourtant à l'honneur dans les *Fables et opuscules pédagogiques* et dans les *Dialogues des morts* que Fénelon avait composés pour son auguste élève. Ils ne seront publiés qu'après sa mort, excepté les *Aventures d'Aristonoüs,* souvent éditées à la suite du *Télémaque.* Le XVIIIe siècle reprendra ces opuscules dans les éditions successives et de plus en plus complètes des *Œuvres* de Fénelon (1718, 1787). Doit-on vraiment s'étonner d'une telle inspiration ? Il suffit de rappeler que le dernier livre des *Fables* de La Fontaine était dédié au jeune duc, fils du dédicataire des premières *Fables* de 1668 ; même dans les remous de la querelle des Anciens et des Modernes, la mythologie n'avait pas encore perdu le vecteur essentiel de sa transmission qu'a toujours été la pédagogie. Il est intéressant de voir que la Fable n'avait pourtant aucune place dans l'*Education des filles.* Le chapitre VI, qui traite « de l'usage des histoires pour les enfants », les écarte même franchement :

> Pour les fables païennes, une fille sera heureuse de les ignorer toute sa vie, à cause qu'elles sont impures et pleines d'absurdités impies.

Il vaut mieux s'appliquer à la narration « simple et naïve » des épisodes de l'Histoire sainte :

> Toutes ces histoires, ménagées discrètement, feraient entrer avec plaisir dans l'imagination des enfants, vive et tendre, toute une suite de religion, depuis la création du monde jusqu'à nous, qui leur donnerait de très nobles idées et qui ne s'effacerait jamais.

Fénelon demeure en cela dans la droite ligne du *Traité du choix et de la méthode des études* que son ami Fleury venait de faire paraître (1687). Mais le jeune prince aura droit au détour orné de la Fable ; Fénelon lui avait même donné à traduire en latin des *Fables* de La Fontaine. Les leçons morales, mais aussi politiques, que l'on peut tirer des grands mythes s'adressaient directement à un futur monarque. Les *Dialogues des morts* vont dans le même sens ; ils servent en outre à réviser certains points d'histoire ancienne, par exemple lorsque sont confrontés Annibal et Scipion (XXXIX), ou César et Alexandre (XLIV), et même d'histoire moderne lorsqu'il s'agit de Louis XI et de Charles de Bourgogne (LX), de Charles Quint et François Ier (LXVI) ou de Marie de Médicis et du cardinal de Richelieu (LXXII). Le monde des morts permet d'évoquer la vaine gloire des princes et des conquérants (Alexandre et Diogène, XXVII, Alexandre et Aristote, XXV) ; même l'histoire des arts, des idées ou de l'éloquence est esquissée par endroits : Nicolas Poussin rencontre le grand peintre antique Parrhasius (LII), Cicéron discute avec Démosthène (XXXI-XXXIII), comme Confucius avec Socrate (VII) ou Descartes avec Aristote (LXXVIII).

Cette même prose simple et limpide sera mise à contribution par Fénelon dans ces *Lettres et opuscules spirituels,* qui appartiennent cette fois à la pédagogie chrétienne du directeur de conscience. Presque un siècle après les leçons de saint François de Sales, on retrouve un même effort d'éloquence simple et « naïve » pour exhorter, sur le ton de la lettre, à une vie chrétienne en ce monde. Les échos sont presque patents, comme dans ce chapitre sur la simplicité où l'on croit lire l'*Introduction à la vie dévote* ou les *Entretiens spirituels* (chap. XIV) :

> La simplicité est une droiture de l'âme qui retranche tout retour inutile sur elle-même et sur ses actions. Elle est différente de la sincérité. La sincérité est une vertu au-dessous de la simplicité. On voit beaucoup de gens qui sont sincères sans être simples ; ils ne disent rien

> qu'ils ne croient vrai, ils ne veulent passer que pour ce qu'ils sont, mais ils craignent sans cesse de passer pour ce qu'ils ne sont pas ; ils sont toujours à s'étudier eux-mêmes, à compasser toutes leurs paroles et toutes leurs pensées et à repasser tout ce qu'ils ont fait dans la crainte d'avoir trop fait ou trop dit. Ces gens-là sont sincères, mais ils ne sont pas simples ; ils ne sont point à leur aise avec les autres, et les autres ne sont point à leur aise avec eux ; on n'y trouve rien d'aisé, rien de libre, rien d'ingénu, rien de naturel ; on aimerait mieux des gens moins réguliers et plus imparfaits, qui fussent moins composés.

Fénelon avait très tôt réfléchi sur les idéaux de style impliqués par une telle vision du monde ; son expérience de la prédication, aux côtés de Fleury notamment (en 1684), avait nourri sa réflexion sur l'éloquence de la chaire. Mais son texte majeur sur la question, écrit sans doute vers 1677-1679, n'a été publié qu'en 1718 : ce sont les *Dialogues sur l'éloquence en général et sur celle de la chaire en particulier*. Ces trois dialogues mettent en présence trois interlocuteurs (simplement désignés par A., B. et C.), qui passent en revue les principales visées de la rhétorique : partant des grands modèles de l'éloquence profane, qui visent à instruire par le biais du plaisir (*Dialogue* I), les interlocuteurs en viennent à définir une éloquence qui doit toucher avant tout (*Dialogue* II), pour finir sur l'éloge de la simplicité évangélique que doit savoir retrouver l'orateur sacré :

> D'ailleurs nous voyons que saint Augustin connaissait bien le fond des véritables règles. Il dit qu'un discours, pour être persuasif, doit être simple, naturel, que l'art y doit être caché, et qu'un discours qui paraît trop beau met l'auditeur en défiance. [...] Il traite aussi avec beaucoup de science l'arrangement des choses, le mélange des divers styles, les moyens de faire toujours croître le discours, la nécessité d'être simple et familier même pour les tons de la voix, et pour l'action en certains endroits, quoique tout ce qu'on dit soit grand quand on prêche la religion ; enfin la manière de surprendre et de toucher. (*Dialogue* III)

Les diverses sources invoquées vont de la fougue de Démosthène au sublime de Longin, pour culminer dans une relecture attentive du *De doctrina christiana* de saint Augustin, premier grand théoricien de l'éloquence chrétienne. Ces arguments se retrouveront dans la *Lettre à l'Académie*, œuvre ultime du prélat qui est adressée à l'illustre assemblée le 25 octobre 1714, à peine trois mois avant sa mort (7 janvier 1715). Le *projet de rhétorique* qui y figure (aux côtés de réflexions sur la grammaire, la poétique et l'histoire) défend en effet le même idéal d'une éloquence vive et puissante, où « tout instruit et touche » et où « rien ne brille » pour le simple ornement ou la pure affectation.

La pédagogie des gens du monde

Les travaux évoqués jusqu'ici sont sans aucun doute du domaine des « spécialistes » : la réflexion des pédagogues et des prédicateurs ne couvre qu'une frange restreinte de l'activité cultivée, qui ne touche le large public qu'aux moments importants, mais circonscrits, de l'éducation ou des pratiques religieuses. Or, une des originalités de cette génération des années 1680-1690 est d'avoir visé à une divulgation souriante et aisée de ces questions dans la sphère non spécialisée des savoirs mondains et profanes.

Lointains continuateurs de Guez de Balzac, certains écrivains, philosophes ou critiques persistent à « civiliser la doctrine » (p. 310) : Boileau et Bouhours diffusent les débats de la critique littéraire ; situés aux confins de la philosophie et des sciences, Bayle et Fontenelle, sans quitter la polémique, s'efforcent de conquérir un vaste public. Placé en retrait, tant par goût que par exil, Saint-Evremond témoigne de l'engouement pour l'Angleterre et sa pensée auprès d'un milieu de plus en plus large. L'orientalisme même, un des joyaux de l'érudition française pendant tout le siècle, se voit brusquement propulsé sur le devant de la scène avec la traduction des *Mille et une nuits* par Antoine Galland (1706).

Cette « pédagogie » des gens du monde a même son théoricien, qui est précisément un des ultimes témoins de l'époque où régnaient l'esthétique et la pensée de Balzac : Antoine Gombaud, chevalier de Méré (1607-1684), publie l'essentiel de son œuvre à partir de 1668 (les *Conversations,* 1668, les *Discours,* 1677). Mais le monde qu'il évoque est celui des années quarante et cinquante. Ami de Pascal et de Mitton, fréquentant le cercle de Ninon de Lenclos, Méré a longuement réfléchi sur la culture et l'esthétique de l'honnêteté. Ses lettres le montrent en train de former le goût de ses amis (la duchesse de Lesdiguières, Mme de Maintenon), mais aussi de discuter avec Pascal, Mitton, La Rochefoucauld ou Balzac. Editées en 1682, parfois revues et corrigées, quand elles ne sont pas inventées après coup, ses lettres témoignent d'un Age d'or de la culture des salons :

> Il me semble que, dans le dessein de se rendre honnête homme et d'en acquérir la réputation, le plus important consiste à connaître en toutes choses les meilleurs moyens de plaire et à savoir les pratiquer. Car ce n'est seulement que pour être agréable qu'il faut souhaiter d'être honnête homme, et qui en veut acquérir l'estime doit principalement songer à se faire aimer. (Lettre à Mme de Lesdiguières)

Les *Discours* (1677), qui traitent de l' « esprit », de la « conversation » et des « agréments », reprennent en fait plus d'une affirmation déjà présente dans les *Lettres*. Mais l'exposé en est plus systématique, plus général aussi, n'étant plus en situation d'échange et de convenance avec un destinataire particulier, à qui Méré savait excellemment adapter son propos (on ne fait pas le même type d'allusion en s'adressant à Balzac et en s'adressant à Mme de Lesdiguières).

Apprécié d'emblée par le public, Méré est commenté, cité, glosé : le P. Dominique Bouhours (1628-1702), auteur de nombreux traités qui touchent autant à l'esthétique qu'à la grammaire, cite souvent Méré, dans ses *Remarques nouvelles sur la langue française* (1675) ou dans les *Pensées ingénieuses des Anciens et des Modernes* (1689). Il faut dire que Bouhours, autant que Méré, est un des grands théoriciens de l'honnêteté. Pour lui, bien penser est avant tout une élégance, une marque du « bel esprit » ; la tradition retient surtout, et avec raison, ses fameux *Entretiens d'Ariste et d'Eugène* (1671). L'art du dialogue, si apte à présenter toutes les nuances de points de vue qui s'opposent, sans être irrémédiablement incompatibles, est cher à Bouhours ; il le reprendra dans sa *Manière de bien penser dans les ouvrages d'esprit*, qui est sa deuxième œuvre importante de critique (1687). Il faut dire que cette forme convient parfaitement à l'esthétique mondaine, qui demeure rétive à l'exposé dogmatique et qui est sensible à la présentation des débats d'idée sous forme de conversation. L'approche linguistique n'est d'ailleurs pas absente des *Entretiens* : on y trouve un entretien consacré à la langue française ; le « je ne sais quoi », qui fait l'objet d'un autre entretien, avait aussi donné lieu à une intéressante remarque de Vaugelas (au mot « Galant »), le fameux grammairien des années quarante. Le dialogue sur le « Bel esprit » rejoint enfin bien des vues communes à Méré et aux théoriciens de l'honnêteté. Certes, la fadeur de l'eau, inodore et incolore, mais tout à fait limpide, est la plus juste comparaison que Bouhours propose pour le bon style, de même que son bel esprit est défini comme « le bon sens qui brille » ; toutefois, il ne faudrait pas voir chez ce critique une pensée fade de la médiocrité : son juste milieu est celui d'un équilibre délicat et riche où entrent une multitude d'ingrédients, mémoire littéraire, à-propos, grâce du mouvement saisi dans la brièveté d'un instant ou d'une formule heureuse. Jamais le classicisme, qui ne se nommait d'ailleurs pas comme tel chez ces théoriciens, n'a trouvé d'expression plus juste et plus nuancée. Qu'elle se soit développée au fil d'un dialogue est la preuve même de tout ce que cette esthétique doit à la polyphonie et au rare équilibre des contraires :

> Ce juste tempérament de la vivacité et du bon sens fait que l'esprit est subtil et qu'il n'est point évaporé ; qu'il brille, mais qu'il ne brille point trop ; qu'il conçoit tout promptement et qu'il juge sainement de tout. Quand on a de cette sorte d'esprit, on pense bien les choses, et on les exprime aussi bien qu'on les a pensées. On ramasse beaucoup de sens en peu de paroles, on dit tout ce qu'il faut dire, et on ne dit précisément que ce qu'il faut dire. Un vrai bel esprit songe plus aux choses qu'aux mots ; cependant il ne méprise pas les ornements du langage ; mais il ne les recherche pas aussi ; la politesse de son style n'en diminue pas la force, et on pourrait le comparer à ces soldats de César qui, tout propres et tout parfumés qu'ils étaient, ne laissaient pas d'être vaillants et de bien combattre. (*Entretiens d'Ariste et d'Eugène*, « Le Bel esprit »)

Dans un texte comme celui-ci, la syntaxe elle-même se fait le reflet de la quête difficile, mais très gratifiante, d'une harmonie à la limite du paradoxe et de l'impossible. Gide admirait dans l'expression classique le subtil art de la litote ; on pourrait ajouter à cela qu'elle est aussi le lieu presque incroyable de l'oxymore maîtrisé.

Ce point limite de toute expression avait d'ailleurs son théoricien, goûté par les critiques et les poéticiens classiques : il s'agit du rhéteur Longin, dont le *Traité du sublime* venait de connaître un soudain regain d'intérêt grâce à la traduction française que

Boileau en avait faite en 1674. On retrouvait un fil que Balzac ou Corneille, après Montaigne, avaient su déjà suivre. La force de Boileau, qu'il ne faudrait pas réduire au simple rôle de « régent du Parnasse » par le biais de l'*Art poétique* ou des *Satires,* est d'avoir formulé « au bon moment », et en français, les principales exigences d'une rhétorique qui, par bien des aspects, se « moque de la rhétorique » : non content de l'avoir traduite en français, il l'a amplifiée et en a tiré les principales conséquences esthétiques dans ses *Réflexions sur Longin* (éditées en 1694, dans la deuxième édition du *Traité*).

L'idée centrale que développe Boileau, notamment dans sa *X*e *Réflexion,* est que le sublime ne doit pas être considéré comme un degré de style — style bas, style moyen, style élevé, selon la tripartition de la rhétorique classique — mais comme une qualité du discours qui emporte et ravit le lecteur ou l'auditeur, même avec les mots les plus simples :

> Ne dites donc plus [il s'adresse au critique J. Le Clerc]... que la preuve qu'il n'y a point de sublime dans le style de la Bible, c'est que tout y est dit sans exagération, et avec beaucoup de simplicité ; puisque c'est cette simplicité même qui en fait la sublimité. Les grands mots, selon les habiles connaisseurs, font en effet si peu l'essence entière du sublime, qu'il y a, même dans les bons écrivains, des endroits sublimes, dont la grandeur vient de la petitesse énergique des paroles : comme on le peut voir dans ce passage d'Hérodote, qui est cité par Longin : « Cléomène étant devenu furieux, il prit un couteau, dont il se hacha la chair en petits morceaux ; et s'étant ainsi déchiqueté lui-même, il mourut. » Car on ne peut guère assembler de mots plus bas et plus petits que ceux-ci, « se hacher la chair en morceaux » et « se déchiqueter soi-même ». On y sent toutefois une certaine force énergique, qui, marquant l'horreur de la chose qui y est énoncée, a je ne sais quoi de sublime.

Une formule comme « la petitesse énergique des paroles » contient toute la leçon que veut nous faire comprendre Boileau. Une nouvelle limite est ainsi formulée à l'encontre de tout ce que la hiérarchie des genres et des styles pouvait avoir de stérilisant pour l'expression littéraire. Si l'on se rappelle que le *Traité du Sublime,* qui est porteur de cette liberté, a été publié dans le même recueil d'*Œuvres diverses* que l'*Art poétique,* en 1674, on voit toutes les nuances et toute la polyphonie que le prétendu « régent du Parnasse » a introduites sciemment dans la réflexion critique. Son expérience de l'héroï-comique (v. le poème *Le Lutrin,* p. 267), une méditation de plus de trente ans sur le sublime montrent combien la « doctrine » de Boileau est bien plus la recherche d'un équilibre entre des forces libres et mobiles que la fixité d'un juste milieu dépouillé de toute énergie.

Le contexte même de la publication des *Réflexions,* qui sont greffées sur un rameau vivant de la tradition rhétorique, est pourtant un moment de crise profonde de l'humanisme, que l'on désigne le plus souvent sous le nom de querelle des Anciens et des Modernes. L'existence même d'une littérature française désormais perçue comme autonome et légitime avait en effet suscité des prises de position plus radicales : c'est au sein du domaine français que les affrontements allaient dorénavant se développer. *Le Siècle de Louis le Grand,* célébré par Charles Perrault (1687) (p. 402), n'avait plus besoin de se plier aux leçons des Anciens ; Louis XIV avait largement dépassé Auguste.

Un des ténors du parti moderne fut incontestablement Fontenelle (Bernard Le Bovier de, 1657-1757). Non content de ranger définitivement la mythologie des Anciens au rang de pur ornement (*L'Origine des Fables,* traité écrit avant 1680, mais publié en 1724), Fontenelle introduit en force la pensée moderne en littérature avec ses fameux *Entretiens sur la pluralité des mondes* (1686), qui sont une belle leçon de pédagogie moderne adressée à une femme du monde, avec « la liberté naturelle d'une conversation » (Préface). Les *Nouveaux Dialogues des morts* (1683), imités de Lucien, avaient déjà prouvé le goût de l'auteur pour la forme dialoguée ; ils témoignaient aussi de son engagement « moderne », puisqu'ils faisaient dialoguer des morts anciens et des morts modernes. Certes la palme n'y est pas donnée systématiquement aux modernes, mais la leçon de scepticisme et de relativisme qui se dégage de ces textes la retire définitivement aux anciens : Montaigne en sait autant que Socrate sur la nature humaine et ses limites — il n'a donc plus besoin de lui. L'*Histoire des oracles* (1686), puis la *Digression sur les anciens et les modernes* (1688) marqueront nettement les prises de position de Fontenelle. Le premier représente une nouvelle fois un remarquable effort de pédagogie mondaine : adaptant une longue dissertation érudite en latin du Hollandais Van Dale, Fontenelle la rend claire et lisible pour un public non spécialiste. Il en profite pour attaquer l'autorité de la tradition et donner l'exemple de l'esprit critique à l'égard de la religion. La *Digression* continuera l'effort, en établissant l'idée qu'il y a un progrès de l'esprit humain : c'est ouvrir la porte à une conception fondatrice des Lumières qui aboutira à Condorcet.

Les nouveaux savoirs et les exilés

L'accent mis sur d'autres savoirs que ceux du domaine antique est un des points importants de cette période de mutation : Antoine Galland (1646-1715) en est un parfait exemple. Très tôt intéressé à l'orientalisme, il a suivi l'ambassadeur de France à Constantinople dans les années 1670. Lié à Guilleragues (ambassadeur de 1679 à 1686), il vit pendant plus de neuf ans en Orient. Revenu en France, il entreprend la traduction des *Mille et une nuits,* qui s'enracine naturellement dans la grande vogue des contes (p. 404) ; cela accompagne aussi la mode des voyages qu'un Tavernier illustrait (*Voyages en Turquie,* 1682). L'intérêt de son œuvre est de dévoiler au grand public tout un pan de la culture qui était réservé, jusqu'à ce jour, aux spécialistes : l'érudition d'un dictionnaire comme la *Bibliothèque orientale* d'Herbelot de Molainville, auquel Galland avait pris part, pouvait ainsi réapparaître sous les atours de la narration fabuleuse, qui est autant une réécriture qu'une traduction (ce que lui ont reproché en général les orientalistes plus récents). Cette « Belle infidèle » entrait naturellement dans le chœur d'une littérature française moderne, apportant de nouveaux espaces à un imaginaire dont les fondements gréco-latins étaient alors contestés.

Un auteur qui allait dans le sens de cette contestation devait cependant conserver la forme du dictionnaire pour diffuser ses idées et sa critique : il s'agit de Pierre Bayle (1647-1706), écrivain protestant réfugié en Hollande après une brève carrière de professeur de philosophie en France (notamment à l'Académie protestante de Sedan). Très tôt engagé dans les controverses religieuses, effrayé par l'acte aberrant de la révocation de l'Edit de Nantes (1685), Bayle s'est d'emblée fait connaître comme un polémiste (*Critique générale* du livre de Maimbourg sur le calvinisme, 1682, *Ce que c'est que la France toute catholique*, 1686) contre la politique religieuse de Louis XIV). Il semble faire écho aux préoccupations de Fontenelle lorsqu'il écrit ses *Pensées diverses sur la comète* (1683), qui est une critique des superstitions liées à l'astrologie : mais c'est l'idolâtrie en général qu'il dénonce, avec des accents qui doivent autant à saint Augustin qu'au rationalisme moderne issu de Descartes. Son immense érudition, déjà omniprésente dans ces ouvrages de circonstance, ne trouva pourtant toute sa mesure que dans l'entreprise du *Dictionnaire historique et critique*, qu'il envisage dès 1690 et qui voit le jour en 1697 : il suit lui aussi une mode, celle des dictionnaires, qui fleurissent alors (outre les premiers dictionnaires du français moderne, ceux de Richelet (1680) et de Furetière (1684), celui de l'Académie (1694), il faut mentionner le *Grand dictionnaire historique* de Louis Moréri, constamment réédité et augmenté à partir de 1674). Il avait lui-même déjà contribué à l'édition du *Dictionnaire universel* de Furetière, en 1684. Toutefois son but est moins de faire la somme des savoirs que de critiquer systématiquement les nombreuses erreurs accumulées par les générations de savants, et dont un Moréri, par exemple, s'était fait l'écho sans esprit critique. Ainsi les articles, somme toute assez brefs, dressent un « état de la question » ; mais chaque article est commenté et enrichi par de nombreuses remarques, qui donnent à l'ouvrage toute son ampleur (elles sont environ 10 000, pour deux milliers d'articles). Entreprise de persuasion, qui fait de l'érudition une arme de combat, et où entre très souvent une ironie désinvolte, le *Dictionnaire* est une étape décisive vers l'esprit des Lumières, qui connaîtra si bien le relativisme des opinions et les limites de l'autorité en matière de savoir ; Voltaire s'en souviendra, qui entreprendra aussi un *Dictionnaire philosophique* (1764). L'écriture d'un tel ouvrage porte l'art de la digression à son plus haut degré : elle aborde un point essentiel là où on s'y attend le moins, et en décentrant le propos, elle met en garde contre tout dogmatisme et toute autorité, et elle met à mal tout discours systématique grâce au classement alphabétique et à l'irruption désordonnée des remarques.

L'exil de Bayle lui a sans doute permis d'être un précurseur, à l'abri des censures et du pouvoir royal ; un autre exilé prend naturellement place à ses côtés, bien qu'il appartienne à une tout autre génération, alors même que les idées qu'il défend lui donnent l'allure d'un « philosophe » des Lumières. Charles de Marquetel de Saint-Denis, seigneur de Saint-Evremond, est né en effet en 1614 : il a connu la Fronde, et il a fait partie de l'état-major du Grand Condé. Mais la haine de Mazarin, qui n'aimait guère sa liberté de parole, suivie de la vindicte de Colbert le contraint à s'exiler à partir de 1661 : installé à Londres, il se liera avec les milieux lettrés de la capitale anglaise, préparant ses amis français (notamment La Fontaine) à l'anglophilie si frappante des dernières générations du siècle. La diffusion massive de ses écrits, publiés collectivement en 1705 (c'est-à-dire deux ans après sa mort, survenue en 1703), fait de lui un auteur implanté au XVIIIe siècle ; or, ses ouvrages, brefs essais, qui rappellent les *Discours* (p. 311) de Balzac sont en général antérieurs à 1675. Ils reflètent l'épicurisme qui s'était développé dans les années quarante autour de Gassendi. A la façon de Méré, Saint-Evremond se fait donc l'écho de la brillante conversation des salons mondains d'une autre époque. Ami de Ninon de Lenclos avec qui il correspond, l'auteur de la célèbre *Conversation du maréchal d'Hocquincourt avec le P. Canaye* (publiée en 1687) est un précieux témoin des goûts de l'aristocratie cultivée. Ses analyses des modes et de certaines œuvres permettent de nuancer toute vision monolithique que l'on pourrait se faire du public de nos classiques. Ses positions annoncent parfois celle des « Modernes » lorsque, par exemple, il réagit aux théories nombreuses sur l'art théâtral qui fleurissent dans les années 1670 (*De la tragédie ancienne et moderne)* :

> Il faut convenir que la *Poétique* d'Aristote est un excellent ouvrage : cependant il n'y a rien d'assez parfait pour régler toutes les nations et tous les siècles. Descartes et Gassendi ont découvert des vérités qu'Aristote ne connaissait pas ; Corneille a trouvé des beautés pour le théâtre qui ne lui étaient pas connues ; nos philosophes ont remarqué des erreurs dans sa Physique ; nos poètes ont vu des défauts dans sa Poétique, toutes choses étant aussi changés qu'elles le sont.

Mais il peut être aussi réservé envers le goût moderne : il critique l'excès d'engouement pour les opéras, dont il avait pourtant vu les premières apparitions, à Paris en 1645 ; il dresse un bilan à la fin des années 1670, avec le regret de voir le bon goût disparaître :

Pour moi qui ai passé l'âge et le temps de me signaler dans le monde par l'esprit des modes et par le mérite des fantaisies, je me résous de prendre le parti du bon sens, tout abandonné qu'il est, et de suivre la raison dans sa disgrâce, avec autant d'attachement que si elle avait encore sa première considération. Ce qui me fâche le plus de l'entêtement où l'on est pour l'Opéra, c'est qu'il va ruiner la Tragédie, qui est la plus belle chose que nous ayons, la plus propre à élever l'âme et la plus capable de former l'esprit. (*Sur les opéras*)

Théoricien d'une morale et d'une culture mondaine raffinées et supérieures, Saint-Evremond assure le lien entre deux libertinages, celui des érudits comme La Mothe Le Vayer et celui, plus riant, de la génération de Voltaire. Enfin, exilé et arraché à son milieu, il partage avec son ami La Fontaine l'idéal d'une sociabilité restreinte en marge du monde, l'amitié :

J'ai toujours admiré la Morale d'Epicure, et je n'estime rien tant de sa Morale, que la préférence qu'il donne à l'Amitié, sur toutes les autres vertus. En effet, la Justice n'est qu'une vertu établie pour maintenir la société humaine ; c'est l'ouvrage des hommes. L'Amitié est l'ouvrage de la Nature : l'Amitié fait la douceur de notre vie, quand la Justice avec toutes ses rigueurs a bien de la peine à faire notre sûreté. Si la Prudence nous fait éviter quelques maux, l'Amitié les soulage tous ; si la Prudence nous fait acquérir des biens, c'est l'Amitié qui en fait goûter la jouissance.

Comme La Fontaine ou Méré, Saint-Evremond connaît la valeur de la solitude et de la retraite, même si elle n'est que la préparation à la vie dans le monde. Cette « pédagogie » de l'écrivain, qui s'adresse le plus souvent à ses protecteurs ou à de puissants amis, qui parfois a trouvé l'*otium* (loisir) parce qu'il a été chassé du *negotium* (activité sociale ou politique), prend particulièrement sens au seuil du siècle des « philosophes », où une nouvelle *encyclopédie* verra le jour, qui ne sera plus celle du rêve humaniste. Ce qui demeure toutefois, c'est la conviction que les « belles-lettres », que l'on n'appelle plus alors *res literaria*, ont un rôle fondamental à jouer dans l'institution de l'homme.

Regards croisés sur une fin de siècle : Malebranche et Perrault

Philosophie et esthétique ont été, durant tout le siècle, intimement liées : l'orateur Du Vair était stoïcien ; Descartes fut un des fondateurs de la prose d'idées. Nous venons de voir que l'esprit humain était au centre des préoccupations de cette dernière génération du siècle, qui, en même temps, discutait de la portée et de la valeur des grands modèles esthétiques légués par la tradition issue de l'Antiquité. Le cartésianisme, qui ne s'imposa pas tout de suite, suscita une synthèse ambitieuse pour placer la vérité sous le regard conjoint de Dieu et de la raison : ce fut l'entreprise de Nicolas Malebranche (1638-1715). Parallèlement, le bilan de la modernité naissante était dressé par un poète chrétien, grand thuriféraire du siècle de Louis le Grand, que la postérité a surtout retenu comme auteur de *Contes* fameux : Charles Perrault (1628-1703). L'un et l'autre, dont la formation demeure ancrée dans les années qui ont précédé l'efflorescence classique, sont deux témoins précieux des changements apportés par ce siècle.

L'œuvre qui donna sa célébrité à Malebranche est la première qu'il fit paraître : *La Recherche de la vérité* (1674-1675). De santé fragile, studieux, il était entré à l'Oratoire en 1660, sans paraître destiné à connaître une telle notoriété ; l'intuition qui bouleversa sa vision du monde fut la lecture de Descartes, en 1664, ce qui l'orienta vers l'apprentissage des mathématiques et de la physique. Sa vocation religieuse sincère se trouvait ainsi doublée d'une vocation philosophique : pour lui, désormais l'évidence de la raison devait se confondre avec l'évidence de la foi. C'est la combinaison des deux qui mène l'homme à la vérité :

> S'il arrivait donc que les idées des choses ne fussent pas présentes à notre esprit, toutes les fois que nous souhaitons de les avoir, et si celui qui éclaire le monde nous les voulait cacher, il nous serait impossible d'y remédier et de connaître aucune chose : de même qu'il ne nous est pas possible de voir les objets visibles, lorsque la lumière nous manque. Mais c'est ce qu'on n'a pas sujet de craindre, car la présence des idées à notre esprit étant naturelle, et dépendante de la volonté générale de Dieu, qui est toujours constante et immuable, elle ne nous manque

jamais pour découvrir les choses qui sont naturellement sujettes à la Raison. Car le soleil qui éclaire les esprits n'est pas comme le soleil qui éclaire les corps ; il ne s'éclipse jamais, et il pénètre tout sans que sa lumière soit partagée. (*Recherche de la vérité,* VI, I, 1)

Avant d'en venir à la méthode pour parvenir au vrai, Malebranche prend soin de passer en revue les causes de l'erreur dans l'homme : les sens, l'imagination, la limitation de l'esprit, la nature des idées. Il en vient ensuite aux inclinations naturelles de l'esprit humain (qui suscitent les différents excès : amour-propre, ambition, curiosité, etc.), et consacre un livre entier aux passions (Livre V). La méthode est enfin exposée dans le livre VI et dernier. L'éloge magistral que l'auteur consacre à la science de l'homme dans sa préface, accompagné d'une critique de l'amas des sciences inutiles, nous place dans une étrange situation de suspens entre l'accumulation des savoirs à la façon de l'encyclie humaniste et l'exigence moderne d'une nouvelle science fondée en l'homme et pour l'homme, qui, en venant de Descartes, fait pressentir l'*Emile* de Rousseau :

La plus belle, la plus agréable et la plus nécessaire de toutes nos connaissances est sans doute la connaissance de nous-même. De toutes les sciences humaines, la science de l'homme est la plus digne de l'homme. Cependant cette science n'est pas la plus cultivée, ni la plus achevée que nous ayons : le commun des hommes la néglige entièrement.

Saint Augustin, considéré comme l'initiateur de cette enquête sur la nature humaine, est constamment cité ou invoqué par Malebranche ; c'est lui qui nourrit en profondeur la synthèse que le philosophe veut faire entre la vérité chrétienne et la méthode cartésienne. Cette anthropologie n'a pourtant rien de disparate : Malebranche lui donne une force et une cohérence remarquables. L'ampleur de son livre lui permet de passer en revue tous les grands domaines de l'activité humaine. L'un de ceux qui paraît le plus souvent critiqué est celui de l'étude (on retrouve la critique de la *libido sciendi* chère à saint Augustin, et dont Bossuet se faisait aussi l'écho dans son *Traité de la concupiscence*). Plus d'un argument place alors Malebranche du côté des Modernes :

Ce faux et lâche respect, que les hommes portent aux anciens, produit un très grand nombre d'effets très pernicieux qu'il est à propos de remarquer.

Le premier est, que les accoutumant à ne pas faire usage de leur esprit, il les met peu à peu dans une véritable impuissance d'en faire usage. Car il ne faut pas s'imaginer que ceux qui vieillissent sur les livres d'Aristote et de Platon fassent beaucoup d'usage de leur esprit. Ils n'emploient ordinairement tant de temps à la lecture de ces livres, que pour tâcher d'entrer dans les sentiments de leurs auteurs ; et leur but principal est de savoir au vrai les opinions qu'ils ont tenues, sans se mettre beaucoup en peine de ce qu'il en faut tenir [...]. Ainsi la science et la philosophie qu'ils apprennent est proprement une science de mémoire, et non pas une science d'esprit. (*Recherche,* II, II, 4)

Comme pour Bayle dans une certaine mesure, comme pour Descartes évidemment, l'histoire de la vérité est pour Malebranche avant tout, l'histoire des erreurs. Un même esprit critique est ici à l'œuvre, qui menace plus que jamais la conception du savoir héritée de l'humanisme ; Bossuet autant que Boileau pouvaient craindre ce que cette pensée nouvelle signifiait pour leurs domaines respectifs : la tradition de l'Eglise aussi bien que les prestiges de la littérature païenne et profane se sentaient à juste titre menacés.

Mais le coup décisif porté à l'héritage des Anciens devait venir d'un autre horizon : c'est Charles Perrault qui allait déclencher les hostilités dans la fameuse querelle des Anciens et des Modernes. En effet, l'auteur des *Contes* (1697) a été avant tout un des plus brillants polémistes du parti Moderne : son poème sur le *Siècle de Louis le Grand,* récité à l'Académie en 1687, provoque les premiers débats. Couvert d'épigrammes vengeurs par ses adversaires, particulièrement Boileau et Racine, il se décide à livrer bataille sur un autre terrain, en se faisant plus argumentatif et plus méthodique dans son *Parallèle des Anciens et des Modernes en ce qui regarde les Arts et les Sciences,* dont la publication s'étendra de 1688 (1er volume) à 1697 (4e volume). Le débat entre trois voyageurs, le Chevalier (partisan inconditionnel des Modernes), le Président (défenseur sans nuance des Anciens) et l'Abbé (porte-parole de Perrault), se situe dans les jardins de Versailles, en 1687. Tout le débat repose sur l'idée de progrès, et Perrault ne manque pas de poser une série de questions essentielles, notamment en ce qui concerne la relativité des temps et des lieux où les œuvres prennent sens :

L'Abbé : Ces trois définitions [que donne Cicéron] sont excellentes, appliquées où elles conviennent ; mais comme nous avons à parler de toutes sortes d'Eloquences, de celle des Historiens, de celle des Philosophes, de celle des Orateurs, et de plusieurs autres encore toutes d'espèce différente, je ne vois pas que nous puissions nous en servir, parce qu'il n'y en a pas une qui convienne à tous les genres de bien dire. Des Philosophes ont été éloquents sans parler avec abondance, plusieurs auteurs qui n'étaient nullement en réputation de gens de probité ont fait des livres où brille beaucoup d'éloquence, et les meilleurs Historiens contents de bien narrer les choses passées se sont peu mis en peine de faire prendre parti à leurs Lecteurs. Je voudrais donc que l'Eloquence en général ne fût autre chose que l'Art de bien parler selon la nature du sujet que l'on traite, et selon les lieux, les temps et les personnes. (*Parallèle*, t. 2, 1692)

Les règles ainsi énoncées ruinent toute notion de modèle immuable : toute littérature est condamnée si elle se fige, seule l'évolution — fût-elle celle rapide et changeante des modes — détermine sa valeur. La nécessité d'une littérature chrétienne (n'est-ce pas un abbé qui parle ?), le refus de débats philosophiques ou littéraires considérés comme obsolètes (voire immoraux) condamnent donc les lettres anciennes ; le Chevalier affirme que Socrate et Platon sont « deux Saltimbanques qui ont monté l'un après l'autre sur le théâtre du monde ». A l'éloge que le Président fait des dialogues antiques (Platon, Cicéron ou Lucien), l'Abbé répond par celui des *Provinciales* :

S'il y a plus de sel dans ces dix-huit lettres que dans tous les dialogues de Platon, plus de fine et délicate raillerie que dans ceux de Lucien, mais une raillerie toujours pure et honnête, s'il y a plus de force et plus d'art dans les raisonnements, que dans ceux de Cicéron, enfin si l'art du dialogue s'y trouve tout entier, la petitesse de leur volume ne doit-elle pas plutôt leur être un sujet de louange, que de reproche ? Disons la vérité. Nous n'avons rien de plus beau dans ce genre d'écrire.

Le goût du public moderne, et particulièrement celui des femmes, dont l'éducation excluait la connaissance des Anciens, allait dans le sens de Perrault ; d'autre part, en célébrant constamment le régime de Louis XIV, Perrault le présentait comme le moment privilégié d'un nouvel âge classique qui pût faire pièce aux grands « siècles » de l'Antiquité (celui de Périclès, celui d'Auguste). On pourrait presque dire que, paradoxalement, ce fut Perrault qui prépara le berceau dans lequel l'historiographie du siècle suivant allait placer les auteurs « classiques » qui, bien que modernes (car récents, tels Pascal, Corneille ou Molière), avaient tous été « anciens » de goût et d'inspiration. Le véritable « régent du Parnasse » de cette fin de siècle, celui qui décerna les prix et les pensions, c'est bien Perrault : cet aspect est patent dans son ouvrage intitulé *Les Hommes illustres qui ont paru pendant ce siècle* (1696), qui donne un état de la question et qui fixe un palmarès de « modernes ».

Comprendre les *Histoires ou Contes du temps passé* dans ce contexte, c'est avant tout les réévaluer dans une visée d'ensemble, qui rejoint le souci de pédagogie mondaine qui animait les Modernes autant, sinon plus que les Anciens. Il suffit de rappeler quelques lignes de la « Préface » pour s'en convaincre :

> [Les gens de goût] ont été bien aise de remarquer que ces bagatelles n'étaient pas de pures bagatelles, qu'elles renfermaient une morale utile, et que le récit enjoué dont elles étaient enveloppées n'avait été choisi que pour les faire entrer plus agréablement dans l'esprit et d'une manière qui instruisît et divertît tout ensemble.

En réponse aux partisans des Anciens, Perrault invoque la tradition des fables milésiennes, de la « Psyché » de Lucien et d'Apulée. Il prétend même que la morale de ses « fables » vaut mieux que celle des Anciens, et il insiste notamment sur l'aspect énigmatique de la leçon qu'il faudrait tirer de *Psyché* (« voilà pour moi une énigme impénétrable », écrit-il avec ironie) :

> Il n'en est pas de même des contes que nos aïeux ont inventés pour leurs Enfants. Ils ne les ont pas contés avec l'élégance et les agréments dont les Grecs et les Romains ont orné leurs Fables ; mais ils ont toujours eu un très grand soin que leurs contes renfermassent une moralité louable et instructive.

La naïveté va de pair avec la pudeur et la bienséance ; la pudeur est nettement du côté d'un certain renouveau chrétien qui anime les esprits de cette fin de siècle. Il suffit de songer à l'activité pédagogique de Mme de Maintenon à Saint-Cyr, où Racine fait jouer *Esther* et *Athalie,* pour percevoir l'horizon d'attente dans lequel se situent les *Contes.* L'aspiration à une simplicité retrouvée, à cet esprit d'enfance qui se déploie dans les plus hautes sphères de la société, notamment autour de la dévotion à l'enfant Jésus, est un arrière-plan capital de la littérature de conte qui fleurit alors. Loin d'un folklore aux racines populaires, qui irriguerait l'inconscient d'un texte à peine maîtrisé par son auteur, c'est bien au contraire la suprême maîtrise d'un art accompli, dont le goût est partagé par l'élite d'une société choisie, qu'illustrent les *Contes*. L'influence du grand éducateur qu'est Fénelon est sans doute déterminante : il sait parfaitement par quel art on peut emporter les esprits, il a clairement défini dans son traité *De l'éducation des filles* les précautions qu'il faut prendre avec l'esprit des enfants. Perrault lui-même faisait l'expérience — par son veuvage, survenu en 1678 — de l'éducation de ses propres enfants. Il ira même jusqu'à attribuer l'écriture des *Contes* à son fils. Dans le cadre de cet « infantilisme » dominant, l'œuvre de Perrault a donc été proclamée « pour enfants » (et classée ainsi par les siècles suivants), alors qu'elle vise avant tout un public adulte et informé, mais qui se plaisait alors à l'esprit d'enfance.

La bienséance est à chercher du côté de la convenance avec le naturel et la simplicité qui siéent aux enfants. C'est un point de style, la recherche d'une harmonie entre la vision qu'on a alors de l'enfance et le langage qu'on lui prête. Pour un écrivain comme Perrault, cet aspect linguistique est primordial ; il prolonge l'effort d'un P. Bouhours pour définir une langue française dont les principaux caractères sont la simplicité, le naturel et la limpidité. Le refus d'une élégance affectée ou de faux brillants (les « agréments » des fables grecques ou romaines) s'appuie sur l'expérience fondatrice (et quasiment mythique) du récit fait par la nourrice ou par la « mie » (la grand-mère) :

> Le Conte de Peau d'Ane est ici raconté
> Avec tant de naïveté,
> Qu'il ne m'a pas moins divertie,
> Que quand auprès du feu ma Nourrice ou ma Mie
> Tenaient en le faisant mon esprit enchanté.

Admirateur de La Fontaine (mort en 1695), Charles Perrault choisit le conte en songeant au succès exemplaire des *Fables* : ne prétend-il pas y apposer des « moralités », comme l'indique le titre du recueil de 1697 ? Aux *Contes* immoraux du fabuliste, il répond par ses contes moraux qui reprennent la tradition propre à la fable et qui visent à une littérature ouvertement édifiante. Dans ce dialogue posthume de deux grands esprits, il faut sans doute faire intervenir un précieux intermédiaire, Pierre-Daniel Huet (1630-1721). Ce ferme défenseur des Anciens était à la fois prélat et théoricien du roman : cette alliance préfigurait la sympathie avec laquelle il pouvait regarder l'entreprise des *Contes*. Dans son *Traité sur l'origine des romans,* il voulait fonder la fiction romanesque en dignité, et l'utilité éducative s'était imposée à lui comme un argument majeur, qui plaçait la fiction dans la continuité du savoir scolaire. De plus la recherche des origines correspondait à une tradition à la fois érudite et mondaine inaugurée par Chapelain (*De la lecture des vieux romans,* 1647) qui semble annoncer l'entreprise « nationaliste » des *Contes*. Cette pédagogie des fées pouvait donc séduire l'un des plus exigeants intellectuels du temps, ami des Anciens, mais juste estimateur d'un Moderne tel que Perrault.

La moralité du conte intitulé *Les fées* illustre parfaitement les convictions de Perrault, qui engagent toute une vision de la littérature et de ses prestiges :

> Les Diamants et les Pistoles,
> Peuvent beaucoup sur les Esprits ;
> Cependant les douces paroles
> Ont encor plus de force, et sont d'un plus grand prix.

On a pu rapprocher ce conte des *Enchantements de l'éloquence* de Mlle Lhéritier, car la leçon centrale y porte aussi sur les « effets de la douceur ». L'intérêt majeur en est de définir une fonction de la littérature qui soit fécondante et formatrice pour les esprits : les perles et les diamants qui sortent de la bouche de la fille cadette sont l'image de cette littérature, placée sous le signe de l'exigence et de la rareté, et dont la naïveté est une suprême élégance. Avec Perrault est donc inaugurée véritablement une littérature nationale et autonome, attachée à la pureté d'une langue et aux valeurs de ceux qui la parlent : la conquête entreprise par la génération de Balzac et de Vaugelas semble être arrivée à son terme.

Condamnation des savoirs anciens, crise de l'humanisme, au nom d'un nationalisme littéraire exacerbé, polémiques confessionnelles et mise en cause des vérités établies : les ultimes années du « siècle de Louis XIV », considérées naguère comme le moment de la « crise de la conscience européenne »

(Hazard), ne seraient-elles que le moment d'un bilan ? Il est surtout remarquable que, du point de vue de l'histoire de la littérature, tout a basculé : les débats que l'humanisme tenait encore en latin, la question d'une maturité de la langue française sont désormais renvoyés au passé. La prose française, dans cette ultime querelle d'un siècle qui en fut fécond, affûte une dernière fois son tranchant et affine son efficacité. Les savoirs spécialisés dont le latin conservait le secret sont devenus accessibles à un public plus large : débats d'idées, exposés philosophiques, polémiques littéraires, mais aussi instruments de travail sont dorénavant à la portée de tous ceux dont la langue maternelle est le français. Ne parlons pas des nombreux autres qui le pratiquent déjà comme une langue de « culture ». De Montesquieu à Rivarol, de Fontenelle à Condorcet, la prose française apparaîtra comme l'instrument universel et adéquat pour la diffusion de toute pensée et partant, de tout progrès. Du point de vue qui est ici le nôtre, elle est devenue surtout le moyen d'expression d'une éloquence que l'on appelle désormais littérature.

Conclusion

Avec Boileau, mort en 1711, avec Fénelon, mort en 1715, avec Malebranche, mort en 1715, s'achève la littérature française du XVIIe siècle. A cette date-là (et ce n'était pas le cas en 1600) le public est profondément convaincu qu'il existe une « littérature » française. La gloire du théâtre, la promotion foudroyante de la prose d'art, pour ne pas parler des autres genres littéraires, ont conquis d'innombrables lecteurs, tant nationaux qu'étrangers. Ils sont persuadés que le sol de France avait effectivement produit des écrivains de la première classe, c'est-à-dire des « classiques », et que la langue de ces écrivains constituait un matériau susceptible de faire durer longtemps un art et une pensée. C'était partiellement une illusion : l'écriture n'est pas la sculpture, et les mots ne durent pas de la même manière que durent le bronze et la pierre. Du moins pouvait-on penser — et, sur ce point, l'on ne se trompait pas — que ces écrivains serviraient durablement de modèles.

Modèles paralysants ou modèles féconds ? Tout un débat pouvait s'ouvrir à ce sujet. Et c'est toute l'ambiguïté de la position des Modernes de la Querelle. Ils n'ont pas su poser les termes de ce débat. Ils ont parlé d'un « siècle », mais celui-ci n'existe pas. En bloquant sur la personne de Louis XIV, en attachant à l'absolutisme administratif d'un Colbert et d'un Louvois les progrès de la civilisation française, ils ont rendu leur cause fragile. Ils ont voulu léguer à la génération suivante (qui s'en est vite libérée) une conception fixiste (une fois pour toutes fixée sur le modèle présent) de la valeur littéraire.

Et cela, c'était mal comprendre ce qu'avait de riche l'antique notion de « siècle ». Le « grand siècle » auquel aspiraient nos auteurs avait des contours flous et s'abreuvait aux sources les plus diverses : parvenus au terme de cette étude, nous sommes mieux placés pour le discerner. La plus abondante de ces sources est celle de l'Antiquité, justement parce qu'elle réunit en elle-même de multiples courants convergents. Fidèles sur ce point aux conceptions de la Renaissance, les grands écrivains que nous avons rencontrés se représentaient le siècle des Bourbons comme ils imaginaient le siècle des Césars ou celui des Antonins : un temps de large synthèse enté sur son propre passé.

Il n'y a donc pas de modèle fixe. Il n'est de vrais modèles que ceux qu'on suit librement, par choix, et à l'intérieur d'une palette très étendue de genres, de styles et de goûts. Et ces modèles, d'ailleurs, on ne les suit pas, on joute avec eux. Ainsi s'était déjà constitué le premier « classicisme » du monde occidental, celui qui fit vivre et revivre, sur plus d'un millénaire et notamment à Alexandrie, la création littéraire des Grecs. Les écrivains français du XVIIe siècle ne s'attendaient sans doute pas à bénéficier d'un pareil retentissement. Mais c'est dans ce cadre de pensée qu'ils ont pratiqué le respect du modèle.

Ressuscitons-les pour un instant, et demandons-nous maintenant ce qu'auraient pensé Corneille et Racine, ce qu'auraient pensé Molière et La Fontaine des écrivains leurs successeurs, de la littérature française des XVIIIe et XIXe siècles. Ils leur donneraient probablement raison de n'avoir pas écouté Perrault et d'avoir complètement rompu avec son imagerie du « siècle de Louis le Grand ». Ils admettraient de bonne grâce — eux qui n'avaient jamais copié jusqu'à l'idolâtrie les formes reçues en héritage — que les tout neufs modernes choisissent leurs genres et leurs tons en dehors du canon fourni par le XVIIe siècle. Mais, subtilement avertis — par leur propre pratique — de la fécondité des influences reçues quand on a soi-même la force de les canaliser, sans doute eussent-ils reconnu non sans une secrète fierté que, de Beaumarchais à Baudelaire et de Voltaire à Maupassant, la création littéraire en France — sans leur propre exemple — tout simplement courait le risque de ne pas exister.

ORIENTATION BIBLIOGRAPHIQUE

LECTURE DES TEXTES

C'est le travail essentiel de l'étudiant littéraire. Ce travail est considérablement aidé par le livre de poche. On peut faire confiance aux collections de large diffusion, bien annotées dans la plupart des cas : « Folio classique » (Gallimard) ; « Le Livre de poche classique » ; « Classiques Garnier » (Bordas) ; « Garnier-Flammarion » (Flammarion) ; « Poésie-Gallimard » (pour Malherbe, Boileau [en partie], et pour l'*Anthologie de la poésie française au XVIIe siècle*) ; « Bouquins » (Laffont) [par exemple, *Moralistes du XVIIe siècle*].

Les titres absents de ces collections pourront se trouver dans :

- la série « Société des textes français modernes [STFM] » (diff. Klincksieck) ;
- la série « Textes littéraires français [TLF] » (Droz) ;
- la série « Corpus des œuvres de philosophie » (Fayard) ;
- la « Bibliothèque de la Pléiade » (livres reliés, Gallimard), qui contient, par exemple, des anthologies intitulées *Théâtre du XVIIe siècle* (3 vol.), *Nouvelles du XVIIe siècle* (2 vol.), fort utiles pour découvrir des auteurs moins connus, et, pour les auteurs les plus connus, des éditions qui réunissent toute leur œuvre ;
- ainsi que dans quelques séries d'une diffusion plus restreinte : « Images et témoins de l'âge classique » (Univ. de Saint-Etienne), « Littératures classiques » (Univ. de Toulouse-Le Mirail), « Textes littéraires » (University of Exeter), la « collection du Répertoire » (Théâtre national de Strasbourg, Cicero éd.), etc.

DOCUMENTATION

Trois instruments de travail récents permettent de poursuivre les pistes d'étude ouvertes par le présent manuel :

1 / Jean Mesnard et divers auteurs, *Précis de littérature française du XVIIe siècle*, Presses Universitaires de France, 1990, avec index complet et bibliographies détaillées (par généralités et par écrivains).

2 / François Bluche et divers auteurs, *Dictionnaire du Grand Siècle*, Fayard, 1990 : utile pour la vie des écrivains, et surtout pour tout ce qui touche à l'histoire et aux institutions ; se recommande particulièrement pour tous les domaines des arts non

traités par le présent manuel : architecture, gravure et sculpture, peinture, musique. Voici une liste des rubriques développant certaines des questions traitées plus haut : Antiquité, Anciens et Modernes, Classicisme, Critique, Eloquence, Esprit, Galant, Honnête homme, Libertinage, Merveilleux, Monde, Préciosité, Rhétorique.

3 / Béatrice Didier et divers auteurs, *Dictionnaire universel des littératures*, Presses Universitaires de France, 1993. Il s'agit d'un dictionnaire des grands écrivains, avec des bibliographies. En rapport avec le présent manuel, on examinera les quelques articles de synthèse qu'il contient, pour la France du XVIIe siècle (l'astérisque désigne les plus développés) : Académies, *Baroque et classicisme, *Belles-Lettres, Comédie classique, Mémoires, *Moralistes, Pastorale dramatique, République des Lettres, *Religion et littérature, *Rhétorique et poétique, *Roman, Tragédie classique.

LEXIQUE DES IDÉES

Selon la question qui l'intéresse, le lecteur pourra :

— *soit commencer par feuilleter le présent lexique ;*

— *soit s'y reporter en cours de lecture.*

Les notions littéraires les plus importantes, et les plus communes aux différentes parties du manuel, ont fait l'objet d'un certain développement.

Les quatre rubriques POÉSIE / PROSE D'ART / ROMAN / THÉÂTRE *ne figurent pas dans ce lexique. A leur sujet, voir le sommaire, p.* V-X.

Les mots suivis d'un astérisque se retrouvent dans le lexique. Les chiffres en italiques renvoient aux pages du volume.

Absolutisme. Système de gouvernement où le pouvoir est absolu — ce qui signifie indépendant, mais non pas sans limites, *6, 229, 377.* Voir *Cardinal, Parlements, Rois de France.*

Académie française. Fondation, *243, 312-313.* Influence, *12, 305, 315.* Parodie, *265.*

Agrément(s). Voir *Plaisir.*

Antiquité. Son imitation fait partie du Classicisme*. En fait, la mythologie, l'histoire grecque, l'histoire romaine, les genres littéraires normalisés par Aristote et par Horace, et les œuvres d'un grand nombre d'auteurs (du VIIIe siècle av. au VIIIe siècle apr. J.-C.) forment le soubassement de la culture de l'époque. Son influence s'exerce sur tous les domaines étudiés ici : sur la conception de la littérature, *210, 299-304, 311, 394-395* ; sur la comédie, *29, 77* ; sur la pastorale et la tragi-comédie, *79-80, 84-85* ; sur la poésie, *79, 209, 218, 223, 235-236, 249, 258* ; sur la prose d'art, *309, 312-314, 385* ; sur le roman, *144-145, 202* ; sur la tragédie, *88-89, 98, 121-122.* Exemples de parodie et de refus de l'Antiquité, *33, 42, 266-267, 350, 387, 388-389, 400.*

Apologie. Du mot grec signifiant « défense ». On l'emploie particulièrement pour parler de la défense de soi-même, *43, 307, 349, 356, 375, 377, 380* ; ou de la défense de sa propre religion (en ce cas, l'auteur du livre est un « apologète »), *336, 363.*

Atticisme. Terme légué par l'histoire de la rhétorique* et correspondant à ce que nous appelons Classicisme*, *311-312.*

Ballet. Divertissement de cour mettant en jeu non seulement la danse, mais aussi d'autres formes de spectacle, *11, 17, 76-77, 83, 220, 243.*

Baroque. Etiquette stylistique appliquée à des œuvres dont on veut souligner la dramatisation intense (mouvements en spirales, effets de courbe, exagérations, violence, luxe, surcharge), l'hétérogénéité (mélange des genres) et parfois l'obscurité, *40, 43, 230.* Sur le plan historique, la notion s'applique encore assez souvent à toute la production française des années 1580-1620. Mais on l'emploie moins depuis qu'on a renoncé à se faire du Classicisme* une idée trop simple.

Belles-Lettres. Ensemble des savoirs humains *(litterae humaniores)* donnant lieu à des ouvrages écrits *(res literaria).* Inclut donc la notion actuelle d'érudition, *217, 304, 312, 314, 366, 374, 383, 399.*

Bienséance. Idée de convenance (*decorum* en latin), de compatibilité avec l'attente du public, *122, 189, 195, 274, 392, 404-405.* Mais cette règle* n'a rien d'absolu. Elle ne se réduit pas à la pudeur ni même à l'accord avec la morale en cours. Scudéry et Chapelain sont, en 1637, beaucoup moins choqués des visites que Rodrigue rend sans témoin à Chimène (quelques décennies plus tard, on pourra se montrer effarouché par une telle audace) que de l'amour qu'elle continue à lui porter et à lui avouer bien qu'il ait tué son père. Chimène contrevient à « la bienséance de son sexe », en ce sens qu'elle manque de piété filiale, *108.* Mais la sévérité de ce jugement est à mettre en rapport sinon avec le genre de la pièce (tragi-comédie en 1637), du moins avec la gravité générale de sa tonalité, qui permettra de la désigner comme une tragédie en 1648. L'héroïne de *La Bague de l'oubli,* publiée par Rotrou deux ans avant la représentation du *Cid,* ne repousse pas l'idée de faire emprisonner son propre père pour vivre plus librement ses amours et la pièce ne déclencha aucun scandale : c'est une comédie. Le public était disposé à accepter un tel comportement dans ce cadre esthétique précis. S'il sied mieux à un héros tragique de « disparaître », frappé à mort hors de la scène, que de faire voir au public du sang qui jaillit d'une vilaine blessure, c'est qu'ainsi son image idéale n'en est pas altérée. De même, Phèdre ne saurait prononcer elle-même la dénonciation mensongère qui causera la mort d'Hippolyte, *134* ; la bienséance veut que ce soit la faute d'un personnage moins noble. L'image que l'on donne de soi et celle que le public se fait de vous sont donc le fondement de la bienséance : voir *Honnête homme.*

Selon Rapin (*Réflexions sur la poétique,* 1674) : « Tout ce qui est contre les règles du temps, des mœurs, du sentiment, de l'expression est contraire à la bienséance. » A la limite cette exigence se confond avec celle de vraisemblance*.

Burlesque. Discordance de ton, définie ici pour la poésie, *211, 260, 263-264, 266, 287, 295.* L'effet de décalage qu'elle comporte se retrouve au théâtre, *44, 48-50, 77* ; dans le roman, *170, 175* ; dans l'art épistolaire, *369.*

Cardinal (Le). Au singulier, désigne de préférence le cardinal de Richelieu, premier ministre de 1627 à sa mort en 1642, et dont l'influence sur les lettres et les arts fut considérable, *5, 12, 16, 20, 214, 243, 311.* De 1643 à 1661, le cardinal Mazarin est le principal ministre du jeune Louis XIV, avec l'interruption partielle de la Fronde*. Moindre influence littéraire, *24, 244, 377.*

Classicisme, Classique. Etiquette stylistique appliquée à des œuvres dont on veut souligner l'effet de force obtenu par l'économie des moyens, la clarté de composition et d'expression, le naturel*, la galanterie*, l'air d'honnête homme*, et, dans certains cas, le respect des règles*, *215, 216, 222, 304, 311, 335, 337, 345, 393, 394, 409.*

Sur le plan historique, la notion s'applique d'abord à l'Antiquité latine et grecque, soit indistinctement, soit pour y distinguer des époques plus pures que d'autres. En France, elle s'applique souvent à toute la production française des années 1660-1680, et assez souvent à celle des années 1630-1700. C'est à la fois une convention établie par la tradition universitaire française et une désignation historiquement justifiée par le sentiment qu'avaient les écrivains du XVIIe siècle de participer à une entreprise collective, *4.*

Le plaisir* et les règles* doivent s'accorder dans toute définition de la doctrine classique. Cet équilibre reproduit, sur le plan des principes, la conciliation opérée, dans la pratique, par l'écrivain, entre la tradition dont il se nourrit (Antiquité, Renaissance) et les exigences du public. Mais cet équilibre demeure fragile, *344.*

Comédie. Définition et histoire, *27-51, 385.* L'adjectif « comique » peut avoir d'autres emplois que son sens de théâtre. Voir *175, 179, 295, 331, 379* et *Héroï-comique, Rire, Réalisme.*

Contes et nouvelles. Le conte, qui existe depuis que l'on prend plaisir à raconter et que l'on se divertit à écouter, répond à des rêves, des désirs cachés ou des craintes et apporte parfois un enseignement. On lui donne des noms différents suivant les époques, fabliau, histoire, conte, nouvelle... C'est une forme brève (quelques pages), mais plus développée que la fable* qui traditionnellement resserre son récit et en fait l'âme d'une morale. Le conte, lui, narre volontiers sans se prendre au sérieux. Mais il y a, du rêve au rire, plusieurs tonalités. Une tradition française du conte facétieux et leste s'installe avec les fabliaux (XIIe-XIIIe siècles). On voit défiler dans ces « contes en vers à rire » des filles naïves ou malicieuses, des maris stupides, des moines et des curés égrillards, tout un monde de benêts, de cocus et de trompeurs, tout un personnel que, à l'exception du clergé, reprendra la farce, *173, 259.* La satire n'y est pas méchante et l'agrément vient surtout de la manière dont sont montés et narrés les stratagèmes et les bons tours. L'Italie illustre le genre avec sa *novella* (Boccace, *Le Decaméron,* v. 1350) récit en prose, dont on fait des recueils. Les conteurs français en reprennent la forme (les *Cent nouvelles nouvelles* [v. 1450], l'*Heptaméron,* de Marguerite de Navarre [1559]), qui fait de chaque récit un cas à discuter, exemple à suivre ou scandale à éviter. Leurs personnages se retrouvent dans la comédie, *29, 45,* tandis que la nouvelle connaît une métamorphose littéraire, *181, 183-186.* Quant aux courts récits licencieux de la tradition médiévale, La Fontaine les fait renaître avec ses *Contes et nouvelles en vers, 288-289.* Cette veine grivoise ne s'éteindra pas. Mais le merveilleux l'emporte bientôt avec le succès des contes de fées (Perrault, 1697), en attendant qu'avec *Les Mille et une nuits* (adaptées par Galland, 1704-1717), l'imaginaire européen soit marqué pour longtemps par la magie des contes orientaux.

Conversation. Art de l'échange oral des propos. Les mondains croyaient l'avoir découvert ; voir *Honnête homme* : « La conversation des honnêtes gens est un des plaisirs qui me touchent le plus » (La Rochefoucauld, dans son « Portrait par lui-même »). En fait, le dialogue d'idées (Platon, Cicéron) et le dialogue de théâtre sont d'origine littéraire. Mais, au XVIIe siècle, ils relèvent bien d'une esthétique de la conversation, *32, 61, 117, 152, 185, 291, 308, 312, 349, 361, 365-366, 370, 391, 395, 398, 403.*

Cour. Maison du roi, prise dans un sens très large, où se rencontrent non seulement toutes les élites dirigeantes mais toute leur clientèle, *186-187, 314, 366.* Molière en donne deux définitions célèbres : *Critique de l'Ecole des Femmes,* VI, et *Femmes savantes,* IV, III. La cour constitue, avec les honnêtes gens, le public visé par les écrivains.

Critique littéraire. Définition donnée par Guez de Balzac, lettre à Conrart, 1651 : « Découvrir des vérités fines et secrètes, débiter des originaux en traitant même de lieux communs, plaire et instruire tout à la fois, savoir distinguer entre le bien apparent et le véritable bien, entre le bien et le mieux, juger de tous les degrés et de toutes les différences du bien, peser jusqu'au moindre grain du mérite et de la valeur des choses. » De même chez Boileau : *395.*

De nombreux auteurs s'y sont appliqués, notamment pour : la comédie, *30, 65, 281* ; la poésie, *245, 253, 281* ; la prose d'art, *307, 311, 314, 360, 367, 371, 391, 392, 393, 402* ; le roman, *141, 144, 406* ; la tragi-comédie et la tragédie, *281.* Voir aussi *Rhétorique, Règles, Querelle.*

Dialogue. Voir *Conversation.*

Eloquence. Pascal, *331,* a joué sur les deux sens du mot : *a)* sens large de prose d'art, *357, 403, 407* ; *b)* sens restreint d'art oratoire, ici la prédication, *336, 342.* Voir *Rhétorique.*

Epicurisme. Morale et métaphysique représentées, dans l'Antiquité, par Epicure, Lucrèce, Horace, etc. Elles placent le souverain bien dans le plaisir, c'est-à-dire le refus des tracas, la retraite hors des affaires du monde, l'obéissance aux penchants naturels. Elles refusent de faire de l'âme une substance distincte et immortelle, absolument séparée des corps, *398-399.*

La religion chrétienne dénonçait l'immoralité de ces « libertins* », *235,* et leur refus d'admettre l'immortalité de l'âme. Mais un « épicurisme chrétien » illustré par Montaigne, Gassendi, *326,* et peut-être La Fontaine, *295, 399,* a tenté de réduire cet écart, en préparant ainsi la forme de religiosité qu'on appellera, au XVIIIe siècle, « le déisme ».

Epigramme. Définition et exemples, *258, 263-273, 402.*

Epistolaire (Art). Définition, *304, 306-307* ; exemples, *147, 152, 184-185, 194, 311, 323, 329, 365-367, 380, 392, 403.*

Epître (en vers). Définition et exemples, *265, 271, 278, 279.*

Epopée. Définition et exemples, *209, 249-253, 284-286.* Rapports avec le roman, *202,* l'histoire, *376.* Voir *Héros.*

Espagne (Rapports avec l'). Théâtre, *37-38, 44-46, 71, 80, 103.* Roman, *142, 146, 270.* Prose d'art, *300, 301, 367-369.*

Esprit (Avoir de l'). Qualité de l'honnête homme* et de l'écrivain, correspondant au « génie » *(ingenium)*, *348, 374,* du latin. Il ne s'agit pas seulement (sens restreint) d'une habileté à plaisanter (voir *Pointe)*, mais (sens complet) des plus hautes qualités d'originalité intellectuelle et littéraire, *163-164, 259, 343-344, 348, 370, 393, 402.* Contre l' « esprit », *343-344.*

Fable. Au sens de petit genre littéraire, *290-296, 353, 385, 388, 405* ; au sens de mythologie païenne, *249, 388, 395, 404.* Le sens de « sujet d'un ouvrage de fiction » existe également.

Farce. Définition et exemples, *24, 27-28, 51-56, 62, 68, 74, 371.*

Fronde. Période courte (1648-1652) mais intense, pendant laquelle la cour, les élites sociales et le monde littéraire, généralement préservés de ces inconvénients, furent directement touchés par les émeutes populaires et l'agitation politique. Ont défié le pouvoir royal : les Parlements*, le parti des Princes (son chef : Condé), la ville de Paris (Retz), *163, 244, 325, 349, 376, 398.* A donné lieu à toute une production de pamphlets politiques, les mazarinades, *262.*

Galanterie. Ce mot s'applique d'abord à tout geste élégant *(40, 64, 76, 184)* et est devenu ensuite le signe d'une esthétique du naturel*, de l'enjouement et de l'honnêteté*, illustrée notamment par Voiture, *269, 275, 308,* mais beaucoup plus largement répandue, *186, 239, 273, 288, 365, 369, 371, 393.*

Héroï-comique. Burlesque* nouveau représenté par Saint-Amant et par *Le Lutrin* de Boileau, *257, 267, 395.* Ne pas confondre avec la comédie héroïque (rubrique suivante).

Héros, Héroïsme, Héroïque. Personnage exceptionnel (divin dans l'Antiquité, royal au XVIIe siècle — ou encore grand général), et donc appelé à devenir sujet de tragédie, de roman, d'épopée, de lyrisme officiel, et, beaucoup plus rarement, de certaines comédies *(34, 97).* En ce sens, l'héroïsme a été largement diffusé, dans l'Europe moderne, par Plutarque, rhéteur grec (Ier siècle apr. J.-C.), et Tite-Live, historien romain (59 av. J.-C. - 17 apr. J.-C.), *97, 98-119, 123, 130, 141, 144, 148, 153, 161, 179, 187, 217, 242, 249, 250, 286, 340, 341.*

Mais il faut tenir compte de deux autres sens possibles. Au XVIIe siècle, l'héroïsme est : *a)* l'exacerbation du sentiment de l'honneur *(94, 103-104)* reflétant l'importance de la fonction militaire au sein de la société *(144, 250, 269, 349, 381)* et certains traits de l'honnête homme* *(110-111, 168)* ; *b)* la part faite, dans une créature de fiction, à certains aspects de la sainteté chrétienne, *144, 251,* et/ou de la supériorité morale du sage stoïcien (voir *Stoïcisme*) s'exprimant avec une franchise « sublime* » *(174, 253, 316, 325, 347, 377).*

On a pu soutenir (P. Bénichou) que, à partir de 1650, il s'était produit dans les esprits une certaine « démolition du héros » ; en fait le rêve héroïque durera longtemps encore. Pour les parodies de l'héroïsme, voir *Réalisme.*

Histoire (comme genre littéraire). Définition et exemples, *122, 162, 308, 375.*

Honnête homme, honnêteté. Personnage sociable, qui se préoccupe d'être agréable aux autres et qui y trouve son avantage. Il dit aux autres ce qu'ils veulent entendre et attire l'attention sur lui par sa discrétion même, grâce à son art de faire soupçonner en lui de belles qualités et d'âme et d'intellect. Il a des manières polies, *37, 274,* et des talents de société (vêtements à la mode, chant, danse, guitare, connaissance de l'italien et/ou de l'espagnol). C'est le plus souvent un noble d'épée, mais des roturiers peuvent le rejoindre *(32, 366),* pourvu qu'ils soient gens de loisir, qu'ils cultivent une distance par rapport à l'effort et à l'argent. Peu voyante *(324, 331, 353),* sa culture est pourtant fort riche, *66, 95, 358, 368.* Etre de société, public de choix pour les écrivains, il est constamment placé sous les regards d'autrui, et donc amené à coïncider avec la belle image qu'il donne de lui, *5, 118.* L'honnêteté est donc une conduite sociale qui culmine dans un art de la parole, *110, 117, 303, 315, 347, 357.* Théorisé par Méré *(391-392),* cet art venait des cours italiennes de la Renaissance (B. Castiglione, *Il Cortegiano,* 1528) et fut adapté par N. Faret, de la maison de Gaston d'Orléans, frère du Roi (*L'honnête homme,* 1630), *107, 310, 347.* Le bilan social de l'honnêteté sera tiré par La Bruyère, *361.* L'honnête homme a naturellement servi de modèle à de très nombreux personnages de fiction, *32, 61, 64, 107, 331.*

Italie (influence littéraire de l') : sur la critique et la prose d'art, *32, 91, 301, 369* ; sur l'histoire, *309, 376* ; sur la lettre, *306* ; sur la poésie, *224, 256, 272* ; sur le roman, *141, 146* ; sur le théâtre, *10-12, 30, 44, 80, 85.*

Jansénistes. A l'intérieur du catholicisme, disciples particulièrement ardents de saint Augustin (354-430) et de son commentateur Jansénius (1585-1638). Aperçu de leur doctrine, *328, 355-356, 376.* Activité littéraire considérable, *23-24, 283, 336, 343, 350, 353, 385,* et influence sur Pascal, *327-329, 354,* Racine, *124-127,* et de nombreux autres écrivains. Le centre de leurs travaux était, près de Paris, l'abbaye de Port-Royal-des-Champs.

Lettre. Voir *Epistolaire.*

Libertins. Libres penseurs ou, plus généralement, esprits résistant à l'emprise de la religion, *68, 72-73, 170, 198, 224, 227, 233, 261, 354, 356.* Parmi eux, ceux qu'on appelle les « libertins érudits » *(326, 399)* ne sont pas tous hostiles au christianisme.

Ligue. Nom donné, pendant la fin des guerres de religion en France (1580-1595), au parti catholique le plus radical. Son idéal s'est maintenu dans certains cercles, mais sans esprit de rébellion contre le roi, pendant la première moitié du XVIIe siècle, *213, 301, 376.*

Lyrisme. Au XVIIe siècle, ce terme ne désigne pas le caractère personnel d'une poésie mais le développement, sous une forme générale et en vers, de sentiments collectifs, *209, 216-219.*

Machiavélisme. Dans *Le Prince* (1513), l'Italien Machiavel a réfléchi sur les moyens dont dispose un souverain pour conserver son pouvoir. A force d'être dénoncée par les apologètes chrétiens, cette réflexion a fini par devenir synonyme, dans la langue courante, de ruse et de politique sans scrupule, *116, 327, 355, 381.*

Machines. Terme appliqué, en matière de théâtre, aux décors et artifices scéniques, qui sont alors une grande nouveauté, *8-9, 22, 75, 98.*

Maniérisme. Style favorisant la représentation des petits espaces ou la mise en mouvement de petits éléments. Surtout sensible en poésie, *216.*

Maxime. Définition, *364* ; exemples, *348-353, 378-379.* Voir *Sentence.*

Mécène. A l'origine : nom d'un favori de l'empereur romain Auguste, *315.* Personne (ou groupe de personnes) proche du pouvoir et prenant une part active à la protection des arts et des lettres, *11-15, 19, 213, 217, 245, 251, 282, 305.*

Mondains. Personnes appartenant au « grand monde » (on dit aussi : le « beau monde »). Elles s'opposent aux doctes (= savants) en ce qu'elles jugent des œuvres artistiques et littéraires d'après le seul plaisir qu'elles y trouvent, *163, 239, 312, 325, 343, 356, 399.* La littérature mondaine *(163, 186, 268-276, 339, 348, 353, 366, 369, 374, 380, 391, 404)* — et les salons* qui en garantissent la qualité et qui incarnent, en matière de langue, la norme du « bon usage », *314* — sont donc une des écoles de l'honnête homme*.

Moralistes. Catégorie d'écrivains qui, pour étudier l'homme, choisissent, à l'exclusion des genres de fiction, les formes de la prose d'art, *294, 344, 349, 353, 354, 360, 364, 365, 378.* Plus généralement, tout écrivain intéressé par l'étude de l'homme universel, *70, 159, 379.* C'est dans ce second sens que Paul Valéry découvre un « moraliste » en tout « grand écrivain ».

Moyen Age français (influence littéraire du). Ce phénomène touche non seulement les mondains mais aussi les doctes, *79, 144, 149, 236, 250, 270, 271, 406.*

Naturel. Expression artistique de la vérité. C'est le thème central de la critique* classique*. Au nom du naturel, celle-ci condamne l'excès d'ornement, la pointe*, le burlesque* quand il est outré, le pédantisme. Au nom du naturel toujours, la même critique préconise l'élégance et la délicatesse des pensées et des mots, l'adaptation d'un texte au public qu'il vise et au genre pratiqué, et donc le respect du principe de bienséance*. Définition par Pascal du « style naturel », *335.* Autres exemples, *33, 60, 63, 193, 289, 308, 331, 357, 365, 370, 390, 393, 405.*

Nouvelle. Voir *Contes.*

Ode. Modèles antiques : Pindare (célébration des grands événements publics). Horace (même célébration, avec une note plus personnelle). Poème où la répartition des rimes et des mètres par strophes obéit à des lois rigoureuses, mais dont on admet que le style, en raison de la verve du poète, puisse être marqué par de surprenantes libertés, *211, 216-219, 234, 242-245, 266.*

Opéra. Pièce de théâtre entièrement chantée. La musique (avec les machines*) en étant l'élément essentiel, l'opéra est longtemps resté de langue italienne, *12-13.* Grâce à l'énergie du compositeur Lulli, il s'impose comme un genre littéraire français (livrets de Quinault, Houdar de La Motte) à partir des années 1670, *19, 77, 248, 398-399.*

Parlement. Ce mot n'a pas le sens moderne d'assemblée(s) politique(s) élue(s). Au XVIIe siècle, ce sont les cours suprêmes de justice, *27*. Particulièrement, le Parlement de Paris, *302*.

Pastorale. Définition de l'esprit pastoral, *80, 146, 240*. Au théâtre, *79-84* ; dans le roman, *145-159* ; en poésie, *240-242*.

Pétrarquisme. L'Italien Pétrarque (1304-1374) est un célèbre poète de l'amour vrai qui s'adresse sans espoir à une beauté inaccessible, *155*. Mais, à force d'être imité, son style touchant s'est dégradé en une répétition monotone de procédés métaphoriques, que les poètes mondains emploient indifféremment pour chanter des amours superficielles ou des amours sincères, *221, 227, 235, 239, 272*.

Plaisir, Plaire, Agrément. Précepte issu d'Horace et repris en chœur par tous les écrivains, *63, 258, 311, 349, 366, 372, 374, 386, 404*. Il rejoint le souhait des mondains* de se voir offrir une littérature de divertissement. Ses modalités d'application sont variées. Voir, par exemple, *Conversation, Galanterie, Honnête homme, Naturel*. Un des éléments du plaisir est la « diversité » (ou variété) que Pascal analyse, *334*.

Platonisme. Réflexion sur l'amour comme source de toute beauté (et donc de la littérature aussi). Cette réflexion s'appuie, de manière lointaine, sur le dialogue de Platon intitulé *Le Banquet* et, plus précisément, sur son commentateur italien du XVe siècle, Marsile Ficin, *144, 155-156*.

Pléiade. Célèbre école poétique du XVIe siècle français, réunie autour de Ronsard (1524-1585) et de Du Bellay (1525-1560) *207, 215, 225, 236, 272, 299, 301*. Ce dernier en rédigea le manifeste, *Défense et illustration de la langue française* (1549).

Pointe. Trait d'esprit* plus particulièrement quand il s'exerce en poésie, où il constitue le couronnement de pièces courtes, comme l'épigramme et le sonnet, *239, 256, 259, 272, 349*.

Port-Royal. Voir *Jansénistes*.

Portrait. Oralement ou par écrit, la peinture de soi-même et la description, plus ou moins ironique, d'autrui comptent parmi les divertissements les plus goûtés des mondains*, *36, 62, 63, 66, 163, 166, 187, 364, 380*. Mais le portrait relève aussi de la tradition antique de la prose d'art, *153, 169, 310, 378*.

Précieuse, préciosité. La précieuse est une femme d'un type qui prête à la caricature (Molière, *63*), mais qui, cultivée ou cherchant à l'être, exige qu'on la respecte et fréquente les salons, *54, 60, 164, 178, 192*. Ses scrupules de langage, son raffinement dans l'analyse psychologique ont fait parler de « préciosité », *166, 343, 365*. Lorsqu'on veut souligner la qualité littéraire des productions de ces salons, on préfère employer le terme de galanterie*.

Protestants. Adeptes de la religion réformée (officiellement, au XVIIe siècle, « religion prétendue réformée »), familièrement appelés « huguenots ». Quoique séparés de la religion* de l'Etat, ils disposaient, par l'Edit de Nantes (1598), d'un statut légal. Leur influence, notable au début du siècle, alla en diminuant, jusqu'à la suppression complète de leurs églises en 1685, *229, 233, 246, 345, 387, 397*.

Querelle. Mode d'exercice fréquent de la critique littéraire*. On ne doit pas surestimer l'aspect personnel de ces disputes. Les plus célèbres sont, dans l'ordre chronologique : la querelle des *Premières Lettres* de Balzac, *307, 384* ; la querelle du *Cid, 108, 313* ; la querelle des sonnets, *273* ; la querelle des Anciens et des Modernes, *253, 384, 395, 402*. Mais il y en eut bien d'autres, *22, 23, 65, 252, 302, 314-315, 368*. On ne note pas ici les querelles de pensée.

Réalisme. Le terme n'est pas d'époque. C'est le contraire de l'héroïsme* : le refus des personnages et des actions extraordinaires, des sentiments éthérés, de l'expression enthousiaste. D'où l'affectation de sensualité et de trivialité, dans le roman, *167, 170, 171, 172, 176, 179, 181, 200* ; en poésie, *224, 227, 256, 264, 266* ; dans la prose d'art, *362*.

Le goût de la description concrète et détaillée des passions et des objets, *81, 149, 150, 152-153, 163-164, 204, 295, 301, 352, 379,* ne relève pas de cette théorie mais des enseignements de la rhétorique* sur la meilleure façon d'orner un style.

Selon le sens que prendra ce mot vers 1850, on trouve, dans les œuvres du XVIIe siècle, du réalisme social. Il s'agit surtout de la prise en compte de la condition et des mœurs de la bourgeoisie ou de la noblesse provinciale et rurale. Sont « réalistes », en ce sens, certains portraits et caractères, *57, 66, 261, 359, 364,* beaucoup de petites comédies, par leur titre (Du Ryer, *Les Vendanges de Suresnes,* 1636 ; Poisson, *Le Baron de la Crasse,* 1662 ; Hauteroche, *Le Deuil,* 1672, etc.), et leur contenu, *52-53, 56,* et surtout les romans que le XVIIe siècle appelait « romans comiques », *175, 179 ; 167-182*.

Règles. Directives données par la critique aux écrivains, *46, 77, 84-87, 215, 315, 335, 358, 403*. Les classiques*, en les appliquant, les concilient avec le plaisir* du public. Dans cette optique, les règles de bienséance* et de vraisemblance* jouent le rôle principal. Plus spéciales sont les règles des unités*.

Religion. Souvent nommé le « siècle des saints », *317, 337,* le XVIIe siècle commence au lendemain des guerres de religion (1562-1595), où se sont affrontés catholiques et protestants* ; il est marqué par la recherche constante et dynamique d'une spiritualité nouvelle, et il se distingue par l'esprit de reconquête catholique qui animera ses rois, jusqu'à la révocation de l'Edit de Nantes en 1685. La France demeurera donc pendant de longues années le lieu d'un affrontement entre Réforme et Contre-Réforme. D'autre part, il faut insister sur l'union indissociable qui est établie entre le trône et l'autel : le catholicisme français est lié à son premier représentant, le roi, dont la fonction est consacrée par l'Eglise. D'autres tensions résulteront de cela : les prétentions à une relative autonomie de l'Eglise de France par rapport à Rome, siège du catholicisme, seront constantes. Le « gallicanisme » est le nom de ce courant, que défendent juristes et érudits, attachés à la tradition française. Dans ce contexte politique et religieux, on comprend que la littérature, par définition mondaine et profane, ne va pas de soi : la moitié de la production imprimée à Paris au XVIIe siècle est faite de livres religieux. Le grand public a peu l'expérience d'une prose d'art en dehors de l'Eglise : les sermons constituent l'essentiel de ses contacts avec le fait littéraire, *336*. Inventer une littérature qui fût légitimement laïque et mondaine a donc été le souci de toute la pensée critique du siècle : c'est dans ce contexte qu'il faut comprendre les querelles autour des *Provinciales (333)* autour du *Tar-*

tuffe (69), le refus par Boileau du merveilleux chrétien *(252)*, les scrupules des moralistes à traiter de la religion *(356, 363)*. Tel est aussi le sens des querelles autour du théâtre *(23-25)*. La légitimité d'une littérature qui reconnût le plaisir* comme seul objet ne pouvait se concevoir que dans des limites très strictes. La force de l'esthétique classique* vient, en partie, de ce qu'elle a su intérioriser ces débats pour nourrir la vigueur de ses plus grands chefs-d'œuvre, *337, 353*.

Renaissance (littérature de la). Nom collectif donné, en France, aux œuvres du XVIe siècle. Au XVIIe siècle, Rabelais et Montaigne sont constamment présents dans les mémoires. Influence plus spécifique du XVIe siècle sur la tragédie, *88-92*, la satire, *226*, la rhétorique, *300, 301, 314*. L'auteur le plus imité, surtout pour son badinage, est sans doute Marot, voir l'index des écrivains. Voir aussi *Pléiade*.

Rhétorique. Technique de la parole, destinée à rendre le discours persuasif, qui est enseignée depuis l'Antiquité (Aristote, Cicéron, Quintilien, etc.) et qui a été vigoureusement reprise à la Renaissance, *299, 301, 303, 340*. Ses leçons, appliquées à la langue française, ont fini par dégager l'espace littéraire correspondant à la prose d'art, *304, 311, 315, 320, 337, 352, 364*.

Livres français traitant directement de rhétorique, *302, 313, 333-334, 336, 386, 391, 394*. Parodie, *11, 263-264*.

Rire, Ridicule, Force comique. Le comique discret, mais piquant, appartient à l'honnêteté*. En dehors de la farce* et du rire grivois, il s'exerce dans nombre de genres littéraires, *32-33, 66, 74, 257, 262, 330, 364, 369, 371*. Son mélange avec le sérieux peut donner le burlesque*. A son sujet, on parle souvent de « raillerie », *331-332, 349, 366, 403*.

Robe (La). C'est la partie de la nation la plus instruite et la plus tournée vers les professions intellectuelles. Les magistrats en constituent la plus grande part. On dit parfois « la grande Robe » pour désigner collectivement les membres des Parlements*, qui sont les plus élevés de ces magistrats, *7, 173, 302*.

Rois de France. Au XVIIe siècle, les Bourbons sont les successeurs des Valois*. Ce sont les règnes de Henri IV (1589-1610), Louis XIII (1610-1643) et Louis XIV (1643-1715). Il faut également tenir compte des reines régentes (pendant la minorité des jeunes rois) : Marie de Médicis (1610-1617) et Anne d'Autriche (1643-1653).

Image littéraire des rois, *5, 150, 217-218, 341, 361*.

Salons. On disait « belles compagnies », parfois « ruelles », mais le terme s'est imposé par analogie avec les époques ultérieures. Il s'agit des lieux où préfèrent se retrouver les mondains* et où, notamment par la conversation*, se forme l'honnête homme*. Les salons prennent le nom de la femme d'esprit chez laquelle on se réunit : Mme de Rambouillet, *62, 163, 214, 268, 308, 367-368* ; Mlle de Scudéry, *62, 164-165, 274* ; autres salons, *64, 178, 265, 275, 283, 350, 392, 398*.

Satire. Définition, *209, 223*. Exemples directs, *222-231, 257, 277-279* ; exemples indirects, *170, 228, 262, 268, 361*.

Sentence. Terme de rhétorique calqué sur le latin *sententia*, *292, 300, 309, 348-349*. Parfois citation et parfois lieu commun, c'est une manière brève et savante d'orner un texte. On la trouve dans les tirades de théâtre, *90, 110*, et dans le discours de prose, *351, 371*. Quand les sentences se présentent sous la forme de fragments et dans un environnement mondain, elles prennent le nom français de « maximes* », *351*.

Sonnet. Définition, *272-273* ; exemples, *152, 242, 262*.

Stances. De tragédie : définition et exemples, *104, 106* ; en poésie : définition et exemples, *152, 219, 271*.

Stoïcisme. Morale et métaphysique représentées, dans l'Antiquité, par Zénon, Sénèque, Epictète, etc. Elles exaltent le sage vainqueur de ses passions, qui s'égale aux dieux parce qu'il méprise la mort et qu'il tend son énergie vers la conquête de la vertu, *300, 311*.

La religion chrétienne, notamment chez les rigoristes et les jansénistes, voyait dans cette morale une manifestation perverse de l'orgueil humain, *350, 352, 362*. Mais un « néo-stoïcisme », tentant de concilier cette philosophie païenne avec le christianisme, fut expérimenté par de nombreux auteurs, dont Du Vair, Malherbe, Corneille, *109-110, 124, 220, 303, 306, 318*.

Sublime. D'abord, terme de rhétorique signifiant « style élevé », *90, 302, 335*. Avec le pseudo-Longin (*Du sublime*, Ier siècle apr. J.-C.) et ses traducteurs (érudits du XVIe siècle, puis Boileau en 1674), a pris progressivement un sens plus émotif : l'effet produit sur le lecteur, la beauté surprenante de ce qu'il admire, *94, 99, 102, 253, 358, 390, 394-395*.

Traduction. Activité, surtout en prose, considérable, *89, 98, 142, 144, 301, 336, 385, 396*. Elle s'explique assurément par les besoins d'information du public (connaissance des sciences et des littératures anciennes et étrangères). Mais — étant traduction « libre », c'est-à-dire assez peu exacte par rapport à l'original qu'elle traduit — elle s'explique encore davantage par l'ambition collective d'assurer en français l'avènement de la prose d'art, *303, 305, 312-313, 359, 376*.

Tragédie. Avec ses personnages issus de la noblesse comme dans l'Antiquité, la tragédie du XVIIe siècle diffère extérieurement de celle des anciens Grecs et de celle des humanistes du XVIe siècle en ce qu'elle ne comporte plus de chœur, sauf exception. Par contre, on y rencontre davantage de personnages importants et actifs, même si leur activité se déploie en dehors de la scène. Toutefois, il s'est rarement trouvé des poètes contredisant formellement dans leurs œuvres dramatiques, la *Poétique* d'Aristote. On remarquera en revanche que les trois *Discours* de Corneille (1660), l'ouvrage de réflexion dramatique le plus élaboré du XVIIe siècle, prennent quelquefois leurs distances avec Aristote. Selon les désirs de ce dernier, et même si les personnages de Racine semblent s'acheminer plus sûrement vers leur fin que les héros de Corneille ne se dirigent vers le dénouement, les deux grands poètes tragiques du siècle refusent les coups de théâtre : les événements qu'on pourrait être tenté de désigner comme tels se produisent, en fait, de manière prévisible « nécessaire », on a bien affaire à un enchaînement causal d'événements qui se produit contre toute attente, comme en rêvait Aristote. Mais l'enseignement du philosophe grec qui semble le mieux reçu par tous les poètes tragiques du XVIIe siècle, c'est l'idée que « les violences doivent surgir au sein des alliances » (famille, amitié, amour). On a souvent considéré que les tragédies de Corneille ne méritaient pas leur nom à cause de leur « fin heureuse ». S'il est vrai que bien des héros cornéliens ne trouvent pas la mort, la plupart d'entre eux n'en sont pas moins brisés par l'épreuve et passent bel et bien « du bonheur au malheur ». On éprouve peut-être d'autant plus de frayeur et de pitié à leur égard que dans leur « médiocrité » (Aristote récuse et les méchants et les excellents) ils peuvent cependant être classés parmi les bons. Un autre apport des poètes et des théoriciens du XVIIe siècle au genre tragique consiste dans leur souci de la dignité du genre : on refuse peu à peu l'horreur (verbale ou visuelle) des tragédies du début du siècle pour des spectacles d'une extrême sobriété ; les personnages s'efforcent toujours de contrôler l'expression de leur passion, malgré le succès de quelques tragédies romanesques ; en les choisissant non seulement de haut rang mais dans un passé très ancien (histoire grecque ou romaine), on cherche à renforcer à leur égard une sorte de peur-admiration sacrée. A ce souci de la dignité doit être rattachée la pratique de l'unité* de lieu (dignité du décor simple par rapport au simultané) et de l'unité* de temps (recherche et de l'action efficace et de la vraisemblance*, si l'on suit le désir exprimé par Chapelain [dans sa Lettre à Antoine Godeau sur la règle des vingt-quatre heures] de ménager le plaisir* du spectateur). Quelques expériences originales marquent la tragédie du Grand Siècle : la tragédie sacrée (souvent tirée de vie de saints), la tragédie de machine* (suscitée par les apports des techniciens de la scène), la tragédie aux personnages entièrement méchants (qui fascinaient Corneille). Définition et exemples, *88-89, 91-139.*

Tragi-comédie. Définition et exemples, *84, 85-88 ; 21, 42, 47, 64, 92, 94, 97, 103, 159.*

Unités. Règles* s'imposant en principe aux écrivains, surtout aux dramaturges, et visant à empêcher, chez le spectateur, la dispersion de l'intérêt. Dans l'*Art poétique,* III, 45-46, Boileau les résume ainsi : « Qu'en un lieu, en un jour, un seul fait accompli / Tienne jusqu'à la fin le théâtre rempli », *46, 91, 122.*

Unité de lieu, *9, 87, 131* ; unité de temps (ou « règle des vingt-quatre heures »), *47, 85-87, 119* ; unité d'action, *122,* qui se confond, notamment chez Racine, avec la simplicité des sujets, *121, 131.*

Utopie. Description d'un lieu entièrement imaginaire qui, le plus souvent sous la forme d'un récit de voyage en prose, *165, 200-201, 204-205,* contient une signification morale, philosophique ou politique.

Valois. Dynastie du XVIe siècle dont les rois furent, au XVIIe siècle, admirés pour leur luxe, leur goût des lettres et des arts et leurs fêtes de cour, mais critiqués pour leur faiblesse politique et leur immoralité prétendue, *11, 150, 185, 186.*

Vraisemblance. C'est la plus générale des règles* de la poétique d'Aristote adoptée par les classiques* français. Il s'agit du désir éprouvé par le public de « croire vraies » les fictions offertes par l'écrivain, *86, 119, 171, 184, 190, 251, 326, 376.* Dans l'*Art poétique,* III, 47-48, Boileau met en garde les partisans d'une invention trop libre : « Jamais au spectateur n'offrez rien d'incroyable, / Le vrai peut quelquefois n'être pas vraisemblable. » D'Aubignac *(122)* met en doute la vraisemblance des personnages cornéliens, et Racine modifie les personnages de l'histoire qu'il adopte en fonction de cette vraisemblance, *122-124.* A ce point, la règle de vraisemblance rejoint celle de bienséance*. Comme l'écrit Rapin (*Réflexions sur la poétique,* 1674) : « Tout devient vraisemblable dès que la bienséance garde son caractère dans toutes les circonstances. »

Index des noms

On a retenu seulement les noms des écrivains et ceux de quelques personnages politiques importants.

Imprimé en France
Imprimerie des Presses Universitaires de France
73, avenue Ronsard, 41100 Vendôme
Septembre 1992 — N° 38 439

Collection
Premier
Cycle

Marie-Claire BANCQUART, Pierre CAHNÉ — Littérature française du XXe siècle

Olivier DUHAMEL — Le pouvoir politique en France. Droit constitutionnel, I

François ETNER — Microéconomie

Dominique FOLSCHEID, Jean-Jacques WUNENBURGER — Méthodologie philosophique

Jean-Michel de FORGES — Droit administratif

Edmond JOUVE — Relations internationales

Viviane de LANDSHEERE — L'éducation et la formation

François LAROQUE, Alain MORVAN, André TOPIA — Anthologie de la littérature anglaise

Marcel LE GLAY, Jean-Louis VOISIN, Yann LE BOHEC — Histoire romaine

Chantal MILLON-DELSOL — Les idées politiques au XXe siècle

Françoise PAROT, Marc RICHELLE — Introduction à la psychologie. Histoire et méthodes

Pierre PECH, Hervé REGNAULD — Géographie physique

Olivier REBOUL — Introduction à la rhétorique

Olivier REBOUL — Les valeurs de l'éducation

Dominique ROUX, Daniel SOULIÉ — Gestion

Daniel ROYOT, Jean BÉRANGER, Yves CARLET, Kermit VANDERBILT — Anthologie de la littérature américaine

Pascal SALIN — Macroéconomie

Dominique TURPIN — Droit constitutionnel

Charles ZORGBIBE — Chronologie des relations internationales depuis 1945

Roger ZUBER, Emmanuel BURY, Denis LOPEZ, Liliane PICCIOLA — Littérature française du XVIIe siècle